사이버 안보의 국가전략 2.0
국제규범의 형성과 국제관계의 동학

사이버 안보의 국가전략 2.0
국제규범의 형성과 국제관계의 동학

2019년 6월 3일 초판 1쇄 인쇄
2019년 6월 7일 초판 1쇄 발행

지은이 김상배, 김소정, 김규동, 정태진, 유인태,
        차정미, 이승주, 윤민우, 양정윤, 유지연

편집 김천희
디자인 김진운
마케팅 최민규

펴낸이 윤철호·김천희
펴낸곳 ㈜사회평론아카데미
등록번호 2013-000247(2013년 8월 23일)
전화 02-2191-1133
팩스 02-326-1626
주소 03978 서울특별시 마포구 월드컵북로12길 17

ⓒ 김상배, 김소정, 김규동, 정태진, 유인태, 차정미, 이승주, 윤민우, 양정윤, 유지연, 2019.

이메일 academy@sapyoung.com
홈페이지 www.sapyoung.com
ISBN 979-11-89946-06-7 93340

사이버 안보의 국가전략 2.0
국제규범의 형성과 국제관계의 동학

김상배 엮음

사회평론아카데미

* 이 저서는 2016년 대한민국 교육부와 한국연구재단의 지원을 받아 수행된 연구입니다 (NRF-2016S1A3A2924409). 이 저서는 2017-2018년도 서울대학교 국제문제연구소의 지원으로 연구를 수행하였습니다. 이 저서는 2018년도 ETRI 부설연구소의 지원을 받아 연구되었습니다.

책머리에

이 책은 2017년 5월에 출간된 『사이버 안보의 국가전략: 국제정치학의 시각』의 후속작이다. 2016년 여름 방학을 전후로 시작해 1년여 동안 진행되었던 사이버 안보의 국가전략 연구의 첫 번째 버전은, 사이버 안보 세계정치 일반의 변화를 국제정치학의 시각에서 파악하고, 기술개발이나 인력양성, 법제도 정비의 차원을 넘어서 국제협력과 국제규범 참여전략까지도 포함하는 미래 국가전략 전반을 담아낼 플랫폼의 마련을 목적으로 했었다. 그 이후 어언 2년여의 시간이 지난 지금 『사이버 안보의 국가전략 2.0: 국제규범의 형성과 국제관계의 동학』이라는 제목을 달고 두 번째 버전을 내게 되었다.

이 책에 굳이 '웹 2.0'을 연상시키는 '2.0'이라고 제목 붙인 이유는 단순히 두 번째 책이라는 의미를 넘어선다. 무엇보다도 이 책은 '사이버 안보의 국가전략 2.0'을 요구하는 질적 변화의 모멘텀이 2017년 미국 트럼프 행정부의 출범 이후 발생하고 있다는 인식을 바탕에 깔고 있다. 최근 사이버 공격이 양적으로 늘어나는 가운데, 그 목적과 수법이 다양화되는 질적 변화를 보이고 있다. 게다가 최근 사이버 안보는 단순한 해킹 공격의 문제를 넘어서 통상마찰, 데이터 안보, 심리전 등과 같은 여타 쟁점들과 연계되고 있다. 더 나아가 사이버 안보는 강대국들이 벌이는 지정학적 갈등의 조짐마저도 보이고 있다. 그야말로 이전과는 질적으로 다른 새로운 대응전략을 요구하는 환경의 변화가 발생하고 있다.

이러한 맥락에서 이 책의 필자들은 첫 번째 버전과는 다른 '사이버 안보의 국가전략 2.0'의 배경과 내용을 다음과 같은 세 가지 차원에서 주목하였다. 첫째, 단편적으로 국제규범을 소개했던 '1.0'과는 달리, '2.0'은 '국가 간', '정부 간', '거버넌스' 등의 세 층위 프레임 내에서뿐만 아니라 이들 프레임들을 가로질러 진행되는 규범경쟁의 복합성에 주목했다. 다시 말해, 각각의 '프레임 내(inner-frame) 경쟁'뿐만 아니라 '프레임 간(inter-frame) 경쟁'의 시각에서 사이버 안보 분야 국제규범 형성의 세계정치를 살펴보았다. 이러한 분석이 한국의 전략에 주는 함의는 단순한 국제규범 참여전략에서 더 나아가, 이 분야 국제규범의 구조적 성격을 파악하고, 그 구조 내에서 한국이 차지하는 '구조적 위치'를 읽어냄으로써 중견국으로서 한국의 역할을 모색한다는 데서 찾을 수 있다.

둘째, 한반도 주변4개국과 남북한이라는 '행위자'의 국내체제와 전략의 분석에 머물렀던 '1.0'과는 달리, '2.0'은 이들 국가들의 양자 및 다자 관계가 형성하는 복합적인 관계구도에 주목했다. 미중관계, 미일관계, 미러관계, 중러관계 등이 글로벌 차원과 동북아에서 창출하는, 이른바 주변4망(網)의 지정학적 경쟁구도를 이해하는 것은 매우 중요한 국가전략의 사안이다. 또한 사이버 안보 문제를 둘러싼 미중합의나 중러협약, 미일동맹 등과 같은 당사자 합의나 동맹, 그리고 유사한 입장을 취하거나 지리적으로 인접한 국가들의 국제적 공조의 형성도 진지하게 고려할 사안이 아닐 수 없다. 이렇게 강대국들이 벌이는 경쟁과 협력의 관계구도를 분석하는 작업이 한국의 전략에 주는 함의는, 일종의 '구조적 공백'을 찾아서 그 빈틈을 공략하는 중견국 외교전략을 모색한다는 데서 찾을 수 있다.

끝으로, 이러한 국제규범의 형성과 국제관계의 구조를 주도하는 강대국들의 전략에 주목했던 '1.0'과는 달리, '2.0'은 이러한 구조의 영향을 받는 중견국의 시각에서 접근하고자 했다. 사이버 안보 분야의 국제규범 형성과 국제관계 동학의 구조적 조건을 파악하고 이를 활용하는 전략을 세우는 것은 모든 나라에게 중요한 일임이 분명하다. 그러나 특히 이러한 구조의 영향 아래 있는 한국과 같은 중견국에게는 더욱 절박한 문제가 아닐 수 없다. 이 책의 작업이 사이버 안보 분야에서 추구되는 한국의 미래 국가전략에 던지는 새로운 의미는 바로 이 지점에서 발견된다. 또한 이러한 문제의식은 이 책 이후를 염두에 두고 진행되고 있는 '사이버 안보의 국가전략 3.0' 작업의 주제와도 밀접히 연결된다.

* * * * *

제1부 '사이버 안보 국제규범의 형성'에는 사이버 안보 분야에서 형성되는 국제규범과 이에 대응하는 한국의 전략에 대한 고민을 담은 다섯 편의 논문을 담았다.

제1장은 사이버 안보의 국제규범과 한국외교의 문제를 주요국 이해갈등의 프레임 경쟁이라는 시각에서 살펴보았다. 제1장은 최근 국제정치학의 논제로 주목을 받고 있는 사이버 안보가 그 성격상 일국

차원을 넘어서 이해해야 하는 초국적인 성격을 지닌 문제라는 지적에서 출발한다. 사이버 위협정보를 공유하는 주변국들과의 협력과 글로벌 및 지역 차원의 규범 마련을 위한 외교적 노력이 국내적 차원의 기술역량 강화와 법제도 정비에 못지않게 중요한 문제이다. 그럼에도 아직까지 사이버 안보의 규범에 대한 국제적 합의는 마련되지 않았으며, 오히려 최근에는 더 복잡해지는 양상마저 드러내고 있다. 나토의 탈린매뉴얼이나 유엔 GGE 활동 이외에도, 사이버공간총회, 유럽사이버범죄협약, 상하이협력기구, OSCE, ARF, ICANN, ITU 등에서 다양하게 국제규범이 모색되고 있다. 이렇게 복잡한 양상으로 전개되고 있는 규범경쟁을 이해하기 위해서 제1장은 '프레임(frame)'의 시각을 사이버 안보의 사례에 적용하여 현재 국제규범의 형성 과정에 동원되는 프레임을 세 가지 차원에서 이해했다. 첫째, '국가 간(inter-national)' 프레임인데, 이는 전쟁법과 같은 국제법을 원용하거나 유엔과 같은 전통 국제기구 모델을 원형으로 한다. 둘째, '정부 간(inter-governmental)' 프레임인데, 이는 사이버 공격의 직접 피해 당사자인 서구 선진국들의 정부간협의체 모델 또는 지역적 기반을 공유하는 국가들의 협력기구 모델을 원형으로 한다. 끝으로, '글로벌 거버넌스(global governance)' 프레임인데, 이는 국가 행위자 이외에도 민간기업, 학계 전문가, 시민사회 활동가 등과 같은 다양한 비국가 행위자들이 참여하여 만드는 글로벌 거버넌스 모델을 원형으로 한다. 각기 상이한 미래의 글로벌 질서를 지향하는 이들 세 가지 프레임을 둘러싸고 세계 주요국들은 자신들의 이해관계를 반영할 프레임을 구현시키기 위해서 경쟁을 벌이고 있다. 이러한 프레임 경쟁의 양상을 정확히 파악하는 일은 한국과 같은 중견국에 있어 중요한 사안이 아닐 수 없다.

제2장은 사이버 공간의 규범 형성을 위한 유엔의 노력을 살펴보

았다. 제2장은 사이버 공간의 규범 형성을 놓고 국가행위를 규율하고자 하는 각국의 노력이 점점 더 치열해지고 있는 현상에 착목한다. 2013년 제3차 GGE에서 합의한 "오프라인의 국제법이 온라인에도 적용되며, 동일하게 국가주권이 사이버에도 적용된다"는 원칙 합의 이후, 이러한 원칙을 적용할 수 있는 구체적인 규범, 신뢰구축조치 등이 논의되었음에도 불구하고 국제법의 적용방법에 있어 국가 간 이견은 좁혀지지 못한 상황이다. 이러한 상황에서 각국과 각 진영은 국제법의 적용, 보편타당한 적용 가능성을 가진 비강제적·자발적 규범의 형성, 신뢰구축조치의 개발 및 이행, 논의 참여주체의 확장성에 대한 이견 등을 지역별·이슈별·플랫폼별 차별적으로 대응하고 각자의 주장을 강화하고 있다. 그럼에도 불구하고 즉시 적용 가능한 국제사회의 합의 추구는 요원해 보이며, 오히려 대내적으로 구체화된 사례를 통한 공격 행위자 지목, 기소, 제재조치 수행 등을 위한 근거를 마련해 나가고 있다. 그리고 특정 분야에 있어서는 대상국가 간 양자 혹은 소다자 협의를 통해 직접 해결을 위한 규범 마련에 나서고 있다. 사이버는 더 이상 특정 기술의 적용영역으로만 이해되어서는 안 된다. IT 기술을 활용하기 위한 인프라적 측면, 이를 이용해 유통되는 정보, 이를 통해 구성되는 공간으로서의 측면을 모두 고려해야만 한다. 사이버 공간 안전보장은 대외적으로는 다층화된 규범 형성 노력에 대한 이해, 행위자 다변화에 따른 논의 제기의 배경 이해, 국제안보 맥락에서 주요국 정책수행 배경에 대한 이해를 향상시키고 대내적으로는 쟁점에 대한 이해도를 높이고 실제 위정자들이 참고할 수 있는 양질의 사이버 안보 관련 정책판단자료 및 분석결과를 만들어낼 수 있어야 확보될 수 있다. 제2장에서는 사이버 공간에서 규범이 갖는 의미와 국제규범 형성을 위한 유엔의 노력을 되짚어 보고, 국제규범 형성 방향을 전망해보고자 한다. 이를 통해 한국이 앞으로 취해야 할 입장과 고려해야 할 사항들을 정책제안 하였다.

　제3장은 국제사이버법에 관한 경쟁을 탈린매뉴얼의 사례를 중심으로 다루었다. 제3장에서는 사이버 공간을 둘러싼 다양한 측면에서의 규범경쟁 중, 기존에 모든 국가를 구속하고 있던 국제법이 적용되는 방식을 둘러싼 쟁점을 다룬다. 지난 20여 년의 다자간 논의로 사이버 공간에서의 '법의 지배'에 대한 국제사회의 공감대가 형성되었으나, 2015년을 전후하여 그 이후 구체적 내용상의 발전은 답보 상태에 있다. 기존 국제법의 적용범위와 방식, 새로운 법규범의 필요성에 대한 진영 간 입장차를 좁히지 못하고 있기 때문이다. 제3장에서는 이러한 교착의 원인을 정확한 법적 분석을 바탕으로 한 논의의 부재에서 찾는다. 특히 일부 국가들이 규범의 불확실성을 사이버 공간 활용의 기회로 이용하거나, 동시에 기존 국제질서의 구도를 변화시키거나 강화하는 데 이용하고자 하는 정치적 의도의 대립이 존재하며, 한국을 비롯한 다수 국가가 국제사이버법 논의의 복합성과 상호연계성으로 인하여 적극적인 입장을 수립, 표명하지 못하고 있다는 분석을 제시한다. 이 과정에서 사이버 작업에 대한 현행 국제법 적용방법을 분석한 『탈린매뉴얼 2.0』의 작성 과정과 그 의의를 살핀다. 현재의 규범적 불명성을 해소하기 위한 방법에 대해서도 진영 간의 대립이 이어지고 있는바, 결론적으로 국제법의 쟁점에 대한 논의의 다음 단계로 나아가기 위해서는 현행 국제법 규칙에 대한 정확한 평가와 분석이 불가피하며, 이를 바탕으로 각 국가가 입장을 정하고 실행에 옮기는 것만이 사이버 공간의 평화와 안전을 증대하는 데 규범이 기여할 수 있는 방안이라는 점을 제시한다. 이 과정에서 개별 국가들이 『탈린매뉴얼』과 같은 연구결과의 활용 방안을 제시한다.

제4장은 유럽사이버범죄협약의 사례를 통해서 사이버 범죄 대응을 위한 국제공조의 문제를 살펴보았다. 한국의 유럽사이버범죄협약 가입 필요성에 대한 논의는 지난 몇 년간 끊임없이 제기되었으나 통신비밀보호법 같은 국내법과 상충된다는 이유와 기관마다 견해가 다르고 국내정치 상황 탓에 더 이상 진전을 보이지 못하고 있다. 우리가 이 문제를 해결하지 못하고 있는 동안 국가안보를 위협하는 사이버 범죄는 더욱더 심각하게 발전하여 국제안보를 위협하는 수준의 문제로 인식되어 전 세계 대다수의 국가들이 사이버 범죄 대응에 힘을 쏟고 효과적인 국제공조 체계를 마련하고자 노력하고 있다. 그러나 이 협약에 가입하였을 때, 다른 나라 법집행기관들이 우리나라의 민감한 데이터정보에 접근할 수도 있고 회원국의 요구에 따라 우리 정부가 민감한 데이터정보를 제공해야 한다는 점에서 반대하는 여론도 만만치 않다. 또한 우리나라에 피해를 가장 많이 입히는 나라가 북한이기에 이 협약에 가입하였을 때 얼마나 많은 혜택을 얻을 수 있을지에 대한 의문도 제기되고 있다. 그러나 방글라데시 중앙은행 해킹, 워너크라이, 낫페트야 같은 사이버 공격은 특정국가가 독자적으로 대응하기에는 인적, 기술적, 법률적 자원의 한계에 부딪혀서 불가능하다. 특히나 사이버 범죄가 가지고 있는 특성 중 하나인 국경을 초월하여 발생하는 범죄에 대해서 국제공조 없이는 해결할 수 없다. 국가마다 다른 법률을 가지고 있기에 이 협약에 가입하기 위해서는 국내법 일부 개정이 필요하다. 인접국인 일본도 자국 형사법을 개정하고 이 협약에 가입하였다. 정보통신강국이라고 자타가 공인하는 한국이지만 국가안보를 위협하는 중대한 사이버 범죄는 독자적으로 대응하고 해결할 수 없다.

제5장은 인터넷 거버넌스와 사이버 안보의 문제를 ITU, WSIS,

IGF, ICANN, GCCS 등의 사례에 초점을 맞추어 살펴보았다. 기존의 사이버 안보 분석 연구는 국가 혹은 군사적 관점이 두드러진다. 인터넷 거버넌스의 관점에서의 분석 또한 없지 않으나, 인터넷 거버넌스의 주 참여 국제기구들을 중심으로 한 실증적 조망과 분석은 미미하다. 이러한 맥락에서 제5장은 ITU, WSIS, IGF, ICANN, GCCS에 초점을 맞춘다. 이들에게 초점을 맞추는 이유는 상기된 국제기구/협의체들이 대표적인 인터넷 거버넌스 관련 협의체이기 때문이다. 그뿐 아니라, 이들 협의체 간에는 다양한 축으로 상호 대비될 수 있는 비교 가능성이 존재한다. 우선, 국가간다자주의의 거버넌스를 지지하는 ITU와 다중이해당사자주의(Multi-stakeholderism)를 지지하는 WSIS, IGF, ICANN, GCCS은 좋은 대비가 될 것이다. ITU는 정부 간 국제기구임에 비해, WSIS, IGF, GCCS는 국제적인 포럼에 가깝다고 볼 수 있다. 두 번째로, 또 다른 조직 성격의 비교 차원에서 보았을 때, ICANN이 비영리법인 것에 비해 다른 국제 협의체/기구들과는 성격이 다르다고 볼 수 있다. 셋째, 권력구조 차원에서는 ITU가 중국, 러시아와 같은 비민주주의 국가에 의해 활발히 활용되는 장인 것에 비해, 다른 협의체들인 WSIS, IGF, GCCS는 서방 선진국(시민)들이 더욱 적극적으로 참여하고 있는 것으로 볼 수 있다. 넷째, 정부와 비정부 행위자가 참여하는 정도가 다르다. ITU, GCCS는 비교적 국가/정부 행위자들의 비중이 높은 반면, WSIS는 시민사회의 역할이 그들보다 더 강조되기도 한다. IGF는 그보다 더 비정부 행위자들의 영향력이 큰 국제 다자간 협의체로 자리매김해 왔다. 이러한 다양성은, 인터넷 거버넌스 참여 기구들의 사이버 안보에 대한 다양한 접근을 보여주기에 좋다.

제2부 '사이버 안보 국제관계의 동학'에서 한반도 주변4망(網)이 형성하는 국제관계의 구도와 유럽연합 차원의 국제협력 전략의 사례

를 다룬 다섯 편의 논문을 담았다.

제6장은 미중 사이버 군사력 경쟁과 북한위협의 부상이 한국 사이버 안보에 주는 함의를 다루었다. 사이버 공간은 육지, 바다, 항공, 우주에 이어 강대국 간의 군사력 경쟁이 전개되는 다섯 번째의 전장이 되고 있다. 미중 패권경쟁 속에서 양국은 사이버 안보를 위한 군대의 역할을 강화하고 있으며, 사이버사령부를 별도로 설치하는 것은 물론 최근 사이버사령부의 위상과 통합역량을 강화하기 위한 제도적 조치들을 취하고 있다. 또한 사이버 공간에서의 공격력과 억지력을 강화하기 위한 기술적 노력, 그리고 민관협력의 필요한 구조들을 발전시키고 있다. 사이버 공간의 미중 군사력 경쟁이 첨예화되는 한편으로 북한의 사이버 공격력은 세계안보의 최대 위협이라고 지적될 만큼 급격히 강화되고 있고 또 대담해지고 있다. 2017년 랜섬웨어의 배후로 북한이 지목된 이후 사이버 공간에서 북한은 대표적인 불량국가로 부상하면서 세계의 우려와 경계가 높아지고, 이에 대한 제재와 적극적 대응의 필요성들이 논의되고 있다. 주요 강대국들의 사이버 군사력 경쟁과 함께 사이버 공간에서의 불량국가 북한의 부상은 한국의 안보환경에 주요한 영향변수이다. 한국에서 사이버 안보에 대한 관심과 필요성이 증대됨에도 불구하고 여전히 한국이 어떠한 사이버 위협에 처해 있는지, 어떠한 방향에서 사이버 안보를 강화해야 하는지에 대한 구체적인 논의와 대안이 취약한 것이 사실이다. 이에 제6장은 미중 간 사이버 경쟁을 군사안보적 측면, 즉 미중 양국 간 사이버 군비경쟁에 초점을 두고 분석하는 한편, 북한 사이버 위협의 부상과 이를 둘러싼 미중 경쟁 구도를 함께 분석한다. 제6장은 사이버 공간에서 한국이 처한 안보정세가 북핵문제와 미중 경쟁에 직면해 있는 전통적인 안보정세를 닮아가고 있다는 점에 주목한다. 미중 사이버 군사력경쟁과 북한위협의

부상에 따른 한국 사이버 안보 위협의 증대와 사이버 안보 협력의 제약을 살펴보고, 한국 사이버 안보정책에 주는 함의와 정책적 과제를 제시한다. 미중 패권경쟁의 강화 속에서 한미동맹과 한중협력을 병행 발전시켜야 하는 과제, 그리고 비핵화와 함께 한반도 평화안정의 문제를 동시에 해결해야 하는 과제가 사이버 공간에서도 유사하게 적용되고 있다는 점을 보여주고 이에 대한 전략적 접근의 필요성을 제기한다.

제7장은 미일 사이버 안보 협력을 양자, 소다자, 지역 협력 전략의 결합이라는 시각에서 다루었다. 미국과 일본은 기존 미일동맹을 바탕으로 사이버 안보 분야에서도 협력을 강화하고 있다. 미일 양국의 사이버 안보 협력의 진화는 미일동맹의 변환, 사이버 안보 협력을 매개로 한 지역 협력의 강화, 도쿄 올림픽에 대비한 협력 강화 등 세 가지 차원에서 이루어지고 있다. 이를 위해 미일 양국은 새로이 대두되고 있는 사이버 위협의 증대에 효과적으로 대처하기 위해 양자 협력을 확대·강화하고 있으며, 이를 기반으로 소다자 및 지역 차원의 협력으로 확대해 나가는 접근법을 취하고 있다. 미일 사이버 안보 협력의 확대 및 강화는 아베 정부의 보통국가화를 위한 노력과 미일동맹의 변환이라는 두 가지 요소가 함께 작용한 결과이다. 미국의 입장에서 부상하는 중국에 대응하는 차원에서 미일동맹을 강화해야 할 상황에 직면하고 있다. 한편 아베 정부는 보통국가를 지향하는 과정에서 헌법의 개정을 추구하는 가운데 과도기적 조치로서 헌법에 대한 재해석을 통해 집단적 자위권을 추구하고 있다. 사이버 안보 협력은 미국의 중국에 대한 견제 필요성과 일본의 보통국가화의 필요성을 연결하는 접합점으로서 역할을 하고 있다. 이러한 측면에서 볼 때, 미국과 일본의 사이버 안보 협력을 이해하기 위해서는 사이버 위협에 대한 실체적 인식

과 공동 대응의 필요성뿐 아니라 중국의 부상과 미일동맹의 재조정이라는 거시적 변화에 대한 이해가 병행될 필요가 있다. 미국과 일본은 양자 차원의 협력을 기반으로 사이버 안보 협력을 지역 차원으로 확대하고 있다. 지역 차원의 미일 사이버 안보 협력은 사이버 위협이 초국적으로 가해지는 데 따른 대응과 부상하는 중국의 영향력이 아시아 지역으로 심화·확대되는 데 대한 대응이라는 두 가지 측면이 결합되어 있다. 미국과 일본은 중국에 대한 대응 차원에서 호주와 미·일·호주 삼각 사이버 안보 협력을 강화하는 한편, 동남아시아 국가들의 사이버 안보 역량 강화를 위한 지원을 확대하고 있다.

　제8장은 미러 사이버 안보 경쟁과 중러 협력의 주제를 다루었다. 제8장은 오늘날 사이버 공간상에서 벌어지고 있는 미러 사이버 안보 경쟁과 중러 협력의 양상을 기술한다. 미국과 러시아-중국 간의 안보 경쟁은 기본적으로 미국이 주창하는 다중이해당사자주의와 러시아와 중국이 주창하는 국가간다자주의 간의 충돌이다. 이러한 미국과 러시아 간의 근본적인 차이는 양 당사자 간에서 나타나는 기술과 문화적 간극과 다른 정치체제에서 비롯된다. 러시아와 중국의 협력은 공동의 이해관계에서 비롯된다. 먼저 미국이라는 공동의 위협이자 동시에 반패권 연대의 대상이 존재하기 때문이며, 또한 동시에 이들이 갖는 권위주의 정체의 특성 때문이다. 사이버 안보 경쟁과 협력은 냉전시기의 핵안보 경쟁과 서방과 공산 진영의 지정학적 충돌과 대치와는 다른 양상을 띤다. 사이버 안보 경쟁은 미국과 러시아-중국의 패권충돌과 정치, 군사, 경제적 이해관계의 충돌이라는 지정학적 양상을 보이지만 동시에 자신들의 담론과 프레임이 국제질서의 표준이 되기 위해 경쟁하고 더 많은 내편을 끌어 모으기 위한 매력 경쟁의 요소를 갖고 있다. 흥미로운 점은 사이버 안보 경쟁이 이처럼 복합 지정학적 특성

을 가지기 때문에 오히려 과거 냉전시기 핵 안보 경쟁보다 더욱 위험할 수 있다는 것이다. 이는 사이버 공간이 가지는 이중적 성격과 은밀성과 책임소재의 불분명성, 그리고 사이버 안보의 대상의 모호성 등과 같은 고유한 속성들 때문이다. 이러한 주요한 속성들은 경쟁의 당사자로 하여금 공세적, 공격적 전략과 전술을 채택하도록 만든다. 때문에 경쟁 당사국이자 주요 강대국인 미국과 러시아, 그리고 중국 간의 상호 신뢰 구축과 협력의 강화는 사이버 안보뿐만 아니라 보편적인 국제 안보질서를 위해서도 매우 중요하다. 미국과 러시아-중국 간의 직접적인 경쟁을 완화하고 협력과 신뢰를 구축하기 위해 글로벌 패권추구 의지와 능력이 없으면서 국제적으로 역량을 갖춘 제3국들의 네트워크적 역할을 강화하는 것이 제안될 수 있다. 중견국가로서 한국은 미국과 러시아의 사이버 안보 경쟁에서 경쟁을 조절하고 협력과 신뢰를 증진시키는 매개역할을 수행할 수 있다.

제9장은 상하이협력기구의 사이버 안보 논의를 러시아와 중국의 역할에 초점을 맞추어 다루었다. 제9장에서는 사이버 공간상 미국 중심의 서방국가와 다른 방향으로 자국의 이익을 확대하기 위한 러시아와 중국의 노력을 상하이협력기구(이하 SCO)의 활동을 통해 살펴본다. 제9장은 크게 세 부분으로 구성된다. 먼저, 사이버 안보 논의의 발달에서는 SCO에서의 사이버 안보 논의 발단과 전개 과정을 주요 합의 문건을 중심으로 검토한다. 둘째, 사이버 안보에 관한 SCO 내 러시아와 중국의 역할에서는 사이버 공간에서의 러시아와 중국의 공동 이익으로 중국과 러시아가 SCO를 통해 수립하고자 하는 사이버 안보 규범의 특징이 사이버 공간에서의 국가주권강화, 국가의 정보통제권 인정, 국제 인터넷 거버넌스 체제 변경임을 확인한다. 그러나 SCO의 강력한 양 주도국이 SCO에 대한 동일한 비전을 공유하지는 않음으로 이익

갈등이 발생할 수 있음을 분석한다. 셋째, SCO의 사이버 안보 전망에서는 SCO 플랫폼에서 러시아와 중국이 주장하는 사이버 안보 의제의 지속 발전 가능성을 분석한다. 분석을 통해 중단기적으로 SCO를 통한 양국의 협력은 지속될 것이나, 2017년 6월 인도와 파키스탄의 SCO 가입에 따라 사이버 안보 의제의 변화 가능성이 존재함을 확인한다. 끝으로, SCO에서의 러시아와 중국의 활동을 통한 국제 사이버 안보 규범 형성 가능성을 타진하고 SCO 사례를 통해 한국도 지역 국제기구 등을 통해 사이버 안보 협력 및 국제규범 형성 노력이 필요함을 주장한다.

　제10장은 유럽연합(EU)의 사이버 안보 국제협력 전략을 다루었다. 유럽연합은 사이버 공간에서도 EU 핵심 가치(인간 존엄성, 자유, 민주주의, 평등, 법, 인권)를 추구하며 글로벌 행위자로서 사이버 공간에서의 시민 안전과 디지털 시장 보호를 위한 규범 생성 및 협력자 역할을 수행하고자 한다. 이에 제10장에서는 EU가 추진하고 있는 사이버 안보 전략과 국제협력 관계에 대해 살펴봄으로써 사이버 안보에 있어서 EU의 위치와 유럽이 형성하고 있는 사이버 안보 지형을 파악해 보고자 한다. 또한 사이버 공간에서의 신뢰 증진과 협력을 위한 한국의 협력적 방안에 대해 살펴보고자 한다. EU의 사이버 안보 전략은 초기에 개별 국가 차원의 임무와 권리로 접근되어 네트워크 및 정보시스템 보호와 사이버 범죄에 대해서만 논의되었다. 이후 사이버 안보 위협이 글로벌 전체의 위협(systemic cyber risk)으로 인식되고 확산되면서 EU는 보다 강력하고 방어적인 사이버 안보 전략을 마련하게 된다. 그리고 EU는 조약 및 전략적 파트너십, 대화 및 워킹 그룹 등을 통해 미국, 브라질, 아시아를 포함한 다양한 국가들과 협력을 추진하고 있다. 이와 같은 EU의 사이버 안보 전략과 국제협력 추진은 초국가적 특

성과 내외부적인 문제점을 고려해 통합적으로 추진됨으로써 한국의 사이버 안보 전략 추진 및 국제협력에도 시사하는 바가 있다.

제11장은 '사이버 안보의 국가전략 2.0, 무엇을 연구할 것인가?'이라는 제목으로 진행된 종합토론의 내용을 담았다. 이 책의 작업이 진행되는 중에 필자들은 사이버 안보 국가전략의 의미와 향후과제에 대해서 활발한 토론을 벌였다. 이 책의 연구가 지니는 의미가 무엇인지, 앞으로 어떤 방향으로 가면 좋겠는지, 그런 면에서 연구의 좌표를 어떻게 설정하는 것이 좋겠는지 등의 문제를 놓고 토론을 벌였다. 이러한 종합토론은 세 가지의 주제에 초점을 두어 진행되었다. 첫째로는 총론 차원에서 2018년 현재 '사이버 안보의 국가전략 2.0'을 논하는 의미와 필요성이 무엇인가에 대해서 논의했다. 둘째, 각 필자가 담당한 장에 대한 내용 소개를 겸해서, 해당 분야에서 현재 제기되는 사이버 안보의 세계정치와 국가전략의 현황과 과제를 정리하였다. 그리고 마지막으로 앞으로 우리가 사이버 안보의 국가전략에 대한 연구를 계속 해나간다고 할 경우에, 현 단계에서 우리가 생각해볼 수 있는 연구 주제들이 무엇인가에 대해서도 이야기를 나누었다.

* * * * *

이 책이 나오기까지 많은 분들의 도움을 받아서 일일이 감사의 말씀을 드려야 할 분들은 너무나도 많다. 2017년 여름부터 시작된 공동작업에 참여하여 귀한 글을 집필해 주신 필자 선생님들께 깊은 감사의 말씀을 전하고 싶다. 동시에 진행되었던 여러 공부모임 중에서도 유난히 유쾌하고 생산적인 분위기에서 진행되었던 세미나였던 것 같다. 그 생생했던 세미나의 장면 중에서 2018년 2월 1일(목) 16:00~18:00

충남 대전에 위치한 국가보안기술연구소 회의실에서 진행되었던 필자들의 종합토론 내용은 이 책의 제11장에 담았다. 이 책의 준비세미나 과정에서 2017년 2학기와 2018년 1학기의 두 차례에 걸쳐서 '사이버 안보의 국제규범'과 '사이버 안보의 외교전략'이라는 제목으로 진행된 사이버 안보 포럼에 토론자로 참여해 주신 유준구 교수(국립외교원), 정명현 교수(고려대학교), 이정석 소령(합참), 류동주 대표(비트레스), 윤재석 팀장(한국인터넷진흥원), 이영음 교수(방송통신대학교), 신성호 교수(서울대학교), 황지환 교수(서울시립대학교), 이기태 박사(통일연구원), 신범식 교수(서울대학교), 송은지 연구원(한국인터넷진흥원), 김주희 박사(경희대학교)께 감사드린다. 2018년 9월 20일 이 책에 실린 원고들의 최종발표회를 겸해서 열렸던 학술회의에서 축하의 말씀을 주신 조현숙 국가보안기술연구소장, 이내영 국회입법조사처장, 문덕호 외교부 국제안보대사께 감사드린다. 당일 학술회의에서 사회를 맡아주신 김유향 팀장(국회입법조사처), 채재병 박사(국가안보전략연구원), 배영자 교수(건국대학교)께도 감사한다. 또한 당일 토론을 맡아주신 조현석 교수(서울과학기술대), 유준구 교수, 신용우 박사(국회입법조사처), 황지환 교수, 이기태 박사, 신범식 교수, 장노순 교수(한라대학교), 오일석 박사(국가안보전략연구원), 김도승 교수(목포대학교)께도 감사드린다. 당일 행사 진행을 맡아 주었던 서울대학교 석박사과정의 최용호, 김화경, 알리나, 장성일 그리고 서울대학교 국제문제연구소의 하가영 주임께도 감사한다. 특히 이 책의 작업이 진행되는 동안 총괄을 맡아 준 서울대학교 박사과정의 이종진에 대한 고마움도 빼놓을 수 없다. 이 책의 작업이 진행되는 동안 한국연구재단의 한국사회기반연구사업(SSK)과 서울대학교 국제문제연구소, ETRI 부설 국가보안기술연구소에서 제공해 주신 재정적 지원에도 감사의 마음을 전한다. 항상 묵묵한 후원자의 마음으로 출판을 맡아 주시는 사회평론아카데미의 관계자들께도 감사의 말씀을 전한다.

2018년 10월의 마지막 밤

김상배

차례

제2부 사이버 안보 국제관계의 동학

제1부

사이버 안보 국제규범의 형성

제1장

사이버 안보의 국제규범과 한국외교:
주요국 이해갈등의 프레임 경쟁 사이에서

김상배

I. 머리말

최근 사이버 안보가 국제정치학의 논제로 주목을 받고 있다. 사이버 안보는 그 성격상 일국 차원을 넘어서 이해해야 하는 초국적인 성격을 지닌 문제이다. 사이버 위협정보를 공유하는 주변국들과의 협력과 글로벌 및 지역 차원의 규범 마련을 위한 외교적 노력이 국내적 차원의 기술역량 강화와 법제도 정비에 못지않게 중요한 문제이다. 일국 차원의 준비가 만병통치약이 될 수 없기 때문에, 피해 당사자들이 스스로 발 벗고 나서서 서로 협력하고 국제적으로 합의할 수 있는 규범을 세우려는 노력이 중요한 분야이다. 이러한 인식은 2010년대에 들어 널리 확산되어 세계 주요국들은 사이버 안보의 국제협력을 위한 전략서를 발간하고 이를 실천하는 정책을 추진하기 시작했으며, 실제로 양자 및 지역 차원의 국제협력을 강화하고 국제기구와 다자외교의 장에서도 국제규범을 도출하기 위한 활발한 논의를 벌이고 있다.

그럼에도 아직까지 사이버 안보의 규범에 대한 국제적 합의는 마련되지 않았으며, 오히려 최근에는 더 복잡해지는 양상마저 드러내고 있다. 이 글에서 살펴본 바와 같이, 나토의 탈린매뉴얼이나 유엔 GGE 활동 이외에도, 사이버공간총회, 유럽사이버범죄협약, 상하이협력기구, OSCE, ARF, ICANN, ITU 등에서 다양하게 국제규범이 모색되고 있다. 이렇게 복잡한 양상으로 전개되고 있는 규범경쟁을 이해하기 위해서 이 글은 미국의 미디어 학자 토드 기틀린(Todd Gitlin)이 개발하고 미국의 언어학자 조지 레이코프(George Lakoff)에 의해 널리 소개된 '프레임(frame)'의 개념을 원용하였다(Gitlin 1980; 레이코프 2007).

이들의 시각을 사이버 안보의 사례에 적용하면, 현재 국제규범의 형성 과정에 동원되는 프레임은 적어도 다음과 같은 세 가지 차원에서 이해할 수 있다. 첫째, '국가 간(inter-national)' 프레임인데, 이는 전쟁법과 같은 국제법을 원용하거나 유엔과 같은 전통 국제기구 모델을 원형으로 한다. 둘째, '정부 간(inter-governmental)' 프레임인데, 이는 사이버 공격의 직접 피해 당사자인 서구 선진국들의 정부간협의체 모델 또는 지역적 기반을 공유하는 국가들의 협력기구 모델을 원형으로 한다. 끝으로, '글로벌 거버넌스(global governance)' 프레임인데, 이는 국가 행위자 이외에도 민간 기업, 학계 전문가, 시민사회 활동가 등과 같은 다양한 비국가 행위자들이 참여하여 만드는 글로벌 거버넌스 모델을 원형으로 한다. 각기 상이한 미래의 글로벌 질서를 지향하는 이들 세 가지 프레임을 둘러싸고 세계 주요국들은 자신들의 이해관계를 반영할 프레임을 구현시키기 위해서 경쟁을 벌이고 있다.

이러한 프레임 경쟁의 양상을 정확히 파악하는 일은 한국과 같은 중견국에 있어 중요한 사안이 아닐 수 없다. 일차적으로는 아직까지 사이버 안보 분야에 어떠한 규범을 적용하여 제재할지에 대한 합의기반이 마련되지 않은 상황에서 국제규범 형성 과정에 적극적으로 참여하는 것 자체가 중요한 대응방안이 될 수 있다. 그러나 최근 사이버 안보 규범의 구체적 내용에 대한 주요국의 이해관계가 대립하는 상황에서 단순참여를 넘어서는 좀 더 구체적인 방안이 필요하다. 다시 말해, 서방 및 비서방 진영의 이해관계가 갈등을 빚고 있는 상황에서 한국의 선택지는 무엇이 될지에 대해 논의하고, 양자택일이 쉽지 않은 상황이라면 중견국의 시각에서 한국에 적합한 논리를 개발하고 전략적 입장을 선택하는 데까지 나아가야 할 것이다. 이를 통해서 국제규범의 보편성을 강조하면서도 중견국으로서 한국외교의 일관된 원칙과 기조를 투사할 수 있는 전략을 추구해야 할 것이다(김상배 2018).

사실 한국은 최근 진행되고 있는 사이버 안보 관련 국제규범의 논

의 과정에 거의 모두 참여하고 있지만, 그 참여의 양상은 다소 파편적
이고 분산적인 모습을 보이고 있다. 단순참여의 차원을 넘어서 규범외
교의 모색을 위해서는 적어도 다음과 같은 세 가지 구조의 기저에 깔
린 주요국 이해갈등의 프레임을 읽어내고, 그 속에서 한국이 차지하는
'구조적 위치'를 파악하는 것이 중요하다. 첫째, 미국, 중국, 일본, 러시
아 등 한반도 주변 4국이 형성하는 지정학적 이해갈등의 구조이다. 둘
째, 서방 진영과 비서방 진영의 경쟁 사이, 또는 선진국과 개도국 사이
에서 형성되는 국제적 이해갈등의 구조이다. 끝으로, 다중이해당사자
주의와 '국가간다자주의'의 관념이 경합하는 가운데 형성되는 글로벌
인터넷 거버넌스의 이해갈등 구조이다. 이러한 복합구조를 둘러싸고
펼쳐지는 주요국 이해갈등의 프레임 경쟁 사이에서 한국 나름의 전략
적 프레임을 모색하는 것은 중요한 규범외교의 사안이 아닐 수 없다.

이러한 문제의식을 염두에 두고 이 글은 다음과 같이 네 가지 차
원에서 논지를 전개하였다. 제2절은 국제법과 국제기구와 같은 '국가
간' 프레임의 차원에서 본 사이버 안보 국제규범의 사례로서 탈린매뉴
얼과 유엔 GGE 활동을 살펴보았다. 제3절은 정부간협의체와 지역협
력기구와 같은 '정부 간' 프레임의 차원에서 본 사이버 안보 국제규범
의 사례로서 사이버공간총회와 유럽사이버범죄협약, 상하이협력기구
와 세계인터넷대회, 그리고 기타 지역협력기구 등을 살펴보았다. 제4
절은 글로벌 거버넌스의 프레임에서 본 사이버 안보 국제규범의 사례
로서 ICANN의 다중이해당사자주의 모델과 ITU/WSIS/IGF의 '국가
간다자주의' 모델을 살펴보았다. 제5절은 앞서 언급한 세 가지 차원의
사이버 안보 국제규범 프레임에서 현재 한국이 처한 한국의 '구조적
위치'와 전략적 과제들을 짚어 보았다. 끝으로 맺음말에서는 이 글의
주장을 종합·요약하고 한국의 사이버 안보 규범외교가 안고 있는 향

후 과제를 짚어 보았다.

II. 사이버 안보의 국제규범(1): 국제법과 국제기구

1. 기존 국제법 원용 시도: 탈린매뉴얼

전통적인 국제법(특히 전쟁법)의 틀을 원용하여 사이버 공간에서 발생하는 해킹과 공격에 대응하려는 시도의 사례로는 탈린매뉴얼(Tallinn Manual)이 있다. 탈린매뉴얼은 2013년 3월 나토 CCDCOE(Cooperative Cyber Defence Centre of Excellence)의 총괄 하에 20여 명의 국제법 전문가들이 2009년부터 시작하여 3년 동안 공동연구를 거쳐 발표한 총 95개항의 사이버전 지침서이다. 300여 페이지에 달하는 분량의 탈린매뉴얼은 현존 국제법 중에서 특히 '전쟁의 개시에 관한 법(*jus ad bellum*)'과 '전쟁 수행 중의 법(*jus in bello*)'이 사이버전에 적용 가능한지 여부를 검토했다. 탈린매뉴얼이 언급하고 있는 '사이버전(Cyber Warfare)'은 국가들이 사이버 공간에서 적대적인 군사행위를 하는 사이버 공격, 즉 상대국의 주요 인프라나 명령 통제시스템의 손상 파괴로 인한 인명살상이나 목표물의 손상 등 물리적 타격을 의미한다. 탈린매뉴얼은 새로운 법체계를 구축하기보다는 기존 국제법의 테두리 내에서 사이버 공간에서의 무력행위를 규정하는 방식으로 탐색되었다(Schmitt ed. 2013; 박노형·정명현 2014).

탈린매뉴얼의 골자는 사이버 공간에서도 전통적인 교전 수칙이 적용될 수 있으며, 사이버 공격으로 인해 인명 피해가 발생할 경우 해당 국가에 대한 군사적 보복이 가능하고, 핵티비스트 등과 같은 비국가 행위자에 대해서도 보복하겠다는 것이었다. 더 나아가 사이버 공격의 배후지를 제공한 국가나 업체에 대해서도 국제법과 전쟁법을 적용하여 책임을 묻겠다는 것이었다(Schmitt 2012). 탈린매뉴얼이 특히 주안점을 둔 이슈는 세 가지였는데, 첫째 물리적 공격에 버금가는 '무력사용(use of force)'의 기준을 어떻게 설정할 것인가, 둘째 사이버 공격에 활용된 인프라의 소재지 및 경유지의 문제를 어떻게 이해할 것인가, 끝으로 두 나라 사이에 이루어진 복잡한 양상의 사이버 공격 행위와 관련하여 '책임소재(attribution)'를 어떻게 가려낼 것인가 등의 문제였다(민병원 2017: 33). 탈린매뉴얼은 구속력이 없는 지침서의 형식이지만, 전시 민간인과 포로에 대한 보호를 규정한 제네바협약처럼, 사이버전에도 국제법적인 교전 수칙을 마련하려는 문제의식을 갖고 있었으며, 이런 점에서 일종의 '정전(正戰, Just War)론'의 시도라고 볼 수 있다.

그러나 탈린매뉴얼은 2007년 에스토니아 사태 이후 미국과 유럽 국가들이 중심이 되고, 게다가 나토 회원국의 전문가들이 참여하여 만들어졌기 때문에, 러시아나 중국 등을 배제한 서방 진영의 시각이 주로 반영되었다는 비판을 받았다. 2015년 소니 해킹 사건 이후 미국이 북한에 대한 '비례적 대응'을 모색하는 과정에서 탈린매뉴얼의 조항들을 원용하려는 조짐을 보여서 국제적으로 주목을 끈 바 있었다. 탈린매뉴얼은 아직까지 사이버 국제법이 존재하지 않는 상황에서 규범을 제시하는 정도의 의미만을 부여받는다. 그러나 한국의 입장에서 볼 때, 기존 국제법의 틀을 적용하여 북한의 사이버 공격을 불법행위로 규정하고 이에 대해 규제할 수 있는 (국제법까지는 아니더라도 국제규범적) 근거기준을 마련하는 의미가 있다. 이로써 중국을 북한으로부터 분리하는 효과도 기대할 수 있기 때문이다. 실제로 이와 관련하여 사이버 공격에 대한 '책임소재'의 원칙을 적용하는 문제가 관건이다. 사이버 공격의 명백한 증거가 제시될 경우 지리적으로 사이버 공격의 근원지 혹은 경유지가 된 국가는 사이버 공격에 대해서 적절한 조치를 취하는 원칙을 마련하자는 것이다. 그러나 이러한 국제법 원칙의 적용 문제는 아직까지는 구체화되지 못하고 있다(신맹호 2016).

탈린매뉴얼로 대변되는 국제법 적용의 프레임은 최근 들어 진전을 보고 있는데, 2017년 2월에는 그 두 번째 버전인 탈린매뉴얼 2.0이 발표되었다. '사이버전(Cyber Warfare)에 적용 가능한 국제법'을 논한 탈린매뉴얼 1.0과는 달리 탈린매뉴얼 2.0은 '사이버 작전(Cyber Operations)에 적용 가능한 국제법'을 논했다. 여기서 말하는 '사이버전'이란 국가와 국가 사이에 일어나는 사이버 전쟁을 말하는 것이고, '사이버 작전'이란 국경을 넘나드는, 그러나 일국 정부의 의도와는 별개로 일어나는, 각종 사이버 범죄들도 지칭한다. 탈린매뉴얼 1.0의 시도에서 보는 바와 같이, 전쟁법의 적용 문제만을 논한다면, 이에 해당하는 사이버전은 아직까지 발생한 적이 없다고 보아야 할 것이다. 그렇지만 지금도 크고 작은 사이버 공격과 이로 인한 국가사회적 피해는 계속 발생하고 있다. 탈린매뉴얼 2.0은 이러한 상황을 어떻게 이해할 것인가에 대한 부분적 대답을 모색한 작업이라고 평가할 수 있다. 즉 전쟁의 수준에는 미치지 않지만 사회적으로 큰 충격이 있는 공격 행위에 대한 법 적용을 어떻게 하느냐의 문제를 다루고 있다(Schmitt ed. 2017).

2. 전통 국제기구에서의 논의: 유엔 GGE 활동

전통 국제기구인 유엔 차원에서 사이버 안보 문제를 다루려는 움직임도 최근 많은 주목을 받으면서 빠르게 진행되고 있다. 특히 2013년 6월 제3차 유엔 군축 및 국제안보 위원회 산하 정보보안 관련 정부전문가그룹(GGE: Group of Governmental Experts)에서 합의하여 도출한 최종 권고안에 주목할 필요가 있다. 이 안은 1998년 러시아가 제안했는데, 미국은 처음부터 러시아의 제안에 대해 동조하지 않았고, 이후로도 소극적인 자세로 사이버 안보 관련 국제협력에 대응해 왔다. 이후 2004년부터는 제1-2차 GGE의 포맷을 빌어 논의가 진행되었으나 인터넷의 국가통제를 강조하는 러시아나 중국과 같은 비서방 국가들과 이에 반대하는 미국의 입장이 극명히 대립했었다. 그러던 것이 2013년 6월 개최된 제3차 회의에서는 전체 참여국들이 사이버 공간에서도 유엔헌장과 같은 기존 국제법이 적용될 수 있다는 점에 합의하고 이러한 규범을 어떻게 적용할 수 있는지에 대해서 지속적으로 연구하기로 합의하였다(장규현·임종인 2014: 35-38; 장노순 2016: 10-17).

중국과 러시아는 기존의 국제법이 사이버 공간에 적용될 수 없으며, 따라서 새로운 규범에 합의하지 않는 한 사이버 공간에서의 국가 행위에 대한 규율이 존재하지 않는다는 입장이었다. 그러나 제3차 GGE에 이르러서는 종전의 입장을 양보하여 기존 국제법의 사이버 공간 적용 시도에 합의하였다. 한편 미국과 유럽 국가들은 사이버 공간에서 국가주권과 불간섭원칙을 인정하는 것에 반대하였지만 제3차 GGE를 계기로 사이버 공간에서의 국가책임성을 부인하지 않게 되었다. 요컨대, 기존 국제법이 사이버 공간에 적용되는지 여부에 대한 서방과 비서방 진영 간의 논란이 양 진영 모두가 조금씩 양보하는 모양새를 취하게 되었는데, 궁극적으로 최종보고서에 기존 국제법이 사이버 공간에도 적용된다고 기술함으로써 종전의 논란거리들이 일단은 해소되었다. 이외에도 제3차 GGE 보고서는 국가들의 신뢰구축조치

(CBM), 정보 교환이나 협의체 구성, 공동대응체계 개발, 역량강화 협력 등의 내용을 담았다(장규현·임종인 2014: 38-42; 이상현 2017: 79-82).

2015년 6월 제4차 GGE에서는 제3차 GGE 권고안을 계승하며, 좀 더 진전된 합의안을 도출하였다. 최종보고서는 사이버 공간의 국제규범에 관한 논의를 국제법 부문과 규범 부문으로 나누어 담았다. 국제법 부문에서는, 주권평등, 국제분쟁의 평화적 해결, 국제관계에서 무력사용의 자제, 인권과 기본적 자유의 존중 및 국내문제 불간섭 등과 같은 유엔헌장과 국제법의 기본원칙이 사이버 공간에도 적용됨을 확인했다. 또한 예시적인 견해로 관할권, 국제법 원칙, 자위권, 국제인도법(IHL: international humanitarian law), 대리자 및 국가책임에 관한 6개 항목을 제시했다. 그러나 이들 국제법 원칙의 선택에 대하여 서방 국가들과 비서방 국가들의 다툼이 커서 국제법이 어떻게 적용되는지에 대한 구체적 논의는 제대로 이루어지지 않았다. 한편 규범 부문에서는, 자발적이고 비구속적인 규범, 규칙 또는 원칙을 국가들이 고려하도록 국제협력, ICT사고, 제3국의 책임, 정보 교류 및 사법공조, 인권 존중, 핵심 기반시설의 보호, 공급망의 완전성 보장, 악의적 ICT 이용 확산 방지, ICT 취약성 보고, 긴급대응팀의 활동, 개도국 상황 고려에 대하여 권고사항 등을 제시하였다(박노형·정명현 2016: 173).

2016년 구성된 제5차 GGE에서는 제4차 보고서에서의 합의사항은 그대로 두고, 그 내용을 보다 구체화하고 추가사항을 검토하였다. 서방과 비서방 국가들 간에는 자위권, 국제인도법(IHL), 대응조치(counter-measure)의 허용, 사이버 테러·범죄와 인터넷 거버넌스의 의제 포함 여부 등과 같은 세 가지 쟁점에서 합의 도출에 어려움을 겪었다. 한편 제5차 GGE에서는 서방 진영의 국가들 간에도 입장이 일치하지 않는 내용들이 다수 제기되었는데, 이른바 '적절한 성의(DD: Due Diligence)'의 성격 규정 문제, 사이버 기술 수출통제 및 비정부 행위자에 대한 공격적 사이버 무기의 사용금지 규범 제정, 데이터 관할권의 문제 등이 사례이다(신맹호 2016). 결국 2017년 6월 최종 4세션에서 두 의제 사이의 거래를 통해 타협점이 모색될 수 있을 것이라는 예측과는 달리, 양측의 의견이 지속적으로 대립하여 보고서 채택에 실패하였다. 최종회의에서 합의 도출에 실패한 핵심 의제는 국제법 적용 및 향후 계획이었는데, 특히 미국은 이미 2015년 보고서를 근거로 자국에 유리하게 국제법 해석을 할 수 있는 상황에서 중국과 러시아 등이 주장하는 개방형 워킹그룹 창설 및 유엔의 역할 확대를 수용할 의지가 없었으며, 중국과 러시아도 상세화된 국제법적 요소를 수용할 의지가 없는 상황이었다. 현재 2019년부터 제6차 GGE를 재개한다는 정도의 내용만 합의한 상태이다.

이상에서 살펴본 일련의 전개과정에서 유엔 GGE의 임무가 제3차에서 제4차와 제5차 회의로 진행되면서 변화하고 있음에 주목할 필요가 있다. 제3차 GGE 이후 러시아나 중국은 사이버 공간에 새로운 법을 만들어야 한다는 주장을 포기하고, 기존의 국제법을 적용하는 데 합의한 것으로 보인다. 따라서 제4-5차 GGE에서는 사이버 공간의 특별한 성격을 고려했을 때 어떤 국제법을 적용해야 할 것이냐의 문제가 쟁점이었다. 이 문제에 대해서 서방 측은 조심스럽게 접근했는데, 자발적이고 비구속적인 국제 관습법의 개발은 인정하지만, 조약 수준의 국제법을 제정하는 일은 어렵다는 것이 서방 측의 기본 입장이었다. 서방 측은 아직 창발 중인 이슈에 대해서 전 세계 190여 개 국가들이 무엇을 합의할 수 있겠느냐는 회의론을 제시하였다. 사실 제5차 회의까지 진행되는 동안, GGE의 주요 임무는 사이버 공간에 적용되는 국제법을 새로 제정하는 문제가 아니라, 기존의 국제법을 사이버 공간의 이슈에 적용하면 무엇이 문제인지를 검토하는 데 한정되어 있었다. 이러한 GGE의 논의가 주는 유용성은 국가행동을 규제하는 국제법의 개발과 적용 그 자체보다는 사이버 공간에서의 일탈적 행위와 국가의 책임있는 행동에 대한 규범적 판단의 근거를 마련하는 데 있다고 할 수 있다. 초국적이고 탈영토적인 성격을 지닌 사이버 공간에서의 일탈적 문제를 근대적인 영토적 관할권의 개념을 기반으로 하여 성립된 국제법(전쟁법)을 실증적으로 적용하는 것에 여러 가지 문제가 표출되고 있는 실정이 반영된 기대라고 할 수 있다(김소정 2016; 박노형 2017).

III. 사이버 안보의 국제규범 (2): 정부간협의체와 지역협력기구

1. 사이버공간총회와 유럽사이버범죄협약

2011년에 시작된 사이버공간총회(Conference on Cyberspace)는 사이버 안보의 직접적인 이해당사국의 정부 대표들이 나서 사이버 공간이라는 포괄적 의제를 명시적으로 내건 본격적인 논의의 장이 출현했다는 의미를 가진다. 유엔 GGE 활동이 '국가간'의 틀을 빌어서 '안보' 문제에 주안점을 둔 것과는 달리, 사이버공간총회는 각국 정부가 주도했지만 다양한 민간 행위자들도 참여하였고 안보 이외의 다양한 의제를 포괄적으로 논의하는 장으로 출발했다. 따라서 사이버공간총회는 정치외교적 합의 도출을 목표로 할 뿐만 아니라 사이버 공간에서의 인권, 경제사회적 이익 등을 포함한 다양한 의제의 균형적 논의를 지향했다. 현재까지 다섯 차례에 걸쳐 회의를 진행하는 동안 참여자들도 늘어나고 논의도 활발하게 이루어지고 있지만, 공식적인 국제기구가 아닌 포럼 형식이라는 점, 뚜렷한 주관자가 없이 그때그때 주최국의 구성에 따라 회의가 진행된다는 점 등이 그 위상을 다소 모호하게 만든다는 비판도 없지 않다(배영자 2017: 105-106).

제1차 사이버공간총회는 뮌헨안보회의에서 영국이 그 필요성을 제기한 이후 2011년 런던에서 개최되었다. 런던 회의에서는 '사이버 공간에서 수용할 만한 행태를 위한 규범'을 주제로 하여 경제성장과 개발, 사회적 혜택, 사이버 범죄, 안전하고 신뢰할 수 있는 접속, 국제 안보 등의 다섯 가지 세부 의제를 논의했다. 제2차 총회는 2012년에 헝가리의 부다페스트에서 열렸는데, 사이버 공간에서 자유, 국가 행위, 인터넷 거버넌스 등 다양한 논의를 펼쳤으나 이렇다 할 결론을 도출하지는 못하고 각국의 입장 차이만을 확인하는 수준에 그쳤다. 제 3차 총회는 2013년 10월 서울에서 열렸는데, 총괄 어젠다로 '개방적이고 안전한 사이버 공간을 활용한 글로벌 번영: 기회, 위협, 협력'을 제시했으며, 유엔 GGE의 권고안을 확장한 '사이버 안보에 관한 서울 프레임워크'를 발표했으며, 역량강화 의제 신설이나 러시아나 중국의 참여 등과 같은 성과를 거두었다(김소정 2016). 제4차 총회는 2015년 네덜란드의 헤이그에서 개최되었는데, 사이버 전문가 글로벌 포럼(GFCE: Global Forum on Cyber Expertise)의 설립과 글로벌 정보보호센터 지원 사업 등이 제안되는 성과를 거두었다(배영자 2017: 116-118). 제5차 사이버공간총회는 2017년 인도 뉴델리에서 개최되었다.

사이버공간총회와 유사한 프레임을 지닌 선진국 정부간협의체인 OECD에서의 인터넷 거버넌스와 사이버 안보, 특히 개인정보보호 논의에도 주목해야 한다. 31개국을 회원국으로 하는 OECD는 1980년 사생활 및 개인정보의 국경 간 이동 보호에 관한 지침을 채택하는 등 정보사회의 새로운 문제들을 논의하기 시작했다. 1982년 4월 정보통신정책위원회를 설립하였고 통신 인프라 및 서비스정책 작업반, 정보경제작업반, 정보보호 작업반, 정보사회 지표작업반 등 산하 작업반을 중심으로 정보사회의 문제들을 다루어 왔다. 특히 정보보호 작업반은 사이버 공간의 안전과 보안, 개인정보 보호, 회원국의 사이버 안보 전략 등의 관련 이슈를 중점적으로 논의해 왔다. 최근에는 사이버 안보에 대한 국가별 전략비교 작업과 2002년 만들어진 정보보호 가이드라인에 대한 검토 작업을 진행하였다. 2015년에는 '경제적 사회적 번영을 위한 디지털 안보 위험의 관리'에 대한 OECD 권고안이 발표되었다(김상배 2014: 578).

사실 이렇게 서방 선진국들이 중심이 되어 사이버 공간의 범죄나 위협에 공동으로 대처하려는 사례의 역사는 좀 더 길다. 초창기 사이버 범죄에 대응해서 각국 정부들이 나서서 상호 간의 법제도를 조율하는 정부간 네트워크를 구성한 초기 사례로는 미국과 유럽평의회(Council of Europe)의 주도로 2001년 조인된, 유럽사이버범죄협약(COC: European Convention on Cybercrime), 즉 일명 부다페스트협약이 있다. 부다페스트협약은 2001년 11월 23일 48개국의 서명으로 시작되었으며 2004년 7월 1일에 발효되었다. 2017년 5월 현재 유럽 국가들 이외에 미국, 캐나다, 일본 등을 포함한 59개국이 가입되어 있고 이 중에서 55개국이 비준했으나, 러시아나 중국 등은 미온적 반응을 보이고 있으며, 한국은 아직 가입하지 않고 있다(Council of Europe 2017).

부다페스트협약은 사이버 범죄와 관련된 종합적인 내용을 포괄하고 있으며, 법적으로 구속력을 갖는 최초의 국제협약으로서 범죄행위

규정, 절차법, 국제협력 등에 대한 내용을 담고 있다. 첫째, 범죄행위 규정과 관련하여, 4개 유형 컴퓨터 범죄인 사기와 위조, 아동포르노, 지적재산권 침해, 해킹과 자료절취 등에 대해 국내법으로 규정해 제재를 부과했다. 둘째, 절차법과 관련하여, 컴퓨터 범죄를 탐지·수사·기소하기 위한 국내 절차를 마련하였는데, 절차적으로 어떤 사이버 범죄이든 이와 연루된 개인들로부터 협력을 강제할 수 있는 소송, 증거보존, 수색 및 압수 등과 관련된 권한을 협약국에 부여했다. 끝으로, 사이버 범죄 대응을 위해 각국 국내법의 조화 및 국제 수사공조 강화를 규정하였다. 여러 나라의 사이버 범죄 조목을 일관되게 함으로써 사이버 범죄와 관련하여 피해를 본 국가가 범죄자가 있는 국가에 이를 고발하면 해당 국가가 처벌할 수 있도록 하자는 취지인데, 상호사법공조 협약, POC(Point of Contact) 공유 등의 내용을 담았다(장윤식 2017).

부다페스트협약은 각국의 사이버 범죄에 대한 법제도 개혁을 유발하는 계기를 제공했다. 2006년을 기점으로 유럽평의회는 부다페스트협약을 내실화하기 위해 '사이버 범죄에 대한 글로벌 프로젝트'를 출범시켜 120여 국에 사이버 범죄 관련법과 제도개혁을 권고하였다. 유엔총회에서도 사이버 범죄 수사와 기소를 위한 법제도의 모범사례로서 부다페스트협약이 언급되기도 했다. 그러나 부다페스트협약은 가입조건이 까다로운데다가 서방 중심의 규범설정이라는 비판을 받고 있어, 전 세계 59개국이 참여하고 있음에도 불구하고, 아직까지 보편적인 국제규범의 역할을 하고 있지는 못하다. 미국과 서구 국가들이 사이버 공간의 자유로운 정보 유통을 보호하기 위해서 사이버 범죄를 통제하자는 입장을 취하고 있는 데 비해, 러시아나 중국 등이 미온적 반응을 보이고 있다. 게다가 부다페스트협약의 노력은 국가가 중심이 되다보니 민간 행위자들을 참여자로 끌어들이는 데 있어 한계가 있다는 지적도 제기된다(장윤식 2017).

2. 상하이협력기구와 세계인터넷대회

상하이협력기구(SCO: Shanghai Cooperation Organization)는 중국, 러시아, 우즈베키스탄, 카자흐스탄, 키르기스스탄, 타지키스탄 6개국 정상들이 2001년 7월에 설립한 지역협력기구이다. 사이버 안보의 국제규범 과정에서 상하이협력기구에 주목하는 이유는 미국과 유럽 국가들의 입장에 반론을 제기하는 러시아나 중국 등의 프레임을 대변하기 때문이다. 실제로 상하이협력기구는 2000년대 중반부터 사이버 안보를 위한 지역협력을 강조하고 있다. 2009년 6월에는 러시아 예카테린부르크에서 열린 상하이협력기구 정상회담에서 '국제정보보안강화협력에 대한 협정(일명 예카테린부르크협정)'을 체결했는데, 사이버 공간의 주요 위협에 대한 정의, 국가이익과 관련된 ICT의 사용, 사이버 안보에 관한 포괄적 지역협정의 청사진 제시 등의 내용을 담고 있다(조성렬 2016: 389-90; 방송통신위원회 외 2012).

2011년 9월에는 러시아, 중국, 타지키스탄, 우즈베키스탄 4개국의 유엔 대표들이 유럽사이버범죄협약에 반대하면서 제66차 유엔총회에서 '국제정보보안행동규약(International Code of Conduct for Information Security)' 초안을 유엔총회에 제출하였다. 이 제안은 예카테린부르크 협정에서 제기된 주장을 계승했는데, ICT를 국제평화나 안보에 대한 위협, 침해, 적대적 행위에 사용하는 것을 제한하기 위해 국가가 인터넷을 통제해야 한다는 주장을 담고 있다. 사이버 안보의 주된 위협을 사이버 무기 개발 및 사용을 통한 정보전 준비와 실행으로 규정했다. 다른 국가들의 정치·경제 체제, 사회·문화 환경을 불안

정하게 만드는 행위를 위협으로 간주하고 이를 막기 위해 노력해야 한
다고 주장했다(정종필·조윤영 2017: 193).

이후 2015년 1월에는 카자흐스탄과 키르기스스탄이 추가로 참여
해 6개국이 합의한 '국제정보보안행동규약' 개정안을 제69차 유엔총
회에 제출했다. 이는 2011년에 유엔총회에 제출한 행동규약을 수정·
보완한 것으로 사이버 공간에서의 국가의 역할 강화를 강조했으며, 사
이버 공간에 대한 국가주권의 적용범위를 확장하여 검열 및 정보차단
의 여지를 남기고 인권 제한의 가능성을 명시했다. 국제법 적용 문제
와 관련하여 이 안은 2013년 제3차 GGE 최종보고서에서 합의된 기존
국제법, 특히 유엔헌장의 적용이라는 문구를 생략한 채, 기존 국제법
과 관련된 규범만을 언급함으로써 기존 국제법의 직접 적용보다는 새
로운 국제법의 채택을 염두에 두고 있는 속내를 드러내기도 했다. 러
시아는 2015년 브릭스(BRICS) 정상회의와 상하이협력기구 정상회의
에서도 이러한 행동규약을 제출함으로써 사이버 안보 및 거버넌스를
포괄하는 형태의 새로운 국제법 창출을 지속적으로 주장하였다(배영
자 2017: 124-125).

이밖에도 CIS(Commonwealth of Independent States)와 CSTO
(Collective Security Treaty Organization)와 같이 러시아가 주도하는
지역협력기구 차원에서 이루어지는 사이버 안보에 대한 논의에 주목
할 필요가 있다. 이 중에서 특히 CIS의 경우, 러시아 정부는 사이버 테
러 및 컴퓨터 범죄와 관련하여 CIS 구성원들과 협력하여 관련법의 정
비를 진행하였는데, 1996년 2월 제7차 CIS 연합의회 전체회의에서는
기본형법을 채택하는 과정에서 컴퓨터 범죄에 대한 형사상의 책임을
적시하였고, 2001년 6월 컴퓨터 정보영역에서의 범죄에 대한 CIS 국
가들 간의 협력협정을 벨라루스의 수도인 민스크에서 맺었다. 이를 통

하여 러시아와 우크라이나, 벨라루스, 카자흐스탄 등 CIS 주요국들이
관련 법령을 통합하여 사이버 테러와 컴퓨터 관련 범죄에 힘을 모아
대응하는 새로운 체제를 구축하였다(신범식 2017). CIS협정은 사이버
범죄 중심의 규범 형성을 논의하고 있는데, 이는 테러리즘과 사이버전
등을 포함하는 정보보안의 문제까지도 다루는 상하이협력기구 차원의
규범 형성과 대비된다. 한편, CSTO 국가들 간에는 정보보안 증진 체
제의 구축을 위한 연합행동 프로그램이 실행되고 있다.

한편 이러한 국가주권의 옹호 주장은 중국이 주도하여 2014년
부터 중국 우전에서 개최하고 있는 세계인터넷대회(世界互联网大会,
World Internet Conference)에서도 나타났다. 중국의 세계인터넷대회
개최는 사이버공간총회로 대변되는 서방 진영의 행보에 대항하는 성
격을 바탕에 깔고 있었다. 특히 2013년 스노든 사건 이후 중국은 글로
벌 인터넷 거버넌스를 주도하는 미국을 견제하며, 중국이 중심이 되는
사이버 진영 건설을 목표로 국제협력을 강화하고 있다. 서방 진영이
주도하고 있는 현행 체제 하에서는 중국이 독자적인 국제규범을 제시
하는 데 한계가 있다는 판단을 바탕으로 한 행보였다. 개별 국가의 정
치·사회의 다양성이 인정되고 국가주권이 보장되는 사이버 환경을 구
축해야 한다는 것이 주된 논리였다. 시진핑 중국 국가주석은 축사에서
"중국은 세계 각국과 손잡고 노력하여 상호존중, 상호신임의 원칙 아
래 국제협력을 심화시키고, 사이버 주권을 존중하며 사이버 안보를 보
장받는, 공동으로 평화, 안전, 개방, 협력적인 사이버 공간을 건설해야
한다"고 주장했다.

세계인터넷대회는 규모와 행사 면에서 확대되고 있으며 사이버
안보, 공유경제, 인터넷플러스, 사물인터넷, 가상현실, 빅데이터, 인
공지능, P2P, 5G 기술 등 다양한 사이버 공간과 관련된 이슈 및 최신

기술 발전을 다루어 이목을 끌고 있다. 세계인터넷대회는 2018년 11월까지 총 5회 개최되었는데, 정부관계자, 국제단체인, 기업, 민간단체인, 인터넷 엘리트 등이 참석하는 것으로 알려져 있으며, 디지털 경제, 첨단기술, 인터넷과 사회, 웹 공간 거버넌스, 교류 협력 등을 주제로 하여 사이버 주권 존중, 사이버 공간의 평화안전 유지, 사이버 공간의 개방협력 촉진, 사이버 공간 내 질서구축, 인터넷 거버넌스 체계 구축에 대한 토론의 장을 마련하는 것을 목적으로 한다. 이러한 기조는 2017년 초 발표된『사이버 공간국제협력전략(网络空间国际合作战略)』으로 이어졌다(国家互联网信息办公室 2017).

　　이상에서 언급한 프레임 이외에도 유럽과 아태 지역협력기구 차원에서 진행되는 사이버 안보 국제규범이나 사이버 범죄 관련 협약에도 주목할 필요가 있다. 먼저 OSCE(Organization for Security and Co-operation in Europe) 차원에서도 사이버 안보 국제규범에 대한 논의가 진행되고 있다. 최근 아세안(ASEAN) 국가들도 제기하고 있는 사이버 안보 협력과 규범에 대한 논의를 벌이고 있으며, 아태지역 국가들이 역내 안정을 추구하기 위해 1994년 출범시킨 다자간 정치·안보 협의체인 ARF(ASEAN Regional Forum) 차원에서 진행되는 사이버 협력에도 주목할 필요가 있다. 이외에 미주 지역은 OAS(Organization of American States)가 사이버 범죄와 기타 조직범죄를 다루는 공동의 틀을 만들기 위한 노력을 벌이고 있다. 중동 지역의 LAS(League of Arab States)에서도 사이버 범죄에 대한 규범 형성이 협의되어 LAS 협정을 체결했다. AU(African Union)도 아프리카의 맥락에서 AU 협정 초안을 마련하였는데, 사이버 범죄 이외에도 사이버 안보 이슈 일반을 다루지만 국제협력과 관련된 내용은 부재하다(김소정 2016).

IV. 사이버 안보의 국제규범(3): 글로벌 거버넌스

1. 다중이해당사자주의 모델: ICANN

사이버 안보의 국제규범에 대한 논의를 제대로 이해하기 위해서는 사이버 안보 그 자체가 주요 관건으로 부상한 2010년대 이후의 규범 형성에 대한 논의보다 좀 더 장기적인 시각에서 문제를 보아야 한다. 사이버 안보 문제는 지난 수년 동안 국가 간 분쟁과 정부 간 협력의 이슈로 부상하기 전에는 민간 행위자들이 나서서 글로벌 인터넷 거버넌스의 일부로서 다루던 문제였다. 사실 인터넷 거버넌스의 기본골격은 국제기구의 장에서 정부 대표들의 합의에 의해서 이루어진 것이 아니라 시민사회, 인터넷 전문가들과 민간사업자, 학계, 국제기구 전문가들이 자율적으로 구축한 메커니즘을 통해서 이루어졌다. 그러던 중 러시아의 문제제기로 2010년대 초반부터 국가 간 포맷인 유엔 GGE에서 사이버 안보 문제를 논하고 사이버공간총회와 같은 정부간협의체가 본격적인 조명을 받게 되었던 것이다. 이러한 맥락에서 보면, 다양한 경로를 통해서 복합적으로 진행되고 있는 사이버 안보 분야의 글로벌 거버넌스 과정을 면밀히 살펴보는 것이 필요할 것이다.

　미국을 중심으로 시작된 초기 인터넷 분야의 제도 형성 과정에는 자율적 거버넌스를 옹호하는 비국가 행위자들이 중요한 역할을 담당했다. 이러한 면모를 잘 보여주는 사례가, 초창기부터 인터넷을 관리해온 미국 소재 비영리 민간기관인 ICANN(Internet Corporation for Assigned Names and Numbers)이다. ICANN의 주요 업무로는 도메인이름체계(DNS), 루트서버 관리, 최상위도메인 생성 및 관리기관 위임, DNS루트서버, 도메인 및 IP주소 관련 정책개발 등이 있다. 여러 모로 보아 ICANN은 개인, 전문가 그룹, 민간기업, 시민사회 등이 다양하게 참여하는 글로벌 거버넌스의 실험대라고 할 수 있다. ICANN은 1998년에 미국 상무성 주도로 비영리 민간법인으로 설립되었지만, 2009년에 이르러 미 상무성과 인터넷주소관리체계에 자율성을 부여하는 AOC(Affirmation of Commitments)를 체결함으로써 다수의 이해관계자가 참여하는 글로벌 관리체제로 전환했었다(박윤정 2016).

그러나 초창기부터 ICANN은 지나치게 미국을 중심으로 움직이고 있다는 비판을 받았으며, 따라서 이른바 ICANN 개혁 문제는 줄곧 논란거리가 되어 왔다. 예를 들어, 중국, 브라질, 이란, 사우디아라비아 등은 인터넷 거버넌스 분야에 새로운 국제기구가 필요하다는 주장을 펼쳤다. 이들 주장의 핵심은 미국 정부의 관리와 감독을 받을 수밖에 없는 기존 ICANN 체제의 개혁을 요구하는 데 있었다. 인터넷 발전의 초기에는 선발주자로서 미국의 영향력을 인정할 수밖에 없었지만 인터넷이 글로벌하게 확산되고 다양한 국가 간 이해관계의 대립이 첨예해지면서 여태까지 용인되었던 관리방식의 정당성을 문제 삼을 수밖에 없게 되었다는 것이었다. 특히 이러한 움직임은 인터넷 초창기에는 상대적으로 뒤로 물러서 있던 전통적인 국가 행위자들이 인터넷 거버넌스의 전면으로 나서려는 문제의식과 밀접히 맞물렸다. 다시 말해, 인터넷 거버넌스의 진행 과정에 국가 행위자들이 영토적 주권을 좀 더 적극적으로 주창해야 된다는 것이었다(김상배 2014: 567-577).

이렇게 논란이 벌어지던 와중에 에드워드 스노든의 폭로로 수세에 몰린 미국은 2014년 ICANN 감독 권한을 각국 정부와 아무런 관계가 없는 이해당사자들로 구성된 감시기구에 넘길 계획을 발표하기에 이르렀다. 미국 정부가 ICANN 대한 감독 권한을 넘긴다고 하는 경우 가장 큰 쟁점은 IANA(Internet Assigned Numbers Authority) 관리권한의 이양 문제였는데 결국 2016년 10월에 미국 정부가 인터넷 주소에 대한 관리 권한을 46년 만에 내려놓았다. IANA는 크게 보아 IP주소, 도메인네임, 프로토콜 파라미터 분야에 대한 관리 기능을 의미하는데, IP주소나 프로토콜 파라미터 분야는 기술적이고 비정치적인 분야로 보아 권한 이전에 관하여 큰 논란은 없으나, 도메인이름은 일반적인 이용자가 인터넷에 접속하는 수단이고 상표권, 표현의 자유 등의 법률적 이슈도 존재하기 때문에 각국 정부도 국가적인 이해관계를 가지고 접근하였다. 결국 미국은 이러한 IANA 관리 권한을 민간에 이양하고 다중이해당사자 커뮤니티에서 그에 관한 논의를 하라고 주문했다(배영자 2017: 126-127).

이러한 논의 과정에서 흥미로운 것은 IANA 권한 이양에 관한 논의를 이른바 다중이해당사자주의(multistakeholderism)라는 개념 하에 다양한 이해당사자가 동등하게 참여하여 진행하라고 주문했다는 점이다. 이러한 메커니즘은 1국1표의 원칙 하에서 국가 간 합의로 의사결정을 하는 유엔과 같은 국제기구의 경우와 사뭇 다르다. 이러한 방식은 조약과 같은 국가 간 합의에 의하여 규범을 형성하는 것이 아니라 정부, 시민사회, 민간이 동등한 자격에서 지속적인 대화와 토론을 통하여 원칙, 규범, 의사결정 절차 등을 형성하는 것이다. 따라서 이러한 거버넌스 체계에서는 평소 인터넷 커뮤니티에 대한 관심과 기여가 중요하게 평가되고 커뮤니티의 의견형성 과정에 꾸준하고도 적극적인 참여가 필요하게 된다. 그런데 이러한 모델은 미국 정부가 뒤에서 사실상 패권을 발휘하고 있다는 비판을 받아왔다. 이러한 모델에 대해서 인터넷 초창기에는 상대적으로 뒤로 물러서 있던 국가 행위자들이 좀 더 적극적으로 나서 전통 국제기구의 틀을 활용해야만 한다는 국가간다자주의(multilateralism), 좀 더 엄격하게 말하면 '기존 국제기구의 외연확대 모델'이 대두되었던 것이다(DeNardis 2013).

2. 국가간다자주의 모델: ITU/WSIS/IGF

ICANN의 대안을 모색하려는 움직임은 기존 국제기구들이 인터넷 거
버넌스 분야에 진출하면서 새로운 국면을 맞았다. 특히 전통적으로 전
기통신 분야의 국제기구로 활동해온 유엔 산하의 ITU가 민첩하게 움
직였다. ITU는 1932년 유선전신에 대한 국제협력을 도모하기 위해 설
립되었으며, 기술이 발달하면서 영역이 유무선 전기통신뿐만 아니라
전파통신, 위성, 방송 분야 전반으로 확장되어 왔다. ITU가 인터넷 거
버넌스 분야로 뛰어든 계기는 2003년에 제네바와 2005년에 튀니스에
서 두 차례에 걸쳐서 열린 바 있는 WSIS(World Summit on Informa-
tion Society)에서 마련되었다. WSIS의 준비 과정과 본 회의에서는 다
양한 이슈가 제기되었는데, 그 중에서도 향후 인터넷을 누가 어떻게
관리할 것이냐의 문제와 함께 미국의 영향력 아래 놓여 있는 ICANN
의 개혁이 가장 큰 쟁점이었다. 주로 네트워크 보안의 신뢰성 강화, 프
라이버시 및 고객보호, 범죄와 테러 목적의 사용 예방, 스팸대응 등이
다루어졌다. 그러나 WSIS는 ICANN의 개혁방안을 마련하는 데까지는
이르지 못하고 폐회되었는데, 그 대신 인터넷 관련 정책에 대한 지속
적인 토론을 위한 장으로서 IGF(Internet Governance Forum)를 마련
했다(김상배 2014: 577-578).

　IGF는 2005년 튀니지 WSIS 합의에 따라 2006년 설립된 유엔 산
하 국제포럼이다. 미국 주도의 인터넷 주소 관리에 불만을 가진 국가
들을 위해 인터넷 전반의 공공정책 이슈를 한시적으로 논의하기 위한
장으로 설립되었다. 정부, 민간, 시민단체, 국제기구 등 다양한 이해관

계자들이 함께 모여 인터넷 현안에 대하여 논의하는 공개 포럼의 형태
로 진행되었다. 2006년 그리스 제1차 IGF 이래, 매년 개최되었는데,
2016년 멕시코 과달라하라 회의에 이르기까지 모두 11회가 개최되면
서 인터넷 주소자원, 사이버 안보, 개도국 역량강화, 인터넷과 인권 등
인터넷 전반의 공공정책 이슈가 폭넓게 논의되고 있다. 그러나 워크숍
등이 동시다발적으로 진행되는 등 다루는 이슈가 다소 광범위하며, 포
럼을 통해 도출되는 결과물의 구속력이 없다는 지적이 지속적으로 제
기되었다.

한편, 사이버 공간과 관련한 ITU의 활동은 크게 인터넷 거버넌
스와 사이버 안보 의제를 중심으로 전개되었다. 특히 2003년 ITU가
WSIS를 개최한 이래 사이버 공간의 안보와 관련된 ITU의 역할은 계
속 확장되어 왔다. WSIS 개최 이전까지 ITU에서는 사이버 안보 의제
가 사실상 거론되지 않았으며, 인터넷 주소자원인 도메인이름의 등록
과 할당 및 기술발전 정책 및 표준에 논의가 집중되었다. 그러던 것이
2003년 제네바에서 WSIS를 개최하면서 ITU 내 사이버 안보에 대한
논의가 본격화되기 시작되었다. WSIS 원칙선언에서 정보 네트워크 보
안, 인증, 프라이버시 및 소비자 보호 등을 모두 포함하는 '신뢰할 수
있는 프레임워크의 강화'가 정보사회의 발전과 신뢰구축의 선결요건
이라고 지적하고 특히 모든 이해당사자가 협력하는 사이버 안보 문화
의 필요성과 국제협력을 촉구하였다.

2007년 ITU는 WSIS 이래 활동을 벌인 'ICT 이용에 있어서 신뢰
와 안보 구축'의 촉진자로서 역할을 다짐하는 차원에서 GCA(Global
Cybersecurity Agenda)를 제안했다. GCA는 법적 조치, 기술 및 절
차 조치, 조직적 구조, 역량개발, 국제협력 등 5대 과제를 기반으로 하
는 국제 프레임워크로 정보사회의 안보와 신뢰 증진을 목적으로 했다.

ITU는 GCA를 통해 각 회원국이 채택할 수 있는 법안 모델의 발전을 기대할 수 있을 것이라 전망했다. 국가 내 사이버 안보 침해사고대응팀(CERT)의 설치 및 운영 여부 등 조직 구조에 기반을 둔 '사이버 안보 준비 지수(Cybersecurity Readiness Index)' 제정 등이 제안되었다. 이후 ITU는 단순히 당면한 과제들을 나열하는 데 그치지 않고 관련 이해당사자들의 지지와 참여를 통해 사이버 안보와 신뢰를 구축하기 위한 전략과 해결책을 제시하는 역할을 적극적으로 수행해 왔으며, 고위전문가그룹(High-Level Experts Group, HLEG)을 설치하여 그 임무 수행을 구체화하고 있다(배영자 2017: 120). 한편 GCA와 HLEG 등과 더불어 IMPACT(International Multilateral Partnership Against Cyber Threat)의 활동도 진행되고 있다.

　한편, 사이버 안보의 국제규범보다는 좀 더 포괄적인 의미에서 진행된 인터넷 거버넌스의 사례로서, 2012년 12월 WCIT(World Conference on International Telecommunication)에서 시도된 ITRs(International Telecommunication Regulations)의 개정은 ITU의 프레임에서 벌어졌던 중요한 사건이었다. ITRs은 전기통신 업무의 일반 원칙과 규정을 담고 있었는데, 그 내용이 너무 포괄적이고 모호해서 오랫동안 유명무실한 문서로만 남아 있었다. 게다가 ITRs은 회원국들로 하여금 자신들의 사정에 맞추어 규제정책을 추진할 재량권을 너무 많이 부여하고 있었기 때문에 급변하는 기술환경을 따라잡기에는 미흡하다는 지적이 선진국들을 중심으로 제기되었다. 이러한 맥락에서 2012년 WCIT에서 ITRs의 폐기를 주장하는 선진국들의 입장과 ITRs의 개정과 강화를 주장하는 개도국들의 입장이 대립하는 양상이 나타났다. 이러한 과정에서 개도국들은 ITRs을 통해 개별 국가 차원의 규제정책의 기조를 유지하려 했는데, 특히 인터넷에 대한 규제권한을 확보하려 했다. ITRs의 규제조항이 급변하는 기술환경에 부합하지 않으므로 폐기해야 한다는 선진국들의 입장과 ITRs의 개정과 강화를 통해 개별 국가 차원의 규제정책의 기조를 유지하려는 개도국들의 입장이 맞섰으나 일단 개도국의 입장이 관철되는 것으로 마무리되었다(김상배 2014: 574-575).

V. 한국의 사이버 안보 규범외교

1. 탈린매뉴얼과 유엔 GGE 활동

최근 사이버 공격이 국가 간 분쟁의 주요 사안으로 부상하면서 전통적인 전쟁법에 의존하여 이러한 행위를 규제할 것인지, 아니면 새로운 국제법을 만들 것인지의 문제가 관건이 되었다. 그 중에서 나토의 CCDCOE의 총괄 하에 발표된 사이버전 교전 수칙인 탈린매뉴얼은 기존의 국제법 체계를 적용하여 새로운 사이버 안보 문제를 다루려는 대표적인 사례이다. 그러나 2007년 에스토니아 사태 이후 미국과 유럽 국가들이 중심이 되고, 게다가 NATO 회원국의 전문가들이 참여하여 러시아의 사이버 위협에 대응하는 성격을 띰으로써 탈린매뉴얼의 시도는 러시아나 중국 등과 같은 구 사회주의권 국가들의 외면을 받고 있다. 러시아는 말할 것도 없거니와 중국도 탈린매뉴얼은 국제법적으로나 정치군사적으로나 미국의 속내가 너무 많이 반영된 가이드라인이라고 비판하면서, 기존에 발표된 미국의 사이버 안보 관련 군사문서나 전략서와 다를 바가 없다는 불만을 토로했다.

  이러한 탈린매뉴얼의 시도가 앞으로 국제사회에서 얼마나 넓은 공감대를 확보할지는 알 수 없는 상황에서, 한국은 전략적 이해관계를 고려하여 적절한 자리매김을 해나가는 노력이 요구된다. 예를 들어 한국은 미국과 유럽 중심의 탈린매뉴얼 체제에 동참할 것인지, 아니면 새로운 국제레짐이나 관련 국제규범을 창출하는 노력에 더 집중할 것인지에 대한 국가전략적 입장을 설정할 필요가 있다. 미국이나 유럽이 기존 국제법을 원용하는 담론에서 앞서고 있기는 하지만, 러시아와 중국, 개도국들을 중심으로 새로운 법체계의 도입을 주장하는 도전도 만만찮은 상황이라는 점을 알아야 한다. 그런데 현재까지 한국은 탈린매뉴얼을 둘러싼 담론 형성 과정을 소극적으로 관망하는 자세를 취해왔는데, 향후 탈린매뉴얼의 시도가 동아시아 또는 아태 지역에서도 적용 가능한지의 여부에 대한 검토 등을 포함한 적극적 대응이 필요하다. 그러나 "현재 여타 포괄적인 사이버 안보 규범 형성 노력이 부재한 상태에서 탈린매뉴얼은 사이버 공간의 교전과 관련된 일정정도 준거점으로 활용될 가능성이 크다"(Noor 2015: 156).

기존의 전쟁법을 사이버 안보 분야에 적용하려는 시도인 탈린매뉴얼에 대한 국제적 합의가 쉽게 이뤄지지 않는 것처럼, 전통적인 국제기구인 유엔의 정부전문가그룹(GGE)에서 국제법의 적용 여부를 검토하는 시도도 난항을 겪기는 마찬가지였다. 유엔 GGE는 그동안 2004년, 2009년, 2012년, 2014년, 2016년 등 5차례에 걸쳐서 구성되었다. 2016-17년에 진행된 제5차 GGE회의에까지 이르면서 국내적, 지역·국제적 차원의 신뢰구축조치 이행방안 제시, 역량강화를 위한 협력적 조치의 개발, 기존 GGE에서 권고된 자발적 규범·규칙·원칙의 구체적 적용방법에 대한 권고 등의 사안과 관련해서는 나름대로의 진전을 이루었지만, 기존 국제법을 사이버 공간에 적용하는 문제와 향후 사이버 안보 관련 논의의 발전을 위해 개방형 워킹그룹을 구성하는 문제에 대한 이견으로 인하여 최종합의에 실패하였다.

한국은 우주분과로 가느라고 불참했던 2012-13년의 제3차 GGE 회의를 제외하고 나머지 4차례의 GGE회의에 모두 참여했다. 유엔 GGE에서 한국의 입장은 기본적으로 사이버 공간은 피해국이 일방적으로 불리한 구조이므로, 피해국에 유리한 방향으로 국제법의 해석 및 규범의 창출이 필요하다고 강조하였다. 이러한 주장의 이면에 존재하는 한국의 주 관심사는 북한의 사이버 공격을 막고, 북한의 공격이 경유국으로 거치는 국가, 특히 중국의 협조를 확보하는 데 있었다. 따라서 한국은 북한발 사이버 공격의 주요 피해국으로서 국제법 적용에 있어 피해국의 권리를 보장하기 위한 국제법의 상세화가 필요하다는 기본 입장을 취했다. 이밖에 유엔 GGE에서 거론되는 글로벌 이슈와 관련해서 한국은 대체로 서방 측의 주장을 지지하였는데, 적절한 범위에서 서방 측과 같은 입장을 유지하는 것이 국익에 부합한다는 판단이었다. 예를 들어, 한국은 자위권, 국제인도법, 대응조치의 필요성과 관련하여 서방 측과 입장을 같이했다.

'적절한 성의(DD)'가 국제법으로 성립되었는지의 여부와 관련하여 한국은 일부 서방 국가들(일본, 핀란드, 네덜란드, 스위스, 에스토니아 등)과 공조를 펼쳤다. 그러나 DD에 대해서 강대국들은 모두 반대하였다. 특히 중국이 반대했는데, 북한의 사이버 공격이 중국을 경유할 경우 이를 방지할 부담이 있기 때문인 것으로 판단된다. 전반적으로 강대국들의 입장은 DD는 국제법이 아니라 비구속적(non-binding) 규범이라는 것이었다. 한편 한국은 사이버 테러가 중대한 국제안보 이슈로 여러 계기에 논의되고 있다는 점을 '유의'한다는 문안을 제안하여 중국의 입장을 일부 인정했다. 이밖에 한국이 추가로 제안한 내용으로는 자국 영토가 특정국에 대한 사이버 공격에 활용된 경우, 피해국이 통보하는 시점부터 피해국에 협조해야 할 의무가 발생하는 것으로 보자고 제안하기도 했으며, 경유 국가들은 피해국이 협조 요청 시 '지체 없이' 반응을 보여줄 의무를 지자고 했다(신맹호 2016).

한편 한국은 상대적으로 진영 간 이견이 적은 내용을 제안하여 보고서의 상세화에 기여했다. 제5차 GGE회의 4세션에서 한국은 국가를 대신하거나 국가 목적의 달성을 위한 악성 ICT 활동에 있어 프록시 서버의 사용을 제한할 필요성을 제기했으며, 사이버 범죄의 심각성을 지적하고 이에 대한 대응의 필요성을 지적했다. 또한 ICT 침해사고 시 국가 간 협조를 위한 통지 템플릿을 마련할 필요성과 사이버 공격에 활용된 경유국의 상당주의 의무, 주요 기반시설에 대한 공격 발생 시 피해국에 대한 협조 규정의 상세화, 사이버 공간의 규범을 준수하겠다는 국가 간 선언을 통한 안전한 사이버 공간 구축 필요성 등을 강조하였다. 5차 GGE회의에서는 비록 최종보고서의 채택이 무산되었으나, 진영간 이견 대립에도 불구하고 한국이 제안한 사항들이 양 진영의 지지를 모두 확보하여 최종 초안에 충실히 반영되기도 하였다.

2. 사이버공간총회와 유럽사이버범죄협약

사이버공간총회는 사이버 공간이라는 포괄적 의제를 명시적으로 내건 본격적인 논의의 장이며, 사이버 안보에 구체적으로 이해관계가 걸린 당사국들을 중심으로 구성되었다는 의미가 있다. 한국은 2013년 10월 서울에서 제3차 총회를 개최하여 유엔 GGE의 권고안을 확장한 '사이버 안보에 관한 서울 프레임워크' 발표하였으며 역량강화 의제를 신설하는 등의 성과를 거두었다. 사이버공간총회가 서방 국가들의 주도 하에 이루어져서 러시아나 중국과 같은 비서방 국가들의 호응을 얻어내는 것이 큰 과제로 남아 있었는데, 서울 총회에서는 러시아와 중국이 모두 참여하는 성과를 거두었다. 2013년 6월에 마무리된 제3차 유엔 GGE회의에 뒤이어 개최된 회의라는 시기상의 이점도 있었지만 참가국의 저변을 넓히려는 한국의 노력도 주효했던 것으로 평가된다. 여하튼 한국의 입장에서 볼 때, 서울이 런던과 부다페스트 등의 유럽 국가들의 수도에 이어 세 번째로 사이버공간총회를 유치하여 성공적으로 개최했다는 사실은 사이버 외교의 의미 있는 성과라고 할 수 있다.

한국은 이후 2015년 헤이그에서 열린 제4차 사이버공간총회에서도 글로벌 정보보호센터 사업 등에 적극 참여하는 등 활발한 활동을 보였다. 당시 한국은 외교부 장관이 참석하여 네트워크 연계성이 초래한 사이버 위협에 대한 취약성은 모든 국가, 기업, 개인이 직면한 공통의 과제가 되고 있다면서 국가 간 협력의 필요성을 강조했다. 특히 사이버 공간이 기회와 잠재력의 원천이자 혁신과 성장의 동력이 되고 있는 반면 사이버 공격도 다양화, 빈번화되고 있음을 상기시키며, 전세계적으로 인터넷 연계성이 가장 높은 사회이자 분단 상황에 처해 있는 한국은 특히 이러한 위협의 심각성을 절실히 인식하고 있다고 소개했다. 한수원 및 소니 영화사 해킹 사건은 이러한 사이버 위협의 대표적 사례로서 거론됐는데, 특히 한수원 해킹사건과 같이 핵심 기반시설을 대상으로 한 사이버 공격에 대해서는 관련 국가들이 공격세력을 규명하기 위한 수사공조와 정보공유에 적극 협조해야 함을 제기했다.

당시 한국은 사이버 공간을 규율할 국제규범이 부재한 상황에서 국가 간 사이버 신뢰구축조치(CBMs : Confidence-Building Measures)를 통해 불신과 오인으로 인한 국가 간 긴장 가능성을 줄이고 상호 협력의 기반을 만드는 것이 중요함을 강조했다. 아울러, 개발도상국의 사이버 안보 취약성이 전체 사이버 생태계의 안전성을 위협하고 있음을 감안하여, 개도국의 역량강화를 위한 국제협력이 중요함을 강조하고, 한국이 2015년 중 설립 예정인 글로벌정보보호센터(GCCD: Global Cybersecurity Center for Development)를 통해 개도국의 사이버 안보 역량강화를 지원할 계획임을 소개했다. 한국은 2013년 서울 사이버공간총회에서 의장국으로서 총회 프로세스에 역량강화를 주요의제로 삽입하였는데, 2015년 사이버공간총회에서 출범한 사이버 전문가 글로벌 포럼(GFCE: Global Forum on Cyber Expertise)은 이러한 의제에 기반을 제공한 국제적 이니셔티브의 좋은 사례라 할 수 있다.

2017년 5월 현재 유럽사이버범죄협약, 즉 부다페스트협약에는 59개국이 가입되어 있고 이 중에서 55개국이 비준했다. 그런데 한국은 아직 가입하지 않고 있다. 따라서 정보공유 등 여러 가지 면에서 제약을 받고 있다. 미가입의 가장 큰 원인은 사이버 범죄의 감청 문제, ISP의 정보 보존의무 등이 국내의 기존 법제와 충돌하기 때문인 것으로 알려져 있다. 특히 감청 문제가 관건인데, 사이버 범죄를 예방하기 위해서 감청을 허용할 것이냐 또는 해킹이 감청을 허용할 정도로 중범죄이냐의 문제에 대해 이견이 존재한다. 다시 말해, 사이버 위협에 대응하기 위한 정보의 자유로운 접근 문제와 어떠한 경우에도 감청은 안된다는 입장이 대립하고 있다. 또한 보존의무 제도도 관건이다. 외국에서는 사이버 범죄에 사용된 로그정보 등의 보존유지가 허용되지만, 국내에서는 권고사항일 뿐 현행법상으로는 허용되지 않기 때문에 절차법적인 차원에서 수사에 필요한 유용한 수단의 활용이 제약받고 있다(장윤식 2017).

최근 국내에서도 유럽사이버범죄협약에의 가입을 주장하는 목소리가 높아지는 가운데, 최근 외교부를 중심으로 법무부, 경찰청 등이 가입 여부를 검토 중이다. 그러나 이는 여러 가지 기존 법제도 정비의 문제 및 〈국가사이버 안보법〉 제정 문제 등과 연관되어 있다. 2012년 8월 관계부처 협의 시 유럽사이버범죄협약 가입 문제를 논의하였으나 부처 간 이견이 노정되었다. 유럽평의회와 미 법무부 등은 다양한 창구를 통해서 한국의 가입을 요청하고 있다(신맹호 2016). 2016년 6월 제4차 한미 사이버 정책협의회에서 미 법무부 측은 협약 가입 및 이행 관련 미국 전문가를 한국에 파견해 관계부처 대상 설명회를 갖는 방안을 제안하기도 했다. 외교부 차원에서도 유럽사이버범죄협약의 이행 성과 등에 대한 평가를 바탕으로, 협약 가입 필요성을 협의하고 있다. 최근 한국의 가입을 가로막았던 통신비밀보호법이 위헌확인을 받아 새로운 전기를 맞게 될 것으로 보인다.

한편 대검찰청 과학수사부는 임시 옵서버 자격으로 2016년 11월 스트라스부르/바르샤바에서 개최된, 유럽사이버범죄협약위원회(T-CY: The Cybercrime Convention Committee)에 참석했다. T-CY는 유럽사이버범죄협약의 효과적 활용과 이행 촉진을 목적으로 운영되는 가입국 참석 위원회로, 옵서버 참석 시 협약에 대한 이해를 제고하고 국내 사이버 범죄와 관련하여 협약을 이행하기 위한 입법안을 마련하는 데 실질적 도움을 얻을 것으로 기대되었다. 2017년 11월에는 스트라스부르에서 열린 사이버범죄협약총회에 외교부, 대검찰청, 경찰청, 과기정통부 담당자들이 참석하였다. 사이버 안보 문제에 대한 입장이 유사한 국가들로 구성된 사이버범죄협약총회는 유엔 GGE 등에 비해 국가 간 논의 과정이 순조롭고 합의 수준도 높은 것으로 평가된다. 이미 상당수 국가에서 사이버범죄협약과 연계하여 사이버 범죄 관련 역량강화 프로그램을 진행하고 있으며, 또한 온라인 상의 외국인 혐오와 사이버 범죄 증거 관련 보전 조치 등의 개선방안에 대한 다양한 논의가 사이버범죄협약 가입국 간에 진행 중이다.

3. ICANN과 ITU/WSIS/IGF

현재 한국은 ICANN의 3개 지원기구 중에서 ccNSO(Country Code Names Supporting Organization)와 ASO(Address Supporting Organization)의 논의에 한국인터넷진흥원(KISA)이 참여하고 있으나, GNSO(Generic Names Supporting Organization)에는 참여하지 않고 있다. ICANN의 4개 자문위원회 중에서는 GAC(Government Advisory Committee, KISA가 참여)과 ALAC(At-Large Advisory Committee, ISOC Korea, OSIA 참여)에는 참여하나, SSAC(Security & Stability Advisory Committee)와 RSSAC(Root Server System Advisory Committee)에는 참여하지 않고 있다. 한편, 2014년 1월 KISA 내에 ICANN 서울사무소 개소 이후, 인터넷 거버넌스 교육 프로그램을 개설하고, ICANN의 주요 정책문서에 대한 한글번역 서비스를 제공하고 있으며, ICANN 공인 도메인 등록대행자 대상의 고객서비스를 제공할 뿐만 아니라 관련 정보교환의 장을 마련하는 사업을 벌이고 있다. 또한 2016-17년에는 아태지역 역량강화를 위한 '인터넷 거버넌스 아카데미'를 공동으로 추진하고 있다.

이러한 한국의 ICANN 활동과 관련하여 주목할 것은, 주로 과기정통부와 그 산하기관인 KISA를 중심으로 참여하고 있는데, 이러한 정부 중심의 참여가 다소 소극적 참여와 관망적 자세로 나타나고 있다는 점이다. 이는 다중이해당사자주의를 내세우며 주로 민간전문가들이 ICANN 활동에 참여하는 서방 국가들의 경우와 대비된다. 역으로 뒤집어 보면, 과연 다중이해당사자주의 모델 자체가 한국의 실정에 적합한지에 대한 검토가 필요한 것은 사실이다. 관념으로서의 다중이해당사자주의와 이를 실천할 사회경제적 기반으로 나누어 보았을 때, 관념으로서 다중이해당사자주의는 인터넷 초창기부터 모색되어 왔던 이상과 일맥상통하는 것으로서 한국의 입장에서도 그 자체를 부인할 이유는 없다. '인터넷 강국'으로서 한국의 명성에 걸맞게 민간이 주도하는 자유로운 사이버 공간의 활동과 질서를 중장기적으로 모색하는 것은 바람직하다고 볼 수 있기 때문이다.

그러나 국내외적으로 다중이해당사자주의 모델을 실천할 사회경제적 기반이라는 관점에서 보았을 때 현재 한국의 현실은 매우 빈약하다고 평가하지 않을 수 없다. 사실 한국에는 인터넷 거버넌스와 관련하여 다중이해당사자주의를 논할 정도로 이해당사자(stakeholder)들이 결속되어 있지도 못했으며, 만약에 있더라도 그 층이 매우 얇다. 게다가 미국의 경우처럼 정부와 기업 및 시민사회 등을 오고가며 활동하는 공공 및 민간 전문가들이 거의 없다. 따라서 국내업계의 이해당사자들이 충분히 성숙되지 않은 상황에서 다중이해당사주의의 추구는 한국의 현실에 근거한다기보다는 다소 이상적이라는 지적이 나오기도 한다. 그렇지만 사정이 이러하다고 대외적으로 글로벌 인터넷 거버넌스의 장에서 공공연히 러시아와 중국이 내세우는 바와 같은 국가간다자주의를 지지하기에는, 한국에게는 미국과의 관계에서 파생되는 '안보 변수'가 일종의 제약요인으로 작용한다.

이렇듯 글로벌 인터넷 거버넌스의 장으로서 ICANN에의 참여는 정부의 소극적 자세와 국내 사회경제적 기반의 취약성으로 인해서 그리 활발하게 이루어지지 못하고 있다. 이에 비해 한국 정부는, ICANN 활동에의 참여보다는, 전통 국제기구 모델 또는 국가간다자주의에 기반을 둔 글로벌 인터넷 거버넌스의 활동에 좀 더 중점을 두고 있는 것으로 보인다. 예를 들어, 한국은 인터넷 시대를 맞이하여 전통적인 전기통신 분야의 관할권을 확장하는 데 주력하고 있는 ITU 활동에 적극 참여하고 있다. 한국은 과기정통부와 정보통신정책연구원(KISDI)을 중심으로 ITU와 APT 등에서 개최하는 주요 회의의 의제를 분석하고 이에 대응함으로써 국내의 관련 정책협의를 이끌어가고 있다. 또한 이 분야의 국제협력을 위한 국내적 기반을 강화함으로써 국제기구 활동의 지원체계를 구축해 왔다. 이를 바탕으로 최근에는 2014년 ITU 전권회의(부산)와 ITU 전기통신개발총회(WTDC) 및 정보사회세계정상회의(WSIS)+10 고위급행사, 그리고 APT 총회 등을 개최하거나 참여한 바 있다.

　인터넷 거버넌스와 관련해서는 이 중에서 2015년 12월 유엔에서 개최된 WSIS+10 고위급회의 참여에 주목할 필요가 있다. 유엔은 디지털 정보격차 해소를 위해 2003년과 2005년에 걸쳐서 WSIS를 개최했는데 그 이후 10년 후인 2015년 총회에서 그동안의 의제 이행과 관련된 검토 작업을 벌이기로 결정했는데, 여기에 미래부(현 과기정통부), KISDI, KISA, 외교부 등에서 참여했다. 2016년 5월에는 KISDI가 스위스 제네바에서 개최된 WSIS 포럼에 참여했는데, 이 포럼은 WSIS의 결과 이행을 위해 2009년 이후 매년 개최되고 있다. 2015년 12월의 WSIS+10 고위급회의에서 모든 이해관계자가 WSIS의 이행현황을 논의하고 모범 사례를 공유하는 플랫폼으로서 WSIS 포럼을 지속하기로 결정한 바 있다. 한편 한국은 2006년 이후 IGF에도 계속 참여해 왔는데, 현재 IGF의 운영 제반 사항을 논의하는 IGF MAG(Multistakeholder Advisory Group)에 참여 중이다.

VI. 맺음말

이 글은 국가 간, 정부 간, 글로벌 거버넌스 등의 세 가지 프레임을 원용하여 현재 복합적인 양상으로 진행되고 있는 사이버 안보 분야의 국제규범 형성과 그 기저에 깔려 있는 주요국들의 이해갈등 구도를 살펴보았다. 최근 주목을 받는 것은, 2013년 이후 근대 국제질서에서 잉태된 국가 간 프레임으로 사이버 안보의 국제규범을 보려는 시도이다. 그러나 전통적인 국제법의 적용을 실험하는 탈린매뉴얼이나 유엔 GGE 활동에서 보는 바와 같은 전통 국제기구의 틀 안에서만 초국적이고 탈영토적인 사이버 위협에 대응하는 적절한 해법을 찾기란 쉽지 않을 것이다. 이러한 점에서 사이버 공격으로부터 피해를 보는 당사국의 정부들이 나서서 해법을 찾아보려는 정부 간 프레임의 시도들이 좀 더 현실성이 있어 보인다. 실제로 2010년대에 들어서 서방국들이 주도한 사이버공간총회나 유럽사이버범죄협약과 같은 정부간협의체 모델, 그리고 비서방 국가들이 공을 들이고 있는 상하이협력기구와 같은 지역협력기구 모델이 사이버 안보 국제규범 논의의 전면으로 치고 들어온 바 있다. 그러나 좀 더 넓은 시각에서 본 글로벌 인터넷 거버넌스 분야의 규범 형성 노력도 간과해서는 안 된다. 글로벌 거버넌스의 프레임에서 본 ICANN 주도의 인터넷 거버넌스 체제의 변환과 ITU의 새로운 관할권 주장의 과정에서도 사이버 안보의 국제규범을 모색하기 위한 움직임들이 진행되고 있기 때문이다.

이러한 복합적인 국제규범 모색의 과정에서 각국은 자국에게 유리한 국제규범을 실현하기 위한 프레임 경쟁을 벌이고 있다. 이 글에서 파악한 사이버 안보 분야 프레임 경쟁의 양상은 세 가지 층위로 나누어 살펴본 각각의 프레임 내에서 벌어지는 규범 경쟁인 동시에, 더 중요하게는 세 가지 층위를 가로질러서 나타나는 '프레임 간 규범 경쟁'의 모습이다. 이러한 프레임 경쟁의 기저에는 미국과 유럽 국가들이 주도하는 서방 진영을 한편으로 하고, 러시아와 중국을 중심으로 한 비서방 진영을 다른 한편으로 하는 두 진영 간의 지정학적 대립구도가 겹쳐진다. 서방 진영이 글로벌 거버넌스의 프레임을 앞세우고 정부간 프레임으로 지원하면서 자신들에게 유리한 국제규범의 도출을 위한 노력을 펼친다면, 이에 대항하는 러시아나 중국 등 비서방 진영의 프레임은 국가 간 프레임을 고수하는 모양새를 나타내고 있다. 양진영이 벌이고 있는 프레임 경쟁의 차이를 요약하면, 서방 진영이 정부 간 프레임과 글로벌 거버넌스 프레임을 결합한 복합 아키텍처의 국제규범을 모색한다면, 비서방 진영의 시도는 근대 국제질서의 아키텍처를 기반으로 하는 국가 간 프레임에 입각해 있다고 볼 수 있다.

이 글에서 살펴본 사례들은 이러한 '프레임 내 경쟁'과 '프레임 간 경쟁'의 양상이 중층적으로 겹치면서 서로 치고받는 모습을 보여주었다. 예를 들어, 국가 간 프레임 내에서 벌어지는 경쟁의 양상을 보면, 미국과 나토가 탈린매뉴얼을 내세워 국제법 프레임에 입각한 공세를 펼치는 데 대해서 러시아는 유엔 GGE에서의 사이버 안보 규범의 논의라는 국제기구 프레임을 관철시키기 위해 유럽 지역 밖으로 목소리를 높였으며 끝내는 미국으로 하여금 유엔이라는 전통 국제기구의 프레임을 수용케 하는 성과를 거두어냈다. 한편 유엔 GGE에서의 국가 간 프레임을 활용한 안보 우선의 논의에 대해서 영국을 비롯한 서구 국가들은 사이버공간총회라는 좀 더 포괄적이고 다양한 이슈를 다루는 정부간 프레임으로 맞불을 놓았다. 다른 한편으로 서방 선진국들이 세운 사이버 범죄 분야의 '표준'이라고 할 수 있는 유럽사이버범죄협약의 확산에 대항하는 과정에서, 러시아와 중국이 주도하는 상하이협력기구의 행보가 박차를 가하게 된 측면이 없지 않다. 이러한 구도와 중첩되면서 사이버공간총회와 상하이협력기구 간에도 프레임 경쟁의 양상이 진행되었음을 무시할 수 없다.

이러한 프레임 경쟁의 가장 밑바닥에는 글로벌 질서의 미래상과 관련하여 서방 진영과 비서방 진영이 지닌 근본적으로 상이한 관념이 자리 잡고 있음에도 주목해야 한다. 서방 진영은 사이버 공간에서 표현의 자유, 개방, 신뢰 등의 기본 원칙을 존중하면서 개인, 업계, 시민 사회 및 정부기관 등과 같은 다양한 이해당사자들의 의견이 수렴되는 방향으로 글로벌 질서를 모색해야 한다고 주장한다. 이에 대해 러시아와 중국으로 대변되는 비서방 진영은 사이버 공간은 국가주권의 공간이며 필요 시 정보통제도 가능한 공간이라는 주장하며 이에 동조하는 국가들의 국제연대담론을 내세우고 있다. 다시 말해, 전자의 입장이 민간 영역의 인터넷 전문가들이나 민간 행위자들이 전면에 나서야 한다는 이른바 다중이해당사자주의의 관념으로 요약될 수 있다면, 후자는 인터넷 분야에서도 국가 행위자들이 나서 합의의 틀을 만들어야 한다는 국가간다자주의 프레임으로 요약해 볼 수 있다.

사이버 안보의 국제규범 형성의 사례에서 볼 수 있는 세계 주요국들의 경쟁양상은 여태까지 알고 있던 근대 국제질서 내에서 자국의 이익을 모색하는 단순경쟁이 아니라, 미래의 국제규범을 자신들에게 유리한 방향으로 유도하기 위한 프레임 경쟁으로 나타나고 있다. 이러한 프레임 경쟁에 적응하기 위해서는 전통적인 국가 간 프레임에만 갇혀 있을 것이 아니라, 좀 더 복합적인 프레임에서 이 분야의 규범 형성을 보는 노력이 필요하다. 특히 강대국들이 벌이는 프레임 경쟁이라는 구조변화에 대응하는 중견국의 입장에서는 이러한 프레임들이 누구의 이해관계를 대변하는지, 그리고 각 프레임이 궁극적으로 지향하는 질서상이 무엇인지를 제대로 파악하는 일 자체가 국가전략의 사안이라고 할 수 있기 때문이다. 이러한 프레임 경쟁에 대비하는 국가전략의 모색은 아직까지 국제적으로 합의된 국제규범이 형성되지 않은 사이버 안보 분야의 특성을 고려할 때 더욱 필요하다고 할 수 있다.

참고문헌

김상배. 2014. 『아라크네의 국제정치학: 네트워크 세계정치이론의 도전』 한울.
_____. 2018. 『버추얼 창과 그물망 방패: 사이버 안보의 세계정치와 한국』 한울엠플러스.
김소정. 2016. "사이버 안보의 국제협력." 사이버 안보와 세계정치 공부모임 세미나 발표문,
　　서울대학교 국제문제연구소. 8월 8일.
레이코프, 조지. 2007. 『프레임 전쟁: 보수에 맞서는 진보의 성공전략』 창비.
민병원. 2017. "군사전략론으로 보는 사이버 안보." 『사이버 안보의 국가전략: 국제정치학의
　　시각』 사회평론, pp. 26-64.
박노형. 2017. "사이버 안보의 국제법적 접근." 사이버 안보와 세계정치 공부모임 세미나
　　발표문, 서울대학교 국제문제연구소. 1월 17일.
박노형·정명현. 2014. "사이버전의 국제법적 분석을 위한 기본개념의 연구: Tallinn
　　Manual의 논의를 중심으로." 『국제법학회논총』 59(2), pp. 65-93
_____. 2016. "제4차 정보안보에 대한 유엔정부전문가그룹 논의 분석과 국제사이버법의
　　발전 전망." 『국가전략』 22(3), pp. 173-198.
박윤정. 2016. "글로벌 인터넷 가버넌스와 사이버 안보: 한국의 시각과 역할." 사이버 안보와
　　세계정치 공부모임 세미나 발표문, 서울대학교 국제문제연구소. 9월 5일.
방송통신위원회·행정안전부·지식경제부. 2012. 『국가정보보호백서』 국가보안기술연구소·
　　한국인터넷진흥원.
배영자. 2017. "글로벌 거버넌스론으로 보는 사이버 안보." 『사이버 안보의 국가전략:
　　국제정치학의 시각』 사회평론, pp. 96-135.
신맹호. 2016. "외교부 사이버 안보 업무 현황." 사이버 안보와 세계정치 공부모임 세미나
　　발표문, 서울대학교 국제문제연구소. 12월 16일.
신범식. 2017. "러시아의 사이버 안보 전략과 외교." 김상배 편. 『사이버 안보의 국가전략:
　　국제정치학의 시각』 사회평론, pp. 241-277.
이상현. 2017. "국제규범으로 보는 사이버 안보." 『사이버 안보의 국가전략: 국제정치학의
　　시각』 사회평론, pp. 65-95.
장규현·임종인. 2014. "국제 사이버 보안 협력 현황과 함의: 국제안보와 UN GGE 권고안을
　　중심으로." 『정보통신방송정책』 26(5), pp. 21-52.
장노순. 2016. "사이버 안보와 국제규범의 발전: 정부전문가그룹(GGE)의 활동을 중심으로."
　　『정치·정보연구』 19(1), pp. 1-28.
장윤식. 2017. "사이버 범죄와 국제공조." 사이버 안보와 세계정치 공부모임 세미나 발표문,
　　서울대학교 국제문제연구소. 1월 9일.
정종필·조윤영. 2017. "중국의 사이버 안보 전략과 외교." 김상배 편. 『사이버 안보의
　　국가전략: 국제정치학의 시각』 사회평론, pp. 177-210.
조성렬. 2016. 『전략공간의 국제정치: 핵·우주·사이버 군비경쟁과 국가안보』
　　서강대학교출판부.

Brenner, Susan W. 2007. "Council of Europe's Convention on Cybercrime." J.M. Balkin
　　and Information Society Project, Yale Law School, *Cybercrime: Digital Cops in a
　　Networked Environment*. New York: New York University Press, pp. 207-220.

Council of Europe, 2017. "Chart of Signatures and Ratifications of Treaty 185, Convention
　　on Cybercrime, Status as of 28/05/2017." http://www.coe.int/en/web/conventions/
　　bi-or-multilateral-agreements (검색일: 2017년 5월 28일).

DeNardis, Laura. 2013. *The Global War for Internet Governance*. New Heaven, CN: Yale
　　University Press.

Gitlin, Todd. 1980. *The Whole World Is Watching: Mass Media in the Making and
　　Unmaking of the New Left*. Berkeley: University of California Press.

Noor, Elina. 2015. "Strategic Governance of Cyber Security: Implications for East Asia."
　　in Rizal Sukma and Yoshihide Soeya, eds., *Navigating Change: ASEAN-Japan
　　Strategic Partnership in East Asia and in Global Governance*, Tokyo: Japan
　　Center for International Exchange, pp. 150-163.

Schmitt, Michael N. 2012. "International Law in Cyberspace: The Koh Speech and Tallinn
　　Manual Juxtaposed." *Harvard International Law Journal*. 54, pp. 13-37.

Schmitt, Michael N. ed. 2013. *Tallinn Manual on the International Law Applicable to
　　Cyber Warfare*. Cambridge, MA: Cambridge University Press.

_____. 2017. *Tallinn Manual 2.0 on the International Law Applicable to Cyber
　　Operations*. Cambridge, MA: Cambridge University Press.

国家互联网信息办公室(국가인터넷정보판공실). 2017. 『网络空间国际合作战略(사이버 공간국제협력
　　전략)』 3月 1日.

제2장

사이버 공간의 규범 형성을 위한 UN의 노력과 전망

김소정 · 김규동

I. 서론

사이버 공간을 통한 국가 간 갈등의 전개와 해결 과정은 미묘하고 은밀하다. 일반인을 대상으로 하거나 정치적 목적을 달성하기 위해 비국가주체가 수행하는 행위들은 범죄나 테러로 정의되며, 좀 더 대중적이며 공개적인 성격을 갖는다. 하지만 국가가 주체가 되어 수행하는 사이버 공간에서의 악의적 행위들은 경제적 이익 탈취, 지재권 탈취, 정보수집, 정치적 목적 달성을 위한 캠페인 수행, 사이버 무기를 활용한 공격행위 등이 해당하며, 이들은 은밀하고 지속적인 역량을 결집해 수행되게 된다.

국가안보적 의미를 갖는 사이버 공격, IT 사용 활성화 등은 안보의 결정적 중요성을 갖고 있으나 분석가들은 여전히 공격, 방어, 억지, 확산, 규범, 무기통제 등의 개념이 사이버 시대에 어떻게 적용되어야 하는지 결론 내리지 못한 채 사이버전과 같은 용어를 남용하고 있다. 전쟁은 나쁘거나 위험한 일을 멈추거나 막는 행위로 이를 사이버에 대입하면 사이버 전쟁은 주요 물리적 폭력에 해당하거나 이로 확장될 수 있는 사이버 공간에서의 적대적 행위를 포괄하게 된다. 나이(Joseph Nye)는 국가안보적 의미를 갖는 사이버상의 위협은 사이버전, 경제적 첩보행위와 같은 국가주체의 행위와 사이버 범죄, 사이버 테러리즘과 같은 비국가적 행위로 크게 구분이 가능하나 현재는 유형별 오버랩이 심화되고 있는 것으로 판단한다(Joseph Nye 2014).

사이버 공간에서의 국가 간 행위를 규율하고자 하는 노력은 "ICT의 악의적(혹은 군사적) 사용"을 저지하기 위한 노력으로 1990년대 후반부터 제기되어 왔음에도 불구하고, 아직까지 이렇다 할 결과를 도출하지는 못한 실정이다. 사이버 공간에서 일어나는 위협 사례들은 이와 같은 국제규범의 적용에 있어 많은 국가에게 어려움을 안기고 있다. 소위 "사이버 오퍼레이션(cyber operation)"으로 인한 국가와 국제사회에 대한 위협 수준은 대규모 사이버 범죄로 인한 경제적 피해와 사회적 불안정에서부터 국가 중요시설과 국가정보에 대한 위협, 군사적 사이버 공격으로 인한 전쟁의 가능성에 이르기까지 매우 폭넓고 심각하게 제기된다(Schmitt 2013: 283-293; 오일석·김소정 2014: 123-126; 박기갑 2010: 37; 신진 2016). 이에 따라 국제사회는 사이버 공간에서의 국가 활동을 규율하는 규범에 대한 논의를 다양한 수준에서 진행하고 있다(김소정·김규동 2017).

하지만 우리나라에서의 사이버 안보 논의는 최근의 경향으로 이전에는 사이버 보안(컴퓨터 보안, 정보보호, 정보보안 등)으로 한정하여 이루어졌다. IT전문가들은 국제전기통신연합(ITU: International Telecommunication Union) 등의 회의에서 이루어진 미국-서유럽 간 기술표준 경쟁에서 캐스팅 보트로서의 강력한 입지를 향유해 왔으며, 안보상 문제보다는 표준선점을 통한 시장 확보의 문제로 인식, 관련 회의에 대응해 왔다. 즉, IT분야에서 진행되어 왔던 그간의 국제회의에서의 발언은 IT가 가지는 기술적 측면 이외의 안보적 고려를 포함한 정부의 일관된 전략적 선택을 위한 방향을 제시하지 못했으며, 2014년 Word Congress on IT(WCIT)에서의 논의 결과가 그 정점이었고 이는 기존의 사이버 보안과 사이버 안보에 대한 시각차에 기인한 것이다. IT의 문제는 국가안보상의 이슈라기보다는 과학기술경쟁의 요소로 인식되고 다루어져 왔으며 현실에서 보안요소의 IT화에 따른 필요에 의한 기술정책 개발 및 집행이 사이버 보안 분야 정책의 주를 이루었다는 점에서 알 수 있다. 역사적으로는 1990년대 IT화 이후 전자정부화를 겪으면서 제기된 보안필요성 증대에 따른 적절한 대처였으며 국제회의 대응도 이러한 틀에서 이루어졌다. 이들의 논의는 기술과 표준을 중심으로 한 실무적 판단을 근간으로 했으나, 국제사회가 요구한 규범 정립의 과정은 기존의 안보적 관점에서의 전략적 판단을 필요로 했음을 인지하지 못했던 것이다.

이와 별개로 우리 정부는 2000년대 초반 이후 개최된 UN 정보안보 전문가그룹에 1회(3차)를 뺀 전 과정에 국가전문가를 참여시켰으며, UN에서 논의되는 사이버 공간의 국제규범 형성 과정에 참여해 왔다. UN에서의 사이버 안보 논의는 GGE의 정식명칭인 "국제안보 관점에서 정보통신 분야의 발전상에 대한 정부전문가그룹(UN GGE: UN Group of Governmental Experts on Developments in the Field of Information and Telecommunications in the Context of International Security)"이 보여주듯 국제안보의 맥락에서 정보안보를 논의하는 자리이다. 즉, 기존의 국제정치의 힘의 구도와 경쟁이 그대로 사이버 공간으로 이동해 온 자리이며, 이에 대해서는 기술적 전문성 외 국제관계학적 시각과 안보전략적 시각, 법 및 정책적 시각도 동시에 고려한 대외 대응 전략이 필요하다.

이러한 상황에서 우리나라는 남북관계에 있어 격변을 겪고 있다. 현 정부는 '평화(Peace) 공동체' 구축을 통한 안보·테러 등에 대한 공동 대응 등이 포함된 신(新)남방정책을 추진하고 있는데, 신남방정책은 신북방정책과 함께 문재인 정부의 "한반도와 동북아를 넘어 주변 지역의 평화와 번영을 위한 환경을 조성해 나가겠다는 중장기 지역 비전"인 '동북아플러스 책임공동체'의 한 축인 '번영의 축'이다.

남북평화체제를 지향하는 현 시점에서 우리나라 사이버 공간의 확장, 인터넷 거버넌스 재편, 사이버 문화의 변화가 예상되며, 분단상태하의 "대립"을 염두에 둔 사이버 체계가 현재의 변화한 환경에서 제대로 작동할 수 있도록 법·제도 및 정보통신 기반시설에 대한 점진적 통합정책을 도출해야 하는 안보시각의 전환이 필요한 시점이다. 특히 판문점선언(2018. 4. 27) 이후의 주변 열강들의 국제정세를 반영할 수 있는 사이버 안보체계를 갖추어야 한다.

최근 북한발 사이버 공격은 다소 수그러든 상태로 알려져 있지만 그것이 우리나라가 예전보다 사이버 안보 수준이 높아진 것을 의미하지는 않는다. 최근 언론은 북한 기술자들이 원격으로 서버를 통제할 수 있는 접속프로그램을 국내 대기업과 민간 기간시설 등지에 설치하여 북한의 사이버 공격 위험에 노출됐던 것으로 보도했으며,[1] 이러한 접속프로그램은 긴장완화 국면이 아니었으면 우리나라에 대한 공격에 이용되었을 것으로 보여진다. 이러한 시기에 미국 법무부는 2014년 소니해킹과 2015년 방글라데시 은행 계좌 탈취, 워너크라이 랜섬웨어 공격 가담 등을 이유로 북한인 박진혁을 LA 연방법원에 고발했다.[2] 또한 미 하원은 북한 등의 사이버 공격 대응 법안을 발의하고 추가 제재를 의무화하고자 하고 있다.[3] 즉, 우리의 사이버 안보 환경은 남북대결 구도하의 사이버 안보가 아닌 미·일·중·러 4강 구도를 모두 고려해야 하는 시점이 된 것이다.

세계 각국은 사이버 공간의 신뢰성과 안전성을 보장하기 위해 저마다의 노력을 기울이고 있고 보수적이거나 국수적 정책도 때로는 취

---

1   연합뉴스, "대기업·통신사 北사이버 테러 위험 노출…6천명 개인정보도 넘겨," 2018. 09. 12. http://www.yonhapnews.co.kr/bulletin/2018/09/11/0200000000AKR20180911174100004.HTML?input=1195m

2   VOA, "법무부 "북한인, 역대 최대 사이버 공격…북한 정부 연루", 2018. 9. 7. https://www.voakorea.com/a/4560948.html

3   VOA, "미 하원, 북한 등의 사이버 공격 대응 법안 발의…추가 제재 의무화," 2018. 4. 24. https://www.voakorea.com/a/4361301.html

하고 있다. 국제규범의 정립이 정체되어 있는 현 시점에서 우리나라는 어떤 전략적 고려와 선택을 해야 할 것인지에 대한 고민이 깊어질 수밖에 없다. 이 글에서는 사이버 공간에서 규범이 갖는 의미와 국제규범 형성을 위한 UN의 노력을 되짚어 보고, 국제규범 형성 방향을 전망해보고자 한다. 이를 통해 우리나라가 앞으로 취해야 할 입장과 고려해야 할 사항들을 정책제안하고자 한다.

II. 사이버 공간과 규범

1. 사이버 공간의 개념과 이해의 시각차

사이버 공간에 대한 정의는 각국마다 의미하는 바가 다르며, 이는 사이버 공간을 규율하는 규범을 형성하는 데 있어 각국의 주안점이 다르게 된 이유이다. 미국 대통령명령 22는 사이버 공간을 "인터넷, 통신 네트워크, 컴퓨터 시스템, 임베디드 프로세서 및 기반산업시설의 제어시스템 등이 포함된 정보 기술의 상호 의존적 네트워크 인프라를 의미한다. 사람들 간의 정보교환 및 상호작용이 가능한 가상의 환경"으로 정의한다(United States NSPD-54/HSPD23/PPD-22). 이 정의에 따르면 사이버 공간은 이를 구성하기 위한 물리적(physical), 논리적(logical), 내용적(content), 사회적(social) 측면을 모두 아우른다고 볼 수 있다.

미 국방대학교는 "정보 통신 기술을 사용하여 상호 의존적이고 상호 연결된 네트워크를 통해 정보를 생성, 저장, 수정, 교환 및 악용하기 위해 전자 및 전자기 스펙트럼을 사용하여 특이하고 독특한 특성을 갖춘 정보 환경 내의 글로벌 도메인"으로 정의하고 있다. 이러한 사이버 공간을 이용하여 기타의 운영 환경 혹은 권력의 행사에서 이익을 취하거나 영향력을 미치는 행위를 사이버 파워로 정의한다(Kramer 2009, xv-xxii).

즉, 미국은 사이버 공간이 갖는 물리적, 논리적, 내용적, 사회적 측면을 모두 의식하고 있으면서 이를 군사적으로 적용하는 경우는 좀더 기술적 의미를 강조하고 있으며, 국가의 파워(역량, 권력)가 투영되는 새로운 공간으로 인식하고 있다(조지프 나이 2012).

이에 반해 러시아는 "정치적 및 전략적 목표를 달성하기 위한 비군사적 수단의 역할이 커졌으며 많은 경우 무기의 효력 면에서도 재래식 무기의 힘을 능가했다 … 갈등에 적용되는 방식이 집중하는 부분은 정치적, 경제적, 정보, 인도주의적 및 기타 비군사적 조치의 광범위한 사용으로 그 적용 방향이 전반적으로 변경되었다"고 하며 사이버 공간의 정치적, 군사적 영향력 확대를 인식한다.[4]

즉, 사이버 전쟁에 대해서도 미국을 중심으로 한 서방 측은 대규모 피해나 사상자가 발생하는 실질적 공격행위로 인식하고(Schmitt et al. 2013), 러시아를 중심으로 한 반서방국가들은 심리전을 포함한 정보캠페인의 성격을 강조하고 있다(양정윤 외 2017). 이는 국제사회에서 국제규범을 형성하기 위한 각국의 입장차가 대별될 수밖에 없는 가장 큰 원인이자 배경이며, 이에 대한 이해가 실제 우리의 입장을 정립하는 데에도 기초가 된다(김소정 2013).

---

4   The Military Doctrine of the Russian Federation 2010.

2. 규범의 정의와 사이버 공간의 규범

규범이란 "특정한 정체성을 지닌 행위자들을 위한 적절한 행위의 기준"이며(Finnemore and Sikkink 1998, 891), 주어진 정체성을 가진 행위자들의 적절한 행동에 대한 집단적 기대로 정의할 수 있다(Katzenstein 1996, 5). 규범 외에 유사한 정책 수단으로는 원칙(principle), 법(law)이 있다. 원칙은 사실, 인과관계, 혹은 청렴(rectitude)의 선언으로 볼 수 있다. 이러한 규범은 습관(habit)에서 기인하거나 혹은 인센티브 제공, 설득, 사회화 등의 과정을 통해 적극적으로 구축할 수 있다(Finnemore 2017).

따라서 규범은 국가의 행동을 제약함에 따라 갈등의 범위를 제한하고, 국가 간 안보, 무역, 정치적 이슈의 상호 연계에 대한 예측과 기대를 가능하게 한다.

사이버 분야는 규제 성격의 규범이 형성되는 규범 등장의 단계로 볼 수 있다. 이는 규범 형성을 위한 규제 대상 및 범위 논의에 있어 미·러·중 등 강대국의 입장차가 커 단시간 내 국제적 규범 형성이 어려울 것으로 보이기 때문이다. 세력 우위에 있는 국가가 자국의 전력을 통제하는 규범을 수용하여 안보전략의 효과를 제한시키는 양보를 하지 않을 것이기 때문에 단기간에 규범이 만들어질 것으로 기대하기는 어렵다(장노순 2016).

국가안보 측면에서 국제규범은 안보위협 행위나 행위자에 대한 대응 요건과 수단에 대한 가이드라인의 역할을 한다. 예방과 대응, 복구활동 전반에 걸쳐 허용되는 조치의 기준과 활용할 수 있는 규범적 해결책을 제시한다. 국가는 이러한 제약하에 자신에게 주어진 재량하에 적절한 수단과 수준을 선택한다. 어떤 수단을 언제 발동할 것인지는 정책적 결심의 문제이다(김소정 · 김규동 2017).

　새로운 규범은 기존 국제정치의 테두리를 넘어서 새롭게 부상하는 권력구조와 구성원리를 반영한 규범이 될 가능성이 높다. 사이버 공간에 대한 규범은 결국 각국이 기존 국제법과 주권 등의 개념을 온라인에 어떻게 적용할 것인가를 구체화한 내용이 큰 틀에서 합의되어 만들어지는 과정으로 볼 수 있는데, 이에 대해서는 세계 각국의 환경과 기술수준의 편차가 커 쉽게 형성될 수는 없을 것이다. 국가안보의 일부분으로서 사이버를 인식하는 시각과 IT기술을 활용한 사이버에 기반한 국가안보의 다양한 확장성을 고려한 인식은 국가안보가 사이버를 해석하는 맥락을 다르게 규정하고, 이는 국제사회에서 자국의 전략적 이익 달성을 위한 목표지향을 다르게 설정하고 있다. 이 편차를 극복한 보편적 국제규범 형성은 향후 지속적인 관심주제가 될 것이다.

III. UN 사이버 안보 GGE의 국제규범 형성 노력[5]

1998년 러시아가 UN에 최초로 사이버 공간을 국가가 악의적으로 활용하고자 하는 노력에 대해 국제사회의 주의를 촉구한 것은 기술발달의 정치사회적 파급력에 대해 선구적으로 인식하고 이를 공론화시킨 결과이다. 우리나라는 2004년 제1차 UN 사이버 안보 GGE가 설립된 때부터 제3차 GGE를 제외하고는 지속적으로 의제에 대응해 왔다. 제1, 2차 GGE가 별 소득 없이 끝나고 제3차 GGE에서는 오프라인상의

5　필자들은 제4차, 제5차 UN 사이버 안보 GGE 자문으로 직접 회의에 참가한 결과를 바탕으로 제3장 내용을 정리하였음. 또한 제4차 결과에 대해서는 김소정 · 김규동(2017: 87-122) 참고.

국제법이 온라인상에도 적용된다는 점, 오프라인상의 주권이 온라인 상에도 적용된다는 데에 대해 GGE 참여국이 원칙적인 합의를 도출했다(김소정·김규동 2017).

제4차 GGE부터 우리나라는 주요기반시설에 대한 사이버 공격 행위에 대해 경유국이 국제법상 주권의 개념에서 파생되어 "자국 영토가 다른 국가의 권리에 반하는 행위에 이용되는 것을 알면서 허용하지 않을" 의무인 상당한 주의의무[6]를 갖는다는 점을 결과보고서에 추가되도록 노력함으로써 우리가 겪는 사이버 안보 환경의 어려움을 해결할 근거를 마련하였다. 2015 보고서에서 국가의 위법행위책임이 명시되는 등 제4차 UN GGE가 적용가능한 규칙을 식별, 제시하는 데 중점을 두었다면, 제5차 UN GGE는 이를 실제 실천하기 위한 가이드라인 성격의 문건 도출을 추구하였다.

그러나 제5차 GGE 오프라인의 국제법이 온라인에 적용되는 방식과 범위, 지향점, 무력사용과 무력공격의 기준을 사이버적으로 해석하려는 시도는 첨예하게 대립하였고, 사이버 공간의 안전하고 신뢰할 수 있는 사용을 보장하기 위한 국가의 책임과 신뢰구축조치 등을 제시하는 데 있어 GGE의 25개국 전체의 합의 도출에 실패, 최종 결과보고서를 채택하지 못하였다. 제5차 GGE를 통해 제3차, 4차 보고서에서 합의된 내용의 구체화된 적용방안을 논의하고 상당한 진척을 이루었음에도 불구하고, 국제법상 자위권, 국제인도법 등 무력충돌법 내용에 대한 합의 도출이 어려워 전체 보고서의 채택이 불발되었다.

제5차 GGE의 주요쟁점 및 논의경과를 살펴보면, 첫째, 2013년 GGE를 통해 사이버 공간에서의 국가 행위에 대한 국제법 적용을 원

---

6   ICJ, Corfu Channel case(Merits), Judgment of April 9th 1949, ICJ Reports 1949, pp. 4-169, p. 22.

칙적으로 합의하였으나, 개별 규범의 구체적 적용 여부와 방법에 대
한 국가 간 대립이 지속되었다. 둘째, 국가의 정보통신기술(ICT: In-
formation Communication Technology) 이용에 관한 자발적 규범과
규칙을 마련하는 데 있어서는 2015년 제4차 GGE 이후 자발적 규범,
규칙의 개발에 대한 공감대는 형성되었음에도 불구하고, 기존에 합의
된 자발적 규범의 이행을 위한 구체적 방안을 중심으로 논의가 진행되
어 일정 부분 진척을 보았다. 셋째, GGE 보고서의 규범력 및 이행 확
보 방안에 대해서는 신뢰구축조치, 자발적 규범 등 이행 확산을 위한
국가별 국내 사이버 안보 체계 발전을 위한 역량강화 방안이 다수 논
의된 점은 긍정적이었다. 특히 상호간 사이버 정책의 검증체계를 구축
하는 방안이 논의되었으나, 개도국 및 비서방권의 반발로 무산되어 이
분야는 지역기구 및 양자관계 중심으로 추후 발전이 예상된다. 넷째,
최종적으로 핵심 쟁점에 대한 진영 간 입장차를 좁히지 못하여 보고서
채택이 무산되었으며, 향후 GGE 지속에 대해서도 부정적 영향을 미
치는 결과를 보였다.

　　그럼에도 불구하고 이를 바탕으로 유럽안보협력기구(OSCE: Or-
ganization for Security and Cooperation in Europ)는 신뢰구축조치
(CBMs: Confidence Building Measures)의 이행방안을 수립, 이행 후
주기적으로 점검하고 개선 단계를 확립하였고, 상하이협력기구(SCO:
Shanghai Cooperation Organization), 아세안지역포럼(ARF: ASEAN
Regional Forum), 미주기구(OAS: Organization of American States)
등은 원칙적 규범 및 조치 제시 후 국가별 이행방안을 논의하는 중으
로 지역기구 또는 우방국 중심의 자발적 규범 및 신뢰구축조치는 구체
화되고 있다.

　　제5차 GGE 종료 이후에도 UN 중심의 체제 확립을 위한 노력을

지속적으로 추진하고 있는데, UN 사이버범죄협약안, 국제정보안보
행동수칙안(International Code of Conduct for Information Security,
SCO) 제출, 후속 GGE 또는 승계기관 설치 주장, GGE 합의 자발적
규범에 대한 총회결의 추진 등이 논의되고 있다. UN총회는 기존 형식
의 GGE 운영과 국제연합 군축연구소(UNIDIR: UN Institute for Disar-
mament Research) 등의 연구기관과 주요국 싱크탱크를 중심으로 구
체적인 규범 제정을 위한 아이디어를 도출하기 위해 노력하고 있다.
open-ended working group의 운영을 모두 승인하여 조만간 제6차
GGE가 개최될 것으로 기대된다.

동시에 2007 에스토니아 이후 우크라이나 발전시설 공격, 미국
및 유럽 선거 개입 의혹 등 러시아 사이버 역량 활용에 대한 서방국의
대응공조는 확산되고 있고, 미국 대규모 감청, 러시아 사이버 개입 등
으로 사이버 군비경쟁이 심화되며, 데이터 현지화, 특정 국가 설비 및
서비스 사용 금지, 해외 IT 서비스 정보제공 의무화 등 경쟁도 심화되
고 있다. 또한 테러 및 사이버 범죄 분야에서 서방국가는 UN 대테러
위원회에서 테러집단의 ICT 활용을 범죄수사공조로 다루고 부다페스
트협약의 개선 및 확대를 주장하는 반면, 중·러는 국가의 정보주권 개
념이 강화된 신규 협약을 제시하는 등 진영 간 규범 정립을 위한 경쟁
은 다각도로 지속되고 있다. 이 외에도 세계사이버스페이스총회, 중국
인터넷대회 등 국가 후원 형태 및 MS, Kaspersky 등 기업 중심 형태
의 다중이해당사자주의 포럼도 다수 발전하고 있다.

IV. 국제규범 형성 방향 전망

제5차 UN 사이버 안보 GGE의 최종합의 보고서 채택 불발로 UN 차원의 사이버 공간을 규율하는 규범 형성 노력이 제자리걸음을 걷고 있는 중이지만, UN의 장을 벗어난 다양한 지역에서는 지속적으로 관련 내용이 토의, 공유되고 있다. 그러나 이러한 노력들이 산발적이고 집합체적이거나 체계적으로 이루어지는 활동들이 아니어서 우리나라가 모든 관련 논의 과정에 참여하지는 못하고 있다. 오히려 논의 흐름의 일부에 제한적으로 참여하여 경과를 확인하는 정도로 그 흐름을 추정하고 있는 실정이다. 논의의 흐름을 지켜보는 과정에서 큰 줄기들을 다음과 같이 정리할 수 있다.

1. 규범 형성을 위한 논의 플랫폼의 다층화

국제안보 논의에서 국가의 역량과 영향력은 국력에 비례하고 국제안보의 중요 요소로서 사이버 안보의 중요성이 점점 더 커져가는 시점에서, 각국은 전략적 목적 달성을 위한 사이버 공간의 활용 가능성을 최대화하고, 타국의 사이버 공간 활용은 최소화하는 논의를 진전시키기 위해 GGE 무대를 활용해 왔다. GGE 무대는 미국, 중국, 러시아가 상호간의 전략적 이익을 최대화하기 위한 협상의 장으로 정책결정을 위한 플랫폼으로서의 기능 수행이 오히려 그 목적에 부합한다고 판단할 수 있으며, 이는 GGE에서 뭔가 새로운 규범을 창출하지 않는 것이 당연할 수도 있다는 한계가 된다.

따라서 앞으로도 UN에서의 사이버 공간 전반에 대한 규범 형성을 위한 논의가 적극적으로 지속될지에 대해서는 확신하기 어려우며,

특히 UN의 1국1투표시스템에 대한 미국의 거부감은 사이버 공간을 규율하는 규범 형성의 장으로서 UN을 지목하지 않을 충분한 이유가 될 것이다. 그럼에도 불구하고 만약 GGE가 시차 없이 바로 재기된다면, 국제법 분야를 분리해 실질적이고 가시적인 논의가 가능한 형태의 재구성이 전제되어야 할 것이며, 실질적으로 GGE를 통해 각국이 도출하고자 하는 목표가 무엇인지, GGE가 구체화해 도출할 수 있는 결론이 무엇인지에 대해서는 개별적인 분석이 별도로 필요할 것이다. 물론 이에 따라 우리나라가 대응하는 방식과 범위, 정책목표도 구체화되어야 할 것이다.

이와는 별개로 국가별, 지역별, 기구별 다양한 논의의 장이 활성화되고 있으며, 비공개 워크숍이나 컨퍼런스를 통한 논의 활성화가 확산될 것으로 전망된다. UN 이외의 논의를 위한 플랫폼을 형성하기 위해 미국 등 서방국가들은 기존의 like-minded 국가들 간의 협력을 강화해 연구기관 및 싱크탱크가 중심이 되는 공개·비공개 워크숍을 적극적으로 추진하고 있다. 예를 들어, 세계사이버스페이스총회와 얼마 전 우리나라에서 개최했던 MERIDIAN 프로세스 등 기존 서방국가 중심의 플랫폼을 활성화하고 있다. 이에 반해 중국과 러시아는 각기 우젠회의와 러시아 버전의 세계사이버스페이스총회를 기획하여 미국이 주도해가는 플랫폼 경쟁에 동일한 형태로 대응하고 있으며 이를 통해 SCO 국가들 중심의 협력체계 확장을 꾀하고 있다. 이뿐만이 아니라 G7, G20, 국제전기통신연합(ITU: International Telecommunication Union)에서의 논의 확대 시도 등 논의 대상이 될 수 있는 플랫폼은 무한대로 확대되고 있는데, 이 중 우리가 적극적으로 참여할 수 있는 범위, 우리의 주도권이 확보된 플랫폼 혹은 프레임이 있는지도 불명확하다.

우리나라는 이러한 논의 과정에 소극적으로 참여해 왔다는 점과 사이버 안보를 국제안보의 맥락에서 이해하기 시작한 지 얼마 되지 않았다는 점, 이러한 논의들이 공식적인 외교나 정책 트랙보다는 학계, 산업계, 싱크탱크들이 다양하게 포함된 논의들로 지속된다는 점들을 고려하면, 정부의 공적 채널로만 관련 내용을 파악하고 대응하기에는 한계에 부딪칠 것이다. 즉, 정부 담당자뿐만 아니라 관련 연구자 및 전문가들의 지속적인 관심 없이는 우리의 주의를 끌지 못한 상태에서 많은 논의가 진전되고, 보이지 않는 상태로 공감대가 형성된 후 수면위에 띄워진 이슈에 대해 외교 및 정책적·절차적 정당성을 보태는 정도의 역할만 수행하게 될 확률이 높다.

규범 형성 과정에서 표출되는 행위자와 실제 영향력이나 결정력을 가진 행위자는 구분되어야 하며, 표면상 이해당사자와 실제 결정력을 갖는 행위자들을 구체적으로 식별할 수 있어야 해당 국가의 의지가 어떤 형태로 반영될 것인지에 대한 명확한 이해가 가능할 것이다. 이에 각국은 1.5트랙 협의를 활성화하고 연구진과 전문가들이 논의 과정에서 배제되지 않으며, 공무원이 아닌 자유로운 입장을 십분 활용해 물밑 협의 및 의사교환의 장을 활성화하고 있다는 점을 주의 깊게 바라보아야 할 것이다.

2. 구체적 사례를 통한 규범 형성 시도

2013년 GGE 3차 결과보고서에서 국제법과 주권개념의 온라인 적용에 관한 일반적 합의에도 불구하고 구체적인 사항에 대한 협의가 추가적으로 진행되지 않았다는 점은 현재 수준 이상의 구체화되고 세분 가능한 규범 형성이 당분간은 어렵다는 점을 반증한 것으로 보인다. 특히, 사이버 군사력에 대한 검증 절차가 확실하게 갖추어지지 않는다면 국제법이나 협약을 바탕으로 하는 국제규범은 실효를 거둘 수 없다. 사이버 군비통제는 핵무기처럼 무기 자체를 직접 통제하는 방향에서 논의되고 있지 않으며 사이버 공격의 대상을 어떻게 설정하여, 공격금지를 합의할 것인가와 밀접하게 연관되어 논의되어 왔다(장노순 2016: 21). 사이버 무기 개발 역량은 다른 재래식 무기처럼 국제규범으로 완전 제거하는 것이 불가능하다(Clarke and Kanke 2010: 354). 심각한 안보 위협의 수준이 되는 사이버 공격을 규제하는 국제규범보다는 범죄 혹은 테러와 같은 주변의 다른 행위자들이 제기한 문제를 해결하려는 다자간 시도가 더 효과적일 수 있기 때문이다(Nye 2011: 35).

그렇다면, 향후 국제사회가 주목할 규범은 어떤 성격일 것인가에 대한 의문이 생긴다. 규범의 형성에 GGE를 중심으로 한 UN의 기여가 제한적이라고 판단한다면 앞으로는 보다 구체적인 실제 사례에 대한 대응을 중심으로 한 구체적이고 직접적인 규범 형성이 이루어질 가능성이 높다고 보여진다. 경제적 목적의 첩보행위 등 민감함 문제에 대해서 규범 및 질서 형성에 시간이 걸릴 것으로 판단되며, 사이버 무기 통제 협정 제정이 가시적이지 않더라도 현재 해결할 수 있는 문제에 대해서는 논의와 협의를 시작하고 유의미한 결론을 도출할 수 있도록 노력해야 할 것이다. 예를 들어, 방글라데시 중앙은행 해킹 등을 통해 경제적 손해가 발생한 사실은 국제 금융질서의 기초를 흔든 사례로 인식되면서 금융정보의 무결성에 위해를 가하고 이익을 취하는 행위는 국제적으로 금지되어야 할 구체적 사안으로 제시되고 있으며, 이에 대한 제재 및 처벌에 대한 국제적 공감대 형성 노력 등이 일어나고 있다는 점은 시사하는 바가 크다(Maurer et al. 2017).

이러한 구체적 규범은 그 적용대상과 목표 및 효과가 직접적이고 확실하기에 국가들은 정책방향 설정 및 찬반의견 표명에 있어 보편적 규범이나 원칙을 지지하거나 제안하는 것보다는 상대적으로 용이하다고 판단하여 적극성을 띠게 될 확률이 높다. 또한 구속성과 강제성이 없는 UN 차원의 논의가 아닌, 결의 및 선언서의 형태로 강제성을 일정부분 담보할 수 있는 플랫폼에서 이러한 내용을 공식화하게 된다면, 국제사회의 일원으로서 모든 국가들의 행위를 규율하기에 용이해질 것이다. 이러한 사례와 구체적 제재행위들의 모범사례(best practice)들이 누적되면 결국 국제사회의 질서형성을 위한 규범의 뼈대가 갖추어지면서 스스로 그 경계를 설정할 수 있게 되어 일정 시간이 흐른 후 국제법규범 형성 시 국가 간 이견이나 불명확성이 제거되는 효과도 기대할 수 있게 된다.

현재와 같이 원칙으로부터 구체성을 도출해가는 과정에서의 이해도 향상을 위한 노력보다는 구체화된 사례에서 출발하여 원칙으로 접근하는 과정을 거침으로써 규범 논의 과정의 명확화에 크게 기여하게 될 것이다.

따라서 우리나라도 현재 산발적으로 제시되고 있거나 있을 수도 있는 구체적 조치나 정책에 대해 충분히 연계성을 갖추고 준비해야 추후에 있을 큰 틀에서의 합의 과정에 우리 의견 반영이 용이할 수 있을 것이므로 이에 대해서도 깊은 관심이 필요하다.

3. 규범 형성을 위한 환경조성과 신뢰구축조치 개발

UN에서의 국제규범 형성 노력은 항상 강제성을 갖는 경성규범과 강제성이 배제된 연성규범 형성이 동시에 논의되었으며, 이러한 규범 형성 과정에서 상호간의 신뢰향상을 위한 신뢰구축조치가 같이 논의되었다. 이는 사이버 공간의 신뢰성 향상과 국가의 책임을 강화하는 바탕을 마련하는 것으로 상호간의 투명성을 강화함으로써 예측 가능성을 확보하는 것이 주된 관심이었다.

그 과정에서 신규 가입국 등은 사이버 안보 문화를 형성하고 그 속에서 정체성을 찾아가는 것이 그들의 임무와 역할이 될 것이다. 즉, 미·러를 제외하고는 중국 정도가 자국의 정책의지를 적극적으로 표명하고 있고, 기타 국가들은 정치체제에 맞는 이념에 따라 표준화를 통한 시장선점, 국제법 제정을 위한 구체적 아이디어 도출 및 추진 등의 세부적 역할들을 찾고 이를 수행해가면서 큰 틀에서의 협력에 기여하는 방향으로 움직일 것이다.

유럽안보협력기구(OSCE)는 2013년과 2016년 회원국들 간의 협의를 통해 투명성, 안정성, 협력성을 강화하기 위한 다양한 신뢰구축 조치에 합의했다. 특히 OSCE에서는 미국과 러시아가 회원국으로서 합의된 결정을 지지하고 있다는 점에서 향후 국제규범이 형성되는 과정에서 미·러 간의 합의는 OSCE의 CBMs 합의에 기반해 기초를 이미 마련했다고 판단할 수 있다.

다만, OSCE에서의 CBMs에 대한 합의결과가 전 세계로 확대되기 위해서는 중국이 포함된 아태지역에서의 연계적용이 필수적일 것이다. 하지만 아세안지역포럼(ARF)에서의 사이버 공간에 대한 CBMs 논의가 2012년 이후 지속적으로 진행되었고 실제 OSCE의 사례를 적극적으로 확산시키려는 유럽국가들의 적극적 노력이 있었음에도 불구하고, OSCE 수준의 합의에 이르지 못했다는 점은 앞으로 아태지역에서의 규범 형성 노력이 쉽지만은 않을 것으로 판단할 수밖에 없는 근거가 되고 있다.

최근 호주가 적극적으로 사이버 공간에서의 규범 형성 노력에 나서고 있으며 ARF 등에서의 합의에도 적극성을 띠고 있음에도 불구하고, 미국 등 서방의 입장을 대변하는 호주와 일본의 역할만으로 아태지역 국가들, 특히 동남아 국가들에 충분히 어필하고 이들과 협력할수 있는 근간을 마련할 수 있을지는 낙관할 수 없다. UN 차원의 전 세계적 규범 형성보다는 지역적 특성을 반영하는 지역협력 차원에서의 규범 형성을 위한 노력이 상대적으로 결과의 가시성이 높으므로 여기에 더 많은 역량이 집중될 것으로 보인다.

4. 전략적 이익 달성을 위한 직접 협력 활성화

2013년 UN GGE의 결과보고서에서 합의한 국제법과 주권의 온라인적용이라는 점은 사실상 강제성과 구체성이 결여된 원칙이며, 이후의 GGE 논의는 이를 구체화하고자 노력했음에도 불구하고 만족스러운 결과를 도출하지는 못했다라는 점은 이미 여러 번 설명했다.

　그럼에도 불구하고 사이버 공간에서 규범 형성 노력이 아무런 성과를 이루지 못한 것은 아니다. 2015년 미·중 정상회담에 따른 협의는 특히 시사하는 바가 크다. 미·중 정상회담에서 사이버 안보 관련 정상 간 합의를 두고 "최초" 사이버 군축이라고 표현되었으며 주요기반시설에 대한 공격 금지, 사이버 스파이 행위 억제 등에 대해 합의했다. 특히 후자에 대한 실효성을 크게 기대하지 않거나, 중국의 합의 이행을 신뢰하지 못한다는 주장이 많음에도 불구하고 외교적으로 "최초"로 미·중 간 사이버 군축 합의가 있었다는 데 대해서는 매우 높게 평가되었다. 이를 전후한 미·러 간 정상회담 및 핫라인 가동 합의 등은 오히려 주요 강대국들 간 당사국의 이해관계를 조정하기 위한 실질적 협력방안이 구체화된 사례이다.

　전통적인 국제법의 적용을 실험하는 탈린매뉴얼이나 UN GGE 활동에서 보는 바와 같이 전통 국제기구의 틀 안에서 초국적이고 탈영토적인 사이버 위협에 대응하는 적절한 해법을 찾기란 쉽지 않을 것이다. 현재 미국의 입장은 미국의 영향권에 있는 민간기업 혹은 국제조직을 통해 사이버 위협행위를 통제하는 방향에서 사이버 군축의 논의를 전개하고 이를 능동적으로 활용하는 정부 간 프레임을 구성하려는 것으로 보이며, 이 노력들은 상당히 현실성이 있어 보인다.

　이에 우리나라를 비롯한 주요국들은 상기와 같은 효과를 달성하기 위한 방편으로 한-미 사이버 정책협의회 및 한-EU 사이버 정책협의회 등과 같은 양자회의 혹은 한-중-일 사이버 정책협의회 등을 지속적으로 추진해 왔다. 이러한 노력이 결실을 맺기 위해서는 우리나라의 사이버 공간을 고려한 국가안보 강화 전략적 이익에 관한 적극적 논의와 전략방향 수립이 선행되어야 한다. 하지만 그간의 노력을 되짚어 볼 때, 현재까지 우리나라가 추진해 온 상기의 활동들은 결과 지향적으로 보기에는 어려움이 있다. 물론 GGE가 지속되는 동안 우리나라는 미국을 비롯한 다양한 국가들과 정책협의회를 개최하여 시간이 제한되어 있는 GGE 기간 동안 나누지 못한 서로에 대한 입장 차이와 환경변화 등을 보충적으로 설명하고 공감대를 형성하고자 노력한 것은 긍정적 효과를 보인 것으로 평가받아야 한다.

　반면, EU는 미·러·한·일 등 주요국과의 사이버 정책 협력의 목표를 구체화시켜 실질적 결과를 도출할 수 있도록 해당국의 전문가들과 컨소시엄을 형성하여 EU의 사이버 정책 협력 시 활용할 수 있는 어젠다를 도출해가고 있으며, 당사자 간 협력의 효과성을 확대할 수 있는 협력 아이템 도출을 위한 예산을 지원하고 이를 지원할 수 있는 인력을 확보하기 위한 노력을 기울이고 있다. 이는 앞으로 우리나라가

지속적으로 추진할 다양한 주체들과의 사이버 정책 협의가 지향해야
할 방향을 보여주는 좋은 사례로 판단된다.

V. 정책제안

1. 정보안보 GGE 논의대상 확대 의미 분석 필요

사이버 공간을 규율하는 국제적 규범 정립을 위해 각국이 치열한 논리
전개 및 외교전을 펼치고 있는 현 상황에서, 우리는 이러한 국제적 논
의에서 취하고자 하는 전략목표를 명확히 해야 할 것이다. 현재까지
GGE 논의는 국가가 주체이며 정치적 문제인 경우에 한하여 논의대상
에 포함시켜 왔고 기타 비국가 행위자들의 활동 및 경제적 목적의 행
위는 논의대상에서 제외시켜 왔다. 사이버상에서 발생한 악의적 행위
의 주체(국가, 비국가)와 목적(정치, 경제)에 따라 분류하면 아래 표와
같고 이 중 GGE가 전통적으로 논의해 온 분야는 회색으로 칠해진 국
가주체의 정치적 목적의 행위였다.

표 1. 행위자 및 영역별 행위 구분

	정치	경제
국가	사이버 공격 혹은 사이버전	사이버 첩보행위 및 산업기밀절취 등
비국가	*사이버 테러*	사이버 범죄

이에 따라 미국 등 서방선진국들은 사이버 테러, 즉 테러리스트의

ICT 이용(인력 충원, 자금 확보, 훈련 및 교육, 선동 등)에 대해 테러 대응을 위한 다른 UN 기구 및 회의체들을 통한 논의진행을 요구해왔다. 하지만 중국 및 러시아는 비국가 행위자가 수행한 정치적 행위인 사이버 테러가 사이버 공간에서 이루어지는 악의적 행위이므로 이에 대해서도 동 GGE가 다루어야 한다고 주장하고 관련 문제제기 및 대응을 결과보고서에 적시하고 있다.[7]

사이버 테러 대응을 위한 국가의 주권행사는 결국 인터넷 공간에서 생산 및 유통, 저장되는 정보에 대해서도 국가의 주권행사가 가능하도록 하는 것으로, 기존 테러 대응을 위한 논의 차원에서 사이버 테러를 다루는 것이 주권행사 당위성을 제한할 수 있는 것으로 해석될 수 있다. 따라서 이러한 사이버 테러에 대한 논의 확대를 통해 중국 및 러시아가 궁극적으로 취하고자 하는 바가 무엇인지 이들에 대해 서방국가들이 어떻게 대응할 것인지 그 과정에서 우리의 입장은 어떠해야 하는지에 대해 심도 깊은 고려가 필요하다. 중국 및 러시아가 제기하는 논의대상에서 제외된 국가주체의 경제적 목적 활동인 사이버 첩보행위 및 산업기밀절취(Cyber Espionage)에 대해서는 현재까지는 당사국 간 양자 협력을 통해 대응하고 있다는 점에 비추어볼 때, 사이버 테러에 대해서 지속적으로 GGE 논의를 요구하는 저의를 깊이 생각해 보아야 할 것이다.

2. 국제정치의 맥락으로 사이버 안보 이해

UN GGE가 국제안보의 맥락에서 ICT 기술의 사용이 갖는 의미를 이

---

7   A/70/174, 제4차 결과보고서 6, 7문단.

해하고자 하는 의도는 실제 우리나라에도 큰 의미를 갖는다. 과연 우리나라는 현재까지의 사이버 안보에 대한 국제적 논의의 흐름을 제대로 이해하고 있는가 하는 의문을 발생시키게 되었다.

지금까지 우리는 러시아가 1998년 UN에서의 사이버 안보 논의를 제안한 후 미국의 적극적 대응이 없다가 2000년대 후반에야 UN에서의 논의에 적극적으로 나온 것으로 이해하고 있었다. 이는 일견 국제규범 형성을 위한 미국의 적극적 자세를 보여주는 듯이 보일 수도 있으나, 미·러관계의 측면에서는 오히려 양국 간의 협의가 원활하지 않았기 때문에 UN에서까지 논의가 확대된 것으로 볼 수 있다. 즉, 양국의 전략적 목표가 상충되는데 이를 해결할 수 있는 방법이 UN이라는 논의의 장밖에 없다는 의미임과 동시에 UN에서 사이버 안보 논의와 국제규범 형성 논의는 양 강대국 간 의견합일이 어려울 수밖에 없음을 반증하는 것으로 판단할 수도 있다. 하지만 이에 대해 기존 사이버 보안 전문가들은 이러한 미·러관계의 맥락과 무관하게 이슈를 살핌으로써 우리의 대응방향 수립에 시작부터 한계를 주었을 수도 있다. 앞으로 우리가 참여하게 될 사이버 안보 논의는 이러한 국제안보질서의 흐름과 맥락에 따라, 그리고 해당국가의 실제 전략적 이익을 고려한 분석이 바탕이 되어야 할 것이다.

3. UN 이외 논의동향 파악을 통한 총괄적 대응방안 정립 필요

우리는 UN GGE가 아닌 타 논의의 장을 활성화하고 확대시키고 있는 각국의 노력에 대해서도 짚어보아야 할 것이다. 현재 이 글에서 분석한 GGE 외 국제전기통신연합(ITU), 인터넷 거버넌스 포럼(IGF: Internet Governance Forum), 정보사회세계정상회의(WSIS: World

Summit on the Information Society), 세계사이버스페이스총회(GCCS: Global Conference on Cyber Space), 중국의 세계인터넷대회(World Internet Conference) 등 다양한 회의에서 사이버 공간의 규범 정립에 관한 논의가 진행 중이다. 서방국가들 중심의 세계사이버스페이스총회로 일컬어지는 런던 프로세스에 대항해 중국이 지난 2014년부터 개최하고 있는 세계인터넷대회의 의미와 이를 추진한 의도도 되새겨보아야 할 것이다.

UN GGE 회의가 갖는 국제안보 논의상의 중요성에도 불구하고 사이버 공간의 특성상 정부 이외 참여자가 참여 가능한 다양한 논의체가 지속적으로 활동하고 있는 현 시점에서 GGE 결과보고서 도출을 위한 참여국 간 합의의 의미와 한계, 이에 대항할 수 있는 논의체 확산이 갖는 시사점은 충분히 고려되어야 한다.

상기와 같은 논의대상의 확대 및 논의포럼의 다양화를 고려하면, 우리가 국제규범 정립을 통해 달성하고자 하는 목표가 무엇인지 명확히 식별하고, 이를 달성하기에 가장 적합한 대응방법을 모색함으로써 사이버 안보 강화에 기여할 수 있을 것이다. 또한 정책 발표 이후 지속적인 정책 성과를 내고 유의미한 정보를 지속적으로 확보 및 분석하기 위해서 정부 부처는 물론 1.5트랙 차원에서의 정책 추진이 탄력을 받을 수 있도록 조율하는 기능을 강화해야 한다.

4. 정책결정을 위한 객관화된 연구자료 확보방안 강구

구체적 사안과 실제 달성 목표를 명확하게 하기 위해서는 실제 위험과 위협을 어떻게 인식하고, 어느 정도의 영향이 있는 것으로 판단할지에 대해 객관적이고 정량적인 정책판단 자료가 생성되어야 한다. 이를 통

해 대외 협력이 필요한 내용과 대응책의 수준, 대응을 위한 정책 옵션
에 대해 충분한 설명과 사례를 들어줌으로써 정책결정자들이 이에 맞
는 정책 수행 및 협력이 가능할 것이다. 즉, 사이버 공간에서 국가안보
적으로 갖는 위험, 위협, 취약성, 이들로 야기될 수 있는 피해 규모를
구체화해야 하며, 실제 위험과 위협, 취약성에 대해서는 주로 사용할
공격자와 방어자, 대응 조치 및 전략, 억지 방안 등이 모두 고려되어야
한다.

　이러한 위험과 위협에 대한 인식에 따라 외부 대응 지침이 마련된
다면 일관되고 원칙이 있는 대외 대응이 가능할 것이며, 이에 기준한
국가 사이버 안보 전략과 정책이 수립 가능할 것이다. 이 결과는 우리
나라가 참여하는 외교 협상 및 협력(국제회의, 정부간 회의 등) 시 공무
원들이 준용할 수 있는 사이버 보안 정책으로 개발되어 대외협상 지침
또는 관련 법규 등에 사이버 보안 기준 충족 요건을 명시하는 등 체계
화 작업이 이루어질 수 있는 근거가 될 것이며, 관련 업무 수행을 위한
사이버 보안 가이드라인으로 활용될 것이다. 이는 결국 사이버 안보에
대한 객관화된 연구자들의 연구결과물로 도출될 것인데, 사이버 안보
에 대한 기술적 접근으로는 달성하기에 한계가 있는 성과가 될 것이다.

　사이버 안보의 문제는 기술에서 파생되지만 정치적·전략적 중요
성을 갖는 큰 이슈가 되고 있다. 우리는 사이버 안보의 영역이 과학기
술안보의 영역과 겹침으로써 모든 국가안보의 기저로 역할하게 되는
과정 중에 있으며, 이에 대한 이해나 해석, 적용, 규율방식에 있어 다
양한 입장과 방법이 공존하고 있다. 동시에 사이버 공간상에서 발생하
는 행위를 분석함에 있어서도 단순 기술적 행위가 아닌 정치적 혹은
전략적 이익 달성을 위한 국가의 행위이거나, 유사한 목적을 가진 비
국가 행위자의 행위까지 염두에 두어야 한다. 즉, 사이버 안보에 대한

연구는 인간행위에 관한 연구 등 사회학 관점의 연구가 바탕이 되어야 하는데, 이는 사이버 안보 문제가 국가 간 갈등 경감에 관한 것이며 결국 사람들 간 혹은 행위자 간 상호활동에 영향을 받기 때문이다.

사이버와 IT는 분쟁을 야기하고 수행하는 수단이자 영역인 동시에 이를 해결하는 수단이자 영역이다. 사이버 공간에서의 긍정적 ICT 사용을 유도할 수 있는 인센티브와 생태계를 구성하는 전 요소에 대한 공급망 보안 등의 이슈도 결국 사이버 안보의 일부이며, 공격자 식별 및 의도 파악 등의 중요성에 대해 이해해야 한다. 이렇게 되면, 결국 특정 기술의 일반인 사용과 같은 보편적 문제뿐만 아니라 동일 기술과 서비스가 국가안보적 위해요소를 지닐 수 있게 된다는 점을 식별하고 전방위적으로 접근할 수밖에 없을 것이다.

5. 사이버 범죄 대응을 위한 국제협력 방향 정립 필요

ICT를 활용하여 테러리스트들을 지원(리쿠르트, 자금확보, 선전 등)하는 활동과 테러리스트들이 ICT를 이용한 테러활동을 수행하는 것 등에 대해서도 국가안보 차원의 고려 필요성이 제기되었다. 이는 특히 중국이 분리 독립을 위한 내부 움직임을 테러로 규정, 해당 활동가들이 사이버 공간을 활용한 적대행위를 수행하는 것에 대해 대응하고자 하는 주장으로도 볼 수 있다. UN 내 타 논의기구에서 사이버 범죄 및 사이버 테러 대응과 관련해 논의하는 것은 ICT를 활용 및 이용하는 테러 활동에 대한 전반적인 검토가 아니며, 국제안보 확보 차원에서 ICT의 오남용을 방지하고자 하는 점은 동 GGE가 고려할 만한 사항이라는 의견인 것으로 추정된다.

사이버 범죄 대응 관련 부다페스트협약의 의의와 한계에 관한 논

의가 GGE에 다시 부상하게 된 것은 결국 서방선진국을 중심으로 한
유사입장국들(like-minded states) 간 협의 결과 및 국제적 레짐을 전
세계적으로 범용화시키고자 하는 의도이며(Kerry 2015), 부다페스트
협약을 통해 사이버 범죄 대응을 위한 국제적 조약의 초석으로 삼고자
하는 것이 재반증된 것이다.

우리나라는 부다페스트협약 가입과 관련해 국익의 관점에서 가입
에 따른 득실을 따져보고 결정할 수 있어야 하며, 가부간의 결정에 따
른 실행에 있어서도 정치경제적 혹은 외교적 실익을 찾을 수 있도록
전략적으로 접근할 필요가 있다.

6. 국제분쟁 해결을 위한 연구 심화 필요

기존 국제법은 사이버 공간에서도 적용될 수 있다는 원칙은 재확인되
어, 유엔헌장, 전쟁법 등 기존의 국제법이 사이버 공간의 갈등 방지 및
사이버 위기 해결에 근거로 활용될 수 있다. 하지만 각국은 기존의 국
제법이 "어떻게" 사이버 공간에 적용될 수 있는지에 대해서는 이견을
보이고 있다.

기존 국제법의 사이버 적용을 위해 비례성, 필요성, 파급성 등 원
칙들의 구체적 적용 기준 및 임계치 설정이 어려우나, 구체적 사례와
선례를 쌓음으로써 국가 간 행위에서 사이버 공간의 악용에 대해 적극
적으로 대처하고자 하는 각국의 노력은 일정 시일이 지난 후 결국 구
체성을 띤 국제법 제안으로 귀결될 것이다.

따라서 기존 국제법 중 사이버 공간에 적용 가능한 국제법의 식별
및 분석 작업이 세밀히 진행되어야 한다. 또한 선언적 정책으로서의
억지력 확보 외에 국제법이 갖는 효력 및 영향력을 분석하여, 기존 무

역 관계 등의 국제법이 과연 국익에 도움이 되었었는지 분석하고 국제
법 및 국제규범 제정에 어떤 입장을 취할 것인지 판단한 후 국제법 및
국제규범 제정 논의 대처 방향을 정립해야 할 것이다. 동시에 국제법
및 국제규범이 불충분할 경우 동원 가능한 제제조치 등 마련, 활용전
략 등도 고려해야 할 것이다. 국제법적 관점에서 정황증거의 유효성,
교차보복 허용 등의 논의가 사이버 분야 우리 국익 확보에 긍정적 기
여를 할 수 있을지 검토도 필요하다(김소정 2015b).

VI. 결론

이 글에서는 국제사회에서 사이버 공간에 대한 국제규범을 정립하려
는 노력 중 대표적인 UN에서의 활동을 살펴보았고, 제5차 GGE의 결
과보고서 채택 결렬 이후 관련 논의의 흐름을 살펴보고 앞으로의 논의
방향을 전망해 보았다. 분석한 결과에 따르면, 각국은 치열하게 경쟁
적으로 관련 논의를 진행시켜 오고 있으나, 그 형태는 일치된 국제사
회의 합의추구보다는 지역별·이슈별·플랫폼별 차별 대응의 체계를
보이고 있는 것으로 분석된다. 동시에 대내적으로는 구체화된 사례를
통한 지목, 기소, 제재조치 수행 등을 위한 근거를 마련해 나가고 있
다. 그리고 특정 분야에 있어서는 대상국가 간 양자 혹은 소다자 협의
를 통해 직접 해결을 위한 규범 마련에 나서고 있다.

　요약하면, 각국은 기존의 법규범이 온라인에 적용되는 사례들을
쌓아감으로써 향후 발생 가능한 위협과 위험을 사전에 예측하고 선제
적으로 대응할 수 있는 틀을 차근히 마련해 가고 있는 것으로 보이는
데 여기에는 특히 미국의 행보가 독보적이라고 할 수 있다. 특히 최근

발표된 미국 정부의 「국가사이버전략」은 앞으로의 대외정책이 공세적
이고 능동적이며 포괄적으로 접근함을 알 수 있고, 이는 우리에게 있
어서는 위기로 작용할 가능성이 높다. 적극적이고 공세적 억지전략을
수행하는 미국은 우리와의 관계에 있어서도 보다 가시적이고 구체적
인 입장정립과 선택을 요구할 가능성이 높아지기 때문이다. 우리나라
의 국가 사이버 안보전략이 아직 공개되지 않고 있다는 점을 비추어
볼 때, 곧 닥치게 될 많은 선택의 순간들이 찰나의 판단이 아닌 장기적
인 방향성을 갖출 수 있어야 할 것이다.

사이버는 더 이상 특정 기술의 적용영역으로만 이해되어서는 안
된다. IT 기술을 활용하기 위한 인프라적 측면, 이를 이용해 유통되는
정보, 이를 통해 구성되는 공간으로서의 측면을 모두 고려해야만 한
다. 현재까지 우리가 생각했던 사이버 안보의 개념이 과연 이러한 다
층적 측면을 모두 고려했는지, 앞으로 발상의 전환이 더욱 필요하지
않을까 짐작한다.

또한 현재의 남북한 화해분위기는 사이버 안보에 대한 경각심을
느슨하게 할 수도 있지만 사이버 공간 안전보장은 대외적으로는 다층
화된 규범 형성 노력에 대한 이해, 행위자 다변화에 따른 논의 제기의
배경 이해, 국제안보 맥락에서 주요국 정책수행 배경에 대한 이해를
향상시키고 대내적으로는 쟁점에 대한 이해도를 높이고 실제 위정자
들이 참고할 수 있는 양질의 사이버 안보 관련 정책판단자료 및 분석
결과를 만들어낼 수 있어야 확보될 수 있다. 이러한 융합 환경을 이해
할 수 있는 전문 인력의 양성 및 확보가 향후 사이버 안보 논의의 주도
권 확보의 관건이 될 것이다. 이 모든 것들이 유기적으로 조화롭게 이
루어지는 그때 우리는 다시 한 번 사이버 안보에서도 강국으로 자리매
김할 수 있을 것이다.

참고문헌

김소정. 2013. "사이버안보 국제협력과 국가전략."『JPI PeaceNet』 2013-08,
　제주평화연구원.
_____. 2015a. "국가 사이버안보 강화를 위한 전략적 대응방안." 국가보안기술연구소,
　국가안보전략연구원 공동주최, 〈북한의 사이버 테러 위협과 우리의 대응전략〉, 2015. 3.
　31.
_____. 2015b. "국가 사이버안보 강화를 위한 정책개선 방향." 제18회 화랑대 국제
　심포지엄, 〈사이버안보 위협 및 대응전략〉, 2015. 11. 5.
김소정·김규동. 2017. "UN 사이버안보 정부전문가그룹 논의의 국가안보 정책상 함의."
　『정치·정보연구』 제20권 제2호, pp. 87-122.
김소정·박상돈. 2013. "국제협력을 통한 사이버안보 강화방안 연구."『융합보안논문지』
　제13권 제6호.
김소정·양정윤. 2017. "미국과 중국의 사이버안보 전략과 한국의 안보정책에 대한 함의."
　『국가안보와 전략』 2017 여름.
박기갑. 2010. "사이버 전쟁 내지 사이버 공격과 국제법."『국제법평론』 제2010-Ⅱ (통권
　제32호), pp. 37-83.
박노형. 2012. "사이버안전 관련 국제규범의 정립을 위한 연구."『안암법학』 제37호.
박노형·정명현. 2014. "사이버전의 국제법적 분석을 위한 기본개념의 연구."
　『국제법학회논총』 제59권 제2호(통권 제133호), pp. 65-93.
신진. 2016. "북한의 사이버 공격과 국제적 대응."『통일문제연구』 제28권 2호, pp. 61-90.
오일석·김소정. 2014. "사이버 공격에 대한 전쟁법 적용의 한계와 효율적 대응방안."
　『법학연구』 제17집 제2호, pp. 119-161.
양정윤·김규동·김소정. 2017. "타국의 전략적 사이버공격 대응에 대한 국가의 안보전략적
　함의."『Crisisonomy』 Vol.13 No.11.
양정윤·박상돈·김소정. 2018. "정보공간을 통한 러시아의 국가 영향력 확대 가능성 연구:
　국가 사이버안보 역량 평가의 주요 지표를 중심으로."『세계지역연구논총』 36집 2호.
장노순. 2014. "사이버무기와 안보딜레마의 전이."『국제지역연구』 제17권 제4호, pp. 379-
　404.
_____. 2016. "사이버안보와 국제규범의 발전: 정부전문가그룹(GGE)의 활동을 중심으로."
　『정치·정보연구』 제19권 제1호.
장노순·김소정. 2016. "미국의 사이버전략 선택과 안보전략적 의미: 방어, 억지,
　선제공격전략의 사례 비교 연구."『정치·정보연구』 제19권 3호.
조지프 나이. 2012.『권력의 미래』 세종서적.
한인택. 2013. "사이버 시대의 국가 안보."『JPI PeaceNet』 2013-01, 제주평화연구원.
Cha, Victor and Lewis, James A. 2015. "North Korea's Cyber Operations: Strategy and
　Responses." Center for Strategic and International Studies.

Clarke, Richard A. and Knake, Robert K. 2011. *Cyber War: The Next Threat to National Security and What to Do About It*. Ecco.

CSIS Cyber Policy Task Force. 2017. "From Awareness to Action: A cybersecurity agenda for the 45th President." Center for Strategic and International Studies.

Finnemore, Marth. 2017. "Theory & Precedents for Cyber Norms." MIT CCN 5.0, 2017. 3. 7.

Finnemore, Marth and Sikkink, Kathryn. 1998. "International Norm Dynamics and Political Change." *International Organization* Vol. 52, No. 4. International Organization at Fifty: Exploration and Contestation in the Study of World Politics(Autumn, 1998), The MIT Press.

Katzenstein, Peter J. eds. 1996. *The culture of national security: norms and identity in world politics*. New York: Columbia University Press.

Kerry, John. 2015. "An Open and Secure Internet: We Must Have Both." U.S. Department of State, May 2015.

Koh, Harold H. 2012a. "Remarks: Twenty-First-Century International Lawmaking." *Georgetown Law Journal* 101, pp. 725-747.

_____. 2012b. "International Law in Cyberspace: Remarks as Prepared for Delivery to the US CYBERCOM Inter-Agency Legal Conference, Ft. Meade, MD, Sept. 18, 2012." *Harvard International Law Journal* Vol. 54. (December 2012).

Kramer, Franklin D., et al.(ed.). 2009. *Cyberpower and National Security*. National Defense University Press, Potomac Books.

Lewis, James A. 2009. "The "Korean" Cyber Attacks and Their Implications for Cyber Conflict." Center for Strategic and International Studies, October 2009.

Lewis, James A. and Neuneck, Götz. 2013. *The Cyber Index: International Security Trends and Realities*. CSIS, IPRSP, and UNIDIR: United Nations Publications.

Markoff, Michele. 2015. "Advancing Norms of Responsible State Behavior in Cyberspace." DipNote: U.S. Dept. of State Official blog, 9 July 2015.

Maurer, Tim. 2011. "Cyber Norm Emergence at the United Nations-An Analysis of the Activities at the UN Regarding Cyber Security." Belfer Center for Science and International Affairs.

Maurer, Tim. et al. 2017. "Toward a Global Norm Against Manipulating the Integrity of Financial Data." Carnegie Endowment International Peace, Brief, March 2017.

Nye, Joseph. 2011. "Nuclear Lessons for Cyber Security?" *Strategic Studies Quarterly* 5, No. 4 (Winter 2011).

_____. 2014. "International Norms in Cyberspace." http://therisingnepal.org.np/news/3607

Painter, Christopher. 2015. Testimony Before Policy Hearing Titled: "Cybersecurity: Setting the Rules for Responsible Global Behavior." (2015. 5. 14).

Schmitt, Michael N. (ed.). 2013. *Tallinn Manual on the International Law Applicable to*

Cyber Warfare. Cambridge University Press.

Schmitt, Michael N. et al. (eds.). 2017. *Tallinn Manual 2.0 on the International Law Applicable to Cyber Operations*. Cambridge University Press.

Schmitt, Michael N. 편저. 한국전자통신연구원부설연구소 옮김. 2014. 『탈린매뉴얼: 사이버 전쟁에 적용 가능한 국제법 탈린매뉴얼』 글과 생각.

Schmitt, Michael N. 외 편저. 국가보안기술연구소 옮김. 2018. 『탈린매뉴얼 2.0: 사이버 작업에 적용되는 국제법』 박영사.

SCRF. 2010. *Voyennaya Doktrina Rossiyskoy Federatsii (The Military Doctrine of the Russian Federation)*.

Yang Jeong Yoon · So Jeong Kim, et al. 2016. "Analysis on South Korean Cybersecurity Readiness regarding North Korean Cyber Capabilities." WISA (World Conference on Information Security Applications).

국가보안기술연구소 정책연구실. 2015. 『2014-2015 UN 정보안보 GGE 결과자료집』.

국가안보실. 2014. "희망의 새시대 국가안보전략."

국가정보원 · 미래창조과학부 · 방송통신위원회 · 안전행정부. 2014, 2015, 2016, 2017, 2018. 『국가정보보호백서』(국가보안기술연구소 · 한국인터넷진흥원 편).

중화인민공화국. "사이버공간 국제협력전략(網絡空間國際合作戰略)."(2017. 3. 1.)

_____. "국가사이버공간안전전략(國家網絡空間安全戰略)."(2016. 12. 27.)

UN GA, Draft Resolution, Developments in the field of information and telecommunications in the context of international security, 21 October 2015, UN Doc. A/C.1/70/L.45

UN GA, Draft Resolution, Developments in the field of information and telecommunications in the context of international security, 18 October 2013, UN Doc. A/C.1/68/L.37

UN GA, Resolution on Developments in the Field of Information and Telecommunications in the Context of International Security, UN Doc. A/RES/68/243, 9 January 2014.

UN GA, Report of the Group of Governmental Experts on Developments in the Field of Information and Telecommunications in the Context of International Security (2005 Report), UN Doc. A/60/202, 5 August 2005.

UN GA, Report of the Group of Governmental Experts on Developments in the Field of Information and Telecommunications in the Context of International Security (2013 Report), UN Doc. A/68/98, 24 June 2013.

UN GA, Report of the Group of Governmental Experts on Developments in the Field of Information and Telecommunications in the Context of International Security (2015 Report), UN Doc. A/70/174, 22 July 2015.

UN Human Rights Council, Resolution 20/8, "The Promotion, protection and enjoyment of human rights on the Internet." UN Doc. A/HRC/RES/20/8, 16 July 2012.

UN Human Rights Council, Resolution 26/13, "The Promotion, protection and enjoyment of human rights on the Internet." UN Doc. A/HRC/RES/26/13. 14 July 2014.

UN, Letter Dated 9 January 2015 from the Permanent Representatives of China, Kazakhstan, Kyrgyzstan, the Russian Federation, Tajikistan and Uzbekistan to the United Nations: International Code of Conduct for Information Security, UN Doc. A/66/359, 14 September 2011.

OSCE Decision No. 1039, "Development of Confidence-Building Measures to reduce the risks f conflict stemming from the use of information and communication technologies." PC.DEC/2039, 2012. 4. 26.

OSCE Decision No. 1201, "OSCE Confidence-Building Measures to Reduce the Risks of Conflict Stemming from the Use of Information and Communications Technologies." PC.DEC/1202, 2016. 3. 10.

G20 Leaders' Communiqué, Antalya Summit, 15-1 November 2015.

G7 Ise-Shima Leaders' Declaration, G7 Ise-Shima Summit, 26-27 May 2016.

G7 Joint Communiqué, Foreign Minister's Meeting, April 10-11 2016.

VOA, "법무부 "북한인, 역대 최대 사이버 공격…북한 정부 연루."〈https://www.voakorea.com/a/4560948.html 검색일: 2018. 9. 10.〉

_____. "미 하원, 북한 등의 사이버 공격 대응 법안 발의…추가 제재 의무화." 2018. 4. 24. 〈https://www.voakorea.com/a/4361301.html 검색일: 2018. 9. 12.〉

제3장

국제사이버법에 관한 경쟁과 『탈린매뉴얼』

김규동

I. 머리말—사이버 공간상 법의 지배

사이버 공간은 국제사회에서 국가와 비국가 주체를 아울러 모든 행위자의 주된 생활공간 내지 이와 극히 밀접한 관련을 갖는 영역으로 자리매김하였다. 그 이면에서 사이버 공간과 정보통신기술의 악의적 이용이 증대함에 따라 기존의 물리적 공간에서와 같이 국제질서를 유지하기 위한 방안의 하나로 규범 논의가 활발히 진행되어 왔다.

이러한 국제규범에 대한 요구는 소위 사이버 작업(cyber operation)[1]으로 인한 국가와 국제사회에 대한 위협, 즉 사이버 안보위협이 전통적 안보위협의 영역으로 포섭되었다는 인식을 바탕으로 한다. 사이버 안보위협은 다양하게 분류될 수 있으나, 주로 행위주체와 잠재적 결과의 강도를 기준으로 한다(박기갑 2010; 박노형·정명현 2014; 김소정·김규동 2017; Nye 2011). 국가 기반시설과 중요시설 침해, 정부 또는 주요산업 분야의 기밀정보에 대한 위협, 대중적 공포와 사회혼란을 야기하는 테러적 행위, 군사적 사이버 공격 내지 무력공격을 지원하기 위한 작업, 나아가 규모와 사회적 파급에 따라 국가안보를 위협하는

---

1   모든 사이버 위협행위는 사이버 설비를 통한 작업으로 이루어지며, 영미권에서는 이를 일괄적으로 "cyber operation"으로 표현하나, 이를 국문으로 어떻게 표현할 것인지에 대해서는 다소간 논란이 있다. 사이버전(cyber warfare) 내지 사이버 전쟁(cyber war)에 대한 우려가 제기되던 초기에는 군사적 관점에서 이를 사이버 "작전"으로 표현하는 경우가 많았다. 작업, 조작(操作), 활동, 운용 등의 표현이 함께 사용되었다. 박노형·정명현(2014)은 행위자와 목적을 떠나 사이버 공간에서 수행되는 행위를 일반적으로 가리킨다는 점에서 "조작"의 표현이 적절하다는 견해를 제시한다. 이정석·이수진(2015)은 이 견해를 지지하면서, 군사적 목적으로 수행되는 사이버 작업은 구별의 명확성을 위하여 "사이버 공간작전"으로 일컫는 것이 바람직하다고 한다. 이 글에서는 사이버 역량을 이용하는 행위를 일반적으로 일컫는 『탈린매뉴얼』의 정의를 바탕으로, 기계의 작동을 위한 객관적 행위의 개념으로서의 조작(操作)에 의도의 요소를 가미하고, 조작(造作)과의 혼동을 피하기 위하여 "작업(作業)"이라는 용어를 사용한다.

사이버 범죄에 이르기까지 다변화되어 오고 방식과 기술도 계속적으로 발전하고 있다. 이들은 위협의 대상과 목적, 그리고 국가적 파급력의 면에서 전통적 안보위협에 상응할 수 있으며, 따라서 이에 대한 대응활동 역시 유사한 맥락과 규칙하에 이루어진다.

특히 국가가 사이버 역량을 활용하거나 혹은 사이버 위협에 대응함에 있어 그 요건과 수단에 대한 정당성의 근거를 제공하는 국제법의 확정이 중요한 쟁점으로 발전하였다. 현대 국제관계에서 국제법은 더 이상 단순한 규칙에 불과한 것이 아니라 국가 행위의 정당성을 가름하는 전체적인 체제이기 때문이다(Higgins 1994: 1-3; Koh 2012: 734-737). 국가는 이러한 요건을 준수하여 자신의 재량 내에서 효과적인 수단과 수준을 선택하여야 행위의 정당성과 적법성을 주장하고, 무력적 대응이나 분쟁의 진전을 회피할 수 있다. 그러나 현실적으로 기술적 수단과 그 활용방법의 급격한 발전으로 규범과 사실확인의 측면에서 불확실한 영역이 계속 넓어지고 있다. 국가들이 실무상 적시의, 적정 수준의 대응수단 결심을 주저하게 되면서 이러한 규범적 불확실성이 21세기 국제사회의 불안정성 증대의 한 요인이 되고 있다.

다만 사이버 공간에서의 법의 지배 내지 법치주의 원칙에 대해서는 비록 매우 원론적이지만 국제사회의 공감대가 형성되었다. 사이버 공간 또한 국제법과 규범으로부터 자유로운 공간이 아니며, 사이버 공간에서 또는 사이버 공간을 통한 국가 행동의 정당성은 국제법과 규범에 근거한다는 것이다. 2010년 국제연합 정보안보 정부전문가그룹(UN GGE: Group of Governmental Experts on Developments in the Field of Information and Telecommunications in the context of international Security)의 보고서에서 사이버 공간에서의 행위에 대한 기존 국제법 적용방법의 불명과 사이버 공간을 규율하는 국제규범의 부족이 국제 평화와 안전을 불안정하게 하는 요인으로 식별함으로써 사이버 공간이 기존 국제질서와 별개가 아니라는 점을 분명히 하였다.[2] 이어 2012-2013 UN GGE에서는 UN헌장을 비롯한 기존 국제법이 국가의 ICT 이용에 적용될 것을 명시적으로 합의하였고,[3] 이는 총회 결의로써 인정되었다.[4] 총회 결의가 법적 구속력을 가지거나 법적 확신(*opinio juris*)의 표현이라고 단정지을 수는 없으나, 이후 반복적으로 이어진 결의들, 선언들과 함께 보았을 때, 적어도 국가들의 공식적인 입장을 표시하는 실행으로 볼 여지가 있다. 당시 미 국무부 법률고문(Legal Advisor)인 해럴드 고는 이를 '비법적 양해(non-legal under-standings)'의 과정 또는 총의 형성을 위한 체제 구축의 과정으로 설명한다(Koh 2012).

UN GGE 보고서상 사이버 공간에 대한 국제법의 적용은 다양한 장에서 지지를 받았다. 예컨대, 동일한 원칙과 그 내용을 한 걸음 구체화한 2014-15 UN GGE 보고서의 내용은 2015년 터키 G20 정상회담 선언문에 직접적으로 반영되었다.[5] G20 정상들은 동 보고서에 대한

---

2   UN General Assembly, Report of the Group of Governmental Experts on Developments in the Field of Information and Telecommunications in the Context of International Security, 30 July 2010, UN Doc. A/65/201 (이하 "제2차 UN GGE 보고서"), paras. 14, 16, 18.

3   UN General Assembly, Report of the Group of Governmental Experts on Developments in the Field of Information and Telecommunications in the Context of International Security, 24 June 2013, UN Doc. A/68/98 (이하 "제3차 UN GGE 보고서"), para. 19.

4   UN General Assembly, Resolution adopted by the General Assembly on 27 December 2013 on the report of the First Committee(A/68/406) on Developments in the field of information and telecommunications in the context of international security, 9 January 2014, UN Doc. A/RES/68/243.

5   G20 Leaders' Communiqué, Antalya Summit, 15-16 November 2015, para. 26. 〈g20.org.tr/g20-leaders-commenced-the-antalya-summit〉

환영 의사를 밝히고 모든 국가들이 이에 포함된 규범을 준수해야 한다
는 것을 선언하였다. 2016년 G7 정상회담에서는 선행된 외교장관 회
의 결과에 따라 사이버 문제를 10대 이니셔티브로 다루면서 기존 국제
법의 적용, 자발적 평시 규범의 활성화에 G7 국가들이 적극적으로 참
여할 것과 제4차 UN GGE 보고서의 권고를 모든 국가가 따를 것을 선
언하였다.[6] 이는 서방 선진국에 국한되지 않았다. 2015년 상하이협력
기구(SCO: Shanghai Cooperation Organisation) 국제정보안보 행동
수칙(International Code of Conduct for Information Security) 개정안
에는 제3차 UN GGE 보고서의 국제법 적용 가능성과 규범 관련 내용
을 모두 반영되었다.[7] 특히 이를 주도한 러시아와 중국은 각각 자국의
정책에 이를 반영하였다. 러시아는 2016년 "국가정보안보정책"에서,[8]
중국은 2017년 "사이버공간국제협력전략"과 동년 "국가사이버공간안
전전략"에서 사이버 공간의 국제법 적용을 명시하였다.[9] 다만 이들은

6   G7 Ise-Shima Economic Initiative. 지속적 성장을 위한 10개 과제 분야로, 사이버를 비
     롯해 세계경제, 이주 및 난민 문제, 무역협정, 기반시설 보급, 세계보건수준 향상, 여성
     문제, 반부패, 기후변화 대응, 친환경 에너지를 다루었다. G7 Ise-Shima Leaders' Dec-
     laration, G7 Ise–Shima Summit, 26–27 May 2016, pp. 2–3. 〈https://www.mofa.
     go.jp/files/000160266.pdf〉; G7 Foreign Minister's Meeting, Joint Communiqué,
     April 10–11, 2016 Hiroshima, p. 13. 〈www.mofa.go.jp/files/000147440.pdf〉.

7   UN General Assembly, Annex to the Letter Dated 9 January 2015 from the Perma-
     nent Representatives of China, Kazakhstan, Kyrgyzstan, the Russian Federation,
     Tajikistan and Uzbekistan to the United Nations addressed to the Secretary-General:
     International Code of Conduct for Information Security, 13 January 2015, UN Doc.
     A/69/723.

8   러시아 연방 대통령명령 646호, "국가정보안보정책(Доктрина информационной
     безопасности Российской Федерации)"(2016. 12. 5.) 〈http://static.kremlin.ru/me-
     dia/events/files/ru/tGeA1AqAfJ4uy9jAOF4CYCpuLQw1kxdR.pdf 검색일: 2017. 4.
     10.〉.

9   중화인민공화국 "사이버공간국제협력전략(网络空间国际合作战略)"(2017. 3. 1.) 〈www.
     mod.gov.cn/topnews/2017-03/01/content_4774829_2.htm 검색일: 2017. 4. 10.〉; 중
     화인민공화국 "국가사이버공간안전전략(国家网络空间安全战略)"(2016. 12. 27.) 〈http://

사이버 공간 내지 정보 공간을 규율하는 국제법의 '수립'에 보다 무게를 두는 뉘앙스를 갖는다. 2014년 발표된 NATO 웨일즈 정상회담 선언 역시 사이버 공간상 무력공격에 대한 자위권 행사 및 UN헌장과 국제인도법 적용을 공식적으로 인정하였다.[10]

　　현재 논란의 핵심은 어떤 법이 적용되는지의 문제이다. 이 글에서는 이에 대한 진영 간의 대립 상태를 비롯해 사이버 공간을 규율하는 국제법에 관한 논의의 발전과 교착에 이르는 지난 20여 년의 과정을 검토하고, 현재의 교착상태의 원인을 분석한다. 특히 2013년과 2017년 각각 사이버전과 사이버 작업에 대한 현행 국제법 적용방법을 분석한 『탈린매뉴얼』의 사례를 통해 법리적 상호연계성이 정치적 경쟁을 가중시키는 원인을 찾고, 이러한 연구가 개별 국가가 규범 경쟁에 주체적으로 참여하는 데 가지는 의의를 살핀다.

II. 국제사이버법 논의의 발전과 교착

1. 정부간 논의의 경과

1) 국제적 사이버 논의의 태동

국가 간 논의는 1990년대 후반 주로 정보통신기술이 이용된, 소위 사이버 범죄에 대한 형사사법공조 문제로부터 출발하여, 규모와 영향력

---

www.cac.gov.cn/2016-12/27/c_1120195926.htm 검색일: 2017. 4. 10.〉.

10　NATO, "Wales Summit Declaration Issued by the Heads of State and Government Participating in the meeting of the North Atlantic Council in Wales", 5 September 2014. 〈http://www.nato.int/cps/en/natoliv e/official_texts_112964.htm〉

의 급격한 성장으로 인하여 소위 컴퓨터 네트워크 공격 또는 컴퓨터 네트워크 익스플로잇 등 군사적 이용이 확산됨에 따라 국제안보적 관점에서의 논의로 발전하였다. 초기 논의는 국가 단위에서 국내 법질서 수호를 위한 사이버 범죄 관련 형사적, 행정법적 법제를 신설하고 전자문서나 전자증거물의 민형사상 지위에 대한 해석과 규칙, 정보통신 자원 이용의 안전성과 형평성 제고를 위한 법제 정비 분야에서 선행되었다. 이어 초국경적 사이버 범죄의 일상화에 따라 인터폴(Interpol) 등을 통한 협력이 활성화되고 국가 사법기능의 실효성 제고를 위한 양자 또는 소다자 간 형사사법공조 협정이 발전하였다. 유럽평의회의 "사이버범죄협약"[11]이나 "아랍연맹 정보기술범죄협약"[12]이 그 대표적 사례이다. "아프리카연합 사이버 안보 및 개인정보보호 협약"[13]도 이러한 유형으로 볼 수 있다. 다만 동 협약은 국가 및 지역 안보의 문제에 관한 원칙들도 포함하기 때문에 단순한 형사사법공조 협정의 성격만을 갖는다고 보기는 어렵다. 이들을 정부 간의 합의라는 점에서 넓은 의미의 국제규범에 해당한다고 볼 여지는 있다. 그러나 전통적 국제규범에 의해 이미 설정된 주권과 관할권의 규칙을 전제로 하고, 이에 대해 당사국 상호간 법집행 기능 수행의 편의를 위한 합의이므로 이 자체를 국제법의 규칙으로 보기는 어렵다. 이 글에서 다루는 사이버 국제규범은 이보다 나아가 사이버 공간에서 국가에 의한 또는 국가

11　Council of Europe Convention con Cybercrime, 23 November 2001, ETS No. 185. '부다페스트협약'으로도 불린다.

12　League of Arab States Convention on Combating Information Technology Offences (2010).

13　African Union Convention on Cyber Security and Personal Data Protection (2014). 2018년 4월 현재 아프리카연합 55개 회원국 중 10개국만이 서명하여, 협약에서 규정하는 발효 요건(15개 회원국 이상 비준)을 충족하지 못하였다.

를 상대로 한 정보통신기술의 사용과 관련한 국가의 권리와 의무 전반
에 관한 것이다.

국제법의 쟁점으로 보다 본격적인 논의가 시작된 것은 1990년대
말 미국과 비서방권 강대국 간 정보통신기술의 격차가 급격히 벌어지
고, 2000년대 들어 실제 에스토니아, 조지아 등의 사례에서 무력충돌
을 전후하거나 그 과정에서 정보통신기술의 사용이 만연해지면서이
다. 이 논의를 포괄적으로 이끌어 온 것으로 국제연합 총회에서 군축
위원회 산하에 2003년 설립한 UN GGE가 있었으며, 국제적십자연맹
(ICRC: International Committee of Red Cross) 등의 관련 국제기구,
북대서양조약기구(NATO: North Atlantic Treaty Organization) 등의
군사연맹체 및 그 회원국들은 무력충돌법에 보다 집중한 연구와 논의
를 이어갔다.

최근 논의의 중점은 무력충돌의 맥락을 넘어 국가 간 위법행위,
비국가 행위자의 사이버 위협에 대한 대응과 영토국의 책임, 인권의
보호, 주권의 침해 등 보다 일상적으로 발생할 수 있는, 국제질서의 기
초가 되는 규범의 확립에 보다 집중된다.

2) UN GGE를 중심으로 한 국제안보 차원의 접근

다자적 논의에서는 UN GGE가 중심적 역할을 하였다. UN GGE는 앞
서 설명한 바와 같이 2013년 사이버 공간에 대하여 UN헌장과 인권법,
국가책임법 등 기존의 국제법 규칙들이 적용된다는 점을 보고서에 명
시하고 총회 결의로 채택하는 데 성공하였다.[14] 2014-15년 진행된 제4
차 UN GGE의 주요 임무는 앞선 보고서와 결의를 바탕으로 국제법이

---

14   제3차 UN GGE 보고서; UN총회 결의 68/243 참조.

어떻게 적용되는지를 연구하고, 평화롭고 안정된 사이버 공간을 유지하기 위하여 국가들이 책임감 있게 행동하는 것을 지도하는 규칙들을 합의해내는 데 있었다.[15] 그러나 이에 대한 충분한 합의를 끌어내는 데는 실패하였다. 다만 자위권, 국가주권, 무력충돌법, 국가책임법 등 주요 국제법의 내용을 원론적 측면에서 재확인하고, 입장차를 확인함으로써 향후 논의의 방향을 제시하였다는 의미를 갖는다(김소정 · 김규동 2017).

나아가 이를 보완하기 위하여 국제규범을 국제법 분야와 소위 "비구속적, 자발적 규범" 분야로 구분하여 이에 관한 내용을 대폭 추가하였다. 양자 간의 경계가 항상 명확한 것은 아니다. 예컨대, 자국 영토를 이용한 국제위법행위 방조를 금지하거나, 타국의 주요 기반시설에 대한 공격 또는 공격 지원을 금지하는 내용들은 국제법의 규칙으로 볼 여지가 크다. 그럼에도 이들은 구속적이든 아니든 국가들이 당면한 사이버 위협을 해소하는 데 기여할 수 있을 것으로 기대된다.

그러나 2016-17년 진행된 제5차 UN GGE는 국제법 적용 분야에 대한 이견차를 좁히지 못하고 보고서 채택에 실패한 채 종료되었다. 현시점까지 UN에서의 후속 논의 방향은 확정되지 않은 상태이다. UN총회 제1위원회는 2018년 11월, 2019년에 제6차 UN GGE를 설립하여 논의를 속개하고자 하는 미국의 결의안(A/C.1/73/L.37)과 더불어 제5차 UN GGE부터 러시아가 제안해 왔던 개방형 작업반의 설립에 대한 결의안(A/C.1/73/L.27/Rev.1) 양자 모두를 표결을 통해 채택하였다. 비록 양 결의가 모두 다수결로 채택되었으나, 서방권과 비서방권의 표가 극명히 갈려 난항이 예상된다. UN에서는 기구의 포괄적 특

---

15   UN총회 결의 68/243.

성상 제2위원회의 개발 관련 정보통신기술 문제, 제3위원회의 디지털 인권 문제, 그리고 산하 전문기구인 국제전기통신연합(ITU: International Telecommunications Union)의 정보통신망 보안 문제 등 다양한 분야에서 사이버 관련 쟁점을 다루기도 한다.

지역안보협력체 차원의 논의로 대표적인 것은 NATO와 SCO의 사례를 들 수 있다. NATO는 수차례의 정상회담 선언 등을 통해 사이버 공간에 대한 기존 국제법의 적용을 재확인하였으며, 특히 사이버 무력공격이 발생하였을 경우 북대서양조약 제5조에 따라 집단적 자위권이 발동될 수 있음을 명시적으로 선언한다. 또한 후술하는 바와 같이 『탈린매뉴얼』 작성을 후원하는 등, 그 구체적 적용방법에 대한 해석론을 발전시키기 위해 노력 중이다. SCO는 회원국 수가 많지 않으나, 러시아와 중국 등 초강대국이 상호 협력관계를 이루고 있으며, 양자 간 이해관계의 합치로 2011년 정보보안에 관한 국제행동수칙을 수립, UN에서의 조약화를 추진하고 있다는 점에서 의미를 지닌다. 2015년 제3차 UN GGE 보고서의 내용을 반영하고 주요 정보통신 기반시설 보호, 인권존중, ICT 서비스공급망 보호 등의 내용을 보완하여 개정된 동 수칙은 사이버 공간상 국가주권, 인터넷 거버넌스 체계, 국가의 정보통제권 등을 주요 내용으로 하고 있다.[16]

2. 정부간 논의의 교착과 논의의 다변화

2017년 UN GGE의 결렬 이후 국제법에 관한 다자적 논의는 답보 상

---

16   Letter dated 9 January 2015 from the Permanent Representatives of China, Kazakhstan, Kyrgyzstan, the Russian Federation, Tajikistan and Uzbekistan to the United Nations addressed to the Secretary-General, U.N. Doc. A/69/723, 13 January 2015.

태이다. 대안적으로 위험 감경과 긴장 완화를 위한 신뢰구축조치가 유럽안보협력기구(OSCE: Organization for Security and Co-operation in Europe), 아세안지역포럼(ARF: ASEAN Regional Forum) 등을 중심으로 발전하고 있다. 또한 정부간 논의를 확대하여 다중이해당사자주의를 표방하는 논의도 지속되고 있다. 그 대표적 사례로 소위 런던 프로세스라 불리는 세계사이버스페이스총회(Global Conference on Cyberspace)가 있다. 이는 기본적으로 참여국들이 주도하지만, 기업과 시민사회를 아우르는 대화의 장을 표방하여 다양한 이해당사자의 입장들을 공유하고 있다. 2013년 서울에서 개최된 총회에서는 최초로 사이버 안보에 관한 워킹그룹이 구성되었으며, 그 결과는 "서울 프레임워크 및 공약"에 반영되었다. 미국과 서유럽 국가를 비롯하여 한국, 일본, 호주 등 사이버 국제안보 문제에 있어 소위 유사입장국가(like-minded countries)의 정상 내지 외교장관급이 참석하고 다양한 협의를 진행한다. 동시에 IT 또는 보안 관련 기업의 입장에서 세계적 사이버 보안 체계가 어떻게 되어야 할 것인지 논하는 장이 마련되기도 한다. 예컨대, Microsoft는 2015 헤이그 사이버스페이스총회에서 발표한 "Cybersecurity Norms: Advancing Persistent Security"를 통해 여섯 개의 사이버 안보 규범을 제안한 바 있다. 다만 규범적 문서의 합의를 의도하고 있지는 않기 때문에 가시적인 성과를 기대하기는 어려우며, 상호간 이해의 증진과 국가관행의 확인을 통해 장기적인 규범 수립에 기여할 수 있을 것이다(Maurer 2011; Tikk 2012). 이에 대응하여 중국 정부가 주도하는 세계인터넷대회(World Internet Conference)도 유사한 포맷으로 이루어지고 있다.

한편으로 학계에서는 보다 전문적인 분석이 진행되었다. NATO의 후원하에 국제법학자들의 공동연구로 도출된 『탈린매뉴얼』과

2013-16년 국제법협회(ILA: International Law Association)의 스터 디그룹에서 진행된 사이버 안보와 테러리즘에 관한 연구가 대표적이 다. 후자의 경우는 광범위한 쟁점을 다루었으나, 사이버 범죄와 테러 행위를 중심으로 연구의 범위를 제한하고자 하여 국가 간의 행위에 관 한 규범 전체를 다루지는 않았다는 한계를 지닌다.[17] 이에 비하여 『탈 린매뉴얼 2.0』은 다음 표와 같이 사이버 공간이 국가의 행위와 연계될 수 있는 일반 국제법의 대다수 분야를 포괄적으로 다루었다.

위와 같은 연구결과나 다중이해당사자주의 논의는 원칙적으로 국 제법을 수립하거나 권위적 해석을 내리는 것은 아니다. 현대 사회에서 기업과 국제적 무장조직단체, 테러단체 등의 영향력이 개별 국가의 영 향력을 초월하는 사례가 빈번해짐에 따라 인권, 환경 등의 분야를 중 심으로 비국가 행위자의 국제법 주체성의 인정 필요성이 지속적으로 제기되어 왔다(McCorquodale 2004: 481-485; Shaw 2014: 248-250). 특히 사이버상에서는 위협 수단에 대한 비국가 행위자의 접근성이 크 게 향상되어 기존에 국가만이 보유할 수 있었던 수준의 수단이 보편 적으로 활용되고 있으며, 국가들이 이들을 대리자(proxy)로 활용한다 는 의심 사례가 크게 증가해 왔다. 그럼에도 불구하고 이들은 완전한 조약 체결권을 가지지 못하기 때문에 이 글에서는 『탈린매뉴얼』과 마 찬가지로 국제법 수립의 주체성을 국가로 한정한다(Malanczuk 2002: 91-108; Shaw 2014: 248-250). 따라서 이러한 논의는 현재의 국제법이 어떻게 적용될 것인지에 대한 분석을 제공하고, 교착상태를 타개하기 위한 출발점을 제공하는 역할을 하는 것으로 이해하여야 한다. 새로운 규범 수립은 기존 규범이 이를 적절히 규율할 수 없음을 전제로 하기

---

17   International Law Association, Study Group on Cybersecurity, Terrorism, and In-
      ternational Law, Study Group Report, 31 July 2016.

표 1. 『탈린매뉴얼 2.0』의 구성

부	장	규칙
제1부 일반 국제법과 사이버 공간	1. 주권	1-5
	2. 상당한 주의	6-7
	3. 관할권	8-13
	4. 국제책임법	14-31
	5. 국제법에서 규율되지 않는 사이버 작업	32-33
제2부 개별 국제법 체제와 사이버 공간	6. 국제인권법	34-38
	7. 외교영사관계법	39-44
	8. 해양법	45-54
	9. 공역법	55-57
	10. 우주법	58-60
	11. 국제전기통신통신법	61-64
제3부 국제 평화 및 안보와 사이버 활동	12. 평화적 해결	65
	13. 간섭의 금지	66-67
	14. 무력의 사용	68-75
	15. 집단안보	76-79
제4부 사이버 무력충돌법	16. 무력충돌법 일반	80-85
	17. 적대행위의 수행	86-130
	18. 일정한 사람, 물건, 활동	131-145
	19. 점령	146-149
	20. 중립성	150-154

때문에 이들은 각국이 입장을 수립하기 위하여 쟁점을 식별하는 데 도움이 될 수 있기 때문이다. 해당 문제에 관한 규칙이 존재하지 않거나, 현실정치적 문제 또는 법리적 문제로 적용이 불가능하거나 불합리한 결과를 초래한다는 데 국제사회의 합의가 있어야 하는 것이다.

III. 사이버 공간의 국제법에 관한 진영 간 경쟁

1. 기존 국제법의 적용 범위에 관한 입장차

'사이버 공간'의 개념이 회자되기 시작한 초기에는 사이버 공간이 신비로운 가상공간 혹은 완전히 독립된 제5의 공간으로 묘사되었다. 따라서 UN헌장을 비롯한 국가책임, 무력충돌, 국제인권 등 기존에 확립된 국제법의 내용이 그 자체로 사이버 공간의 행위에 적용되는지 여부를 둘러싼 대립이 나타났다. 예컨대, 초기에 일부 국가는 국가 주권의 기초가 되는 국경의 개념은 사이버 공간상 존재할 수 없기 때문에 기존 국제관계와 규범의 틀에서 다루어질 수 없다는 견해를 취하였고, 후에는 절대적 주권의 대상이 된다는 상반된 입장을 피력하기도 하였다. 예컨대, 러시아와 중국은 1990년대 말 국가의 주권을 규정한 UN헌장이 사이버 공간에서의 적용을 예정하고 채택된 것이 아니라는 이유에서 이를 반대하였으나, 현재에는 강력한 주권을 주장한다. 특히 국가 간 합의에 의해 사이버 공간의 경계 획정이 가능하다는 전제하에 "디지털 주권" 또는 "데이터 주권"과 같은 개념을 제시하나,[18] 이는 자국 내 정보유통의 규제와 자국 관련 정보에 대한 통제를 위해 고안된 것으로 기존의 주권평등의 원칙보다 훨씬 폭넓은 개념이다(박노형·정명현 201: 76-77). 현재는 기존 국제법이 별다른 변경 없이 전혀 적용될 수 없다는 입장은 거의 존재하지 않는다.

---

18 러시아 연방 대통령명령 646호, "국가정보안보정책(Доктрина информационной безопасности Российской Федерации)"(2016. 12. 5.); 중화인민공화국 "사이버공간 국제협력전략(网络空间国际合作战略)"(2017. 3. 1.); 중화인민공화국 "국가사이버공간안전전략(国家网络空间安全战略)"(2016. 12. 27.)

대신 사이버 공간상 법의 지배를 확립하기 위해 적용되는 기존 국제법이 무엇이며, 어떻게 적용되는지, 그리고 만약 공백이 있다면 이를 어떻게 해소할 것인지에 대해 국제관계의 주도 국가들 간 경쟁이 계속되고 있다. 적용범위가 특히 해소되지 못하는 쟁점인데, 제4차와 제5차 UN GGE의 논의 과정은 이를 극명하게 보여주었다. 즉, 제3차 GGE 보고서에서 "기존 국제법이 적용될 수 있다(existing international law is applicable)"라고 한 합의를 바탕으로 구체적 적용방법에 관한 권고를 논의하고자 하였으나, 중국과 러시아를 위시한 일부 국가는 기존 국제법 중 적용 가능한 법의 선별이 우선되어야 한다는 주장을 제기하였다. 위 표현에 대한 해석의 차이에 기인한 것이다. 미국 등 서방국가는 이를 기존 국제법이 원칙적으로 적용된다는 것으로 해석한 반면, 중국과 러시아 등 일부 국가는 이를 좁게 해석하여 적용의 여지가 있음을 인정한 것으로 보는 것이다. 따라서 서방국가는 기존 국제법 중 적용할 대상을 논의하고자 하는 중, 러의 입장을 전혀 받아들일 수 없었던 반면, 러시아와 중국은 이와 같은 미국의 태도에 강한 불쾌감을 표시하기도 하였다(김소정·김규동 2017). 동일한 표현에 대하여 서로 다른 이해를 바탕으로 합의한 데 따른 결과이다.

그러나 이들의 주장의 근거는 명확하지 않다. UN GGE 보고서나 총회 결의는 조약은 아니나, 복수의 언어가 정본인 조약의 해석에 관한 조약법의 해석 규칙을 적용하여 동 보고서의 각 공식 언어본을 비교하였을 때,[19] 중문 공식본은 "국제법, 특히 〈연합국헌장〉은 …에 활용되며 매우 중요하다"라고 하여 보다 단정적인 표현을 사용하고 있다.[20] 영문과 불문 공식본은 각각 "is applicable", "sont applicables"

19　조약법에 관한 비엔나협약 제33조 1항 및 4항.

20　원문은 다음과 같다. "国际法, 特别是《联合国宪章》适用于各国使用信通技术, 对维持和平与

이라 하고, 러시아어본 역시 "применимо и имеет"라고 하여 엄밀하게는 적용이 '가능하다'라는 표현을 쓰고 있다. 영미법계에서 '적용 가능한 법(applicable law)'라 함은 해당 사안에 '적용되는' 법을 의미한다. 가정형의 사용은 단지 장래의 불확정적인 상황에 대한 것임을 나타낼 뿐이다. 다만, 러시아어상 상기 표현의 용례가 러시아 측이 주장하는 바와 같이 '적용될 수도 있고 아닐 수도 있는' 것을 의미하는지는 명확하지 않다.

2. 기존 국제법 공백의 해소: 특별법 조약 혹은 자발적 규범

기존의 국제법을 사이버 공간에 적용하는 데에는 상당한 장벽이 존재하며, 이것이 해소되어야 한다는 점에 대해서는 대다수 국가가 동일한 시각을 갖는다. 이에 따라 예컨대, 제3차 GGE 보고서는 국제법의 적용 가능성과 더불어 새로운 규범이 요구되는 분야가 존재할 수 있다는 점을 명시하였으며, 이는 양 진영 간 타협의 결과로 평가할 수 있다. 그 결과 후속 UN GGE에서는 소위 "자발적이고 비구속적인(voluntary and non-binding)" 규범에 대한 논의가 활발히 이루어졌다. 예컨대, 제4차 UN GGE 보고서는 국제규범 논의를 기존 국제법의 적용 파트와 자발적, 비구속적 규범의 발전 파트로 구분하여 기술하였다.[21]

자율성을 기반으로 한 비구속적인 보충적 규범은 미국을 위시한 서방권이 보다 선호하는 방식이다. 오바마(Obama) 행정부 시절 미

稳 定及促进创造开放, 安全, 和平和无障碍信通技术环境至关重要." (강조 첨가)

21　UN General Assembly, Report of the Group of Governmental Experts on Developments in the Field of Information and Telecommunications in the Context of International Security, 22 July 2015, UN Doc. A/70/174.

국무부 장관 존 케리(Kerry 2015), 사이버 안보조정관 크리스토퍼 페인터(Painter 2015) 등은 이러한 입장을 반복하여 강조하였다. 제4차 UN GGE의 성과에 대한 미 국무부의 논평 역시 자발적 규범의 발전에 중점을 두었다(Markoff 2015). 여기에는 예컨대 사이버 침해사고 시 일방적 대응에 앞서 종합적 고려를 거칠 것, 영토의 국제위법행위 사용을 허용하지 말 것, 정보인권에 관한 총회 및 인권이사회 결의를 준수할 것, 국제적 의무에 반하여 타국의 핵심기반시설에 대한 위해행위를 수행하거나 후원하지 말 것, 기반시설 보안을 위한 정보공유 및 상호 지원 등의 내용이 있다.

　일반적으로 규범(norm)이라 함은 구속력을 가지는 규칙들을 지칭하나, 강대국 간의 의견차로 인하여 국제법의 지위나 적용 가능성, 적용 방법이 논란이 되면서 규범을 넓은 의미로 사용하기 시작하였다는 특징을 갖는다. 이들 규범은 기존 국제법과 완전히 동떨어지지는 않았으나, 대다수 국가가 법적 의무라는 확신을 갖지 못하는 분야를 보완하기 위한 내용이다. 그러나 이에 대해서는 사실상 국제법의 규칙에 대하여 구체적 적용방안에 대한 미합의 내용을 임시방편적으로 담은 것으로, 기존 국제법을 저해한다는 비판이 제기되기도 한다(Schmitt 외 2017: 31; 김소정·김규동 2017). 또한 "자발적이고 비구속적인"이라는 문구와 동 규범들이 기존 국제법을 대체하는 것이 아니라는 표현을 명시함으로써[22] 국제법의 일부가 아니라는 점을 명확히 하고자 하였으나, 그 성격에 대해 비서방국가들은 기존 국제법이 국가의 행위를 규율하지 못하는 부분에 대한 새로운 규범이라는 입장을 취하

22　UN General Assembly, Report of the Group of Governmental Experts in the Field of Information and Telecommunications in the Context of International Security, 22 July 2015, UN Doc. A/70/174 (이하 "제4차 UN GGE 보고서"), para. 10.

였다.

서방권의 입장은 기존 국제법의 모든 규칙들이 사이버 공간에서 적용된다는 것을 전제로 한다. 따라서 현시점에 요구되는 것은 그에 대한 어려움의 존재와 내용을 명확하게 식별하고, 적용 방법이 불명한 경우에는 그러한 방법을 합의함으로써 해결하여야 한다는 것이다. 잠재적으로 해결이 어렵거나 해결되지 않을 것이 명확해지는 문제에 대해 비로소 새로운 규범을 모색해야 한다고 한다. 다만 이들은 대체적으로 기존의 국제법이 사이버 공간에 적용되기 때문에 새로운 국제법이 필요한 것은 아니고, 다만 기존 국제법의 규율 범위를 넘어서는 분야가 있다면 자발적 규칙 발전을 통해 장기적인 해결방안을 모색해야 한다는 입장이다. 특히 미국은 사이버 공간의 문제가 관습국제법의 재정립(reinvention)을 전혀 요하지 않는다는 입장이었다.[23]

반면, 중·러권은 그리 할 경우 장기간 규범의 공백이 불가피하며, 적용 방법이 불명한 것을 적용될 수 없는 것과 동일시하여 이들에 대해 새로운 규범을 창설할 것을 강조하는 입장을 취한다. 이들은 사이버 공간이 국제법으로 규율되어야 한다는 원칙에 공감하면서도, 기존 국제법의 일괄적인 적용에 대해서는 회의적인 입장을 피력해왔다. 기존 국제법의 수립 당시에 전혀 예견하지 못했던 수준의 기술적 발전과 국제사회 구조의 변화를 무시해서는 안 된다는 것을 이유로 한다. 또한 우주법에 비견하여 사이버 공간에 대한 특별법(lex specialis)적 조약규칙을 통해 사이버 공간을 법적으로 하나의 '공간'으로 구분짓고, 군사적 사용을 전적으로 금지해야 한다는 입장이다. 기존의 규칙을 단순히 적용할 경우, 사이버 무력공격에 대한 자위권 발동, 국제위법행

---

23   US White House, International Strategy for Cyberspace(May 2011) 참조.

위에 대한 피해국의 일방적 대응조치, 사이버전에 대한 국제인도법의
적용 등은 사이버 공간의 군사적 이용이나 국가 간 강제적 행위의 기
준을 명확하게 해줌으로써 그러한 역량을 가진 국가에게 이러한 행동
을 승인하는 효과를 일으킨다는 것이다.

　다만 이들 국가 간에도 온도차가 존재한다. 러시아가 강경한 회
의론에 가깝다면 중국은 기존 국제법의 개별 규범들이 적용되었을 때
의 영향에 대해 충분한 검토가 선행되어야 한다는 신중론에 가까운 것
으로 평가할 수 있다. 예컨대, 『탈린매뉴얼 2.0』의 작성 과정에 국가의
의견을 반영하고자 3회에 걸쳐 협의회를 개최하였는데, 중국은 이 프
로세스에 적극적으로 참여하여 방대한 의견서를 전달한 반면, 러시아
는 관망 내지 비난의 입장을 주로 취하였다. 특히 양국은 사이버 공간
이나 사이버 안보의 개념 대신에 정보 자체, 즉 컨텐츠를 포함하는 정
보 공간과 정보 안보의 개념을 사용하고 있는 등 서방 중심적 사이버
공간 국제규범 수립에 대응하고자 한다.

　국제규범의 발전이 이와 같은 급격한 사회적 변화와 기술 발전,
그리고 그 활용에 따른 국가 간 긴장 고조를 방지하기 위하여 이루어
져 온 것이 역사적 사실이다(박기갑 2010: 38). 그러나 법적 요건이 비
교적 명확하고 환경 변화에 따른 개정이 용이한 국내법 체계에 비하여
국제법은 조약의 개정보다는 해석의 발전 또는 추가의정서의 채택 등
의 형식을 취하거나, 혹은 새로운 보편적 국가관행의 누적을 통한 관
습국제법의 수립을 통해 법이 변경되거나 형성되기 때문에 더딘 특징
을 보인다. 따라서 특별법에 대한 대다수 국가의 공감대가 형성되기
전에는 조약을 통한 해결은 요원하다.

3. 적용 가능성 판단을 위한 전제로서 『탈린매뉴얼』의 의의

위와 같은 교착 상태의 해소를 위해 필연적인 과정은 기존 국제법을
적용하였을 때 과연 공백이나 모순이 발생하는지에 대한 판단이다. 이
를 위해서는 상정할 수 있는 모든 사이버 상황에 대하여 각각 적용될
수 있는 현행 국제법의 규칙이 무엇인지를 식별하고 적용 가능성을 분
석하여야 한다. 그 내용의 객관성이나 보편성에 대한 평가를 차치하더
라도, 『탈린매뉴얼』이 갖는 의의는 모든 관련 쟁점에 대해 이를 종합
적으로 시도한 유일한 문서라는 점, 그리고 현재의 조약 및 관습국제
법 규칙과 국가실행만을 바탕으로 하였다는 데 있다.

　『탈린매뉴얼』 프로젝트의 직접적 계기는 2007년 에스토니아 사건
이다. 에스토니아는 구소련으로부터 독립한 국가 중 상대적으로 반러
시아 정서가 강한 국가로, 인구의 약 20%를 구성하는 러시아계 주민
과 반러시아계 주민 간의 갈등 상황에서 러시아 영토로부터 시작된 분
산서비스거부(DDoS) 작업에 의하여 정부기관과 금융분야 등 국가 주
요 정보통신망이 완전히 마비되어 국가 기능의 장애가 발생하였다. 작
업에 사용된 기초설비 중 핵심적 부분이 러시아 정부 소유 시설로 확
인됨에 따라 에스토니아 정부는 이를 무력공격으로 규정하고 NATO
회원국으로서 북대서양조약 제5조에 따른 집단적 자위권의 발동을 요
청하였다. 그러나 NATO는 법적 판단과 사실관계의 연결 양자 모두에
서 명확한 결론을 내리지 못하였고, 피해 조사와 복구 차원의 기술적
지원만을 제공하였다. 2014년 웨일즈 정상선언 등 이를 전후한 NATO
정상회담들은 무력공격 수준에 이르는 사이버 작업에 대하여 자위권
이 적용된다는 점을 명시적으로 선언하였으나 그 명확한 기준을 제시
하지는 않았다.

　　이러한 이론적 난점을 해소하기 위한 출발점으로 NATO는 NATO 사이버방위협력센터(CCD COE)에 사이버전에 국제법이 적용되는 방법에 대하여 기존의 무력충돌법을 전체적으로 검토하도록 요구하였고, CCD COE는 2013년 이를 집대성한 『탈린매뉴얼』을 발간하였다. 그러나 명확하게 사이버 전쟁이나 사이버전, 사이버 무기 등 고강도 사이버 위협으로 볼만한 사건은 발생하지 않았던 반면, 국가가 배후로 관련된 것으로 의심되는 사이버 작업의 사례들이 증대하면서 평시 국제법의 적용방법 식별이 보다 시급한 과제로 제시되었다. 단순한 정보수집 차원이 아니라 주권침해와 국내문제 간섭의 경계를 넘나드는 수준의 행위에 국가 행위자의 관련 가능성이 강하게 제기된 것이다. 이에 CCD COE는 후속 연구를 진행하여 2017년 사이버 작업 전반에 적용되는 국제법에 관한 『탈린매뉴얼 2.0』을 출간하게 된다. 이는 사이버전을 중심으로 한 기존 버전을 보완하는 한편, 다음 표에서와 같이 관련될 만한 국제법 전반으로 그 범위를 확장한 것이다.

표 2. 『탈린매뉴얼』 1.0과 2.0의 범위 비교

위협행위자		약 ◄──────── 위협 및 위법성 수준 ────────► 강			
국가 또는 프락시	위협행위	비침해적 정보활동, 단순 심리전 등	국제위법행위		
			조약의무, 상당주의 의무 위반 등 단순위법행위	사이버 간섭/강압 (주권침해)	사이버 무력공격
	적용규범		조약 등	유엔헌장 등	무력충돌법
		국제인권법, 국가책임법, 외교관계법, 해양법 등			
비국가 행위자	위협행위	합법 이용	사이버 범죄	사이버 테러	–
	적용규범	국가주권 및 관할권		상당주의 의무 등	

즉, 원래의 『탈린매뉴얼』은 위 그림 중 UN헌장의 주권 관련 규정과 개전법(*jus ad bellum*) 일부, 그리고 제네바 협약 체계를 중심으로 한 전시법(*jus in bello*) 등 무력충돌법을 중심으로 다룬 반면, 『탈린매뉴얼 2.0』은 평시 국가 간 관계에 대하여 주권 원칙, 상당한 주의 의무, 관할권, 국가책임법 등의 기초적 법체계를 상술하였다. 이는 기존의 매뉴얼이 7개 규칙으로 원론적 내용을 기술한 데 비하여 33개 조항으로 세분화함으로써 평시 국가의 사이버 안보활동의 대외적 제한과 정당성을 대부분 포섭한 것이다. 또한 무력충돌 이전 단계의 분쟁 상황에 대하여 기존 매뉴얼에 비하여 UN헌장상 무력사용 금지 원칙의 적용, 국내문제 불간섭의 범위, 무력사용과 무력공격의 정의 등을 세분화하여 논의하였다. 이에 더하여 국제인권법과 해양법, 우주법, 국제통신법 등 분야별 특화된 국제법 분야에서 정보통신기술의 활용과 연계될 수 있는 쟁점들을 식별하여 그 적용방법을 제시하였다. 전체적인 구성은 앞의 〈표 1〉과 같다.

또한 『탈린매뉴얼』은 사이버전과 사이버 작업에 관한 '현재의' 법(*lex lata*)을 기술하고자 하였다는 점을 명확히 하고 있다. 즉, 기존에 확립되어 있는 국제법의 적용만을 의도로 하고 있으며, 있어야 할 법(*lex ferenda*)을 논의할 의도가 없음을 명시한다. 단, 상당한 주의의 원칙 등 일부 규칙에 대해서는 이러한 보편적 지위에 대해 의문이 제기될 수도 있으며, 이는 동 매뉴얼을 활용하는 국가가 판단해야 할 문제이다. 사이버전의 맥락에서 무력충돌법의 적용은 물론, UN헌장을 비롯한 모든 기존 국제법의 적용 가능성을 검토하고, 이를 긍정함으로써 기존 국제법이 적용될 수 있음을 입증하고자 하였다는 점에서 의의를 가진다. 특히 그 성격은 기존 국제법에 대한 학문적 해설서로, 매뉴얼 내에서 다루어진 조약 또는 관습국제법에 대한 공신력 있는 주해

(commentary)에 해당하지 않으며, 당연히 국제법의 법원(法源)에 해당하지 않는다. 다만 국제법 해석의 보충적 근거로 인정될 가능성은 존재한다.

『탈린매뉴얼 2.0』의 발전된 측면은 대상 범위의 확장 외에도, 기존 매뉴얼 발표 당시의 객관성에 대한 신뢰 문제를 해결하기 위한 장치를 도입하였다는 데 있다. 기존의 매뉴얼은 비록 NATO 회원국들과 ICRC 등이 옵저버 자격으로 참여하기는 하였으나, 일부 서방권 학자들만의 논의를 통해 작성되었다는 점에서 서방 국가의 입장을 편향적으로 반영하였거나 객관성이 부족할 수 있다는 비판 내지 우려가 제기되었다(박기갑·신소현 2013: 186; Eichensehr 2015: 364-365; 박노형·정명현 2014: 67-69). 이에 『탈린매뉴얼 2.0』의 작성 과정에서는 집필진의 구성을 보다 다양한 국적으로 확대하는 한편, 두 가지 검증 장치를 두었다. 첫째, 집필에 참여한 국제전문가그룹(International Group of Experts) 외에 약 70여 명의 각국 국제법 전문가로 구성된 상호검토그룹(legal peer review group)을 두어 초안의 법적 정확성과 객관성에 대한 검증의 과정을 거쳤다. 또한 네덜란드 정부의 후원 하에 '헤이그 프로세스'를 설립하여 3회에 걸쳐 매뉴얼 초안을 각국 정부에 회람하고, 이에 대한 의견을 수렴하고 반영 후 재검토를 요청하는 피드백의 과정을 거침으로써 국가실행을 최대한 정확히 반영하고자 하였다.

또한 탈린 프로세스는 국제법 전문가들에 의한 현행법 적용방식에 대한 연구라는 점에서 정부 간 협상에 가까운 UN GGE 등의 과정보다 논리적이다. UN GGE는 비록 국제법의 해석과 적용 문제를 논의하기는 하나 법적 정확성이 매우 떨어지며, 정치적 이해관계가 지배하는 장이다. 이에 따라 가지는 장점 중 하나는 그 내용이 관찰 가능한 국가실행을 최대한 반영하고자 하였다는 데 있다.

일부 연구자(이민효 2017)들은 동 매뉴얼이 여전히 왜 기존 국제법의 각 규칙들이 사이버 공간에 적용되는지에 대한 충분한 설명을 제시하지 않는다는 점을 비판하기도 한다. 이는『탈린매뉴얼』에 대해서는 어느 정도 유효한 비판이 될 수 있다. 동 매뉴얼은 제네바협약과 헤이그협약 체제를 집중적으로 다루었기 때문에 이들 전체에 대한 적용 가능성을 제네바협약 공통 제3조와 마르텐스 조항, 그리고 수단의 불문을 확립한 국제사법법원의 판례법으로 일괄적으로 판단하였기 때문이다. 이는『탈린매뉴얼 2.0』에서는 상당 부분 해소된 것으로 보인다. 개별 규칙별로 기존 국제법상 규칙의 원래 적용 범위에서 사이버 행위가 배제될 만한 근거가 없음을 설명하였기 때문이다. 따라서 국가 입장에서 판단할 것은 그러한 분석이 정확한지 여부와 그 적용 결과가 현실적으로 모순되거나 무의미한지에 관한 것이 될 것이다.

이로써『탈린매뉴얼 2.0』은 사이버 공간을 둘러싼 국제법의 쟁점이 무엇인지를 식별하기 위한 기초를 제시해준다. 즉, 현재까지 정부 간 사이버 국제법의 논의는 기존 국제법 규칙들이 적용될 수 있는지에 대해 구체적인 검토가 이루어지지 못하였으며, 정치적 논쟁이 주가 되고 있어 실질적으로 보완되어야 할 부분이나 신규 규칙이 필요한 부분을 식별해내지 못하는 데 문제가 있었다. 위와 같은 우려에도 불구하고, 국내외 연구자 대다수(이민효 2017: 28-29; 박노형·정명현 2014: 67-69; 박기갑·신소현 2013: 186)은『탈린매뉴얼』이 각 쟁점에 대해 정답을 제시하지는 못하나 무엇이 쟁점이며, 이들에 대해 어떠한 해석들이 가능한지에 대한 설명을 제공하는 유일한 종합 연구라는 점에서 의의를 갖는다고 평가한다.

IV. 국제사이버법에 관한 규범 경쟁의 본질

1. 현상유지와 현상타파의 이해관계 차이

해석과 적용의 어려움에 따른 모호성이 쉽사리 타파되지 않는 이유는 법적 모호성이 국가가 재량적으로 판단할 수 있는 범위를 일정 부분 확대시켜주기 때문이다. 예컨대, 국가는 자국이 입은 피해의 법적 성격에 대하여 확정적 판단을 내리지 못하면 가장 약한 수준의 대응 내지 무대응, 또는 비밀리에 비공개적 '응징'의 수단을 선택하고, 피해의 복구와 추가적 피해의 방지에 집중하는 정책적 결정을 내리게 될 것이다. 이는 '공격자'의 입장에서 행동의 반경을 넓혀주는 결과를 가져온다.

　근래 발생한 대다수의 사건들이 그러하다. 예컨대 이란은 '스턱스넷(Stuxnet)'을 사용한 공격이 미국과 이스라엘이 주도한 것이라는 분석이 광범위하게 제기되었음에도 불구하고, 이에 대해 어떠한 공식적 반응도 하지 않았다. 그 대신에 자체적인 사이버 공격 역량을 육성하고 이를 미국에 대해 수차례 활용하였다는 의혹을 받는다. 최근 증가하고 있는 영향력 작전(influence operation) 등 정보유통의 조작 내지 통제를 통해 타국의 정치적 의사결정에 간접적인 강제의 효과를 낳고자 하는 행동은 더욱 모호하다. 미국과 독일, 프랑스 등에서 러시아의 영향력 작전에 대한 의혹이 수차례 제기되었음에도 불구하고, 이에 대해 명확히 주권침해 또는 국내문제 간섭이라고 비난하고 대응을 취한 사례는 극히 드물다. 미국이 취한 일부 외교영사관원 추방 조치는 극히 합법적인 범위에서, 국가책임법상의 대응조치에도 미치지 못하는 것이었다. 따라서 각국은 국익에 비춘 판단 결과 이러한 재량의 범위가 유지되는 것이 유리한지를 판단하고, 그러할 경우 이러한 현상 (*status quo*)을 적절히 활용하고자 이를 유지하려 한다.

2. 분야 간 상호영향으로 인한 쟁점의 복합성

『탈린매뉴얼』의 작성은 일차적으로 조약과 관습국제법에 대한 분석을 통하여 보편성을 가지는 규칙을 식별한 후에 진행되었다. 동 매뉴얼의 규칙들이 근거로 삼고 있는 규범은 이미 확정되었다고 보는 것이다. 따라서 해당 규칙이 사이버 공간에서 적용되는 방식에 대한 판단은 반대로 기존 규칙이 원래 해당 분야에서 적용되고 해석되는 방식에 합치되어야 한다. 그러나 모든 국가가 기존의 모든 국제법 규칙에 대해 적극적인 입장을 확립하고 있는 것은 아니다. 또한 일부 규칙의 근거가 된 기존 규범의 보편적 성격에 대해서는 의문의 여지가 있는 경우도 있다. 대응조치에 관한 규칙이나 상당한 주의의무에 대한 규칙 등이 그러하다. 이를 사이버 공간에서 인정한다는 것은 동시에 해당 규칙의 구속력을 보편적으로 인정한다는 것이 된다.

즉, 현재 국제사이버법의 논란은 특정 규칙 체계에 관한 것이 아니다. 이는 특정한 분야의 조약을 체결하는 문제와는 달리, 국제법의 제반 쟁점 모두에 대한 검토와 사이버 공간의 국가전략적 가치와 잠재력, 장래의 위협 등을 종합적으로 검토하고 각 국가의 전략적 입장에 따라 현행 국제법 체제 전반을 판단하는 문제이다. UN GGE 프로세스 또한 국제법 전반에 대한 규칙과 원칙을 재확인하는 과정의 일환이다 (Koh 2012: 742-743). 이는 각 국가가 이러한 복합성을 이용할 계기가 되는 한편, 각각의 규칙에 대한 입장을 표명하기 어려운 이유로 작용한다.

1) 기존 국제법 질서에 대한 도전의 계기

이러한 복합성은 관련 논의가 비록 사이버 공간에서의 규칙의 외양을 가지고 있지만, 사실은 기존 국제법의 각 규칙들과 그 총체로서의 기존 국제법 체계에 대한 논의라는 것을 의미한다. UN GGE의 협상과정을 분석한 연구들(박노형·정명현 2018: 49-50; 김소정·김규동 2017: 100; 유준구 2015: 151-154)에서는 이러한 교착상태를 기존 질서에 대한 개편 또는 강화의 기회로 삼고자 하는 진영 간 전략적 이해관계 대립의 산물로 분석한다.

특히 중·러를 중심으로 한 비서방권 국가들의 입장은 공통적으로 기존 국제법 체계 자체에 대한 불신을 바탕으로 하고 있다. 기존 국제질서가 서구, 특히 제2차 세계대전의 승전국 중심으로 이루어져 있기 때문에 후발 또는 신흥 국가들에게 불리하게 구성되어 있다는 인식이 기저에 깔려 있다. 냉전 시기의 대립과 탈냉전 직후 일정 부분 유지되어 오던 패권경쟁의 구도가 유일한 사이버 초강대국인 미국의 등장으로 인해 기존 국제법 체계 하에서는 완전한 불균형 상태가 될 것이라는 우려를 갖는 것이다(장노순 2016). 탐지와 입증, 대응 등 역량의 차이는 국가 간 실질적 불평등을 강화한다는 점을 지적한다. 장노순 (2016), 김소정(2013)은 국제정치학의 관점에서, 박노형 등(2018)은 비교국제법의 관점에서 이러한 시도가 기존의 체계가 전후 군사적, 경제적 우위를 점하고 있는 국가들에게 유리하기 때문에 사이버 공간이라는 이질적 공간의 등장을 계기로 새로운 질서의 수립을 도모하는 것이라는 분석을 제시한다. 이러한 입장은 특히 국가 중심의 인터넷 거버넌스 체계 재편을 강조하는 중국의 대외정책에서 쉽게 확인될 수 있다. 따라서 새로운 규칙에 대한 요구는 단순히 사이버 공간에 대한 것이 아니라 전체적인 국제질서에 관한 것으로 이해되어야 한다.

이는 관련 논의를 어떤 장에서 진행할 것인지에 대한 경쟁으로도 나타났다. 논의의 장에 따라 참여 주체와 참여국의 범위, 그리고 의사 결정 방식에 차이가 있기 때문이다. 러시아와 중국은 미국의 주도권을 희석하기 위해 각 회원국이 평등한 투표권을 행사하는 UN 체제를 이용하고자 하였으며, 이는 UN GGE와 ITU 등 UN 산하기관에서의 다양한 사이버 안보 논의가 활성화되는 결과로 이어졌다. 미국과 서유럽 국가들은 이러한 다자체계의 활용에 소극적인 입장을 취하였다(유준구 2015: 151-153; Maurer 2011; Tikk 2012). 그러나 2010년을 전후하여 서방국가들이 UN GGE에서 적극적 입장을 표명하기 시작하면서 UN GGE는 실질적인 결과를 도출하기 시작한 반면, 전문성보다는 정치적 협상의 장으로 변질되기 시작한다.

2) 입장 확립의 어려움

사이버 국제규범 논쟁의 복합성은 또한 개별 국가의 입장에서 섣불리 입장을 결정하기 어려운 상황을 제시한다. 각 규칙의 정확성뿐 아니라 국제법의 다른 분야와의 관계, 그리고 이 모두가 자국에 미칠 수 있는 영향을 종합적으로 고려해야 하기 때문이다. 특히 한국을 비롯한 여러 신흥 국가와 개도국들은 통상협정 등 특정 분야의 조약 체결이나 법적 분쟁의 경험은 있을지언정, 국제법 체계를 전략적 수단으로 활용하였던 경험이 부족하기 때문에 명확한 입장을 수립하기에 어려움이 있다. 단순히 법적 이해의 문제에 그치지 않고, 국제관계에서 자국의 이익을 기준으로 판단하여야 하기 때문에 법적 분석만으로는 일괄적으로 '정답'이 제시될 수도 없다.

특히 새로운 규범의 논의가 우주법 등 극소수 이해당사국들 간 제한된 범위의 쟁점에 대해 이루어졌던 20세기 중반과 달리 이제 모든 국가는 국가실행이 관습국제법 형성의 근거가 될 수 있음을 인식하고 자신의 입장 표명이 갖는 무게를 이해하며, 항상 자국의 행위에 대한 법적 정당성을 찾으려 하기 때문에 보다 신중할 수밖에 없다. 그럼에도 불구하고 국가 스스로가 사이버 공간에서 자신을 규율하는 규범의 존부와 내용을 충분히 이해하지 못하는 상황의 유지는 대응의 어려움을 가중시킨다(김소정·김규동 2017). 이는 결국 국가실행의 누적을 통해서만 해결될 수 있는 문제이다.

3. 쟁점별 법리적 이해 차이의 주요 사례

1) 주권평등 등 국제법의 기본원칙과 UN헌장

국가의 모든 행위는 UN헌장으로 성문화된 국제법의 원칙에 의해 구속된다. 헌장상의 대표적 원칙으로는 주권의 평등, 분쟁의 평화적 해결, 무력의 사용 또는 위협 금지, 국내문제 불간섭의 원칙들이 있다. 우리나라를 비롯해 서방 국가들은 UN헌장의 모든 규정이 전체로서 사이버 공간에서도 적용된다는 입장을 표명한 바 있으나, 구체적 방법과 내용에 대해서는 입장의 차이가 존재한다.

주권 원칙의 적용에 관한 쟁점을 예로 살핀다. 『탈린매뉴얼』에서 제시된 사이버 공간상 주권의 범위는 영토 등 기존에 주권의 행사 근거로 인정된 물리적 연결점들을 매개로 한다. 따라서 이를 바탕으로 한 인적, 물적 관할권이 성립하고, 반대로 이에 근거한 국가의 책임 역시 확정된다고 본다. 그러나 현실적으로 주권의 경계가 되는 영토의 개념을 사이버 공간에 대해 적용한다는 것은 쉽지 않으며, 이와 별도로 주권의 침해 역시 판단이 쉽지 않다. 예컨대, 최근 미국 국제법 학계에서는 러시아의 대선개입 의혹을 계기로 촉발된 주권 논쟁에서 국방부 등 군 고위 법무관들(Corn and Taylor 2017)이 주권이 권리가 아닌 단순한 원칙에 불과하여 권리로서 침해될 수 없는 것이라는 주장을 제기하여 논란이 일고 있다. 물론, 이러한 주장은 주권 침해의 행위 자체에 대한 해석의 어려움으로 일시적으로 제기되는 것이며, 논리적인 근거는 대단히 빈약하다는 반론이 제기된다(Spector 2017: 219-223; Schmitt and Vihul 2017: 213-218). 국가는 그럼에도 불구하고, 영향력 작전과 같이 무력공격에 해당하지 않음은 분명하나 그 법적 성격이 모호한 행동들이 빈번해질 때, 매번 판단을 내려야 한다. 이들이 기존의 주권침해와 간섭의 개념에 적절히 포섭될 수 있는지, 그렇다면 각 국가는 자신에 대한 행위를 주권침해의 국제위법행위로 규정하고 사법적 해결을 추구할 준비가 되었는지를 신중히 검토하여야 한다. 나아가 러시아와 중국은 기술적으로 사이버 공간의 국경 설정과 통제 역시 가능하며, 이를 바탕으로 정보유통의 규제와 자국 관련 정보에 대한 통제까지도 주권적 권리의 일환이라고 보는 입장을 제시하기도 한다.

비록 『탈린매뉴얼』이 현재의 법을 표방하고 있다고 하나, 간혹 국제법의 법원으로서 법의 일반원칙으로 확립되었는지 여부가 확정되었다고 보기 어려운 부분이 포함되어 있다. 대표적 예가 상당한 주의(due diligence)의 의무이다. 이는 주권원칙의 파생원칙으로서 자국의 영토가 타국의 권리에 반하는 행위에 이용되는 것을 알면서 허용하지 말아야 할 의무로 이해된다.[24] 국가의 직접적 행위로 인한 것이 아니라도, 자국의 영토에서 발생한 행위가 타국의 주권 또는 핵심적 이익을 침해할 경우, 이러한 사실을 알면서 자국 영토상의 행위를 방조하여서

---

24   ICJ, *Corfu Channel case*, Judgment, I.C.J. Reports 1948, p. 22.

는 안 된다는 것으로, 국제사법법원의 코르푸 해협(Corfu Channel) 사건에서 제시되어 발전해 온 원칙이다.[25] 그러나 이러한 의무가 관습법적으로 확립되었다는 ICJ의 견해는 지속적으로 도전을 받고 있다. 특히 미국과 영국은 이를 인정하지 않는 입장을 피력하여 왔다.

이는 비국가 행위자나 또는 제3국의 악의적 사이버 작업에 영토국의 사이버 기초설비가 이용되기 쉽다는 점에서 환경법 분야와 마찬가지로 큰 의미를 가질 수 있다. 그러나 내용 면에서 환경법의 분야를 넘어서 일반화된 것인지, 그 의무가 그러한 행위의 탐지를 위해 적극적 조치를 취해야 하는 것인지, 국가의 인식의 강도와 그에 대한 추정의 요건은 무엇인지 등에 대해 구체적으로 확립된 기준이 존재하는 것이 아니기 때문에, 사이버 공간에서의 적용은 국가실행의 누적 없이는 명확해지기 어렵다. 사이버 분야에서 상당한 주의의 의무는 우리나라의 경우 특히 중국과의 관계에서 유용한 법리로 한때 주목을 받는다(이종현 2018; 유준구 2015). 그러나 그 활용가능성은 한중관계 전체에 대한 영향을 고려하였을 때 대단히 낮다. 따라서 한국의 논리적 선택은 동 원칙이 한국을 상대로 원용될 가능성과의 형량을 통해 이루어져야 할 것이며, 이는 아마도 동 원칙의 요건을 엄격하게 해석하는 것이 될 수 있을 것이다.

2) 국가책임과 일방적 대응조치의 허용범위

사이버 무력충돌의 가능성이 희박하다고 평가되는 가운데, 보다 빈번하고 일상적인 사이버 역량의 사용은 국가 간 위법행위로 평가될 수 있다. 이러한 분쟁은 무력공격의 임계치에 이르지 않는 것으로, 일방

---

25   ICJ, *Corfu Channel case*, Judgment, I.C.J. Reports 1948, p. 22.

또는 쌍방의 국제의무 위반에 따른 책임의 문제로 귀결된다. 당연히 행위의 근원지 식별과 국가에 대한 귀속의 문제가 발생하며, 이는 국가의 정보 역량과 기술 수준에 따라 상이할 것이다.

문제는 사이버 공간에 대한 기존 국제법이 모두 적용될 수 없다는 중, 러 등의 입장으로 인하여 특정한 규칙을 위반한 사이버 작업이 국제위법행위가 되는지 여부가 불명하다는 점이다. 즉, 국가책임법이나 조약법협약과 같은 2차 규칙뿐 아니라 국제법의 1차적 금지규범 자체의 실효성이 불명해지는 상황이다. 국제위법행위의 주체는 국가일 것을 원칙으로 하나, 외견상 국가에 의한 것으로 보일 수 있거나 국가에 의해 사전 승인 또는 사후 추인된 경우, 그리고 국가에 의해 권한이 부여된 경우 그 행위는 국가에 귀속된다는 것이 보편적으로 인정된다. 그러나 실제 행위자와 국가의 관련성의 수준에 대해 확정된 기준이 존재하지 않으며, 이에 대한 입증의 정도에 대해서는 정해진 규칙이 존재하지 않는다. 비국가 대리자의 이용이 빈번해진 사이버 공간에서는 보다 일반적 기준이 요구된다. 이는 『탈린매뉴얼』에서도 인정되는 바이다. 즉, 집필진의 다수는 사이버 공간의 특성상 국가와 행위자 간에는 실질적, 전반적 통제가능성을 기준으로 하는, 소위 '전반적 통제이론'이 바람직하다는 입장을 취하였다. 특정 행위에 대한 지시 관계가 없더라도 전반적인 지원과 집단 또는 개인의 전체 행위에 대해 통제가능성이 있는 경우 귀속을 인정하고자 하는 것이다. 이러한 입장은 예컨대 북한과 같이 외부의 정보가 극도로 제약되어 있는 경우는 물론, 비국가 범죄단체의 연루가 빈번하다고 의심되는 대리(proxy) 사이버 작업을 반영하였을 때 바람직한 해석으로 볼 여지가 있다. 그러나 아직 판례는 이보다 엄격하게 직접적으로 지휘, 통제된 행위만이 귀속된다고 보는 입장이며, 정답은 존재하지 않는다.

　일단 위법행위의 기준 규범이 확정되고 귀속이 가능하더라도 그 중단 또는 이행을 강제하기 위한 국제적 대응조치(countermeasure)의 인정 여부와 그 요건, 입증책임에 대해서도 논란이 많다. 국가책임법의 맥락에서 대응조치란 국제위법행위가 발생하였을 경우 해당 위법행위를 중단토록 하기 위하여 잠정적으로 피해국이 책임국에 대한 국제의무의 이행을 중단하는 것을 의미한다. 그러나 구체적 사안에서 그 요건이 어떻게 적용될 수 있는지는 사례의 부족으로 인해 명확히 수립되어 있지 않으며, 국가의 재량 범위가 상당하다. 또한 이는 대응으로써 위법한 행위를 하는 것을 일시적으로, 그리고 조건부로 정당화시켜주는 사유이기 때문에 그 근거가 명확해야 한다. 그렇지 않을 경우 단순한 국제위법행위를 자행하는 데 불과하다. 사이버 작업의 전개 속도에 비하여 원점 식별과 행위 귀속이 구체적 행위가 종료된 후에나 완료될 수 있다는 점에서 실효성에 의문이 제기되기도 한다. 따라서 국가가 대응조치를 취하기로 결심하는 것을 정당화하기 위해 어느 수준의 증거가 어느 시점에 제시되어야 하는지가 실무상의 관심사가 되나, 이에 대한 기준은 존재하지 않으며, 국가실행도 제한된 의견의 표명 수준으로 존재한다.

　예컨대, 미국 등 일부 서방 국가는 상당한 개연성이 있는 경우, 최종적으로 그러한 귀속 판단이 잘못되었다 하더라도 그에 따른 대응조치의 위법성은 조각된다고 주장한다. 그러나 대다수 국가는 개연성 여부와 무관하게 명백한 오인의 경우라면 위법행위에 해당하며 국가의 법적 책임이 발생한다고 본다. 한국의 입장에서 대응조치의 요건을 완화하는 해석은 일견 해외로부터의 대규모 사이버 위협에 대한 대응 방안의 일환으로서 유용한 것으로 비추어질 수 있다. 위법행위에 대한 중단 내지 차단의 요구가 받아들여지지 않을 경우 즉각적인 조치를 취하는 것이 허용되기 때문이다. 그러나 현실적으로 우리가 상당한 수준의 기술력과 정보력을 바탕으로 한 적시의 입증이 불가능하다면 역으로 우리나라가 위법행위의 책임을 질 수 있으며, 대응조치의 대상이 될 가능성을 배제할 수 없다. 예컨대, 타국의 원자력발전소 시설에 대한 악의적 사이버 작업의 사례에서 한국 영토상에 소재한 서버가 지휘통제서버로 활용되었음이 입증된 경우가 있다. 한국 역시 초국경적 사이버 위협의 착수지 또는 경유지로 활발히 활용되고 있기 때문에 그에 따른 위험을 고려하여야 한다.

3) 무력충돌법을 준수하는 자위권 행사

무력공격에 대한 자위적 대응은 국가의 고유한 권리이며, 이는 사이버 공간에서도 마찬가지이다. 공격과 반격의 수단은 상관이 없다. 즉, 사이버 무력공격에 재래식 전력을 이용한 반격도 가능하며, 반대로 재래식 공격에 대해 사이버 무기를 이용한 대응도 허용된다는 것이 현행 법논리상 당연한 귀결로, 『탈린매뉴얼』에서도 만장일치로 합의된 견해이다. 즉, 무력사용의 성립은 사용된 수단이 무엇이었는지를 불문한다는 것이 ICJ의 확립된 입장이며, 사이버 공간의 등장 이전까지 국제사회에서 수용된 논리이다. 그러나 사이버 공격 역량의 불균형은 러, 중 등 일부 국가가 이와 같은 논리에 반박하기 위하여 기존 무력충돌법의 적용을 배제하고 사이버 무기를 제한하는 새로운 규범의 필요성을 주장하는 중요한 이유가 되고 있다.

현재의 국제법상 무력사용은 원칙적으로 금지되며, 자위권의 행사와 UN헌장 제VII장에 의한 조치만이 예외로 인정된다. 그렇기 때문에 일단은 자위권의 행사 요건이 성립되었는지 판단이 중요하다. 그 유일한 조건은 무력공격이 발생한 경우이다. 그런데 사이버 공간에서의 행위는 공격원점의 파악과 행위의 국가 귀속이 가능한지가 이를 판단하는 데 일차적 걸림돌이 되며, 나아가 국제적 테러리즘의 격화로 인하여 비국가 행위자에 의한 무력공격과 그에 대한 자위권이 성립할 수 있는지에 대한 법적 문제, 그리고 무력공격의 성립 기준 불명의 문제가 보다 큰 장벽으로 작용한다. 재래식 전쟁에 있어 무력공격 여부는 의심의 여지 없이 판별이 가능하였으나, 사이버 공간에서는 효과의 발현이 물리적 공간과 다르기 때문에 어떠한 행위 또는 결과가 무력공격으로 성립되는지가 불명하다.

국제 판례법으로 성립된 무력공격의 기준은, 중대한(grave) 형태의 무력사용으로서 그 규모와 효과(scale and effect)에 기반하여 판단한다는 것 외에는 확정된 바가 없다. 판단의 요소로서 『탈린매뉴얼』은 현재 미국, 영국, 캐나다 등 주요 국가의 군사교범을 바탕으로 심각성, 즉각성, 직접성, 침략성, 효과의 측정가능성, 군사적 속성, 국가개입의 정도 등을 제시한다. 이는 한국의 국내적 판단기준과도 유사하다. 즉, 우리는 국가위기관리 기본지침에서 사안의 심각성, 시급성, 확대가능성, 전개속도, 지속시간, 파급효과, 국내외 여론, 정부의 대응능력에 대한 종합적 고려를 통하여 국가 상황을 판단하고, 전시로서 군사력을 동원할 것인지, 혹은 외교 등 여타의 대응방법을 선택할 것인지를 결정한다.

이러한 기준이 수치화되거나 명확하게 성립하지 않은 것은 어떠한 상황을 무력공격으로 규정하고 이에 무력으로 대응함으로써 무력충돌의 상황으로 나아갈 것인지 여부가 고도의 정치적 판단에 근거하는 것이기 때문이다. 예컨대, 일부 국내 연구자의 경우, 에스토니아 사례, 미국 소니픽처스 사례, 한국의 한수원 사건의 경우도 무력공격이며 사이버 전쟁의 수준으로 보는 견해도 있으나, 이러한 시각은 극소

수에 불과하며, 대다수의 국가와 학자들은 아직 사이버 전쟁은 없었다고 본다. 정치적 판단을 위해서는 자국의 전반적 군사역량과 사이버 역량을 종합적으로 검토해야 하며, 우리나라와 같이 일상의 군사적 긴장상태가 높은 국가의 경우 무력공격의 기준을 높이 보아 비군사적 해결을 추구하는 것이 바람직할 것이다. 무력사용의 빈번한 위협 또는 실제 사용의 정치적 목적은 당면 문제의 해결에도 있으나 장기적인 억지력 구축에 더 큰 무게를 둘 수 있다. 이를 위해 충분한 수준의 군사력을 보유하지 않는 경우 그 확대는 오히려 주변국과의 긴장을 고조시키는 결과만을 낳을 가능성이 크다는 점을 유념하여야 한다.

V. 맺음말—탈린매뉴얼의 활용 방향

모든 현대 규범체계는 그 구성원에게 행위의 예측가능성을 제고함으로써 해당 사회의 안정성을 유지하고, 상호간 그 이익을 공유할 수 있도록 하기 위하여 고안되고 유지된다. 그 중에서도 법은 정치의 결과물이다. 국제법 또한 국가 간 정치적 이익 경쟁의 결과물이다. 따라서 규범 경쟁에 있어 각국의 정치적 목표와 의도가 무엇인지를 분석하고 그 방향을 예측하는 것은 대단히 중요하다. 나아가, 개별 상황에서 법을 준수할 것인지 여부의 결정도 정치적 판단의 결과이다. 정책결정자들은 국제법과 관련된 매 사안마다 이를 준수할 것인지, 어떻게 하는 것이 해석의 한계 내에서 합법적인 행동인지를 고민하고 판단을 내린다. 국제사회에서 대다수 경우 국가들은 국제법과 규범을 준수하고자 노력한다고 하는 헨킨(Henkin 1979)의 분석은 현대에도 유효하다. 어떤 면에서는 소위 '법률전(lawfare)'이라 일컬을 정도로 법기술적으로 발달하였다(Dunlop Jr. 2005). 이러한 경향은 법을 수단으로 활용하는 것을 넘어, 법이론의 개발 또는 신규 규칙 제정의 형성 과정의 경쟁에 참여하는 데 이르기까지 국내법과 국제법을 불문하고 법률을 국가 안보적 이익 성취의 수단으로 활용하는 것을 포괄하도록 발전하였다 (Kittrie 2016).

사이버 공간에서 국제법을 전략적으로 활용한다는 것은 합법성의 테두리 내에서 사이버 정보활동 등 타국과의 경쟁상황에서 우위를 점하기 위한 기술 활용, 사이버 위협에 대한 다양한 대응 수단의 확보와 활용을 포함하는 것이다. 나아가 현재 국제법의 모호성이 우리의 전략적 이익에 비추어 이를 이용할 수 있는 것인지, 아니면 법체계의 명확화가 장기적으로 이익에 부합하는 것인지를 판단하고, 이에 따라 규범 식별 및 형성 과정에 참여하는 것을 의미한다.

과연 이러한 단계로 발전하기 위하여 강대국이 아닌 국가가 정책적으로 어떠한 방향을 취할 것인지는 정책결정자의 몫이나, 이러한 고민은 정확한 이해와 정보를 바탕으로 한 것이어야 할 것이다. 이는 현상에 대한 연구와 정책적 판단을 거쳐서만 달성될 수 있다. 각국 정부는 자국의 이익에 대한 객관적 분석을 바탕으로 정치적, 정책적 판단을 내리고 행동을 취해야 한다. 반복된 침묵이 패턴을 형성한다면 자칫 국가실행과 법적 확신의 표현으로 오인될 수 있기 때문이다. 그 과정에서 정책결정자는 『탈린매뉴얼』을 참고할 수 있다. 다만 국제법의 내용을 형성하고 해석하는 일차적 권한과 책임은 명백히 해당 규칙의 주체인 국가들의 고유한 역할이다. 동 매뉴얼에 제시된 해석을 바탕으로 각 국가는 그 중 하나를 채택할 수도, 또는 실효성이 없음을 주장하는 근거로도 사용할 수 있다. 이러한 판단이 현행법에 대한 확실한 이해를 바탕으로 해야 한다는 것이 강조되어야 할 것이다.

참고문헌

저서 및 논문

국가보안기술연구소 편저. 2016. 『2014-15 UN 정보안보 GGE 결과자료집』.

김소정·김규동. 2017. "UN 사이버 안보 정부전문가그룹 논의의 국가안보 정책상 함의." 『정치정보연구』 제20권 2호.

김소정·박상돈. 2013. "국제협력을 통한 사이버 안보 강화방안 연구." 『융합보안논문지』 제13권 제6호.

박기갑. 2010. "사이버 전쟁 내지 사이버 공격과 국제법." 『국제법평론』 제2010-II(통권 제32호).

박기갑·신소현. 2013. "2013년 사이버 전쟁에 적용 가능한 국제법에 관한 Tallinn 지침서." 『국제법평론』 제37호.

박노형·정명현. 2014. "사이버전의 국제법적 분석을 위한 기본개념의 연구." 『국제법학회논총』 제59권 제2호(통권 제133호).

_____. 2018. "국제사이버법의 발전: 제5차 UNGGE 활동을 중심으로." 『국제법학회논총』 제63권 1호(2018. 3).

유준구. 2015. "사이버 안보 문제와 국제법의 적용." 『국제법학회논총』 제60권 3호.

이민효. 2017. "사이버전에 적용될 국제법에 관한 Tallinn Manual 고찰." 『인도법논총』 제37호.

이정석·이수진. 2015. "북한 사이버 공격에 대한 국제법적 검토를 바탕으로 한 국방 사이버전 수행 발전방향." 『보안공학연구논문지』 제12권 제4호.

이종현. 2018. "사이버 영역에서의 국제법상 상당주의 원칙의 적용에 관한 고찰." 『국제법평론』 제49호.

장노순. 2016. "사이버 안보와 국제규범의 발전: 정부전문가그룹(GGE)의 활동을 중심으로." 『정치정보연구』 제19권 제1호.

Corn, Gary P. and Taylor, Robert. 2017. "Sovereignty in the Age of Cyber." 111 AJIL Unbound.

Dunlop Jr., Charles. 2005. "Lawfare." in *National Security Law*. John Norton Moore and Robert F. Turner (eds). Carolina Academic Press.

Eichensehr, Kristen E. 2015. "Cyberwar and International Law Step Zero." *Texas International Law Journal*. Vol.50. No.2.

Henkin, Louis. 1979. *How Nations Behave: Law and Foreign Policy*. Columbia University Press.

Higgins, Rosalyn. 1994. *Problems & Process: International Law and How We Use It*. Oxford University Press.

Kerry, John. 2015. "An Open and Secure Internet: We Must Have Both." https://2009-

2017.state.gov/secretary/remarks/2015/05/242553.htm (검색일: 2017. 4. 10).

Kittrie, Orde F. 2016. *Lawfare: Law as a Weapon of War*. Oxford University Press.

Koh, Harold H. 2012. "Remarks: Twenty-First-Century International Lawmaking." 101
   Georgetown Law Journal 725.

Malanczuk, Peter. 2002. *Akehurst's Modern Introduction to International Law*. Taylor
   & Francis e-library ed. Routledge.

Markoff, Michele. 2015. "Advancing Norms of Responsible State Behavior in
   Cyberspace." DipNote: U.S. Department of State Official blog. 9 July 2015.
   https://blogs.state.gov/stories/2015/07/09/advancing-norms-responsible-state-
   behavior-cyberspace (검색일: 2016. 11. 3).

Maurer, Tim. 2011. "Cyber Norm Emergence at the United Nations – An analysis of
   the activities at the UN regarding cyber security." Belfer Center for Science and
   International Affairs.

McCorquodale, Robert. 2004. "An Inclusive International Legal System." *Leiden Journal
   of International Law*. vol.17.

Nye, Joseph. 2011. "Nuclear Lessons for Cyber Security?." *Strategic Studies Quarterly* 5.
   No. 4.(Winter 2011).

Painter, Christopher. 2015. Testimony Before Policy Hearing Titled: "Cybersecurity:
   Setting the Rules for Responsible Global Behavior."(2015. 5. 14).

Schmitt, Michael N. 2012. "'Attack' as a term of art in international law: the cyber
   operations context." in Proceedings of the 4th International Conference on Cyber
   Conflict. Christian Czosseck, Rain Ottis and Katharina Ziolkowski (eds.). NATO
   CCD COE.

Schmitt, Michael N. (ed.). 2013. *Tallinn Manual on the International Law Applicable to
   Cyber Warfare*. Cambridge University Press.

Schmitt, Michael N. 편저. 한국전자통신연구원 부설연구소 옮김. 2014. 『탈린매뉴얼: 사이버
   전쟁에 적용 가능한 국제법』. 글과생각.

Schmitt, Michael N. et al. (eds.). 2017. *Tallinn Manual 2.0 on the International Law
   Applicable to Cyber Operations*. Cambridge University Press.

Schmitt, Michael N. 외 편저. 국가보안기술연구소 옮김. 2018. 『탈린매뉴얼 2.0: 사이버
   작업에 적용되는 국제법』. 박영사.

Schmitt, Michael N. and Vihul, Liis. 2017. "Sovereignty in Cyberspace: Lex Lata Vel
   Non?." 111 AJIL Unbound.

Shaw, Malcolm N. 2014. *International Law* (7th ed.). Cambridge University Press.

Spector, Phil. 2017. "In Defense of Sovereignty, in the Wake of Tallinn 2.0." 111 AJIL
   Unbound.

Tikk-Ringas, Eneken. 2012. "Devlopments in the field of information and
   telecommunication in the context of international security: work of the UN First
   Committee, 1998~2012." ICT4Peace Foundation.

국제기구 및 정부 문서

중화인민공화국. "사이버 공간 국제협력전략(网络空间国际合作战略)." (2017. 3. 1).
    www.mod.gov.cn/topnews/2017-03/01/content_4774829_2.htm (검색일: 2017. 4.
    10).
_____. "국가사이버 공간안전전략(国家网络空间安全战略)." (2016. 12. 27). http://
    www.cac.gov.cn/2016-12/27/c_1120195926.htm (검색일: 2017. 4. 10).
러시아 연방 대통령명령 646호. "국가정보안보정책(Доктрина информационной
    безопасности Российской Федерации)." (2016. 12. 5). http://static.kremlin.ru/
    media/events/files/ru/tGeA1AqAfJ4uy9jAOF4CYCpuLQw1kxdR.pdf (검색일: 2017.
    4. 10).
G7 Foreign Minister's Meeting. Joint Communiqué, April 10–11, 2016 Hiroshima.
    〈www.mofa.go.jp/files/000147440.pdf (검색일: 2017. 4. 10).
G7 Ise-Shima Leaders' Declaration. G7 Ise – Shima Summit, 26–27 May 2016.. https://
    www.mofa.go.jp/files/000160266.pdf (검색일: 2017. 4. 10).
G20 Leaders' Communiqué, Antalya Summit, 15–16 November 2015. g20.org.tr/g20-
    leaders-commenced-the-antalya-summit (검색일: 2017. 4. 10).
ICJ. *Corfu Channel case*, Judgment, I.C.J. Reports 1948.
International Law Association. Study Group on Cybersecurity, Terrorism, and
    International Law. Study Group Report. 31 July 2016.
NATO. Wales Summit Declaration Issued by the Heads of State and Government
    Participating in the meeting of the North Atlantic Council in Wales. 5 September
    2014. http://www.nato.int/cps/en/natoliv e/official_texts_112964.htm (검색일:
    2017. 4. 10).
White House. International Strategy for Cyberspace (May 2011).
UN General Assembly. Report of the Group of Governmental Experts on Developments
    in the Field of Information and Telecommunications in the Context of International
    Security. 30 July 2010. UN Doc. A/65/201.
UN General Assembly. Report of the Group of Governmental Experts on Developments
    in the Field of Information and Telecommunications in the Context of International
    Security. 24 June 2013. UN Doc. A/85/98.
UN General Assembly. Resolution adopted by the General Assembly on 27 December
    2013 on the report of the First Committee(A/68/406) on Developments in the field
    of information and telecommunications in the context of international security. 9
    January 2014. UN Doc. A/RES/68/243.
UN General Assembly. Annex to the Letter Dated 9 January 2015 from the Permanent
    Representatives of China, Kazakhstan, Kyrgyzstan, the Russian Federation,
    Tajikistan and Uzbekistan to the United Nations addressed to the Secretary-
    General: International Code of Conduct for Information Security. 13 January 2015.

UN Doc. A/69/723.

UN General Assembly. Report of the Group of Governmental Experts on Developments
　　in the Field of Information and Telecommunications in the Context of International
　　Security. 22 July 2015. UN Doc. A/70/174.

제4장

유럽사이버범죄협약과 사이버 범죄 대응을 위한 국제공조

정태진

I. 머리말

유럽사이버범죄협약은 2001년 11월 23일 처음 개최되어 43개 유럽평의회 회원국 중 26개국과 비회원국 4개국에 의해 서명되었고 2004년 7월 1일 유럽평의회 회원국 3개국을 포함하여 5개국이 비준, 발효되어 2017년 12월까지 71국이 참여하고 있다.[1] 이 중 유럽평의회 비회원국은 미국을 비롯하여 8개국이다(COE 2015). 유럽사이버범죄협약이 회원국으로 가입하려는 국가들에게 제공하는 장점은 다자간 협약으로 사이버 범죄를 국제규범으로 다룬다는 것이고, 법집행기관들에게 사이버 범죄를 수사할 수 있는 가이드라인을 제시하고 있고 인권과 자유 보호를 확실히 보장하고 각국의 법률과 상충되는 문제를 유연하게 표현하여 법률 개정에 있어 편리함을 보장하고 수사기관들의 국제적인 공조를 지원하는 내용으로 이루어졌다는 것이다. 그리고 궁극적으로는 이 협약 자체를 플랫폼으로 하여 국제적 수준의 효과적인 민관협력을 촉진하려고 한다.

Weber(2003: 429)에 의하면, 유럽사이버범죄협약은 실질적으로 사이버 범죄에 대응하기 위해서 체결된 것이며 법집행을 위해서는 국가 간의 협력이 가장 중요하다고 했으며, Gercke(2009: 410)는 사이버 범죄 위협은 특정한 국가나 정보화사회에 국한되는 것이 아니라 전 세계 모든 국가들에 위협이 된다고 했다. 그러나 협약 제정 초반에는 사법관할권 문제(Koops & Brenner 2006: 236-237) 등에 대해서 각국의 입장을 명확히 반영할 필요가 있어서 의견 일치를 볼 때까지 시간이 소요되었다. 서버나 데이터 등이 국외에 있을 경우에는 사법관할권

---

1 www.coe.int/en/web/conventions/full-list/-/treaty/185/signatures?p_auth = AwQuNCzu

이 어느 국가에 있는지에 대한 문제가 발생하였다. Calderoni(2010: 352)는 과연 이 협약이 제대로 효력을 발휘할 수 있을지 여부에 대하여 의구심을 가졌고, 법률보다는 국가안보·정치·경제문제와 같은 이슈들이 동시에 작용해서 법률을 더 뒷받침할 것이라고 보았다. Marion(2010: 702)은 이 협약의 제정 그 자체가 사이버 범죄에 대한 입법적 상징성을 가지고 있다고 정의하였는데, '정부가 사이버 범죄에 어떻게 대응하는지?', '사이버 범죄를 예방하고 대응하기 위한 교육을 제공하는지?' 등을 보여주고, 유럽사이버범죄협약이 제대로 작동할 것인지에 대해서도 보여준다고 했다.

　　우리나라는 통신비밀보호법 등 국내법과의 상충 문제로 아직까지 이 협약에 가입하지 않고 있다. 지난 몇 년 동안 국내 사이버 범죄 및 사이버 보안 전문가 사이에서 이 협약 가입에 대한 찬반 논란이 지속적으로 있었지만 아직까지 결론을 내리지 못하고 있다(보안뉴스 2015. 7. 21). 이러는 동안 북한과 강대국 해커 및 범죄조직들은 우리나라에 대한 국제적 수준의 사이버 공격을 감행하고 있으며, 그 공격강도는 점점 더 심각한 수준에 이르게 되었다. 최근에 들어서 국방망을 침투하여 작계5015[2]를 탈취해가고(아시아경제 2018. 8. 13), 비트코인 거래회사를 해킹하여 가상화폐를 탈취해가는 사건이 발생했다(조선비즈 2017. 12. 16). 이러한 사이버 공격은 북한에 의해 이루어진 것으로 보이지만 토르(TOR)와 가상사설망(VPN)[3]을 이용해서 여러 나라 서버

2　　김정은 참수작전.

3　　VPN(Virtual Private Network)은 방화벽, 침입 탐지 시스템과 함께 현재 사용되는 가장 일반적인 보안 솔루션 중 하나이다. VPN을 이해하려면 먼저 인터널 네트워크(Internal Network)를 이해해야 한다. 알고 있겠지만 인터널 네트워크는 기업 내부 간 데이터 통신을 위한 네트워크이다.

를 거쳐서 다크웹에[4] 접속 후 국내망에 침투하기 때문에 국제적인 공조 없이는 정확한 공격의 진원지를 찾아내고 증명하기 어렵다. "사이버 범죄에 대한 피해가 이 정도로 심각하게 진행되면, 더 이상 우리나라 독자적으로 문제를 해결하기 어렵기 때문에 국제협약에 가입하여 국제사회의 구성원으로서 공동으로 대처해 나가야 할 때"라고 전문가들은 조언하고 있다.

좀 더 근본적으로 살펴보면 네트워크화되어 있는 환경에서 발생하고 있는 사이버 범죄에 대응하기 위해서는 민관협력이나 국제공조는 선택사항이 아니라 필수사항이다(Chung 2008). 그러나 민관부문 사이에의 서로 다른 목적과 이익추구 그리고 불신으로 인해 완벽한 협력이 어렵고 국가 간에도 각기 처한 입장에 따라 다른 이익을 추구하고 있기에 국제공조가 어려운 상황이다. 그럼에도 불구하고 사이버 범죄 문제가 심각하게 발생하고 있기에 유럽평의회를 중심으로 국제협약을 만들어서 사이버 범죄 문제를 국제적 차원에서 대응해 나가려는 노력을 보이고 있다. 이에 우리나라도 더 이상은 자국의 입장(이익)만을 고집하여 가입을 늦춰서는 안 될 것으로 보인다. 왜냐하면 국제사회의 진정한 일원이 되기 위해서는 국제법을 기초로 한 협약에 가입하여 협약에서 요구하는 자국의 법률적인 요건들을 수정하여, 사이버 범죄에 함께 대응하는 모습을 보여 주어야 한다. 인접 국가인 일본은 2012년 유럽사이버범죄협약에 가입하였고 이에 맞춰 형사소송법도 개정하였다. 이런 것을 보면 국제사회에서 한국이 아직까지 일본보

---

4   '다크웹(Dark web)'은 인터넷을 사용하지만, 접속을 위해서는 특정프로그램을 사용해야 하는 웹을 가리킨다. 일반적인 방법으로 접속자나 서버를 확인할 수 없기 때문에 사이버상에서 범죄에 활용된다. 다크웹이라는 용어는 지난 2013년, 미국 FBI가 온라인 마약거래 웹사이트 '실크로드'를 적발해 폐쇄하면서 알려졌다.

다 국제협력이나 국제규범의 준수 등에 있어서 다소 소극적인 자세를 보이는 것 같다(한국경제 2016. 12. 21).

사이버 안보는 대표적인 비전통적 안보 영역으로서 사이버 공간에서 발생하는 사이버 위협이 국가안보·국민안전 분야로 심대한 영향을 미침에 따라, 이에 대한 대응으로 확립된 개념이며, 사이버 안보는 기존의 사이버 보안 이슈들을 국제적인 관점에서 다루는 영역이라 볼 수 있다(임종인·장규현 2014: 22). 그러므로 국제사이버 범죄 문제는 더 이상 국제형사적인 문제뿐 아니라 국제안보의 문제이기도 하다. 특정 지역이나 국가 내에서만 발생한다면 사이버 범죄 차원에서 대응할 수 있으나 국경을 초월하여 발생하는 사이버 범죄 문제는 국제안보 문제에 영향을 끼친다. 그 대표적인 예를 2007년 러시아가 에스토니아를 공격하여 에스토니아가 국가 마비 상태에 이르렀던 것에서 찾아 볼 수 있다. 이 사건을 계기로 에스토니아는 북대서양조약기구 합동사이버방어센터(NATO, Cooperative Cyber Defense Centre of Excellence, CCDCOE)를 수도 탈린에 유치하였다(매일경제 2018. 2. 8). 그밖에 2014년 소니픽처스에 대한 사이버 공격은 최근 미국정부가 북한 해커 박진혁을 기소하기에 이르렀다. 박진혁 또한 북한정찰총국 산하 기업에 근무하고 있는 것으로 알려져서 소니픽처스 엔터테인먼트 사이버 공격이 단순히 개인이 저지른 사이버 공격이 아니라 북한정부가 개입한 사이버 공격인 만큼 사이버 안보상의 큰 이슈가 되었다. 이러한 사이버 안보에 위협을 주는 사건을 해결하기 위해 사이버 방첩의 중요성 역시 대두되었다. 박진혁은 방글라데시 중앙은행 해킹, 록히드마틴사 해킹 등에도 깊숙이 관여한 것으로 파악된다(중앙일보 2018. 9. 7).

완벽한 국제공조가 이루어지기 위해서는 지역 차원, 국가 차원에서의 민관협력이 국제 차원의 공조보다 선행되어야 한다. 왜냐하면 사이버 공간의 특성상 작은 범위내의 네트워크에 대한 통제가 이루어지지 않는다면 큰 범위 내의 네트워크 통제는 의미가 없기 때문이다. 즉, 아무리 작다 하더라도 한 곳이 취약하면 다른 모든 곳도 뚫릴 가능성이 있기 때문이다. 그리고 사이버 공간에서의 많은 이익이 민간부문에 집 중되어 있다보니 대부분의 사이버 공격은 민간부문에서 발생한다. 그런데 민간부문의 사이버 보안 역량은 기업의 규모에 따라 천차만별이다. 상대적으로 작은 규모의 기업들은 대기업처럼 사이버 보안에 예산을 많이 배정할 수가 없어서 사이버 보안에 많은 취약점을 가지고 있다. 그리고 사고 발생 시, 국가기관에 신속히 신고가 이루어져야 어떠 한 조치를 취할 텐데 기업의 이미지 실추, 주가하락 등의 이유로 국가 기관에 신고하지 않는 경향이 있다(Chung 2008). 만약 '국가 내의 민관협력이 어려워서 필요한 위협정보를 수집할 수 없다면 다른 국가와의 동등한 입장에서의 정보교류가 불가능하거나 어려울 텐데 과연 국가 간의 공조가 쉬울 수 있을까?' 하는 의문을 가질 수밖에 없다. 그러므로 사이버 범죄 단속의 국제공조는 지역단위, 국가단위의 사이버 범죄 통제가 잘 이루어지고 있어야만 가능하다는 전제에서 출발할 수밖에 없다.

이러한 이유로 Brodhurst와 Chang(2013: 51-55)은 유럽사이버범죄협약 제정 전에 아시아 지역 단위의 사이버 범죄 대응에 대해서 법률과 규정이 유럽사이버범죄협약 조건을 충족할 수 있는지에 대해 연구하였다. 왜냐하면 국경을 초월하여 공조하여야 하는 특성상 사이버 범죄율이 증가하는 아시아국가들의 상황을 유럽사이버범죄협약에 반영해야만 궁극적으로 사이버 범죄 대응에 대한 국제협력을 완성할 수 있기 때문이다. 즉, 유럽평의회에서 만든 협약이지만 사이버 공간의 특성상 국경을 초월하는 사이버 범죄 발생에 대해서 국경을 초월하는 법집행활동이 필요하기 때문이다. 사이버 범죄수사의 공조에 있어서 국제법이나 국제 규범에 의거하여 협력하자는 것이 유럽사이버 범죄협약의 핵심 내용인데, 이를 위한 가장 기본적인 3가지 원칙은 첫째, 통상적인 기준을 정립하며, 둘째, 협약위원회가 후속조치와 평가를 진행하고, 셋째, 기술 협력을 통해 역량을 강화하는 것이다.

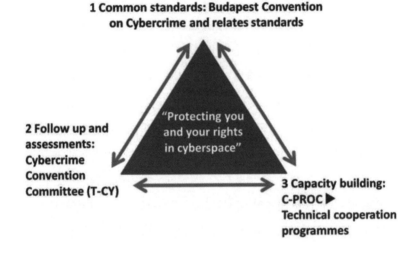

그림 1. 유럽사이버 범죄협약의 3가지 원칙
출처: https://www.coe.int/fr/web/cybercrime/

다음 2절에서는 유럽사이버범죄협약 제정 목적부터 제정 과정에 이르기까지 알아보면서 어떻게 이 협약이 사이버 범죄 단속에 있어서 국제공조를 이끌어내는 데 기여하는지 알아보고자 한다.

II. 부다페스트 사이버범죄협약

2001년 유럽평의회에 의해서 시작된 사이버범죄협약은 2004년 7월, 5개국에 의해서 비준되어 시작된 최초의 국제사이버범죄협약으로 유럽평의회 회원국뿐 아니라 미국, 캐나다, 남아공, 일본 등 비회원국들 도 서명함으로써 국제적인 참여를 독려하게 되었다. 사이버범죄협약 제정이 처음부터 순탄한 과정만을 거치지는 않았던 것으로 보인다. 초안 작성 시, 인종차별행위와 외국인에 대한 적대적 행위에 관한 규정에 대해서는 합의하지 못하고 2006년에 추가의정서를 통해 5개국이 비준하게 되고, 2015년 12월까지 24개국이 비준하였다(COE 2015). 그리고 2017년 말까지 71개국이 참여하게 되었다(이기수·민수현 2018: 536).

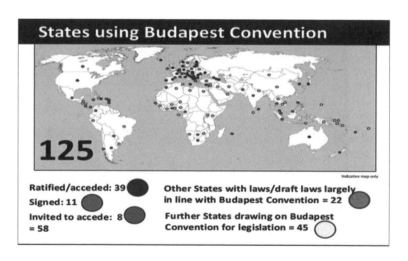

그림 2. 사이버범죄협약 가입 진행 상황

출처: https://blog.segu-info.com.ar/2017/04/argentina-busca-adherir-al-tratado.html)

이 협약은 사이버 범죄의 구성요건에 대해서 실체적으로 규정하여 어떤 범죄들이 처벌대상이 되는지에 대해 자세히 열거하고 있다. 여기에는 불법감청·불법접근·데이터손괴·시스템방해·장치의 남용·인터넷사기·위조·저작권침해·아동포르노그라피 등으로 규정하고, 이들 범죄에 대한 미수·방조·교사행위와 법인의 형사상·행정상의 책임까지도 규정하도록 요구하고 있다. 또한 사이버 범죄의 수사와 기소 및 관할권에 관한 절차법을 규정하여 효과적인 처벌까지도 가능하게 하였다. 그리고 사이버 범죄자 인도에 관한 사항과 수사를 위한 국제공조에 관한 사항을 하나의 협약에 수용하여 사이버 범죄의 수사와 처벌을 용이하게 하고 있다(COE 2015).

사이버범죄협약은 제정은 사이버 범죄에 대한 세세한 규정을 통해 범죄화하여 사회안전을 도모하려는 점 외에 국가 간, 기업 간의 상호협력, 형사사건에 대한 국제공조, 국내와 국제 범죄에 대한 수사와 기소에 대한 신속한 지원을 통해 효과적으로 대응하고 기존의 형사사법공조와 범죄인인도조약을 더욱더 지원하고 사이버 범죄정보 수집을 원활하게 하기 위해서 제정되었다. 즉, 사이버 범죄 대응에 있어서의 국제공조를 제정 목적으로 두고 있다(Clough 2014: 699-700).

부다페스트협약이 다루는 세 가지 큰 범위(그림 3 참조)는 범죄에 대한 규정·수사절차상 도구·국제공조에 대한 것이다. 아래 도표를 보면 범죄에 대한 규정은 불법접속·불법감청·데이터방해·시스템방해·기기남용·사기 및 위조·아동포르노그라피·지적재산권 침해이다. 수사절차상 도구로서 신속한 보전, 수색과 압류, 컴퓨터데이터감청이 포함된다. 국제공조에는 추방·상호법률지원·정보제공·신속한 보전·상호법률지원을 위한 컴퓨터 접속허용·상호법률지원을 위한 감청허용·24시간 연락망 가동 등이 포함된다.

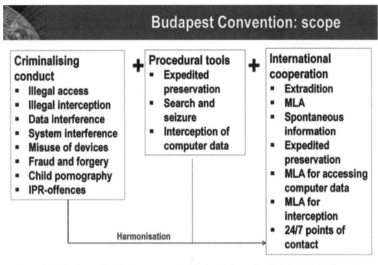

그림 3. 사이버범죄협약: 범위
출처: https://slideplayer.com/slide/12465168/)

　　좀 더 자세히 살펴보면, 사이버범죄협약은 제1장 제1조에서는 구
체적인 용어에 대한 정의 및 설명을 하고 있으며, 제2장 제1부 실체법
에서는 가용성, 기밀성, 무결성 등을 해치는 컴퓨터 관련 범죄로서 입
법해야 할 9개 범죄행위의 실체적 규정과 공범의 책임과 처벌에 대해
규정하고, 제2부 절차법에서는 신속한 증거의 보전, 압수수색, 데이터
감청 등에 대해 규정하고, 제3부 국제공조에서는 범죄인 송환과 인도,
수사에 대한 상호협력, 자발적인 정보제공, 24시간 연락망 가동을 규
정하고 있다.[5]

5　http://www.europarl.europa.eu/meetdocs/2014_2019/documents/libe/dv/7_
　　conv_budapest_/7_conv_budapest_en.pdf

III. 사이버범죄협약 가입을 위한 국내법 정비

지난 2004년 유럽사이버범죄협약 발효 때부터 지금까지 이어져온 우리나라의 가입 논의는 이상하게도 검찰, 경찰 및 관련 형사사법 전문가들이 대부분 찬성하는데도 불구하고 국내법과 상충한다는 이유만으로 상당히 오랫동안 미가입 상태로 머물러 있다. 과연 어떤 점들이 국내법과 상충하는지 알아보고 필요한 개정안이 무엇인지 살펴보기로 한다. 국내 관련분야 전문가들이 유럽사이버범죄협약에 가입하기 위해서는 아래와 같이 현행 우리나라의 대표적인 관련 법률조항을 일부 개정 내지는 새로 도입해야 한다고 주장하고 있다.

- 협약 제6조 '장치의 오남용'과 관련하여 범행예비행위에 해당하는 제작, 판매, 수입, 배포 등에 대한 처벌 규정이 미비하여 불법 감청행위만 처벌하는 것은 실효성이 약해서 관련법률을 만들 필요가 있다. 그리고 감청 데이터에 대한 판매, 유포나 사용에 대한 처벌규정을 신설해야 한다(노명선 2011: 70).
- 협약 제12조는 '법인도 형사책임'을 지게 하였는데 국내법에는 법인에 대한 처벌조항이 없으므로 이도 신설해야 한다(차진아 2013: 55). 법인에 대한 형사책임이 없다면 법망을 피해 갈 수 있는 기회가 너무 많아서 우리나라에서는 반드시 법인에 책임을 부과하는 법률이 필요하다.
- 협약 제16조의 '저장된 컴퓨터데이터의 신속한 보전'을 국내 통신비밀보호법상 통신사실확인자료로 대체할 수가 없기에 이에 대한 보완이 필요하다(박희영 외 2015: 69). 또한 "압수·수색이 허용되어서는 안 되는 사생활의 핵심적인 부분이나 국가적 비

밀 등에 대해서는 보존명령이 제한될 필요가 있다. 또한 보존기
간은 영장청구 등의 적법 절차를 밟기 위해 필수적으로 소요되
는 시간으로 제한해야 한다"(전현욱·이자영 2014: 84).

- 협약 제17조 '트래픽데이터의 신속한 보전 및 제출'과 관련해서
국내 통신비밀보호법 제2조에는 협약에 명시된 통신경로, 통신
크기, 서비스 유형 등이 규정되어 있지 않다. 수사기관이 추적
하는 데 필요한 충분한 데이터를 제공하여야 하는데 현재로는
우리 수사기관이 협약상의 트래픽데이터를 요청하여 제공받게
되면 통신비밀보호법을 위반할 우려가 있다. 또한, 회원국 통신
사에 직접 트래픽데이터를 요구하여 얻을 수 있기에 적법 절차
에 의한 통제가 없어서 정보적 자기결정권을 훼손할 수 있다는
지적이 있다(전현욱·이자영 2014: 91). 그리고 협약상 통신서비
스 제공자는 영리와 무관하게 통신을 제공하는 모든 서비스제
공자로 되어 있어 국내법에는 여기에 해당하는 법률이 없다(박
희영 외 2015: 79).
- 협약 제18조 '제출명령'과 관련하여 국내 전기통신법상 제83조
제3항에서 수사기관이 수사를 위해 통신자료를 요청하면 '따를
수 있다'고 규정하여 사업자가 응하지 않더라도 제재할 규정이
없다(이기수·민수현 2018: 545).

유럽사이버범죄협약 제6조 '장치의 오남용'과 관련하여 범행예비
행위에 해당하는 것으로서, '제작, 판매, 수입, 배포'까지 확대하여 법
률을 제정하는 것이 근본적인 문제를 모두 해결하는 방법이 될 수 있
을지는 의문이다. 그것이 실제로 범행예비행위에 해당하는지 여부를
어떻게 판단할 것이며, 중간에 계속 진행하지 않고 중단할 수도 있는

문제이기에 너무 지나친 간섭이나 감시로도 비추어질 수 있다. 만약 관련 법률을 제정한다면 상당히 세심하게 이러한 부분에 있어서 충돌되지 않게 만들어야 할 것이다.

제12조에 의하면 법인에 대해서도 형사처벌을 규정하고 있는바, 이 부분에 대해서는 법인과 법인 관계자로 좀 더 범위가 확대되어야 더 강력하게 제재할 수 있다. 왜냐하면 법인은 자연인 같은 법률적인 주체로서의 지위는 있지만 실질적인 책임을 지는 것은 인간이어야 하기에 법인의 주요 관계자가 그 책임을 져야 실효성이 있다.

제16조 '저장된 컴퓨터 데이터의 신속한 저장' 중에 "압수·수색이 허용되어서는 안 되는 사생활의 핵심적인 부분이나 국가적 비밀 등에 대해서는 보존명령이 제한될 필요가 있다"는 부분에 대해서는 동의는 하면서도 현실적으로 '사생활의 핵심적인 부분이나 국가적 비밀'에 대해서만 제외하는 것이 가능한지에 대한 문제와 누가 그것을 정의하고 결정하는지에 대한 문제도 법률적으로 명확하게 정하지 않으면 안 될 것으로 보인다.

제17조 '트래픽데이터의 신속한 보전 및 제출' 관련해서 국내에서 사이버범죄협약 가입에 반대하는 일부 전문가들의 주장처럼 트래픽데이터나 통신내용데이터의 실시간 수집으로 인한 개인정보 침해나 정보주권 침해는 그다지 크지 않다고 본다. 왜냐하면 협약의 적용범위가 사이버 범죄수사나 소추 및 재판절차를 위한 입법적 조치로 한정되어 있고 당사국들이 유럽인권협약이나 국제인권협약규정, 유럽인권재판소 판결에서 나온 법리들과 비례원칙 준수의무를 규정하기 때문이다. 더욱이 통신정보보호지침 무효판결과 정보보호가 취약한 국가로 개인정보를 이전하는 세이프하버 결정에 대하여 무효판결을 내림으로써, 유럽사법재판소와 유럽인권재판소의 판결이 개인의 기본권을 잘 보호

하고 있다는 것을 보여준다(민영성 · 박희영 2015: 55). 기본적으로 국
내에서의 일부 반대 의견들은 유럽사이버범죄협약 가입에 대해서 형
사사법적인 측면에서 접근해야 하는데 개인정보보호나 인권보호 차원
에서 접근하다보니 트래픽데이터나 통신내용데이터의 실시간 수집 요
건이 인권이나 사생활보호에 위배된다는 것이다. 즉, 수사정보 기관의
자의적인 판단으로 영장을 청구하고 실시간으로 트래픽데이터나 통신
내용데이터를 수집한다면 많은 개인정보들이 음성적으로 수집될 수
있다는 점에서 우려가 높다. 그러므로, 위법 발생 시 처벌규정을 강하
게 만들어서 법률로 이러한 우려를 보완하지 못한다면 통신비 밀보호
법 개정도 어렵고 나아가서 사이버범죄협약 가입도 불투명하다(차진
아 2013: 52-54).

제18조 '제출명령'과 관련하여 국내에서 2016년 대법원 판결에
따라 카카오가 검찰의 실시간 감청자료 요청에 응하지 않을 것이라고
밝혔다(한겨레 2016. 10. 14). 이렇듯이 기업들도 사익을 위해서 더 이
상 기업이미지나 비즈니스에 리스크가 있는 감청활동에 잘 협력하지
않고 있어서 우리사회나 기업이 더 이상 수사기관 압력에 동조하는 분
위기가 아니고 법에 의해서만 모든 것을 결정하는 시대가 되었다. 그
러므로, 중요한 사건은 법원의 영장을 통해 합법적인 절차에 의해서
서비스업체로부터 제출 받아 사용하면 제출명령에 거부하는 사태는
상당 부분 해결될 것으로 본다.

위에서 나열한 협약 조항들은 지난 10여 년간 국내 주요 학자들이
유럽사이버범죄협약에 가입하기 위해서 사전에 꼭 정비해야 할 국내
법과 상충하거나 국내법에 없는 조항이기에 신설해야 한다고 주장하
는 내용들이다. 그 중에서도 통신비밀보호법을 가장 많이 거론하였는
데 이 부분이 민감한 이유는 "수사기관이 추적하는 데 필요한 충분한

데이터를 제공하여야 한다", "회원국 통신사에 직접 트래픽데이터를 요구하여 얻을 수 있다"는 내용 때문이다. 환언하면, 회원국들이 마음만 먹으면 우리나라 국민들의 개인통신정보까지도 접근이 가능하고 그것도 정부를 거치지 않고 직접 자료요청을 할 수 있기에 문제의 소지를 가지고 있는 것이다. 그러므로, 이러한 부분에 대한 보완책이 필요하다고 관련전문가(학자)들이 강조하고, 우리 정부도 이러한 문제 때문에 통신비밀보호법을 섣불리 개정하지 못하고 있었던 것이다. 최근 들어 전 세계적으로 사이버 안보를 위협하는 사건들이 빈발하면서, 다시 부다페스트협약 가입 문제가 이슈로 떠오르고 있다. 그리고 과거보다는 좀 더 긍정적으로 협약 가입의 필요성을 논의하고 있다. 이런 추세로 보면 통신비밀보호법 등 관련법을 수정하여 조만간 가입할 것 같은 분위기이다. 결국은 유럽사이버범죄협약 가입과 국내법 고수 사이에서 어떤 결정이 더 국익을 위하는 것인가에 대한 것이다. 상당히 오랫동안 논의가 진행되었던 협약이고 국내법에서는 어떤 내용들이 수정되어야 하는지도 잘 알려져 있는 터라, 이제 우리 정부의 정책적 판단만 남아 있다고 여겨진다.

IV. 사이버 범죄 대응을 위한 국제공조

유럽사이버범죄협약에 있어서 국제공조는 협약 제23조, 범죄인인도에 관한 권리와 의무는 제24조, 형사사법공조의 권리와 의무 및 절차는 제25조와 제35조에서 규정하고 있다. 국제공조와 관련된 규정들은 실체법과 절차법에 규정된 내용을 바탕으로 각국이 범죄인인도나 형사사법공조에 책임과 의무를 다해야 한다고 요구한다.

현재 가입하고 있는 71개 국가들은 협약에 명시한 대로 의무조항을 지켜가면서 사이버 범죄수사 국제공조에 있어서 별문제 없이 이루어지고 있다. 특히, 유럽국가들은 아주 원활하게 유기적으로 협력하여 사이버 범죄에 공동으로 잘 대처해 나가고 있다.

우리나라는 아직 사이버범죄협약에는 가입하지 않았으나 유럽평의회 형사사법공조협약에 가입하여 2011년 12월 29일 발효되었고, 유럽연합 및 그 회원국 간의 기본협정도 체결하여 2014년 6월 1일 발효 되었다. 특히, 이 협정 제37조는 사이버 범죄 대응 협력을 규정하고 있다(Europa 2014). 그러나 이 협약은 유럽연합국가들과의 협약으로 지리적으로 한정되어 있다.

그러므로 유럽사이버범죄협약에 가입하지 않은 우리나라의 수사기관의 경우에는 인터폴이나 형사사법공조 및 범죄인인도 협약이 체결된 우방국 수사기관에 국제공조를 요청하여 사이버 범죄를 수사하고 있는데 세계적으로 언론에 주목받고 있거나 자국의 이익과 관련이 큰 사건이 아니면 다른 나라 수사기관에서는 적극적으로 공조하지 않는 것으로 알려지고 있다. 반대로 다른 나라가 우리나라에 국제수사공조 요청을 했을 경우, 마찬가지로 아주 중요한 정보는 제외하며, 수사공조 요청이 들어와도 우리 측에서는 피상적인 수사가 이루어진다고 한다. 이러한 불신을 해결하기 위해서는 사이버범죄협약 가입이 도움이 될 수 있으리라 본다.

이 밖에 대북 관련 사이버 범죄나 국제적 수준의 사이버 테러 같은 경우에는 정보기관의 정보협력요원과 우방국 정보협력요원 간의 정기적인 협력회의와 비공식 채널을 통해서 긴밀하게 협력하고 있다. 어떤 측면에서는 사이버범죄협약보다 더 효과적으로 사이버 범죄나 사이버 테러에 대응하는 것이 정보기관 간의 협력관계이다. 왜냐하면

이들이 다루고 있는 사이버 범죄는 일반 사이버 범죄가 아니라 국가안보 및 국 제안보에 직접적으로 영향을 끼치는 행위이기 때문에, 일반 형사적인 문제보다 더 우선적으로 해결하려는 국가 간의 의지가 명확히 보인다. 그리고 정보기관 간의 비공식적인 우호관계가 수사기관들의 공식적인 관계보다도 더 효과적으로 작용한다고도 추론할 수 있다.

최근 들어 대표적인 사이버 범죄 국제공조의 사례는, 2017년 7월 20일 미국 연방수사국(FBI) 주도하의 국제공조 수사를 통해 사이버 범죄자들의 온상인 다크웹 사이트 중 하나인 '알파베이'를 폐쇄한 것이다. 다크웹은 익명으로 암호화된 브라우저를 통해 접속하여 무기밀매, 마약거래, 인신매매, 청부살인 등을 이용할 수 있는 인터넷 안의 은밀한 공간으로 모든 거래에 있어서 비트코인 같은 가상화폐를 이용하는 등 사용자들의 보안이 철저하여 단속이 어려웠는데, 미국과 유럽의 수사기관 간 국제공조에 의해 마침내 서버를 폐쇄하게 되었다. 또한 네덜란드 사법당국은 태국, 리투아니아, 캐나다, 영국 등과의 국제공조수사를 통해 또 다른 다크웹 사이트인 '한사마켓'을 패쇄했다고 한다(디지털타임스 2017. 08. 21). 알파베이 및 한사마켓 수사에 참여한 대부분 의 주요국가들이 유럽사이버범죄협약에 가입한 국가들이다.

사이버 범죄 국제공조는 아래 도표와 같이 양자 간, 지역 간, 국제 간 그리고 군사적 측면에서의 공조가 있다. 양자 간 협력은 미국과 중국같이 두 개의 국가 간 협약을 맺어 협력하는 모델이며, 지역협력은 ASEAN같이 아시아지역 내의 국가 간 협력하는 모델이다. 국제협력은 유럽사이버범죄협약같이 다수의 국가가 협약, 조약, 법률을 제정해서 협력하는 모델이고, UN같이 국제기구가 만든 GGE도 여기에 해당한다. 그리고 군사적 차원의 협력은 NATO 사이버방위협력, EU 사이버

방위정책 프레임워크, 중국·러시아 사이버 공간 불가침 조약 같은 것
이 있다.

그림 4. 사이버 범죄 국제공조의 종류
출처: https://www.slideshare.net/dgsweigert/focus-on-cyber-threats-in-hacking-cycle

2013년 UNODC가 발표한 국제 사이버 범죄 공조 통계를 보면 아
래와 같다.[6]

• 일반적인 기술 자문 42%

• 일반적인 법률자문 39%

• 용의자 정보 35%

- 합동조사 35%
- 신속한 컴퓨터 데이터에 대한 저장 23%
- 기타 10%
- 용의자 체포 3%
- 컴퓨터 하드웨어나 데이터 수색 3%
- 컴퓨터 하드웨어나 데이터 압류 3%
- 서비스제공자 트래픽데이터 저장 3%

위의 통계를 보면, 유럽사이버범죄협약 제16조의 '저장된 컴퓨터 데이터의 신속한 보전'과 관련해서는 23% 정도의 협력관계를 보이고 있다. 이는 사이버 범죄 수사에 있어서 가장 중요한 부분이기에 지금의 협력 수준보다 더 향상되어야 한다. 그리고 상기의 통계에 따르면, 용의자 체포·수색·압류·저장 등 수사관이 현장에 직접 진출해야 할 부분에 대한 공조는 매우 미흡하다. 그러므로 회원국 간의 좀 더 적극적인 공조를 위한 세부 규정 등을 제정하거나, 공조 결과가 양호했을 때에는 인센티브를 부여하는 방안을 강구하는 것이 바람직할 것 같다.

UNODC(2013)가 발표한 사이버 범죄 국제공조에 있어서 장애가 되는 문제점들로서 다음과 같은 사항들이 거론되고 있다.[7]

- 어느 국가를 사법관할국으로 하여 기소할 것인가?
- 사법관할권을 정하는 기준은 무엇인가?
- 어느 국가에서 기소하는 것이 가장 효과적인가?
- 범죄인 인도가 가능한지? 안 되면?

---

7   *Ibid.*

- 쌍방가벌성이 있는지?
- 가장 좋은 수사 조정은?
- 어떻게 증거를 수집할 건지?
- 어떤 증거를 필요로 하는지?
- 형사소송법에 충분한 수사권이 보장되는지?
- 어떻게 범죄 자산을 찾아서 압류할지?
- 어떻게 피해자나 감염된 컴퓨터가 통보받고 처리되는지?

위의 내용들은 유럽사이버범죄협약에서 제시하는 내용보다 좀 더 구체적이고 효과적인 국제공조를 하기 위해서 선행되어야 할 사항을 많이 제시하고 있다. 그러므로 위에서 언급한 여러 단계의 국제공조에 있어서 다른 국가들과 사이버범죄협약을 맺을 때는 UNODC가 언급한 장애요소에 대해서 회원국 간에 어떻게 문제를 해소할 수 있는지 사전에 논의하는 것도 필요하다. 그리고 자국의 사정과 이익을 고려하여 유리한 방향으로 협약을 맺어야 한다.

캐나다의 경우, 자국의 이익을 위해서는 중국 및 러시아 등과의 협력도 제한하지 않는다고 발표한 바 있다(Levine & Goodrick 2013). 현재 유럽사이버범죄협약과 유사하면서도 자국의 이익과 지리적으로 같은 지역에 있는 국가 간에 협약을 체결해서 활동하는데 관련 내용은 다음과 같다.

- 아랍정보기술범죄협약: Arab convention on Combating Information Technology Offences(2010)
- 아프리카연합 사이버 보안 및 개인정보보호협약: African Union convention on Cyber Security and Personal Data Protec-

tion (2013)

- 러시아연방 컴퓨터정보범죄 협약: Commonwealth of Inde-pendent States Agreement on Cooperation in combatting Offences related to computer Information (2001)
- 상하이협력기구 정보보안협약: Shanghai Cooperation Orga-ni-zation Agreement on Cooperation in the Field of Infor-ma- tion Security (2009).

우리나라도 아시아지역을 기반으로 하는 사이버 안보 협력을 강화하기 위해 상하이협력기구(SCO) 모델 같은 다자안보협력기구에 대 한 참여를 모색할 필요가 있고(양정윤 2018: 182), 아세안지역포럼 (ARF: ASEAN Regional Forum) 같은 유사한 역할을 수행하는 국제기구를 통해 참여하고 있으나, 동아시아 국가 간의 오랜 갈등과 한반도를 둘러싼 국제정치 상황을 고려하면 현실적으로 한계가 있다(하영선 외 2012: 130). 그리고, 상하이협력기구(SCO)모델이 지향하는 국가주권 강화와 국가정보통제력 확대(김상배 2017: 254) 등이 우리나라 정치환경에는 현실적으로 부합하지 않는다. 자유민주주의 국가로서 오랜 시간 동안 서방국가들과 교류하면서 국가를 발전시켜 온 역사적인 배경을 고려하면 우리나라 역시 '유럽사이버범죄협약'에 가입하여 국제공조에 적극 나서야 할 것이다.

V. 국내외 입법 동향

유럽사이버협약 가입 필요성에 대한 국내 학계 전문가와 실무자들 간의 의견은 다소 차이를 보이고 있다. 먼저 이 주제에 대한 학자들의 연구자료를 토대로 정리해 보면, 전반적으로 학자들은 유럽사이버 범죄협약 가입이 필요하다고 주장하고 있다. 그러나 협약에 가입하기 위해서는 협약 조건을 충족하기 위한 국내법의 개정과 신설이 필요하다고 강조한다. 특히 통신비밀보호법 개정이 필수적이라고 한다. 그런데 과연 이 협약에 가입하는 것이 우리에게 어떤 실익을 가져다 줄 수 있는지에 대해서는 연구가 다소 미흡하다. 왜냐하면 최근까지의 연구는 이 협약에 가입을 고려하고 있는 일부 정부기관의 용역 연구과제 차원이었기 때문에 "아주 냉정한 차원에서 연구하고 결론을 내린 것이라고 보기 어렵다"라는 주장도 있다.

또한 실무자들 중 정보기관과 수사기관 종사자들의 의견은 많이 다르다. 그러나 그들의 의견이 담긴 학술자료나 보고서는 공식적으로 확인하기 어렵다. 다만 현장에서 활동하고 있는 실무자들을 상대로 비공식적인 의견을 청취하는 수준에 있지만, 현장에서 직접 경험한 관련 분야 실무진들이 전달하는 의견은 상당히 고려할 만하다. 즉 수사기관에 종사하는 실무자들의 의견은 대부분 유럽사이버범죄협약 가입에 대해 긍정적인 사고를 갖고 있는 편이다(이기수·민수현 2018: 537). 왜냐하면 이 협약 자체가 국제공조를 통해 형사사법시스템을 효과적으로 작동하여 사이버 범죄에 대응하자는 취지에서 만들어졌기 때문이다. 탈린매뉴얼[8]같이 사이버전을 염두에 두고 만든 게 아니다 보니

8　탈린매뉴얼(Tallinn Manual on the International Law Applicable to Cyber Warfare)은 사이버 전쟁에서 적용되는 국제법을 담은 지침서를 말한다. NATO 협동사이버방위센터(CCDCOE)에서 발간하였고 에스토니아 수도 탈린에서 기초되어 탈린매뉴얼이라고 불린다. 주요 내용은 사이버 공격을 받았을 경우 주변 피해를 최소화할 것을 요구하고 있으며 해킹 시 디지털공격으로 보복이 가능하나 실제의 공격은 사이버 공격으로 실제의 사망 부상자가 있을 경우에만 허용하도록 하고 있다. 이 매뉴얼은 구속력은 없고 지침서

정치적인 부분을 고려할 필요가 별로 없다는 것이다. 그리고 우리나라 경찰청도 매년 국제 사이버 범죄대응 심포지엄 같은 행사를 유치하면 서도 아직 유럽사이버범죄협약에 가입하고 있지 않다는 것이 모순이 라는 비판도 있다. 이와는 반대로 정보기관 종사자들은 수사기관 종사 자들같이 사이버 범죄를 단순히 형사사법의 문제로만 보지 않고 사이 버 안보에 위협을 주는 국가 차원의 개입이 필요한 사건으로 보고 있 다. 그러므로, 수사기관 종사자들과는 접근방식 자체가 다르다. 예를 들면, 사이버범죄협약 제17조 '트래픽데이터의 신속한 보전 및 제출' 과 제32조에 '국경을 초월한 데이터정보의 접근(Osula 2015)' 같은 조 항을 국가안보에 직결되는 문제로 보고 굳이 이런 협약에 가입하여 우 리의 정보자산을 외부에서 마음대로 접근하게 하는 것을 상당히 부담 스럽게 생각한다. 그리고 이미 2011년 말에 유럽평의회 형사사법공조 협약에도 가입되어 있고 다른 비공식라인을 통해서 필요한 수준의 국 제공조가 되고 있다고 믿기 때문이다. 또한, 우리나라의 국가안보에 영향을 미치는 사이버 공격은 주로 북한으로부터 시작되기에 다른 회 원국들로부터 지원 받을 만한 유용한 정보들이 많이 없어서 협약 가입 의 필요성을 못 느끼기 때문이다. 그러나, 최근에 들어서 미국이 북한 사이버 범죄에 대응하는 방식의 변화로 인해 이러한 인식이 바뀔 것으 로 전망된다.

미국에서는 지난 9월 5일 연방 하원이 '사이버 억지와 대응법안 (H.R. 5576)'을 가결하고 불과 얼마 지나지 않아서 소니픽처스 엔터 테인먼트 해킹 혐의로 북한의 해커 박진혁을 기소하였는데 이는 최초 로 북한의 사이버 범죄에 대해서 미국이 기소한 것으로 다른 국가들에

의 형식을 취하고 있다(https://ko.wikipedia.org/wiki/%ED%83%88%EB%A6%B0_%EB% A7%A4%EB%89%B4%EC%96%BC).

게 국제사이버 범죄에 대해 국제법과 국제규범을 어떻게 적용해야 하는지를 보여주는 중요한 사례가 되었다. 이전까지의 국가사이버 안보 차원의 대응이 외부에 드러내지 않고 행해졌다면 이제부터는 국제 사회에서 공개적으로 투명하게 법률에 의거하여 적법한 절차에 의하여 처리하겠다는 의지를 보여준 것이다. 이러한 사례는 우리나라를 포함하여 여러 나라들에게도 일종의 국제적인 가이드라인을 제시한 것이라고 볼 수 있다. 이 법안의 핵심은 미국 국가안보, 경제, 외교에 대한 사이버 공격을 지원하는 제3국의 개인이나 기업 그리고 국가에 대한 세컨더리 보이콧으로 제재를 가하는 데 있다. 이 제재를 받으면 미국이 관여하는 국제금융기구나 기타 기구들로부터의 지원도 받을 수 없고 미국의 차관이나 보증, 보험, 신용장 등을 발급받을 수 없다(뉴시스 2018. 9. 6). 즉, 미국은 이제까지 음지에서 사이버 안보 문제를 다루던 것을 합법적인 양지로 문제를 가지고 나와서 적법한 절차(due process)에 의해서 처리하겠다는 것이다. 이러한 국제사회의 새로운 기류만 보더라도 이제는 유럽사이버범죄협약에 가입하여 회원국의 일원으로서 국가안보와 국제안보에 위협을 주는 사이버 범죄에 대해서 공동으로 대처해 나아가야 할 때라고 많은 전문가들은 말한다. 그리고 실질적인 이익이 바로 생기지는 않을지라도 협약 요구조건에 맞추어 국내법을 개정하는 것 자체로도 글로벌 수준의 법률적 틀을 만드는 것이기에 의미가 있고 외국과의 사이버 위협 정보교류도 더 원활해질 것이라는 주장도 있다(이기수·민수현 2018: 536).

그리고 우리와 지리적으로 가장 인접한 일본 같은 경우, 국내적으로 2011년 일본정부 및 군과 계약관계에 있는 미츠비씨 중공업에 대한 사이버 공격사건과 2012년 정부 네트워크에 대한 3000회 이상의 사이버 공격이 계기가 되어[9] 내각 산하에 '국가정보보안위원회

(NISC : National Information Council)'를 만들고 형사소송법 등을 개정하여 '유럽사이버범죄협약'에 가입하였는데[10] 일본은 기존의 국제법이 사이버 공간의 법질서를 유지하기 위해 지속적으로 적용되어야 하고 UN헌장이나 국제인도주의법을 어떻게 사이버 공간에 적용할지 신중하게 검토해야 한다고 강조했다. 그리고 2013년 3월 내각 산하의 국가정보보안센터(NISC : National Information Security Center)는 국제 사이버 안보 협력전략인 'J-initiative for Cybersecurity'를 통해 국제협력과 상호지원 계획을 소개했다. 이것은 일본정부가 처음으로 다른 정부들과 함께 사이버 공격 대응에 나선다고 밝힌 것이다. 이를 실천하기 위해 오랫동안 쌓아온 정보통신 기술력을 바탕으로 중국으로부터 공격받고 있는 ASEAN 국가들과 남미국가들에 대한 기술협력을 시작했다. 2013년 10월 사이버 안보 협력강화를 위한 ASEAN Regional Forum(ARF)을 통한 양자, 다자 간의 대화와 정보교환 중요성을 강조하고 특히나 미국 정부와의 아주 긴밀한 사이버 안보 관계를 강조하며 정부부처, 기관, 국방 등 여러 단계에서 정보공유, 위협대응, 공동훈련 등을 통해 협력 관계를 유지하고 있다.[11] 그 밖에 국제사이버 안보 관련 법률 제정과 협력을 위해 G8(Group of 8), UN(United Nations), OECD(Organization for Economic Cooperation and Development), APEC(Asia-Pacific Economic Cooperation) 회원국으로 활동 중이다.

또한 일본 국내적으로는 정부, 국가기반시설 관련 회사, 산업체,

9   http://lsgs.georgetown.edu/sites/lsgs/files/Japan_edited%20v2.pdf_for_printout.
     pdf
10   https://www.coe.int/en/web/conventions/full-list/-/conventions/treaty/185/sig-
     natures
11   http://www.nisc.go.jp/active/kihon/pdf/InternationalStrategyonCybersecurityCo-
     operation_e.pdf

교육기관, 개인, 중소기업, 사이버 공간을 이용하는 모든 회사를 사이버 공격으로부터 보호한다. 특히, 사이버 공간 위생(cyberspace hygiene)을 위해 "Cyber Clean Day"를 통해 모든 사람들이 참여하여 예방적 정보보안 차원에서 불법적인 침투, 악성감염, 취약점에 대응해야 한다고 강조했다.[12]

최근 일본정부는 과도한 규제보다는 사이버 공간의 개방성과 상호 운용성을 향상시켜 자유로운 정보흐름을 유지하면서 안전하고 의존도 높은 사이버 환경을 만들고 있다. 그리고 일본의 사이버 보안 산업의 경쟁력을 높이기 위해 기술발전과 인적 자원 양성에 힘쓰고 있다. 또한 협약 가입과 함께 기존의 사이버 보안 관련 기관들에 대한 확대와 강화를 단행하였다. 여기에는 사이버공격분석센터, 사이버공격특별조사과, 불법프로그램분석센터 등이 있다. 그리고 2002년 설립한 국가사이버포렌식훈련연합(NCFTA)[13]을 통해서 민간부문과의 정보공유와 협력을 강화하기로 했다. 일본정부는 유럽사이버범죄협약 비준은 법집행기관 간의 효과적인 국제공조와 협력을 위한 결정이라고 발표했다.

VI. 맺음말

지금까지 유럽사이버범죄협약에 대한 탄생 배경부터 제정 과정 전반에 걸친 소개와 국제공조가 어떻게 이루어지는지에 대해 알아 보았다.

---

12 http://www.nisc.go.jp/active/kihon/pdf/InternationalStrategyonCybersecurityCo-operation_e.pdf

13 https://www.ncfta.net/

사이버 범죄 대응을 위한 국제공조를 효과적으로 가능케 하려면 '유럽 사이버범죄협약에 가입하여야 하는 것이 맞는지?', '협약 가입이 국익에 도움이 되는지?'에 대한 국가 차원의 냉철한 판단과 선택이 필요하다. 그리고 이 협약이 시작된 2001년부터 얼마나 많은 국가들이 참여하는지도 알아보면서 우리나라의 가입 필요성과 가입요건에 대해서도 살펴보았다. 그러나 큰 진전을 보이지 못하다가 2012년 일본이 이 협약에 가입한 이후 우리나라도 가입을 심각히 고려하기 시작하여 2013년부터 심층적으로 가입 필요성에 대해서 여러 연구기관을 통해 알아보고 있는 상황이다. 그러나 국내법과의 상충 문제 등으로 쉽게 결정을 내리지 못하고 있는 가운데 북핵 다음으로 사이버 안보의 중요성이 부각되면서 국가안보에 위협을 주는 사이버 범죄에 효과적으로 대응하기 위해서는 국제공조가 필수적이므로 유럽사이버범죄협약 가입은 더 이상 피하기 어려워 보인다. 특히나 아래와 같은 이유에서 서둘러 가입해야 할 것이다.

첫째, 글로벌화, 네트워크화된 특성으로 인해 사이버 범죄는 국경을 초월하여 발생하여 특정국가에만 해당하는 문제가 아니라 전 세계 모든 국가에 해당하는 문제이기에 특정국가 독자적으로는 효과적인 대응이 불가능하다. 만약 독자적인 대응이 가능하려면, 국제적인 사이버 범죄자를 찾아내고 검거하는 데 많은 재정적, 기술적, 인적 자원 투자를 스스로 감당할 국력을 가진 나라여야 한다. 현재 이렇게 독자적으로 국제사이버 범죄에 대응할 수 있는 나라는 극히 드물다. 2017년 7월부터 8월 사이 알파베이와 한사마켓 패쇄를 위한 미국, 영국, 네덜란드, 태국, 리투아니아, 캐나다 간의 국제공조는 이런 현실을 잘 입증해준다.

둘째, 사이버 범죄 국제공조를 위해 2017년 12월까지 71국이 참여하고 일본을 비롯하여 많은 우방국이 가입하였는데 우리나라는 가입하지 않아서 회원국들만의 핫라인 사용을 못하는 것은 물론이고 필요한 사이버 범죄 관련 정보공유도 할 수 없어서 정말 심각한 문제가 발생 시에 국제공조의 한계에 부딪히게 될지 모르기에 이에 대비하여야 한다. 실제로 협약에 가입하지 않고 정보공유는 기대할 수 없다.

셋째, 우리나라 국가안보를 위협하는 사이버 범죄는 북한 해커만이 저지르는 것이 아니다. 전 세계 200여 개국 해커나 사이버 범죄자 모두가 우리에게 잠재적인 위협을 가할 수 있는 대상이기에 국익보호 차원에서 이러한 가능성을 배제할 수 없다. 지난 10여 년간 발생한 중대 사이버 범죄들이 모두 북한 해커나 사이버 범죄자들의 소행이라고 단 할 수 없고 실제로 밝혀지지 않은 더 많은 사이버 범죄나 공격들이 북한 외의 국가로부터 시작된다고 보고되었다. 그러나 국제공조 체제의 미비로 인해 수사에 있어서 한계에 부딪혀서 범죄자의 신원을 밝히는 데 어려움이 있고 검거는 거의 불가능하다.

끝으로, 유럽사이버범죄협약 가입을 위해서 통신비밀보호법 등 국내법을 개정하는 것 자체가 우리나라 법률의 수준을 글로벌 수준으로 향상시키는 것이고 전 세계를 대상으로 우리나라의 국격을 높이는 데도 이바지할 수 있다. 자유민주주의를 수호하고 오랜 우방들과 협력 관계를 고려한다면 통신비밀보호법 등 일부 법개정이 당장 국익에 손해 보는 것 같더라도 하루속히 사이버범죄협약에 가입하는 것이 국익을 위한 미래지향적인 결정이고 국제사회의 일원으로서 책임과 의무를 다하는 행동이라고 본다. 더 이상 협약 가입을 늦추는 것은 국가 사이버 리스크로 인한 실질적인 피해와 기회비용을 고려했을 때 시간이 갈수록 우리에게 불리하다.

지난 몇 년 동안 국가안보를 위협하는 사이버 범죄의 심각성에 공감하여 역내국가들의 복원역량 및 협력방안 강화가 논의됐을 뿐만 아니라, 책임 있는 국가행동을 실천하기 위한 국제규범의 필요성과 함께 적극적인 국제공조를 위해 우리나라도 유럽사이버범죄협약 가입이 필요하다는 여러 차례의 문제제기에도 불구하고 이들 논의가 여전히 구체성을 결여하고 있다는 점은 아쉬움으로 남는다.

최근 발생하는 사이버 공격은 국가 기간시설의 교란에서부터 금전 취득을 위한 해킹, 개인·기업 정보의 탈취 등에 이르기까지 그 목적이 다변화되고 있다. 무엇보다도 큰 변화는 일탈적 해커그룹의 소행으로 보이는 사이버 공격의 이면에 러시아, 중국, 이란, 북한 등과 같은 국가 행위자의 그림자가 점점 더 짙게 드리워지고 있다는 사실이다. 최근 미국정부에 의해 소니픽처스 엔터테인먼트 해킹사건으로 기소된 북한의 해커같이 비국가 행위자들이 벌이는 사이버 범죄가 아니기에 정부 차원에서 나서서 해결해야 하는 국제정치와 안보문제로 인식되는 이유다. 이제 국가안보를 위협하는 사이버 범죄에 대응하기 위해서 유럽사이버범죄협약에 가입하는 이유가 단순히 선언적 차원에서 보여주기 위한 국제협력과 규범을 논하는 수준을 넘어서야 한다.

참고문헌

김상배 외. 2017. 『사이버 안보의 국가전략』 사회평론아카데미. p. 254.

노명선. 2011. "사이버 범죄 대처를 위한 EU 사이버 범죄협약 가입 필요성과 가입에 따른 협약이행 방안." 법무부용역결과보고서, p. 70.

뉴시스. 2018. "미 하원 사이버 공격 제재법안 가결…. 북 대가 치를 것." 『뉴시스』(2018년 9월 6일). www.newsis.com/view/?id=NISX20180906_0000410698&cID=10101&pID=10100

디지털타임스. 2017. "사이버안전: 국제공조 속도내야." 『디지털타임스』(2017년 8월 21일). (http:// www.dt.co.kr/contents.html?article_no=2017082202102251607001&ref=naver).

민영성 · 박희영. 2015. "유럽사법재판소 통신정보보관지침의 무효판결과 그 시사점." 『법학연구』 제56권 제4호(통권86호), 부산대학교 법학연구소.

매일경제. 2018. "'디지털샌드박스'서 기업 뛰게해야 블로체인 시대 승자." 『매일경제』 (2018년 2월 8일). http://news.mk.co.kr/newsRead.php?year=2018&no=93110

박희영. 2015. "유럽연합과 미국사이의 개인정보 전달에 관한 세이프 하버(Safe Harbor) 결정은 무효." 『최신독일판례연구』, 로앤비(www.lawanb.com); 2015. 12.

박희영 · 최호진 · 최성진. 2015. "사이버 범죄협약 이행입법연구." 2015년 대검찰청 연구용역보고서.

보안뉴스. 2015. "사이버 범죄 국제공조를 위한 부다페스트 협약. 우린 왜 아직?" 보안뉴스 (2015년 7월 21일). https://www.boannews.com/media/view.asp?idx=47099

아시아경제. 2018. "작계 유출된 2년전 해킹사고. 아직도 미흡." 『아시아경제』(2018년 8월 13일). http://view.asiae.co.kr/news/view.htm?idxno=2018081308582377427

양정윤. 2018. "상하이협력기구의 사이버 안보 논의: 러시아와 중국의 역할." 사이버 안보의 국가전략 2.0 발표논문.

이기수 · 민수현. 2018. "한국과 중국의 사이버 범죄 형사사법공조 강화를 위한 법개정 검토- 유럽사이버 범죄 협약을 기준으로." 『비교형사법연구』 19(4), pp. 535-557.

임종인 · 장규현. 2014. "국제사이버협력현황과 함의: 국제안보와 유엔GGE 권고안을 중심으로." 『정보통신방송정책』 26(5).

전현욱 · 이자영. 2014. "사이버 범죄협약과 형사절차상 적법절차원칙: 저장된 데이터의 보존 및 일부공개를 중심으로." 『형사정책연구』 25(1), pp. 75-99.

조선비즈. 2017. "비트코인 해킹 4차례 모두 북한소행이었다." 『조선비즈』(2017년 12월 16일). http://biz.chosun.com/site/data/html_dir/2017/12/16/2017121600163.html

중앙일보. 2018. 미"국, 북 해커 박진혁 신상공개, 북 사이버 범죄 기소는 처음." 『중앙일보』 (2018년 9월 7일). https://news.joins.com/article/22951536

차진아. 2013. "사이버 범죄에 대한 실효적 대응과 헌법상 통신의 비밀보장, 사이버 범죄협약 가입에 따른 통신비밀보호법의 개정방향을 중심으로." 『공법학연구』 14(1).

하영선 · 김상배. 2012. 『변환의 세계정치』, p. 130.

한겨레. 2016. "카카오, 수사기관 감청협조 중단."『한겨레』(2016년 10월 14일). http:// www.hani.co.kr/arti/economy/it/765723.html
한국경제. 2016. "범죄의 디지털 증거찾기,함께 해야 할 글로벌 과제."『한국경제』(2016년 12월 21일). http://news.hankyung.com/article/2016122140721

Broadhurst R., Chang L.Y.C. 2013. "Cybercrime in Asia: Trends and Challenges." In: Liu J., Hebenton B., Jou S. (eds) *Handbook of Asian Criminology*. Springer, New York, NY., pp. 49-63

Calderoni, F. 2010. "The European Legal Framework on Cybercrime: striving for an effective implementation." *Crime, Law and Social Change*. Vol (54), pp. 339-357.

Chart of signatures and ratifications of treaty 030 (https://www.coe.int/en/web/ conventions/full-list/-/conventions/treaty/030/signatures?p_auth=XsDB).

Chung 2008. "Policing Internet Fraud: A study of the tensions between private and public models of policing fraudulent activity in cyberspace with particular focus on South Korea and special reference to the United Kingdom and the United States." Ph.Dtheisis. University of Leeds.

Clough, J. 2014. "A world of difference: The Budapest Convention of Cybercrime and the Challenges of Harmonisation." 2nd International Serious and Organised Crime Conference, Brisbane, 29-30 July 2013, pp. 698-736.

Cybercrime Convention Committee (T-CY), Assessment report, Implementation of the preservation provisions of the Budapest Convention on Cybercrime, Supplementary report, T-CY (2015) 6, Strasbourg, 21 June 2015.

European Convention on Mutual Assistance in Criminal Matters CETS No. 030 (https:// rm.coe.int/CoERMPublicCommonSearchServices/DisplayDCTMContent?documentId=090 000116800656ce)

Framework agreement between the republic of Korea, on the one part and the EuropeanUnion and its member state, on the other part (http://eeas.europa.eu/ korea_south/docs/framework_agreement_final_en.pdf)

Gercke, M. 2009. Europe's legal approaches to cybercrime. 10 (3), pp. 409-420. ERA forum. Viewed on September 24, 2018. https://doi.org/10.1007/s12027-009-0132-5

Koops, b.J. & Brenner, S.W. 2006. Cybercrime and Jurisdiction: A Global Survey. Information and Law Series 11, pp. 227-239. Viewed on September 24, 2018. https:// air.unimi.it/retrieve/handle/2434/4839/241783/Ziccardi-ITAL%2011.pdf

Levin, A. & Goodrick, P. 2013. "From cybercrime to cyberwar? The international policy shift and its implications for Canada." *Canadian Foreign Policy Journal*. 19 (2), pp. 127-143.

Marion, N. E. 2010. "The Council of Europe's Cyber Crime Treaty: An excise in symbolic legislation." *International Journal of Cyber Criminology*. 4 (1,2), pp. 699-712.

Osula, A.M. 2015. "Transboader access and territorial sovereignty." *Computer Law & Security Review*. 31 (6), pp. 719-735.

Weber, A. M. 2003. "The Council of the Europe's Convention on Cybercrime." *Berkeley Technology Law Journal*. 18 (1), pp. 425-446.

제5장

인터넷 거버넌스와 사이버 안보:
ITU, WSIS, IGF, ICANN, GCCS[*]

유인태

[*] 이 글은 『담론 201』 제22권 1호(2019)에 게재된 논문을 수정보완한 것임.

I. 서론

이 글의 목적은 사이버 안보(cybersecurity) 개념을 인터넷 거버넌스의 시각에서 조망함에 있다. 구체적으로는 인터넷 거버넌스에 참여하는 대표적인 몇몇 국제기구들의 사이버 안보와 위협의 개념을 그들의 활동을 통해 조명하고자 한다.

이 장의 분석대상은 인터넷 거버넌스 관련 국제 다자간 협의체/기구이다. 특히 ITU(International Telecommunication Union, 국제전기통신연합), WSIS(World Summit on the Information Society, 정보사회세계정상회의), IGF(Internet Governance Forum, 인터넷 거버넌스 포럼), ICANN(Internet Corporation for Assigned Names and Numbers, 국제인터넷주소 관리기구), GCCS(Global Conference on Cyber Space, 사이버스페이스세계회의/사이버공간총회, 사이버스페이스총회)에 초점을 맞춘다. 이들에게 초점을 맞추는 이유는 상기된 국제기구/협의체들이 대표적인 인터넷 거버넌스 관련 협의체이기 때문이다. 그뿐 아니라, 이들 협의체 간에는 다양한 축으로 상호 대비될 수 있는 비교 가능성이 존재한다.

우선, 국가간다자주의의 거버넌스를 지지하는 ITU와 다중이해당사자주의(Multi-stakeholderism)를 지지하는 WSIS, IGF, ICANN, GCCS은 좋은 대비가 될 것이다. ITU는 정부 간 국제기구임에 비해, WSIS, IGF, GCCS는 국제적인 포럼에 가깝다고 볼 수 있다. 두 번째로, 또 다른 조직 성격의 비교 차원에서 보았을 때, ICANN이 비영리법인 것에 비해 다른 국제 협의체/기구들과는 성격이 다르다고 볼 수 있다. 셋째, 권력 구조 차원에서는 ITU가 중국, 러시아와 같은 비민주주의 국가에 의해 활발히 활용되는 장(venue)인 것에 비해, 다른 협의체들인 WSIS, IGF, GCCS는 서방 선진국(시민)들이 더욱 적극적으로 참여하고 있는 것으로 볼 수 있다. 넷째, 정부와 비정부 행위자가 참여하는 정도가 다르다. ITU, GCCS는 비교적 국가/정부 행위자들의 비중이 높은 반면, WSIS는 시민사회의 역할이 그들보다 더 강조되기도 한다. IGF는 그보다 더 비정부 행위자들의 영향력이 큰 국제 다자간 협의체로 자리매김해 왔다. 이러한 다양성은, 인터넷 거버넌스 참여 기구들의 사이버 안보에 대한 다양한 접근을 보여주기에 좋다.

논의와 분석을 진행하기에 앞서 '사이버 안보(cybersecurity)' 용어 사용에 대한 언급을 미리 해 둘 필요가 있다. 이 용어는 논쟁이 분분한 용어이다. 이는 '사이버 안보(cybersecurity)'가 갖는 복합적이고 다층적인 성격 때문에 그렇다. 이 장에서 security라는 용어는 맥락에 맞게 안보/안전/보안 세 단어 중에 선택하거나, 모두 적절하다고 생각되는 맥락에서는 모두 열거한다. Cybersecurity(or cyber security)도 마찬가지로 해석된다. 안보/안전/보안 중에 한 용어를 선택했고, 맥락에 따라서는 다른 두 용어로 대체할 수 있음을 미리 밝혀둔다.

이 장의 구성은 다음과 같다. 인터넷 거버넌스 관련 다자간 국제 협의체를 ITU, WSIS, IGF, ICANN, GCCS의 순으로 다룬다.[1] 각 협의체를 다룸에 있어, 사이버 안보 관련 주요 기구들과 그 활동, 그리고 만약 존재한다면, 협의체들이 내리는 특정한 사이버 안보 개념정의와 사이버 위협들을 소개하고자 한다. 협의체의 성격이 강한 WSIS, IGF, GCCS와 같은 경우는 구체적인 정책이나 활동보다도 논의를 통한 담

---

[1] 이 글에서 다루는 바와 같이 사이버 안보 관련 논의를 인터넷 거버넌스 국제기구들의 관점에서 다루는 연구는, 국가별 사이버 안보 분석에 비해 많지 않은 편이다. 국내에서는 개별 국제기구 차원에서 다루어진 경향이 있다. 예를 들어, 장규현·임종인(2014), 장노순(2016), 김소정·김규동(2017)이 있으며, 예외적으로 본고과 같이 여러 국제기구들을 종합적으로 살펴본 연구로는 배영자(2017)가 있다.

론과 합의의 형성에 집중되어 있음을 미리 알아둘 필요가 있다. 이 글은 학문적/이론적 선행연구나 논증에 비중을 두기보다는 관련 단체들이 출판한 선언/문서/정책들을 중심으로 실증적 분석을 진행했다. 자세한 사실 확인과 정보의 제공을 위해 연대기적인 자료 분석도 겸했다. 이러한 분석을 통해, 사이버 안보 관련 논의가 국제사회에서 어떻게 발전해오고, 어떠한 경향성을 띠고 있는가에 대한 고찰이 가능해질 수 있을까 한다. 결론에서는 정책적 그리고 학문적 함의를 논의한다.

II. ITU의 사이버 안보 개념과 활동

국제전기통신연합(ITU: International Telecommunication Union)은 현재 국가/정부 간 층위에서 사이버 안보에 관련해 가장 활발히 활동하는, UN산하의 정보 및 통신 기술 이슈에 특화된 기관이다. ITU는 UN산하 정보통신 부분 전문기구로서 전기통신의 개선과 효율적인 활용을 위한 국제협력을 증진하는 것을 목적으로 한다. 1932년 설립 당시에는 유선 전신에 대한 국제협력 도모가 주목적이었지만, 통신 기술이 발달하면서 전파통신, 위성, 방송 분야 전반으로 그 목적이 확장되어 왔고, 최근에는 인터넷 관련 사이버 공간 활동 영역으로도 그 역할을 확장해 왔다.[2]

---

2   UN산하의 또 다른 인터넷 거버넌스 관련 기관으로 정보안보 정부 전문가 그룹(GGE: Group of Governmental Experts on Information Security)이 있다. UN은 이를 통해 사이버 안보를 위한 국가 간 규범 문제를 논의한 바 있으며 그 결과 2005년과 2009년 각각 그 논의 결과가 보고서로 제출되었다. 현재 2017년 5회차 GGE까지 개최되었다. GGE는 이 장의 연구범위를 벗어나므로 심도 있는 논의는 생략하지만, GGE는 사이버상의 위협을 21세기의 가장 심각한 도전 과제 중 하나로 꼽으며, 개인, 기업, 국가 사회기반시설

ITU는 2003년 정보사회세계정상회의(WSIS: World Summit on Information Society)를 개최하면서부터 인터넷 사이버 공간에 관련한 의제에 적극적으로 관여하기 시작했다고 볼 수 있다. ITU는 2001년 ITU 이사회 결정에 따라 WSIS를 출범시켰다. 2003년 제네바와 2005년 튀니지에서 개최된 두 차례의 WSIS는 ITU 내에서 사이버 안보 논의가 본격적으로 시작할 수 있는 계기가 되었다.[3]

현재, 사이버 안보와 ICT 사용 부분에서 신뢰를 구축하는 것은 ITU에게 있어 중요한 우선 사항이다. 이를 위해 ITU는 여러 회의를 통해 사이버 안보 관련 결의를 내놓았다. 이러한 회의의 예로는 2014년 부산에서도 개최된 바 있는 'ITU 전권회의(ITU Plenipotentiary Conference)', 'ITU 세계전기통신개발회의(ITU World Telecommunication Development Conference)', 'ITU 세계전기통신표준화총회(ITU World Telecommunication Standardization Assembly)' 등이 있다. 최근에는 2017년 세계전기통신개발회의에서 채택된 '부에노스아이레스 실천 계획(Buenos Aires Action Plan)'에도 사이버 안보의 중요성이 명시되었다. 이와 관련하여 ITU는 '스터디 그룹(ITU-D STUDY GROUP 1 & 2)'을 개설하여, 각국의 경험, 생각, 견해 등을 공유하여 배포하고 있다.

ITU는 사이버 안보를 다음과 같이 정의한다. 'ITU-T X. 1205 문서'에 따르면, 사이버 안보는 도구, 정책, 안보개념, 보호장치, 지침, 위기관리접근법, 행위 훈련, 좋은 관례, 확신, 그리고 기술들의 안보

및 정부 등 모든 집단이 공격 대상이 될 수 있다는 것과 국제사회 전반에 심각한 위협 요인이 됨을 지적한다. 이러한 위협에 국가, 민간부분, 시민사회뿐 아니라, 신뢰 구축, 정보 교환을 통한 광범위한 국가 간 협력이 중요함을 역설한다.

3 WSIS와 관련한 논의는 다음 절에서 다룬다.

집합체이며, 이 집합체는 사이버 환경, 기관, 그리고 사용자들의 재산을 보호하는 데 사용될 수 있다. 기구와 사용자의 재산으로는 연결된 컴퓨팅 장치, 요원, 기반 시설, 응용 프로그램, 서비스 전기통신 체계, 그리고 사이버 환경상의 전체 정보가 포함된다. 전반적인 안보 목적은 가용성(availability), 온전성/정합성(integrity), 비밀성(confidentiality) 세 가지이다.[4] ITU는 많은 수의 안보 틀(frameworks), 아키텍쳐(architectures), 그리고 기준들(standards)을 만들어왔다. 예시로 X.509를 들 수 있는데, 이는 HTTP(S)(HyperText Transfer Protocol (Secure))에도 사용되는 핵심 공공 기반시설의 근저를 제공한다.

현재 ITU는 사이버 안보와 관련하여 다기의 주제를 다루고 있는데, ITU가 공식 웹페이지에 내건 대표적 활동들은 크게 여섯 가지로 분류된다.[5] 그 중에 글로벌 사이버 안보 어젠다(GCA: Global Cybersecurity Agenda)에 의한 글로벌 사이버 안보 지수(GCI: Global Cybersecurity Index)는 상세히 후술하기로 하고, 우선 나머지를 간략히 살펴보자면 다음과 같다.

첫째, '국가적 CIRT 프로그램(National CIRT Programme)'이다. 사이버 사고나 공격에 대한 국제적 대처 틀이 없다는 문제의식에 의거하여, ITU는 회원 국가 그리고 지역 단위로 역량 강화를 꾀하고자 한다. 그 일환으로 CIRTs(Computer Incident Response Teams)를 설립하는 것을 돕고자 한다. 현재 103개의 국가(National) CIRTs가 설립되어 있으며, 이들은 사이버 공격 시에는 사이버 안보/안전/보안 사건에

4　http://www.itu.int/en/ITU-T/studygroups/com17/Pages/cybersecurity.aspx (검색일: 2018. 07. 23)

5　https://www.itu.int/en/action/cybersecurity/Pages/default.aspx (검색일: 2018. 07. 23)

대한 대응을 조율/협력할 수 있도록 하는 국가별 주요 지점(national focus point)이 될 수 있다.[6]

둘째, '국가 전략(National Strategies)' 항목에서는 각 개별 국가의 국가적 사이버 안보/안전/보안 프레임워크가 다양할 수 있음을 인식하지만, 참고할 만한 '참조 안내(reference guide)'를 제시한다.[7] '참조 안내'는 사이버 안보 전략의 목적과 내용 그리고 어떻게 그것을 개발/발달시킬 수 있는가에 대한 정보를 제공한다. 또한 도움(assistance)의 출처에 대한 정보 제공과 cybersecurity 전략을 평가하기 위한 분석도구를 제시한다.

'참조 안내'는 '국가 사이버 안보/안전/보안 연장 세트(National Cyber Security Toolkit)'라는 별칭을 가지고 현재 5개의 주요 절로 구성되어 있다.[8] 5개의 주요 절은 다음과 같다. (1) 연장 세트 설명(Toolkit Description): '참조 안내'가 어떻게 사용될 수 있는가 그리고 대상은 누구인가 등이 적혀 있다. (2) 대처할 전략적 영역(Strategic Areas to Address): 국가 전략이 대처해야 할 매크로 영역을 다룬다. (3) 시행 지침(Implementation Guidelines): '계획-시행-점검-행동/조정(PDCA: plan-do-check-act/adjust)' 접근법을 국가별로 적용해서 시행할 요소를 전략에 포함되도록 한다. (4) 개발 청사진(Development Blueprint) (5) 보완물 참고문헌(Supporting Material Refer-

---

6   https://www.itu.int/en/ITU-D/Cybersecurity/Pages/Organizational-Structures. aspx (검색일: 2018. 07. 23)

7   안내방침 작성 프로젝트에는 다음과 같은 기구들이 참여했다. CCI, CTO, Deloitte, GCSP, GCSCC University of Oxford, Microsoft, NATO CCDCOE, Potomac Institute, RAND Europe, World Bank. https://www.itu.int/en/ITU-D/Cybersecurity/Pages/National-Strategies.aspx (검색일: 2018. 07. 23)

8   https://www.itu.int/en/ITU-D/Cybersecurity/Pages/National-Strategies.aspx (검색일: 2018. 07. 23)

ences).

ITU는 또한 '국가 사이버 안보 전략 저장소(National Strategies Repository)'를 운영하고 있다. 현재 ITU의 193개 회원국 중 76개국의 사이버 안보/안전/보안 또는 ICT 전략 전반에 관한 문서들을 폭넓게 보관하고 있다.[9] 이러한 자료들은 GCI 프로젝트 수행 과정에서 취득되었으며, 각 국가에게서 관련 정보들을 제공받았다.[10]

셋째, '온라인 아동 보호(Child Online Protection)' 항목에서는 전 세계적인 협업을 위해 '온라인 아동 보호 이니셔티브(Child Online Protection initiative)'를 세웠다. 참여하는 행위자는 개별 국가뿐 아니라, 국제기구, 민간 부문, 그리고 시민사회 등을 포함한다. 핵심 목표로는 사이버 공간에서 아이들의 위험과 취약점 알아내기, 관심 환기, 위험 최소화를 위한 실용적인 도구 개발하기, 그리고 지식과 경험 공유를 내건다.[11]

넷째, '안보/안전/보안의 표준화(Standardizing Security)' 항목에서는 여러 이슈들이 다루어지지만, 그 중에서도 ITU-T SG17을 중심으로 크게 7가지 활동이 흥미롭다. 1) ICT 안보 표준화 로드맵(ICT Security Standards Roadmap) 활동에서는 표준화 활동에 대한 종합적인 관점을 제공하고자 한다. 2) 안보 개요서(Security Compendia) 활동에서는 위 활동에 대한 상세한 내용을 제공한다. 3) ICT 안보 매뉴얼(ICT Security Manual)을 정기적으로 업데이트하여 간행한다. 이 매뉴얼은 ITU-T부서가 제언(Recommendations), 안내 문서(guidance

---

9　https://www.itu.int/en/ITU-D/Cybersecurity/Pages/National-Strategies-repository.aspx (검색일: 2018. 07. 23)

10　그 외에도 다음과 같은 유사한 저장소들이 존재한다: EU Agency for Network and Information Security; NATO Cooperative Cyber Defence Centre of Excellence.

11　https://www.itu.int/en/cop/Pages/about_cop.aspx (검색일: 2018. 08. 01)

documents), 아웃리치 이니셔티브(outreach initiatives)를 가지고 전 지구적 사이버 안보/안전/보안 도전에 어떻게 대응하고 있는가를 요약한다. 그 밖에 4) 관심 환기(awareness); 5) Security 안내(Guidance on Security); 6) 안보/안전/보안 워크숍(Security Workshops); 7) 기타 아웃리치 활동과 발표(Other outreach activities and presentations)가 있다.

다섯째, '무선통신 안전/안보/보안(Securing Radiocommunications)' 항목에서는 상시 발전하는 인터넷 네트워크 관련 전기통신(telecommunication) 기술에 발맞추어 무선통신(radiocommunication)의 표준을 위한 안보/안전/보안 이슈들을 다룬다. 전기통신 네트워크 관리 아키텍쳐 그 자체의 안보/안전/보안 이슈들을 다루기도 한다.

마지막으로, 상기의 여섯 분류 중에서도 가장 주목할 점인 여섯 번째는, GCI와 그에 관련된 GCA이다. 2007년 ITU는 기술적인 관점을 넘어 GCA를 출범시킨다. ITU 아래에서의 GCA 출범은 'WSIS 실행 라인(WSIS Action Line)' 중 하나였던 'ICT 활용에 있어서 신뢰와 보안 구축'의 이행을 의미하기도 한다. 또한 GCA는 중복을 피하기 위해 기존의 국가 그리고 지역 차원의 이니셔티브 기반 위에 구축하려고 하며 관련 당사자 간 협업을 조성 및 발전시키고자 한다.[12]

ITU는 GCA의 조직을 통해 사이버 안보 문제를 더욱 구체적이고 집중적으로 다루게 된다. 그 예로 GCA의 다섯 가지 추진 분야 확립이 있다. ITU는 각 다섯 가지 분야에서의 구체적인 행동의 필요성과 방향을 제시한다. 5가지 추진 분야로는 법적 방안, 기술 및 절차적 조치, 조직구조, 능력배양, 국제협력 등을 주목한다.[13] 동시에 이 영역들에서

---

12 http://www.itu.int/en/action/cybersecurity/Pages/gca.aspx (검색일: 2018. 08. 01)
13 http://www.itu.int/osg/spuold/cybersecurity/gca/hleg.html (검색일: 2017. 10. 27)

다중이해당사자주의 프레임워크를 지향한다.[14]

더욱이 GCA에 목표에 대한 국가별 이행도를 살피기 위해 ITU는 글로벌 사이버 안보 지수, GCI를 만들어 발표하고 있다. GCI는 ICT 사용에 있어서의 신뢰와 안보/안전/보안을 구축하기 위한 ITU의 역할을 강화하고자 하는 노력의 일환으로서 결의안 제130호(Resolution 130, Rev. Busan, 2014)에 포함되어 있다. GCI를 만들어 공표함으로써 회원국들로 하여금 사이버 안보의 중요성에 대한 인식을 증진시키고 잠재적으로 개선해야 할 영역을 발견하며 사이버 안전을 국가 정책의 우선순위에 고려될 수 있도록 하고 있다. 2014년에 출간된 보고서에는 사이버 공간의 온전성(integrity)을 지키기 위한 사이버 안전 증진의 필요성과 이를 위한 정부의 역할을 강조하고 있다.[15]

GCI는 다중이해당사자주의 이니셔티브의 산물이기도 하다. 2018년 7월까지 총 3차례의 GCI가 발간되었다. 제1차 발간은 2013년에서 2014년에 ABI Research[16]와 협동으로 수행되었다. 제2차 발간은 1차 결과물에 대한 피드백과 더불어 참여자들을 확장하여 수반했는데, 이 확장된 참여자들의 범위에는 ITU 회원국, 전문가들, 그리고 산업 이해당사자들(stakeholders)도 포함되었다.[17]

GCI는 5개의 범주에서 분석하고 그 정도를 측정한다. 5개의 범주

---

14 http://www.impact-alliance.org/aboutus/ITU-IMPACT.html (검색일: 2017. 10. 27)

15 https://www.itu.int/dms_pub/itu-d/opb/str/D-STR-SECU-2015-PDF-E.pdf (검색일: 2017. 10. 27)

16 https://www.abiresearch.com/ (검색일: 2018.07.01)

17 구체적으로 다음의 이해당사자들을 포함한다: World Bank and Red Team Cyber as new GCI partners joining the Australia Strategic Policy Institute, FIRST, Indiana University, INTERPOL, ITU-Arab Regional Cybersecurity Centre in Oman, Korea Internet & Security Agency, NTRA Egypt, The Potomac Institute of Policy Studies, UNICRI, University of Technology Jamaica and UNODC.

는 법적 조치(Legal Measures), 기술적 조치(Technical Measures), 조
직적 조치(Organizational Measures), 역량 구축(Capacity Building)
그리고 국제협력(International Cooperation)을 포함한다.[18] '법적 조
치'는 사이버 안보나 사이버 범죄를 다루는 법적 제도나 프레임워크의
존재 여부에 따라 측정된다. '기술적 조치'는 사이버 안보를 다루는 기
술적 제도나 프레임워크의 존재 여부에 따라 측정된다. '조직적 조치'
는 국가 차원에서의 사이버 안보 발달을 위한 정책을 조율하는 제도나
전략의 여부에 따라 측정된다. '역량 구축'은 역량 구축을 위한 연구,
개발, 교육, 훈련 프로그램의 존재 여부 그리고 인증된 전문가들과 공
공기관들의 존재 여부에 따라 측정된다. '협력'은 파트너십, 협력적 프
레임워크, 그리고 정보공유 네트워크의 존재 여부에 따라 측정된다.

　GCI는 위의 다섯 범주를 기본 개념으로 만들어진 복합지수로서
25개의 지수로 구성되어 하나의 기준이 될 측정지수를 제시한다. 25
개의 지수는 157개의 질문으로 구성된 설문조사를 통해 측정된다.
2016년도에 ITU 회원국을 대상으로 진행된 설문조사에서는 134개국
이 응답했으며 59개국은 데이터를 제공하지 않았다(ITU 2017).

　GCA는 당면한 과제들을 단순히 나열하는 데 그치지 않고, 사이
버 안보와 신뢰를 구축하기 위한 전략과 해결책을 적극적으로 제시하
고자 하여, 고위전문가그룹(HLEG: High-Level Experts Group)을 설
치한다. HLEG의 구성원은 ITU의장(Secretary-General)에 의해 임명
되며 지역적 다양성과 GCA의 5가지 추진 분야에서의 전문지식이 고
려된다. 구성원으로는 회원국가로부터 10명, 산업계에서 20명, 국제
기구에서 5명, 학계 혹은 연구기관에서 5명, 시민사회에서 5명, 그리

18　GCA는 이 다섯 전략적 기반 위에 운영된다. https://www.itu.int/en/action/cyberse-
　　curity/Pages/gca.aspx (검색일: 2018. 7. 20)

고 개인 전문가 5명이 있다.[19]

HLEG는 ITU의장과 관련하여 크게 다음의 세 가지 역할을 수행한다.[20] 첫째, GCA의 주요 목표를 더욱 세련되게 만들어 발전시킨다. 둘째, GCA의 목표를 달성하기 위한 구체적인 전략을 개발하고 제안한다. 이러한 노력의 형태로는 브리핑, 보고서, 기술적인 노하우 그리고 사이버 보안의 여러 다른 면에 대한 전문지식 제공이 있다. 셋째, 사이버 안보상의 장기 전략과 대두되는 경향성에 대한 안내를 제공한다. HLEG는 ITU의장(Secretary-General)에게 권고, 보고서, 제안서를 제출하며, 이러한 내용들은 ITU의 해당 부서들의 검증과 시행을 거쳐, 구성 국가, 파트너, 그리고 해당 이해당사자들의 협력을 통해 실행될 것으로 기대되었다.

ITU와 더불어, GCA 내에서 전 세계적인 사이버 위협에 대처하기 위한 해결책과 서비스를 제공하고자 하고, GCA의 작전 및 운영 기지라 할 수 있는 사이버 위협에 대한 국제 다자간 파트너십 협력(IM-PACT: International Multilateral Partnership Against Cyber Threats)이 있다. IMPACT는 현재 152개국으로 이루어져 있는 UN에 의한 최초/최대의 사이버 안보 연맹이라 할 수 있다. 이 기구는 공적 그리고 사적 이해당사자들이, 예를 들어, ITU회원국, 산업계, 학계, 국제기구들이 함께 사이버 위협에 대응하고자 한다는 점에서, 최초로 전 지구적 다중이해당사자주의를 추구한다.[21]

IMPACT는 2006년 국제전기통신세계회의(WCIT: World Con-

---

19   http://www.itu.int/osg/spuold/cybersecurity/gca/hleg.html (검색일: 2017. 10. 27)
20   http://www.itu.int/osg/spuold/cybersecurity/gca/hleg.html (검색일: 2017. 10. 27)
21   http://www.itu.int/en/ITU-D/Cybersecurity/Pages/ITU-IMPACT.aspx (검색일: 2017. 10. 27)

gress on Information Technology)에서 'IMPACT 이니셔티브'가 처음
으로 발표되었고, 2008년 세계 사이버 안보 정상회의(WCSS: World
Cyber Security Summit)에서 정식으로 발족되었다. 같은 해 IMPACT
는 ITU와 GCA 실현을 위해 협력하기로 양해 각서를 체결했는데, 이
양해 각서는 IMPACT가 ITU와 GCA를 위한 물리적인 기지로 선택되
었음을 의미한다.

2011년 또한 IMPACT에게 중요한 해다. 당해 이뤄진 제네바
WSIS Forum 2011에서 IMPACT는 ITU와 '협력 조약(Cooperation of
Agreement)'에 서명하면서, UN의 정보통신기술을 위한 전문 기구
(specialized agency)인 ITU의 공식적인 시행 기관이 된다. 이 서명에
의해 IMPACT는 ITU로부터 ITU회원국에 대해 사이버 위협에 대처하
기 위한 전문지식, 시설, 자원뿐 아니라, 요청이 있을 경우, UN 기관
들에게 그들의 ICT 기반시설 보호를 위한 도움을 제공할 의무를 부여
받는다.[22]

III. WSIS의 사이버 안보 개념과 활동

WSIS는 UN 산하의 국가 중심 다자적 국제기구인 ITU에서 촉발되었
으며, ITU가 WSIS 개최의 주도권을 지닌다. 같은 맥락에서 WSIS의
사무국(Executive Secretariat)은 ITU 본부(Headquarter)에 위치한다.
WSIS는 2001년 UN총회에서의 결의(Resolution 56/183)로 개최가 결
정되었다. 이렇게 시작한 WSIS는 2003년의 제네바 회의부터 2005년

22　http://www.impact-alliance.org/aboutus/ITU-IMPACT.html (검색일: 2017. 10. 27)

의 튀니스 회의를 거치며 다중이해당사자주의 모델로 이동하며 상이한 거버넌스 모델을 보이기 시작했다. 지금은 UN 회원국의 대표들뿐 아니라, 비정부기구, 민간 부문, 시민사회, 미디어 등이 참여하는 다중이해당사자주의 프로세스를 설립하였다.

이러한 거버넌스 모델의 변화에도 불구하고 WSIS에서의 논의가 ITU에게도 중요한 이유는 ITU의 사이버 안보 관련 역할이 ITU 전권회의와 WSIS의 지침에 근거하기 때문이다.[23] 또한 WSIS의 사이버 안보 논의를 주목할 이유는 이후에 생기게 되는 또 다른 다중이해당사자주의 모델의 인터넷 거버넌스를 지향하는 IGF의 모태가 되었기 때문이다(유인태 외 2017; Mathiason 2009). 즉, WSIS는 ITU와 IGF와도 긴밀한 연관성을 가진다.

2003년 제네바에서 열린 첫 번째 회의 그리고 2005년 튀니스에서 열린 두 번째 회의가 WSIS의 역사적인 회의로 꼽힌다. 그 두 번째 회의에서 IGF의 향후 개최가 결정되었다. (IGF는 다음 절에서 논의된다.) WSIS는 두 번의 회의에서 멈추지 않고 계속되는데, 우선 '제네바 실천 계획(Geneva Plan of Action)'에서 설정된 목표를 실행하고자 '위시스 팔로우업(WSIS Follow-up)'이 UN 경제사회이사회(ECOSOC) 결의(Resolution 2006/46)에 의거하여 설립된다. 그리하여 'WSIS포럼(WSIS Forum)'이 2006년부터 2013년까지 매년 연달아 개최되기로 결정된다. WSIS 포럼의 결과물은 정부 간 국제기구의 결정과 달리 구속력이 없다.

그리고 2014년 제네바에서 'WSIS 포럼'의 리뷰(review)를 겸한 'WSIS+10'이 개최된다. 십년마다 그간의 행적을 리뷰하는 것은 UN

23　http://www.itu.int/en/action/cybersecurity/Pages/default.aspx (검색일: 2017. 10. 27)

의 규범적 관습이기도 한 탓이다. 이 과정은 공식적으로 2013년에 이미 시작되었지만, 2014년 UN총회는 결의(Resolution)를 통해 과거 10년간의 WSIS 결과를 리뷰(Review)하기로 결정하였으며, 이는 이틀에 걸친 고위급 회담에 이어졌다. 리뷰 과정에는 ITU, UN CSTD(UN Commission on Science and Technology for Development), 그리고 UNESCO 세 기관이 참여했다. 마지막 결과물은 고위급 회담을 위한 6개월에 걸친 정부 간 업무 과정을 거치고, 점검 과정이 2015년 12월에 끝났을 때 탄생하였다. 이 결과물은 2015년 12월 16일에 UN총회 결의로서 채택된다(A/RES/70/125). 2015년에 나온 '결과 문서(Outcome Documents)'가 도출되는 과정에서 비록 비정부 행위자들의 기여가 리뷰 과정 가운데 제도적으로 보장되기는 하였지만, 정부 간 국제기구인 UN의 점검 때문에 최종 결과 문서의 점검자는 국가 정부만으로 구성되었다. 그럼에도 불구하고 시민사회는 그 문서에서 있어 어느 정도의 성과를 냈다고 자부한다.[24] 예를 들어, 사이버 안보와 관련하여 정부·군사 관점 논의가 중심이던 초안에 비해, 시민사회의 노력으로 결과물에서는 인권을 언급하는 부분이 추가되었다.

2015년에 나온 '결과 문서(Outcome Documents)'는 WSIS의 10년 연장을 제언했고, 그로 인해 WSIS 포럼은 현재진행형이다. 이하에서는 WSIS의 초석을 놓았던 2003년의 WSIS Phase 1, 2005년의 Phase 2, 그리고 WSIS포럼+10까지를 사이버 안보 관련 논의를 중심으로 살펴본다. 그 이후에 개최된 WSIS포럼+10의 논의는, WSIS+10의 '결과 문서'에서 나타나는 사이버 안보 관련 사항을 통해 압축적으로 살펴본다.

---

24 https://www.gp-digital.org/series/advocacy-bytes/wsis10-review/ (검색일: 2018. 07. 27)

우선 2003년 WSIS 제네바 회의, 그리고 2005 튀니스 회의로 거슬러 올라가 사이버 안보 관련 논의를 추적한다. 2003년 제네바에서의 WSIS회의에서 '원칙 선언(Declaration of Principles)'이 채택되었다. 이 선언은 신뢰할 수 있는 프레임워크 강화가 정보사회의 발전과 ICT 이용자들 간의 신뢰 구축의 전제 조건이며 모든 이해당사자들이 협력하는 글로벌 사이버 안보 문화가 시급함을 강조하고 있다. 이러한 프레임워크에는 정보 보안, 네트워크 보안, 인증 관련 부분, 사생활 및 소비자보호 등이 포함되었다.

'원칙 선언'의 부제로는 '모두를 위한 정보사회의 핵심 원칙'을 내걸고 있으며 원칙들이 적용되기 위한 11가지의 사항을 밝히고 있다.[25] 11가지 사항에는 (1) 개발을 위한 ICT(ICT4D: ICT for Development) 촉진에 있어서 정부와 모든 이해당사자들의 역할, (2) 소외 없는 정보사회를 위한 필수기반(정보통신 인프라), (3) 정보와 지식에 대한 접근, (4) 능력배양, (5) ICT 활용에 있어서 신뢰와 안전구축, (6) 여건 조성, (7) 모든 생활측면의 혜택을 위한 ICT 어플리케이션, (8) 문화 다양성, 정체성, 언어 다양성 및 로컬 컨텐츠, (9) 미디어, (10) 정보사회의 윤리적 측면, (11) 국제 및 지역 협력이 포함되었다.

이 중 'ICT 활용에 있어서 신뢰와 안전 구축'이 사이버 안보와 특히 관련이 있다. 정보사회의 발달을 위한 신뢰 프레임워크의 강화가 필수 선행조건임을 밝히며, 이 신뢰 프레임워크에는 정보 보안 및 네트워크 보안 등이 포함된다. 신뢰 프레임워크 강화의 일환으로 전 지구적 사이버 안보 문화 발달의 필요가 있으며, 이를 위해서는 모든 이해당사자들의 참여와 국가 간 협력이 있어야 함을 지적한다. 또한 이

---

25   http://www.itu.int/net/wsis/docs/geneva/official/dop.html (검색일: 2017. 10. 27)

러한 전 지구적 사이버 안보 문화와 함께, 안보와 데이터 및 개인정보 보호를 강화하는 것뿐 아니라 ICT에 대한 보편적이고 비차별적인 접근과 거래/무역행위의 강화가 중요함을 지적한다. 덧붙여 WSIS는 국제적인 안전과 안보를 유지하기 위한 UN의 활동을 지지하며, 국가 내 공공기반시설(infrastructure)의 온전성(integrity)을 해치는 행위를 방지하기 위한 UN의 활동을 보조할 것을 천명한다.

2003년 제네바의 '원칙 선언'은 '실천계획(Plan of Action)'을 통해 구체화되는데, 해당 실천계획은 10개의 세부항목으로 구성된다.[26] 요약하면 다음과 같다. (1) 정부들 간 그리고 모든 이해당사자들 사이에서의 협력 증진을 통해서 사용자의 믿음(confidence), 신뢰(trust), 데이터와 네트워크의 온전성(integrity)을 강화한다. 그리고 정보 보안(security) 및 네트워크 안전(security) 문제들을 다룬다. (2) 정부는 민간 영역과의 협력을 통해 사이버 범죄와 ICT의 오용을 탐지하고 대응해야 한다. 이러한 민관 협력은 효과적인 조사와 기소를 위한 입안을 고려함으로써, 상호 원조 노력을 증진시킴으로써, 국가 간에 제도적 보조를 강화함으로써, 사건에 대한 탐지와 회복을 통해, 그리고 교육과 인식을 증진시킴으로써 추구될 수 있다. (3) 정부와 민간 영역에 의한 온라인 프라이버시에 대한 교육과 인식의 제고, (4) 스팸 대응, (5) 안전한 전자 문서와 전자적 인증 절차를 위한 국내법의 점검, (6) ICT 사용의 안보/안전/보안을 위한 상호보완과 상호증진의 프레임워크 강화, (7) 좋은 사례(practices) 공유하기, (8) 국가들에 정보 및 기술 공유를 위한 집중담당기관(focal point) 설립 그리고 이들 기관들 간에 네트워크 구축, (9) 온라인 상호거래를 위한 안전하고 신뢰

---

26 http://www.itu.int/net/wsis/docs/geneva/official/poa.html (검색일: 2017. 10. 11)

할(reliable) 수 있는 애플리케이션 개발, (10) ICT 신뢰 및 안보 구축
을 위한 UN 활동에 관심 있는 국가들의 참여 독려.

2005년 튀니스에서는 '튀니스 책무(Tunis Commitment)'를 발표
한다. 튀니스 책무는 기본적으로 2003년 WSIS '원칙 선언(Declara-
tion of Principles)'을 재확인하고 있지만, 튀니스 책무에서 주목할 만
한 것이 있다. ICT의 활용과 이를 위한 사이버 안보가 폭넓은 목적과
결부되어 추구되고 있다는 점이다. 예를 들어 튀니스 책무 15조에서
"ICT는 국가 지역 그리고 국제적 차원에서 평화, 안보, 안정을 증진하
며, 민주주의, 사회적 결합, 좋은 거버넌스, 그리고 법의 지배를 강화
하기 위한 효과적인 도구"라고 하고 있다.[27]

2005년 '튀니스 책무'와 더불어 천명된 '정보사회를 위한 튀니스
어젠다(Tunis Agenda for the Information Society)'에도 주목할 만한
점이 있다. 해당 문서의 31항은 인터넷의 안정과 안보가 인터넷 거버
넌스의 맥락에서 논의되고 있으며, 모든 이해당사자들의 전적인 참여
를 강조하고 있다.[28] 이런 맥락에서 75항은 UN 사무총장에게 IGF의
수립을 건의한다.

'정보사회를 위한 튀니스 어젠다' 39항에서는 UN총회 결의
(UNGA Resolution 57/239)에 언급된 전 지구적인 사이버 안보 문화
(Global culture of cybersecurity)를 재차 강조한다. 전 지구적인 사
이버 안보 문화는 다음의 9가지 요소로 구성된다. 요약해서 제시하
자면, 참여자들의 (1) 사이버 안보/안전/보안의 필요성에 대한 인식
(Awareness), (2) 사이버 안보/안전/보안에 대한 책임(Responsibil-
ity), (3) 안보/안전/보안 사고에 대해 시기적절하며 협력하는 양식의

27　http://www.itu.int/net/wsis/docs2/tunis/off/7.html (검색일: 2017. 10. 11)
28　http://www.itu.int/net/wsis/docs2/tunis/off/6rev1.html (검색일: 2017. 10. 11)

대응(Response), (4) 다른 이들의 정당한 이익을 존중하고 해를 끼치지 않기 위한 윤리(Ethics), 그리고 (5) 민주사회의 가치들과 양립할 수 있는 방식으로 안보/보안/안전이 시행되어야 한다. 민주주의(Democracy)가 지향하는 가치로는, 사상과 사고의 자유로운 교환, 정보의 자유로운 흐름, 정보와 소통의 비밀성 보장, 개인 정보 보호, 그리고 개방성과 투명성이 포함된다. 참여자들은 또한 (6) 위협과 취약성을 밝혀내기 위한 위험 요소 평가(Risk assessment)를 행하고, (7) 정보망을 사용할 경우 안보/안전/보안 설계와 시행(Security design and implementation)을 고려해야 하며, (8) 총체적인 안보/안전/보안 관리(Security management) 방식을 차용해야 하고, (9) 정보 체계에 대한 안보/안전/보안을 재점검 및 재평가(Reassessment)하여 기존의 안보/안전/보안 관련 정책, 관행, 조치 그리고 절차에 적절한 수정을 가해야 한다.

상기한 바와 같이 2005년 튀니스 회의에서는 이후의 지속적인 WSIS 포럼을 제청했고, 이에 WSIS 포럼은 계속된다. 10년 후에 열린 리뷰를 겸한 WSIS+10이 열리고 2015년에는 '결과 문서(Outcome Document)'가 UN총회에서 결의로서 채택된다(UNGA Resolution 70/125). 이 문서 내의 사이버 안보 관련 사안은 3절 'ICT 사용에 있어 신뢰 및 안보/안전/보안 구축(Building confidence and security in the use of information and communications technologies)'에서 집중적으로 다루어지고 있다고 할 수 있다.

사이버 안보와 관련하여 '결과 문서(Outcome Document)'에 나타난 몇몇 주목할 점을 꼽자면 다음과 같다. 첫째, 다중이해당사자주의의 재확인이다. 정부, 민간 영역, 시민사회, 기술자 공동체, 학계에 의한 신뢰와 안보/안전/보안 구축 노력을 환영한다. 그러나, 둘째, 국가 안보에 관련한 사이버 안보 사항들에 대해서는 정부의 주도적인 역할을 인정한다. 그럼에도, 셋째, 정보통신기술 사용에 있어서의 신뢰와 안보/안전/보안 구축 노력은 인권 보장과 일관성이 있어야 함을 재확인한다. 이는 사이버 안보 사항에 있어서 국가의 독점을 경계하는 시민사회의 참여가 반영된 구절로 보인다. 넷째, 국제법의 역할을 인정하며, 2013년과 2015년의 GGE 보고서를 환영한다. 다섯째, 전 지구적인 사이버 안보 문화(Global culture of cybersecurity)를 모든 이해당사자들의 협력과 함께 증진한다. 마지막으로, WSIS 원래의 주안점인 개발협력과 관련하여, 특히 개발도상국 대상으로, 역량강화, 교육, 지식 공유, 다중이해당사자주의 협력 증진 그리고 인식 제고를 정보통신기술 사용에 있어서의 신뢰와 안보/안전/보안 구축 노력을 위한 일환으로 재차 주목하기를 요구한다.

IV. IGF의 사이버 안보 개념과 활동

인터넷 거버넌스 포럼(IGF: Internet Governance Forum)은 2003년과 2005년 두 차례의 WSIS 회의를 거쳐 출범하였다. 이런 IGF에서는 사이버 안보 이슈는 개최 당해 년부터 시작하여 계속해서 중요하게 다루어져 왔다. 예를 들어 2015년에 몇 안 되는 메인 세션 중에 하나로 그리고 다수의 워크숍 세션에서 5분의 1이 사이버 안보가 주요 의제가 될 정도로 중요하게 다루어졌다. IGF는 2006년 1회 개최부터 다양한 이해당사자들이 참여하며 동등한 입장에서 여러 사이버 공간 관련 논의를 할 수 있는 장소로 자리 잡았다. 나아가, 상기한 바와 같이 2014년에 열린 WSIS+10에서 도출된 '결과 문서(Outcome Documents)'

에서는 WSIS 포럼과 마찬가지로 IGF가 계속해서 10년간 연장에 대한 합의를 보여주었다. 그리하여 2015년까지 열 차례 개최되었고, UN 총회에서 또 다른 10년이 합의되어 2016년부터 다시 시작되었다. IGF는 다중이해당사자주의에 입각한 포럼이며, 밑(혹은 세부)에서부터 의견을 수렴하고(bottom-up) 합의된 사항은 구속력이 없는, 국제 다중이해당사자 인터넷 정책 포럼(international multistakeholder internet policy forums)의 하나이다. 이 때문에 IGF는 논의가 너무 복잡하다거나 영향력 없는 '토크샵(talk shop)'에 그친다는 비판도 존재한다. 그러나 IGF에는 다양한 이해당사자들이 참여하고 있어, 논의를 들여다보는 것만으로도, 국제사회에서 이슈화되고 있는 사안들을 알 수 있을 뿐 아니라, 새롭게 형성되어 가고 있는 사이버 안보 규범의 동향을 엿볼 수 있기도 하다. 따라서 이하에서는 2006년도부터 2017년도까지의 논의 가운데 사이버 안보 관련 논의들에 초점을 맞추어 어떤 논의/담론들이 이루어졌는지를 연대기적으로 요약해 보고자 한다.[29] 이렇게 연대기적으로 IGF에서의 사이버 안보 논의를 살펴보는 것은 국제사회에서 사이버 안보가 어떤 식으로 인식되어 왔고, 어떠한 규범과 가치가 사이버 안보 개념 규정에 포함되기 위해 각축을 벌여왔는지를 파악하는 데 유용하다.

　　IGF는 2006년 1회에서부터 네 개의 메인 세션, 즉 개방성, 안보, 다양성, 접근성 중에서 사이버 안보를 하나의 세션으로 다룰 정도로 사이버 안보에 관심을 기울여 왔다. 이 첫 번째 그리고 2007년도 두 번째 회의는 '발전을 위한 인터넷 거버넌스'라는 전체적인 테마

29　이하 IGF에서의 사이버 안보 관련 논의 혹은 활동을 분석함에 있어, 주 자료는 IGF Proceedings를 참고하였으며, 특히 의장 요약(Secretariat Summary or Chair's Summary) 부분을 참고하거나, 안보/안전/보안 관련 세션(session) 혹은 워크숍 논의를 참조한다.

(theme)를 설정하고, '인터넷을 통한 경제 발전'이라는 WSIS의 목표와 동일하게 표방하고자 했다. 그러나 결과적으로 이 양회 IGF에서는 개발보다는 거버넌스 문제가 상당히 비중 있게 대두되었다. 안보/안전/보안 관련 논의에서도 참여자들 사이에서 널리 공유된 관점은 안보/안전/보안 이슈를 다루기 위해서는 국내 그리고 국제적인 맥락에서 다중이해당사자주의적 협력을 추구하는 것이 최선의 접근 방식이라는 것이다. 안보라는 것은 다면적인(multi-faceted) 이슈이기 때문에 다양한 분야의 행위자들이 협력하는 것이 필요하다. 그러나 다른 한편으로는 시의 적절하게, 그리고 공통적인 형식을 통해 여러 국가, 특히 개발도상국들과 정보를 유의미한 정도로 공유할 수 있는가에 대해서 우려가 제기되었다.

2006년 회의에서 제기된 안보/안전/보안 이슈들 중에서 중요한 이슈 중에 하나는 인증(authentication)과 식별(identification) 과정을 통해 보안 이슈에 대응하는 방식이었다. 이러한 과정의 효과성은 어떤 제삼자를 두는가에 따라 좌우된다. 회의에서 논쟁이 된 것은 이 제삼자에 정부 혹은 사적 영역 둘 중 누가 더 적절한가, 혹은 사용자 중심의 버텀업(bottom-up) 혹은 정부 중심의 톱다운(top-down) 중에 어느 것이 더 적절한 것인가라는 질문이었다. 정부의 공공재 접근법이 모범 사례의 확산을 위해 더 낫다는 의견과 그에 반해 혁신적 해결책은 시장 중심의 접근법이 최선이라는 반대 의견 등이 개진되며, 상반되는 안보/안전/보안 대처 방안이 제기되었고, 이는 종국적으로 안보/안전/보안 영역에서 개방적 기준의 적절성(appropriateness of the open standards) 문제로도 귀착되었다.

한편, 현재까지의 사이버 위협에 대한 장기적이고 적극적인(pro-active) 대응이 불충분하다는 것이 공통적인 견해로 나타났으며, 위협에 대응하기 위해서는 국제적 협력이 필수불가결하다는 점에서 폭넓은 동의가 있었다. 그러나 구체적으로 무엇이 안보/안전/보안 위협인지에 대한 견해가 불일치했으며, 누가 핵심 이해당사자들인가에 대한 것도 의견 수렴을 보기 어려웠다.

비록 다양한 의견들이 개진되고 다른 방안들 사이에 토론이 일어났지만, IGF가 사이버 안보 영역에서 중요하고 긍정적인 역할을 할 것에 대해서는 폭넓은 지지가 있었다. 특히 IGF가 정책 토론에 있어서 공통의 언어를 개발함에 도움을 제공할 수 있다는 것이 매우 중요한 역할로 지목되었다.[30]

2007년 브라질에서의 제2회 IGF도 제1회와 동일한 메인세션 구성으로 개최되었다. 사이버 안보와 관련해 2006년의 많은 논의들이 계승되었으나 새롭게 논의된 이슈들도 존재했다. 안보와 관련한 법적인 측면에서의 논의는 그 중에 하나이다. 사이버 범죄와 관련해서는 온라인과 오프라인이 다르게 취급될 필요가 없다는 것이 다수의 인식이었으며, 국제적인 공조가 필요하다는 강한 요구가 있었다. 그런 맥락에서 유럽회의 사이버 범죄조약(Council of European Convention on Cybercrime)의 중요성이 언급되었다.

2006년에 이어 어떤 소프트웨어 유형이 안보/안전/보안에 최적화된 형태인가에 대한 논의는 계속되었다. 크게 소유권(proprietary)이 있는 형태와 개방형(open source)이 거론되었다. 한편으로는 개방형은 투명성을 제공할 수 있어 다양한 행위자들이 시스템과 디자인에 대해 검토할 수 있어 안전하다는 주장이 있었고, 다른 한편으로는, 특히 개발도상국의 관점에서는, 지속적인 자체적 개발을 위해서는 지적

---

30   IGF의 역할에 대한 여러 견해에 대해서는 Malcom(2008)을 참조하라.

재산권을 보호하는 것이 중요하기 때문에 소유권이 인정되는 해결책
(proprietary solutions)이 더 중요하다는 의견이 있었다. 즉, 다양한
국가와 문화를 가로지르는 천편일률적인 해결책이 없다는 것이 명확
했다.

그리고 안보 이슈와 인권 그리고 사생활정보의 관계에 대한 논의
도 있었다. 사생활정보법을 제정하는 것이 안보/안전/보안에 기여할
수 있다는 것이다.

2008년 제3회 인도에서 개최된 IGF는 '모두를 위한 인터넷(Inter-
net For All)'이라는 전체 테마를 가지고 개최되었다. 패널들의 테마도
이전 두 대회와 다르게 설정하고, 전체 패널 수도 줄임으로써 회의에
서의 논의의 깊이를 더하여 IGF의 발전을 꾀하려는 시도가 있었다. 이
러한 변화에도 불구하고 사이버 안보는 계속해서 주요 이슈로 논의되
었다.

사이버 안보를 다룬 '사이버 안보와 신뢰 증진하기'라는 메인 세
션에서 다루어진 주요 이슈들은 다음과 같다. 우선, 복원뿐 아니라 예
방 차원의 대처 방안의 필요성; 회복력 있는 아키텍쳐(resilient archi-
tecture)의 필요성; 예방, 사건 분석 그리고 복원 간의 피드백 회로
(feedback loop)의 필요성; 피드백 회로에 참여하는 다양한 행위자들
간에 신뢰의 네트워크 구축; 분야 간 다중이해당사자 협력의 필요성.

또 다른 이슈로는 안보/안전/보안, 프라이버시 그리고 개방성 간
의 균형이다. 특별히 국가 안보와 프라이버시 보호 사이의 긴장과 갈
등에 대한 논의가 있었다. 이 이슈에 관해서는 기존의 주요한 선언
들이나 문헌들이 인용되었다. 예를 들어, 세계인권선언(Universal
Declaration of Human Rights), 튀니스 어젠다(Tunis Agenda), 그리고
OECD Ministerial에 의한 선언문들, ITU의 세계 전기통신표준화 총

회(World Telecommunication Standardization Assembly)에서 내놓은 결의안(Resolution 69)에서의 정보의 자유로운 흐름, 그리고 글로벌 네트워크 이니셔티브에서의 표현의 자유와 사용자의 사생활 정보 보호가 인용되었다.

2009년 네 번째 IGF는 이집트에서 '인터넷 거버넌스: 모두를 위한 기회를 창조하기'라는 주제로 개최되었다. 지난번과 마찬가지로 '안보/안전/보안, 개방성 그리고 프라이버시'라는 테마로도 메인 세션이 열렸다. 핵심 논지는, 안보/안전/보안, 개방성 그리고 프라이버시는 상호 연결되어 있으며, 지식에 대한 접근, 표현의 자유 그리고 지적 재산권 간에 적절한 균형을 찾는 것이 중요하다는 것이다. 지난 회와 유사한 논의가 이루어졌으며, 추가할 만한 것이 있다면, 첫째, 표현의 자유나 프라이버시가 권리뿐 아니라 안보/안전/보안도 권리로서도 인정되어야 한다는 언급이 있었다는 것과, 둘째, 개방성의 양면이었다. 절대적 개방성이 요구되지만, 다른 한편으로는 이런 개방성이 공동체의 목소리에 힘을 실어주기보다는 권력자들에 의해 오용될 수 있다는 우려도 제기되었다.

2010년 다섯 번째 IGF는 리투아니아에서 '함께 미래를 발전시키기(Developing the Future Together)'라는 주제로 개최되었다. 이전 회들과 비슷한 형식으로 메인 세션, 워크숍, 모범 사례 포럼(best practice forums), 역동적 연합(dynamic coalition meetings), 그리고 오픈 포럼(open forums) 등의 논의의 장들이 마련되었다. '안보/안전/보안, 개방성 그리고 프라이버시'라는 테마로 메인 세션에서의 논의 사안은, 소셜 미디어 관련 이슈, 인터넷 네트워크, 기술 그리고 표준의 성격, 그리고 안보/안전/보안, 개방성 그리고 프라이버시를 위한 국제적 협력과 협동, 세 가지였다. 지난 회와 같이 프라이버시와 안보/안전/보안와의 관계성에 대한 논의를 계속하였으나 안보를 권리로 인정하는 한편, 동시에 안보와 프라이버시가 반드시 상충하는 것이 아니며 어떻게 두 가치를 양립시키면서 추구할 것인가에 대한 논의가 이루어졌다.

그 밖에 인터넷이 어린이들과 젊은이들에게 안전하게 만들어질 것에 대한 중요성이 제기되거나 사이버 위협의 근원에 대한 다양성이 언급되었다. 오래된 법적 아키텍처, 나쁜 관습, 그리고 자연재해들이 사이버 불안정을 야기할 수 있다고 언급되었다.

2011년 여섯 번째 IGF는 케냐에서 '변화를 위한 촉매로서의 인터넷(Internet As a Catalyst for Change: Access, Development, Freedoms, and Innovation)'이라는 주제로 열렸다. '안보/안전/보안, 개방성 그리고 프라이버시' 메인 세션에서는 많은 사항들이 지난해와 동일한 맥락에서 논의되었다. 예를 들어, 국경을 넘는 인터넷 거버넌스의 문제가 주로 논의되었으며, 인권에 대해서도 중요하게 논의되었다. 또한 표현과 집회의 자유의 중요성이 '아랍의 봄', '위키리크스(Wikileaks)' 사건과 결부되어 언급되었다.

한 가지 주목할 만한 추가된 논의는 안보 세션에서 인터넷에 의한 발전 가능성이 좀 더 명확히 언급된 점이다. 인터넷을 가진 자와 못 가진 자에게 공평한 기회를 제공할 수 있기 위해서는 인터넷이 안전하고 인권을 고려할 수 있어야 한다는 점이 강조됨으로써, 안보/안전/보안, 인권 그리고 개발을 상호 연결시켜 인식하고 있다. 누가 인터넷의 이러한 역할 혹은 성질을 담보할 책임을 지는가에 대해서는, 모든 참여자들이 동등하게 중요하며 그에 해당된다고 언급된다.

또 다른 한 가지 추가된 논의로는, 국가적 혹은 전 지구적 행동규약(codes of conduct), 선언문(declarations), 조약(treaties) 형성에 관

한 것이다. 비록 모든 이해당사자들이 전 지구적 협력이 필요한 것에
는 동의하였으며 장기적인 관점에서는 전 지구적인 조약이 가능하다
고 인식하였으나, 긴급한 사안들에 대한 신속한 대응을 위해서는 국제
적인 정책 형성 과정에서 발행하는 지연에 의한 제한이 없어야 할 것
이 논의되었다.

2012년 일곱 번째 IGF는 '지속가능한 인간, 경제 그리고 사회 발
전을 위한 인터넷 거버넌스'라는 주제로 아제르바이잔에서 열렸다.
'안보/안전/보안, 개방성 그리고 프라이버시' 메인 세션에서는 온라인
과 오프라인의 안보/안전/보안, 사생활 정보 그리고 정체성(identity)
문제가 인권과 표현의 자유와 결부되어 논의되었다.

이전의 대회들과는 다른 이슈들도 논의되었다. 혐오 범죄, 사이버
상의 괴롭힘(cyber-bullying)의 문제점이 언급되었다. 그리고 발전도
상국들의 자율적 정책 형성을 위한 능력 향상 방안도 논의되었다. 또
한 젊은이들의 정책 형성 과정에의 참여도 강조되었다.

2013년 여덟 번째 IGF는 '성장과 지속적 개발을 위한 다중이해당
사자 협력을 증진시키기(Enhancing Multistakeholder cooperation for
Growth and Sustainable Development)'의 주제로 개최되었다. 4가
지 큰 하위 주제로 '접근성과 다양성(Access and Diversity)', '개방성
(Openness)', '안보(Security)' 그리고 '다중이해당사자 협력의 원칙
과 인터넷 거버넌스 원칙'이 논의되었다. 이 외에도 135개의 포커스
세션(Focus Session), 워크숍, 오픈 포럼, 플래쉬 세션(Flash Session),
그리고 다른 미팅들이 4일간에 걸쳐 진행됐다.

안보 세션의 전반부에서는 스팸(spam) 문제가 집중적으로 다루
어졌고, 이 문제를 대처하기 위한 역량 개발이 논의되었다. 후반부에
는 인터넷 사용에 수반되는 우려와 신뢰의 부족이 거론되었다. 인터넷

의 사회경제적 성장을 위한 잠재성은 인정되나, 스팸, 해킹 그리고 사이버 범죄의 위협이 인터넷의 사용을 꺼리게 만든다. 네트워크 안보(network security)는 이런 맥락에서 가장 최우선으로 추구되어야 할 사안이라고 논의되었다. 그 밖에 전 지구적 다중이해당사자 이니셔티브가 지지되었다. 예를 들어, 메시지오남용방지작업그룹(Messaging Anti Abuse Working Group), 런던 행동계획(London Action Plan), 사이버 범죄에 관한 부다페스트 협약(Budapest Convention on Cybercrime or Convention Cybercrime) 등이 언급되었다.

2014년 아홉 번째 IGF는 '강화된 다중이해당사자 인터넷 거버넌스를 위한 대륙 연결(Connecting Continents for Enhanced Multistakeholder Internet Governance)'이라는 주제로 개최되었다. 하위 테마로는 '컨텐츠 제작, 배포 그리고 사용', '성장과 개발 엔진으로서의 인터넷', 'IGF와 인터넷 생태계의 미래', '디지털 신뢰를 증진하기', '인터넷 인권', '핵심 인터넷 자원', '부상하는 이슈들'이 지정되었다. 지난 회의 때와는 달리 사이버 안보 그 자체에 초점을 맞춘 메인 세션은 없었으며, 워크숍에서도 '최종 공동 권고(joint final recommendations)'를 도출해내지 못하는 경우도 있었다.

2015년 열 번째 IGF는 '인터넷 거버넌스의 진화: 지속가능한 개발의 권한 강화(Evolution of Internet Governance: Empowering Sustainable Development)'라는 주제로 브라질에서 열렸다. 사이버 안보 관련해서는 '사이버 안보 강화와 디지털 신뢰 구축하기(Enhancing Cybersecurity and Building Digital Trust)'라는 메인 세션이 열렸다.

특이한 것은 이번 세션의 사이버 안보 논의는 지속가능한 개발과 결부되어 논의되었다는 것이다. 세계 경제의 추동력이 되는 인터넷에 있어 신뢰의 부족은 지속가능한 개발이라는 목적에 부정적인 영향을 미친다는 것이 언급되었다. 같은 맥락에서 '사이버 안보 문화(Culture of cybersecurity)'가 많은 레벨에서 필요하다는 것과, 모든 사이버 제품 혹은 서비스에는 사이버 안보에 대한 고려가 필요하다는 것이 지적되었다. 마지막으로, 더 심도 깊은 다중이해당사자들의 참여를 요구하는 발언이 있었다.

2016년 열한 번째 IGF는 '폭넓은 그리고 지속가능한 성장(Enabling Inclusive and Sustainable Growth)'이라는 주제로 멕시코에서 개최되었다. 이번 IGF에서부터는 사이버 안보 이슈가 더 이상 예전처럼 기술자 공동체에만 머무는 소수만 안고 있던 근심 사안이 아니라 모든 인터넷 거버넌스 참여 이해당사자들에게 해당한다고 인식한다.

GGE가 UN의 총회의 첫 번째 위원회에서 작동하며 구체적인 정책을 만들어 내는 반면에, IGF는 모든 이해당사자들 간에 대화와 협력을 이끌어 내는 역할을 한다고 인식한다.

이번 대회에서 사이버 안보와 관련하여 특별하게 난관으로 인식된 것은 공통의 언어 혹은 용어로의 수렴이다. 사이버 안보에 수많은 행위자들이 참여하는 지금, 복잡한 사이버 안보 이슈들을 상호간에 대화하고 이해하기 위해서는 용어가 통일되어야 할 필요가 있다. 그러나 아직도 이런 다양한 용어 간에 수렴이 없는 상황이고, 이러한 상황이 사이버 안보 관련 신뢰를 쌓는 데에 방해물이 되고 있다. 나아가 이는 지속가능한 개발목표(SDG : Sustainable Development Goals)를 제일 우선으로 추구하는 IGF11에서 개발(development) 관련 공동체와 사이버 안보 관련 공동체 간의 협력에 장애가 되고 있다.

WSIS 리뷰는 사이버 안보를 IGF의 주요한 이슈로 부상시켰고, IGF11의 한 핵심 워크숍에서는 사이버 안보, 개발(development), 그리고 거버넌스의 세 주제를 연계시켜 다루었다. 그러나 이러한 연계 노력에도 불구하고 현실상의 제약이 존재한다. 우선 발전도상국의 사이버 안보 그리고 사이버 범죄에 대한 이해가 부족한 것이 있다. 또 다른 하나는, 당시 사이버 안보 관련 가장 큰 문제로 논의된, 정부의 정보에 대한 요구와 시민들 및 직업인들의 권리 간의 긴장이다. 예를 들어, 만일 취약한 암호가 부정부패한 관료에 의해 해킹된다면, 저널리스트에게 심각한 위기가 닥칠 수 있기 때문이다. 시민들이 소비자가 되었을 때도 그들의 프라이버시도 기업의 이윤추구 행위와 갈등을 일으킬 소지가 있다.

이번 대회의 사이버 안보 관련 주제의 하이라이트는 '모범 사례 포럼(BPF, Best Practice Forum)' 세션이 꼽힌다. 이 BPF는 이전의 IGF CSIRTS(Computer Security Incident Reponse Teams)와 Spam BPFs의 기반 위에 세워졌다. 또한 WSIS + 10 리뷰 결과도 BPF 설립에 영향을 미쳤다.

2017년에 개최된 열두 번째 IGF는 스위스에서 '당신의 디지털 미래를 형성하라(Shape Your Digital Future)'라는 큰 주제로 열렸다. 사이버 안보는 이번 대회에서도 큰 주제로서 자리매김했다. 메인 세션에서 이번 해는 특별히 사이버 안보 역량 구축에 초점을 맞추고 논의를 진행했으며, SDGs, 더 효과적인 협력, 사이버 안보 규범 개발을 위한 예비 작업 등이 논의되었다(IGF 2017). 사이버 안보가 갈수록 여러 영역을 통섭하는 성질을 띠며, 사물인터넷(IoT: Internet of Things) 이슈와도 연결되어 논의되었다.

V. ICANN의 사이버 안보 개념과 활동

초창기 인터넷 도메인 네임 관리 레짐의 핵심에는 인터넷 할당번호 관리기관(IANA: Internet Assigned Number Authority)이 있으며 IANA는 인터넷 기술자들이 중심이 된 조직들인 국제 인터넷 표준화기구(IETF: Internet Engineering Task Force), 인터넷 엔지니어링 관리그룹(IESG: Internet Engineering Steering Group), 인터넷 아키텍쳐 위원회(IAB: Internet Architecture Board)들의 의견을 수렴 및 조정하면서 인터넷 IP주소할당 레짐을 관리하였다. 이들의 관리 양태는 비정치적이며 기술합리성 중심이라고 할 수 있는데, 99%의 인터넷의 개방적인 기술 표준을 바탕으로 최소한의 1% 규율만을 추구하였다(Gillett et al. 1997).[31]

1990년대에 인터넷이 글로벌 네트워크로 급속히 확장되면서, 기존의 네트워크 관리 레짐은 1998년 11월에 인터넷주소관리기구(ICANN: Internet Cooperation for Assigned Names and Number) 출범으로 새로운 전환을 맞이하게 된다. ICANN은 비록 미국 상무성의 지원을 받기는 하지만, 국가 대표가 아닌 직능 및 지역 대표가 의사결정 과정을 주도한다는 점을 볼 때, 국가 간 국제기구도, 완전한 민간주도의 NGO도 아닌 새로운 형태의 거버넌스 양태를 띠었다.

그러나 ICANN이 미국 상무부의 영향력에서 자유롭지 못하는 것과 2011년에 있었던 에드워드 스노든의 폭로에 따라 미국의 인터넷 인프라 관리 관여에 대한 정당성이 저하되었고, 러시아, 중국, 브라질 등 국가들로부터 미국 상무성 산하 정보통신국(NTIA: National

---

31   글로벌 인터넷 거버넌스의 변천과 최근의 IANA 관리체제 전환에 대해서는 유인태 외 (2017)를 참조.

Telecommunications and Information Administration)의 영향을 받는 ICANN이 인터넷 주소 자원 관리를 독점하는 체재에 대한 비판이 계속되었다. 이에 2016년 약 20년간 지속된 미국 상무성과 ICANN 사이의 IANA 기능에 대한 계약을 종료시키고, 기존의 미국 정부에 관리권한을 부여했던 계약에서 다중이해당사자 기구가 최종결정권을 가지는 체제로 전환했다. 이러한 IANA 관리체제의 전환은, 글로벌 인터넷 인프라의 핵심자원배분에 있어서 더 이상 정부가 최종적인 결정을 내리는 위계적 형태의 의사결정과정 모델을 따르는 것이 아니라, 정부 및 비정부 행위자가 같은 수준에서 공공정책을 결정하는 방식으로 전환되었음을 의미한다(유인태 외 2017).

ICANN은 사이버 안보와 관련하여 안보와 안전을 위한 자문위원회(SSAC, Security and Stability Advisory Committee)를 가지고 있다. SSAC의 태생은 2001년 11월로 거슬러 올라간다. ICANN 이사회(ICANN Board)에서 인터넷의 이름과 주소 배분 시스템의 안정성과 안보에 초점을 맞춘 상설 위원회를 만들 것을 지시했고, 2002년 3월 ICANN 이사회는 '안보/안전/보안와 안정을 위한 ICANN 위원회 헌장(charter of the ICANN Committee on Security and Stability)'을 승인했다. 이 헌장은 해당 위원회가 당해 5월에 SSAC로 전환된 후 담당할 역할의 토대가 된다.[32]

SSAC의 주 역할은 ICANN 공동체와 이사회에 사이버상의 안보/안전/보안(security)과 인터넷 명칭 및 주소 배분 시스템의 온전성(integrity)에 관해 조언하는 것이다. 인터넷 안정성을 해치는 주요 위협 대상에 대해 평가와 위험 요소 분석을 실행해 ICANN 공동체에 조

---

32 http://archive.icann.org/en/committees/security/charter-14mar02.htm(검색일: 2017. 10. 27)

언한다. 이를 위해 SSAC은 장기적 리포트, 중단기적 경보와 단기적 코멘트를 만들어 보낸다.

　SSAC의 주 보호 대상은 사이버 안보와 인터넷 명칭 및 주소 배분 시스템의 온전성이지만 구체적으로는 다음과 같다. Root name system의 정확하고 안정적인 작동과 관련된 사안들, 주소 배분과 인터넷 숫자 배정 관련 사안들, 레지스트리(registry), 레지스트라(registrar) 서비스 관련 사안들, 그리고 인터넷 네이밍 그리고 주소 자원 서비스에 관련한 위협 및 위험요소를 추적하고 평가한다.[33]

　SSAC은 35명으로 구성되어 있으며, 2002년 창설 이후로 대략 100여 편이 넘는 보고서/제언/코멘트를 발간하였다. 이들의 주된 활동의 전문성은 인터넷 주소자원에 관련되어 있다. 관리 및 전송(Addressing and Routing); 도메인 이름 시스템(Domain Name System); DNS 보안 확대(DNS Security Extensions); 도메인 등록(Domain Registry/Registrar Operations); DNS 오용 및 사이버 범죄(DNS Abuse & Cybercrime), 도메인 이름 및 데이터 국제화(Internationalization (Domain Names and Data)); 인터넷 서비스/접근 제공자(Internet Service/Access Provider); ICANN 정책 및 운용(ICANN Policy and Operations). 이러한 SSAC의 전문성은 국가 단위의 사이버 안보 전략/정책과는 방향성이 다르다. 이들의 집중된 전문성은 ICANN의 '임무(Mission)'와 '책무(Commitments)'를 보면 이해하기 쉬우며,[34] 이

33　https://www.icann.org/groups/ssac (검색일: 2017. 10. 27)

34　원문은 다음과 같다. "To ensure the stable and secure operation of the Internet's unique identifier systems"; "Preserving and enhancing the operational stability, reliability, security and global interoperability, resilience, and openness of the DNS and the Internet." https://www.icann.org/en/system/files/files/ssac-intro-30jun17-en.pdf (검색일: 2017. 10. 28)

들에게 인터넷의 안보/안전/보안은 전 지구적인 인터넷을 유지하기 위
한 인터넷 명칭 및 주소 배분 시스템의 온전성과 긴밀하게 연관된다.

ICANN은 또한 더 안전한 도메인 이름 시스템 보안 확장 프로토
콜(DNSSEC protocol: Domain Name System Security Extensions pro-
tocol) 사용을 요구해왔다. 인터넷에서 사용자들이 의도한 정보에 연
결되기 위해서 주소를 입력하는데, 의도된 곳에 정확히 도달하기 위해
서는 각각의 고유 식별주소가 필요하다. 주소를 이름으로 입력하면 숫
자로 전환하는 시스템이 있는데, 이를 Domain Name System(DNS)
이라 부르며, 이 시스템은 주소명을 Internet Protocol(IP) 숫자로 전
환한다. 최근 이 DNS에 발견된 취약점은 공격자가 사용자를 거짓 웹
사이트로 보내 계좌나 비밀번호를 입력하게 하여, 이 정보들을 수집할
수 있다는 것이다.[35] DNSSEC는 이를 방지할 수 있는 웹사이트 인증
기능이 있으며, 궁극적으로는 인터넷 공공기반시설의 안전을 도모하
는 기술이다. DNSSEC는 먼저 몇몇 ccTLD에 배치되었으며, 2010년
부터는 루트서버 층위에서도 시행되기 시작했다.

그 밖에 ICANN하의 ccNSO(Country Code Names Supporting
Organization)가 있다. ccNSO는 2003년에 창설되었으며, 국가 코
드 최상위 도메인(ccTLD: County Code Top-Level Domain) 관리자들
을 위한, ccTLDs에 관한 이슈들을 전 지구적 관점에서 논의하기 위
한 포럼을 제공해왔다.[36] TLD-OPS는 안전하고 안정적인 ccTLD 운영
을 위한, 그리고 ccTLD에 의해 운영되는 '사건 대응 공동체(incident

---

35   https://www.icann.org/resources/pages/dnssec-qaa-2014-01-29-en (검색일:
      2017.10.27)
36   ccNSO에서 제공하는 사이버 범죄나 사이버 안보 관련 자료들은 다음을 참조하라.
      https://ccnso.icann.org/en/resources/cybercrime-resources.htm (검색일: 2018. 07.
      27)

response community)'이다.[37]

TLD-OPS는 ccTLD의 안정성과 안전에 책임을 가지고 있는 공동체이기 때문에, 이를 해치는 사건발생을 탐지하고 그 위협을 완화시키는 것을 주 업무로 한다. ccTLD에 위협을 가하는 사건으로는 디도스(DDoS: Distributed Denial of Service) 공격, 멀웨어(malware) 감염, 피싱(phishing) 공격 등을 꼽을 수 있다.

TLD-OPS는 TLD-OPS 상설위원회(TLD-OPS Standing Committee)에 의해 관리(govern)되며, 상설위원회는 ccTLD 대표들과 다른 기구들로부터의 연락담당관들로 구성된다. 이러한 기구들에는 ICANN SSAC, IANA, ICANN 안보팀(ICANN's security team)이 있다. TLD-OPS 상설위원회는 매일의 작동과 TLD-OPS 생태계(ecosystem)의 발전을 감독(oversee)한다.

VI. 세계사이버스페이스총회(GCCS)의 사이버 안보 개념과 활동

'세계사이버스페이스총회[혹은 사이버스페이스세계회의(GCCS, Global Conference on Cyberspace)]'는 2011년 11월 런던에서 최초의 대규모 각료급 종합 포럼으로서 시작하여, 두 번째 회의는 2012년 10월에 부다페스트에서, 세 번째 2013년 회의는 서울에서 10월에 개최, 네 번째 회의는 2015년 4월에 네덜란드 헤이그에서 열렸으며, 다섯 번째 개최 장소는 2017년 11월의 인도였다. 세 번째 회의 이후로는

---

37   https://ccnso.icann.org/en/resources/tld-ops-secure-communication.htm (검색일: 2017. 10. 27)

격년으로 개최되고 있다.

사이버스페이스총회도 여타 인터넷 거버넌스 관련 국제회의와 마찬가지로 인터넷 발달과 더불어 발생하는 여러 범죄, 갈등, 그리고 분쟁 등을 규율할 국제규범의 필요성에 공감하며 시작되었다. 국제규범을 논의하기 위한 공간으로의 사이버스페이스총회는 특히 사이버 안보 이슈에 무게를 두고 열리는 국제적인 포럼이다. 제1회 GCCS 개최는 2011년 2월에 개최된 뮌헨안보회의(Munich Security Conference)에서 증가하는 사이버 안보 위협에 대응하기 위해 사이버 공간의 행동규범 마련을 위한 국제회의 필요성이 제기된 바에 기인하기도 한다.

사이버스페이스총회의 기능적 목적도 설립에 있어 중요한 이유이기도 하지만, 국제정치의 역학도 그 설립에 있어 생각하지 않을 수 없다. 2011년 말에 처음으로 열린 런던에서의 사이버스페이스총회는 사실 서구 선진국들의 러시아, 중국 등의 국가들에 대한 대응적인 성격이 없지 않다. 결정적으로 총회 설립 전 2011년 당시 러시아와 중국을 중심으로 '정보 보안을 위한 행동 규약(Code of Conduct for Information Security)'을 UN총회에 제출하려는 움직임이 있었다. 러시아와 중국 등의 국가들에 의한 '정보보안을 위한 행동규약' 제출 움직임은 서구 선진국들과 이들 국가들의 인터넷 거버넌스의 기본 입장과 뚜렷한 대조를 보여준다. 러시아와 중국 등의 국가들은 인터넷 정책에 있어서 각 국가의 주권을 보장하는 국제규범을 선호하였을 뿐 아니라 서구 선진국들의 발전한 정보기술 능력이 군사적 수단으로 사용되는 것에 위협을 느끼고 있었기 때문에 정보기술 능력의 군사적 이용을 금지하는 국제규범을 수립하기를 원하였다. 반면에 서구 선진국들은 사이버 공간에도 기존의 군사적 충돌에 대한 국제규범이 적용되어야 할 것과 다중이해당사자주의에 기반한 인터넷 정책 형성을 지지하고 있었다. 다중이해당사자주의는 국가 중심적인 인터넷 정책 결정과는 달리 국가뿐만이 아니라, 기업, 시민사회 등 다양한 이해관계자의 참여를 요구한다. 이와 같이 서방선진국들과 러시아, 중국을 위시로 하는 두 집단 간 인터넷 거버넌스 양식과 관련된 대립이 있었고 이러한 차이는 2012년 말 ITU의 WCIT에서 다시 한 번 노골적으로 표출되었다(Ebert and Maurer 2013; Maurer and Morgus 2014).

사이버스페이스총회는 각 회마다 '의장선언문(Chair's State-ment)'을 채택한다. 의장선언문은 GCCS의 유일한 공식 성과문서로서 공개되지만 구속력은 없다. 이는 사이버스페이스총회가 전 세계 국가가 참여하는 공식적인 국제기구가 아니므로 국가 간 구속력 있는 조약을 조인해 낼 수 있는 곳도 아니기 때문이다. 이런 성격은 위의 WSIS, IGF와도 유사하다. 오히려 사이버스페이스총회는 사이버 안보에 대한 담론을 형성하기 위한 공간으로 볼 수 있다. 회의는 개최 국가의 정부 주도로 이뤄지는 경향이 강하며, 비록 의제에 대한 다양한 참여자들의 의견들을 온라인 플랫폼을 통해 수렴하고자 하나, '의장선언문'에 얼마나 어떤 식으로 반영되는지는 의문이다. '의장선언문(혹은 '의장 요약')' 외에는 공개된 자료가 많지 않으므로 이를 중심으로 논의를 살펴본다.

2011년 제1회 런던 총회는 '사이버 공간에서 허용될 수 있는 행위를 위한 규범(Norms for Acceptable Behavior in Cyberspace)'이라는 주제로 개최되었다. 세부 의제는 다섯 가지가 제시되었는데, '경제성장 및 발전', '사회적 혜택', '안전하고 신뢰할 수 있는 접속 보장', '국제안보', '사이버 범죄'이다. 차세대 청년들의 견해를 반영하기 위한 청년 포럼(Youth Forum)도 곁들여 개최되었다. 회의 의제나 청년포럼을 보더라도 WSIS나 IGF의 논의와 유사하며, 실제로 의장선언을 보

면 GCCS는 WSIS를 포함한 기존의 성과를 논의의 출발점으로 삼는다
고 하였다.

사이버 안보와 관련하여 '국제안보' 관련 논의를 살펴본다. 대체
로 기존의 다른 국제회의에서의 논의와 크게 다를 바가 없으며, 사이
버 공간에서도 기존의 국제규범과 전통적 관행을 따라야 할 것이 강조
된다. 그리고 UNGGE 및 유럽안보협력기구(OSCE: Organization for
Security and Cooperation in Europe)와 같은 합의와 신뢰구축을 위한
기구들이 지지되었다. 또한, 안보/보안 이슈들을 위해 기본적 인권이
희생될 수 없음을 밝힌다. 마지막으로, 사이버 안보/안전/보안은 정부
단독의 역할에 의존하는 것이 아니라 전 세계 시민사회, 산업계의 이
해관계 반영과 참여가 있어야 함이 강조되었다. 추가적으로 '안전하고
신뢰할 수 있는 접속 보장'에서는 ICANN의 역할이 많이 강조되어 있
으며, 이를 보면 ICANN의 런던 회의에서의 영향력이 컸음을 볼 수 있
다. '사이버 범죄' 부문에서는 '사이버범죄협약(Convention on Cyber-
crime)'이 지지되었다.

2012년 10월 제2회 부다페스트 GCCS는 런던 총회의 후속회의
성격을 띠며, '자유와 번영을 위한 신용과 안보/안전/보안(With Trust
and Security for Freedom and Prosperity)'이라는 주제로 개최되었다.
전년도 회의와 달리 2회에서 주목할 만한 것은, 첫째, 역량 배양과 정
보 공유가 강조된 것이다. 둘째로, 유럽과 미국 중심의 서방 국가와 중
국, 러시아, 그리고 브라질 간에 갈등이 표면적으로 부각된 것이다. 비
서방 국가들은 GCCS에 비판적인 태도를 보였으며, UN, ITU 등의 국
가 간 국제기구에서의 더욱 다양한 국가들이 참여하는 논의가 새로운
국제 규범의 수립에 필요하다고 주장하였다. 12월에 있었던 WCIT에
서의 갈등의 전조라고 볼 수 있다.

세부 의제로는 역시 5개 영역이 선정되어 '경제 성장 및 발전', '사회적 이익과 인권', '사이버 안보', '국제안보', '사이버 범죄'가 논의되었다. 런던 회의에서와는 달리 '사이버 안보' 용어가 세부 의제로서 직접적으로 사용되었다. 그러나 논의 내용 자체에서는 큰 진보는 없었다고 볼 수 있다.

2013년 제3회 서울 회의에서는 2회 때의 국가 간 갈등을 회피하고 합의를 이루어내려고 많은 노력을 하였다. '서울 프레임워크(Seoul Framework for and Commitment to Open and Secure Cyberspace)'는 그 합의의 결과물이다. 기존에 논의되었던 것을 문서화하여, 향후 논의를 위한 준거점을 마련하였다는 의의가 있다. 6개의 세부의제를 보면 '경제성장과 발전', '사회적, 문화적 혜택', '사이버 안보', '국제안보', '사이버 범죄', '역량 구축'으로 구성된다. 기존과 다른 점은 '역량 구축' 주제가 새로이 추가 독립되어 설립되었다는 점이 있다. 그 밖에 사이버 안보의 경제적 사회적 혜택이라던가, 다중이해당사자원칙이 기존에도 언급되어 왔지만 재차 확인되었다.

2015년 제4회 네덜란드 헤이그 회의에서는 5개 영역에의 세션이 열렸다. '경제 성장 및 사회 발전', '인터넷 거버넌스', '다중이해당사자 접근', '사이버 안보', '사이버 범죄', '국제 평화와 안보', '자유와 프라이버시', '역량 구축'의 세부 주제가 논의되었다. 과거의 GCCS 세션 명칭에는 없었던 주제들이 독자적으로 세워진 것은 주목할 만하다. 반면, 이러한 주제들과 논의들을 보면 GCCS에서의 논의가 WSIS나 IGF에서의 기존의 논의들과 유사한 방향으로 흐르고 있는 듯 보인다.

이러한 유사한 방향으로의 흐름이라던가, '다중이해당사자 접근'이라는 주제가 포함된 것은 지난 GCCS들과는 다른 점이다. 이런 차이가 난 것에는, 네덜란드 정부의 이니셔티브도 있었지만, 기업, 시민사

회, 학계의 참여도 크다. 실제로 네덜란드는 이전 회의들과 달리 '시민
사회 사전회의(pre-conference)' 조직을 만들어 시민사회의 참여를 독
려했다. 그리고 의장선언문 초안이 사전에 배포되어 전 세계 시민사회
의 의견이 모여 전달되었다. 그러나 최종결과물의 편집에 각 이해관계
자가 참여할 수 있었던 것은 아니다.

사이버 안보와 관련해서도 GCCS에서 드러나지 않았던 논의들,
그러나 WSIS, IGF 회의에서의 논의들이 눈에 띈다. 사이버 안보에 대
한 의식(awareness), 디지털 리터러시(digital literacy), 사용자와 공
급자의 사이버 안보에서의 역할, 민관 협력(Public/Private Coopera-
tion), 핵심 기반시설(infrastructure), CSIRTS, 자발적이고 합의 기반
의 공개된 기술표준의 중요성 등이 언급되었다. '조율된 취약성 공개
(Coordinated Vulnerability Disclosure)'도 언급되었는데, 모범 사례도
포함하여, 이들 정보공유를 위한 '사이버 전문가 글로벌 포럼(GFCE,
Global Forum on Cyber Expertise)' 출범도 독특한 점이라 할 수 있다.
GFCE는 5회에서 처음으로 보고서를 제출한다.

2017년 제5회 인도에서 개최된 회의는 '모두를 위한 사이버(Cy-
ber for All: A Secure and Inclusive Cyberspace for Sustainable Devel-
opment)'라는 큰 주제와 '성장을 위한 사이버', '수용(inclusion)을 위
한 사이버', '외교를 위한 사이버'라는 세부 주제로 개최되었다. 사이
버 안보와 관련해서 특이점은 없어 보인다. 의장선언에서 특별히 재
차 언급된 것은 프라이버시 관련해서 인권과 안보 사이의 균형 정도
이다. 인도에서 개최된 만큼 인도 특색이 있었다. 인도는 '디지털 인도
(Digital India)' 프로젝트를 선전하고, 개최국 인도를 사이버 초강대국
클럽으로 진입하게 할 것이라는 자신감도 내비쳤다.

별 다른 소득 없이 끝난 5회 GCCS는 어느 정도 예견될 수 있었

다. 2017년 5차 UNGGE가 국제법이 어떻게 사이버 공간에서 적용되어야 할 것인가를 둘러싸고 균열이 있었고, 인도 뉴델리에서 UNGGE의 다섯 국가가 같은 패널에 앉았다. 상호 불신이 쉽사리 가라앉을 리 없었다.

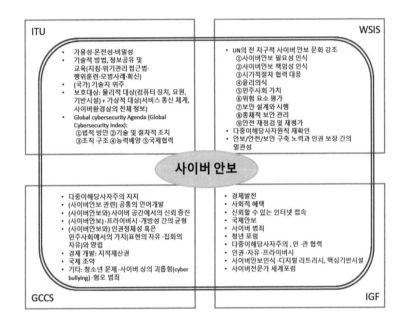

VII. 결론

이 글의 결론은 본문의 요약을 대신하여 향후 연구 주제들의 제안과 정책제안으로 갈음한다. 이 글의 연구를 기반으로 해서 향후 연구에는, 우선, ITU, WSIS, IGF, ICANN, GCCS에서의 사이버 안보 논의의 패턴과 경향성을 보다 실증적으로 파악하는 것이 필요해 보인다. 이 글에서는 해당 기구들의 주요 문서들을 주의 깊게 독해함으로써 패턴과 경향성을 파악하려는 시도를 하였지만, 향후 연구에서 텍스트 분석 방법론을 사용한다면, 그러한 파악의 시도가 더욱 체계적으로 가능할 것이다.

둘째, 인터넷 거버넌스 관련 기구들에서의 사이버 안보 규범 형성의 패턴과 경향성을 파악한다면, 인터넷 거버넌스 관련 기구들에서 안보화가 실제로 진행되고 있는지 아닌지도 파악할 수 있을 것이다(Mueller 2017a; 2017b). 셋째, 관련 기구들에서 어떤 사이버 안보 논의가 진행되고 있는지 더 정확한 파악이 가능해진다. 사이버 안보는 합의된 정의가 없다. 이해당사자들이 다양하고, 각 이해당사자들마다 인식하는 위협/가해를 가하는 행위자, 위협/가해의 종류, 수호해야 하는 가치/대상이 다양하기 때문이다(Fichtner 2018). 텍스트 분석 방법론은 어떤 사이버 안보 개념이 주로 논의되고 있는가에 대한 파악을 용이하게 할 것이다. 넷째, 상기한 기구들에서의 논의와 국가별 사이버 안보 전략의 비교를 통해, 사이버 안보 관련 전략 혹은 정책의 수렴도를 볼 수 있다. 물론, 국제기구들 간에 형성되는 규범들의 유사도도 볼 수 있을 것이다. 마지막으로, 많은 인터넷 거버넌스 관련 기구들에서 공통적으로 나타나는 것 중에 하나가 사이버 안보에 대한 다중이해당사자주의 접근이다. 그러나 단순한 립서비스에 그칠 수도 있으며, '어떤' 다중이해당사자주의 접근인지에 대한 분석이 필요하다.

위와 같은 향후 연구는 다음과 같이 정책적 목적에 더욱 기여할 것이다. 첫째, 국내 사이버 안보 전략/정책의 수립과 국제적 규범과의 조응성을 높여, 국제적 공조와 정당성을 향상시킬 수 있다. 둘째, 국제적 패턴과 경향성을 이해하면, 어떻게 국제적으로 기여할 수 있는지를 파악하기 쉬워진다. 국내의 사이버 안보 역량에 있어서의 강점을 가지고, 사이버 안보 관련 국제적 규범/기준 형성에 영향을 미칠 수 있다. 동일한 맥락에서, 셋째, 국내의 강점을 가지고, 전 지구적인 인터넷의 안정성 향상에 기여할 수 있을 뿐 아니라, 타 국가에 대한 지원을 통해 국내의 사이버 안보 관련 산업의 성장을 꾀할 수 있다. 이러한 사이버 안보 관련 산업의 발전은 고용 창출의 효과도 파생시킬 것이다.

참고문헌

김소정·김규동. 2017. "UN 사이버 안보 정부전문가그룹 논의의 국가안보 정책상 함의." 『정치·정보연구』 20(2), pp. 87-122.

남상열·이진. 2013. "사이버 공간에 관한 국제적 논의와 서울 총회에서의 시사점." 『기본연구』 정보통신정책연구원, pp. 13-16.

배영자. "글로벌 거버넌스론으로 보는 사이버 안보." 김상배 편. 『사이버 안보의 국가전략』 서울: 사회평론아카데미, pp. 97-138.

유인태·백정호·안정배. 2017. "글로벌 인터넷 주소자원 거버넌스의 변천: IANA 관리체재 전환을 통한 다중이해당사자 원칙의 재확립." 『국제정치논총』 57(1), pp.41-74.

장규현·임종인. 2014. "국제 사이버 보안 협력 현황과 함의: 국제안보와 UN GGE 권고안을 중심으로." 『정보통신방송정책』 26(5), pp. 21-52.

장노순. 2016. "사이버 안보와 국제규범의 발전: 정부전문가그룹(GGE)의 활동을 중심으로." 『정치·정보연구』 19(1), pp. 1-28.

Ebert, Hannes and Tim Maurer. 2013. "Contested Cyberspace and Rising Powers." *Third World Quarterly*. 34(6), pp. 1054-1074.

Fichtner, Laura. 2018. "What Kind of Cyber Security? Theorising Cyber Security and Mapping Approaches." *Digital Policy, Regulation and Governance*. 7(2), pp. 1-19.

Gillett, Sharon Eisner and Mitchell Kapor. 1997. "The Self-Governing Internet Coordination by Design." In Brian Kahin and James Keller, eds. *Coordinating the Internet*. Cambridge, MA: The MIT Press, pp. 3-38.

Malcom, Jeremy. 2008. *Multi-Stakeholder Governance and the Internet Governance Forum*. Australia: Terminus Press.

Maurer, Tim and Robert Morgus. 2014. "Tipping the Scale: An Analysis of Global Swing States in the Internet Governance Debate." *Global Commission on Internet Governance Paper Series*. 2, pp. 5-28.

Mathiason, John. 2009. *Internet Governance: The New Frontier of Global Institutions*. New York: Routledge.

Mueller, Milton. 2017a. "Is Cybersecurity Eating Internet Governance? Causes and Consequences of Alternative Framings." *Digital Policy, Regulation and Governance*. 19(6), pp. 415-428.

Mueller, Milton. 2017b. *Will the Internet Fragment?* Malden, MA: Polity Press.

회의문서

GCCS. 2011. "Chair's Statement."

GCCS. 2012. "Chair's Statement."

ICANN. n.d. "TLD-OPS: ccTLD Security and Stability Together." https://
　　ccnso.icann.org/ en/resources/tld-ops-secure-communication.htm

ICANN. n.d. "DNSSEC-What Is it and Why Is it Important?" https://www.icann.org/
　　resources/pages/dnssec-qaa-2014-01-29-en

ICANN. n.d. "Security and Stability Advisory Committee (SSAC)." https://www.icann.
　　org/groups/ssac

ICANN. n.d. "SSAC Introduction." https://www.icann.org/en/system/files/files/
　　ssacintro-30jun17-en.pdf

IMPACT. n.d. http://www.impact-alliance.org/aboutus/ITU-IMPACT.html

ITU, ABI Research. 2015. "Global Cybersecurity Index & Cyberwellness Profiles."
　　https://www.itu.int/dms_pub/itu-d/opb/str/D-STR-SECU-2015-PDF-E.pdf

ITU. n.d. "An Agenda for Change, A global Strategy." http://www.itu.int/osg/spuold/
　　cybersecurity/gca/hleg.html

ITU. n.d. "About the Child Online Protection Initiative." https://www.itu.int/en/cop/
　　Pages/about_cop.aspx

ITU. n.d. "CIRT Programme." https://www.itu.int/en/ITU-D/Cybersecurity/Pages/
　　Organizational-Structures.aspx

ITU. n.d. "Definition of Cyber Security." http://www.itu.int/en/ITU-T/studygroups/
　　com17/Pages/cybersecurity.aspx

ITU. n.d. "Global Cybersecurity Agenda (GCA)." http://www.itu.int/en/action/
　　cybersecurity/Pages/gca.aspx

ITU. n.d. "ITU Cybersecurity Activities." https://www.itu.int/en/action/cybersecurity/
　　Pages/default.aspx

ITU. n.d. "National Strategies Repository." https://www.itu.int/en/ITU-D/
　　Cybersecurity/ Pages/National-Strategies-repository.aspx

ITU. n.d. "National Strategies." https://www.itu.int/en/ITU-D/Cybersecurity/Pages/
　　National-Strategies.aspx

제 2 부

사이버 안보 국제관계의 동학

제6장

미중 사이버 군사력 경쟁과 북한위협의 부상:
한국 사이버 안보에의 함의

차정미

I. 서론: 사이버 공간의 군사화와 군사력 경쟁, 그리고 한반도

2017년 미국은 하루 평균 4000건이 넘는 랜섬웨어의 공격을 받았
다. 2017년 5월, 워너크라이(WannaCry) 바이러스는 영국 국립 보
건 서비스 기관 수백 개의 IT 시스템을 마비시켰고, 한달 후 낫페트야
(NotPetya) 랜섬웨어는 거대 제약회사 Merck와 선박회사 Maersk 그
리고 물류회사 FedEx에 각각 3억 달러(약 3400억 원)의 손해를 입혔
다. 2017년에 사이버 공격으로 인한 전 세계 피해액은 총 50억 달러에
달하며 2021년에는 연간 6조 달러에 이를 수 있다(Taddeo & Floridi
2018: 296-298). 한국도 2015년 2678건, 2016년 3255건, 2017년
4475건으로 지난 3년간 접수된 랜섬웨어 피해 건수가 1만 건이 넘고
피해액은 1조 원이 넘는다(전자신문 2018/02/06). 사이버 위협이 증대
하는 과정에서 사이버 공격에 대한 방어와 대응이 국가의 중대과제로
부상하고 있고, 급격히 증가하는 사이버 공격에 매우 자주 배후 국가
가 등장한다는 점에서 많은 국가들은 군사적 차원에서 사이버 공격력
과 방어력을 강화하기 위한 노력들을 가속화하고 있다.

아킬라와 론펠트(Arquilla and Ronfeldt)는 1993년 '사이버 전쟁
이 온다'는 논문에서 역사적으로 군사독트린, 군사조직, 그리고 군사
전략이 기술의 혁신으로 인해 근본적인 변화를 경험하여 왔고, 이번
에는 정보혁명이 전쟁의 성격에 중대한 변화를 초래할 것이라고 전망
하였다(Arquilla and Ronfeldt 1993: 24-25). 챈소리아(Chansoria) 또
한 세계가 정보화시대로 접어들면서 아시아, 특히 동아시아에서 벌어
질 미래의 충돌은 사이버 전쟁의 특징을 띨 가능성이 높다고 강조하였
다(Chansoria 2012: 106). 이미 사이버 공간은 육지, 바다, 항공, 우주
에 이어 강대국 간의 군사력 경쟁이 전개되는 다섯 번째의 전장이 되

고 있다. 사이버 전쟁은 이 시대 가장 큰 잠재적 위협이 되었고, 이에 대응하기 위하여 세계 주요국들은 사이버 공격을 통해 민간과 군사 타겟에 대한 막대한 혼란과 물리적 파괴가 가능하도록 하는 기술적, 인적 자원 활용에 골몰하고 있다(Nye 2011: 21). 그러한 국가적 노력은 사이버 안보를 위한 군대의 역할을 지속적으로 강화하고 있으며, 개별 국가들은 사이버 공간에서의 군사적 우위를 확보하기 위해 더 많은 노력을 기울이고 있다(Sharma 2016: 55). 미국, 중국, 일본, 러시아 등 주요 강대국들이 앞다투어 사이버사령부를 별도로 설치하는 것은 물론 최근 사이버사령부의 위상과 통합역량을 강화하기 위한 제도적 조치들을 취하고 있다. 또한 사이버 공간에서의 공격력과 억지력을 강화하기 위한 기술적 노력, 그리고 민관협력의 필요한 구조들을 발전시키고 있다.

주요 강대국들의 사이버 군사력 경쟁과 함께 사이버 공간에서의 불량국가 북한의 부상은 한국의 사이버 안보환경에 주요한 영향변수이다. 사이버 공간의 미중 군사력 경쟁이 첨예화되는 상황에서 북한의 사이버 공격 역량은 세계안보의 최대 위협이라고 지적할 만큼 급격히 강화되고 있고 또 대담해지고 있다. 2017년 랜섬웨어의 배후로 북한이 지목된 이후 북한의 사이버 안보위협이 러시아보다 더 위험하다는 주장이 제기될 만큼 북한의 사이버 공격에 대한 세계의 우려와 경계가 높아지고 있다.[1] 북한의 사이버 위협은 단순히 기술적 역량뿐만 아니라 러시아와의 연계 등 글로벌 네트워크의 차원에서도 위협적 존재로 인식되고 있다.[2] 한국에게 주변 강대국들의 사이버 군사력 경쟁, 그리

1　CNN, "Why the world should worry about cyber war with North Korea." (2017/10/11); The Guardian "North Korea is a bigger cyber-attack threat than Russia, says expert."(2018/02/26) 등

고 북한의 사이버 위협의 부상은 사이버 안보와 협력외교에 새로운 과
제를 안겨주고 있다. 북한의 사이버 위협이 증대되는 현실 속에서 이
에 대한 억지와 공동대응이 긴요한 한국에게 사이버 공간에서의 강대
국 간 대립과 경쟁적 군사력 강화의 추세는 주요한 제약요인이 될 수
있다.

  본 논문은 사이버 공간에서 한국이 처한 안보정세가 북핵문제와
미중경쟁에 직면해 있는 전통적인 안보정세를 그대로 닮아가고 있다
는 점에서 미중 간 사이버 군사력 경쟁, 그리고 북한위협의 부상을 중
심으로 한국의 사이버 안보정세를 분석한다. 한국에서 사이버 안보에
대한 관심과 필요성이 증대됨에도 불구하고 여전히 한국이 어떠한 사
이버 위협에 처해 있는지, 어떠한 방향에서 사이버 안보를 강화해야
하는지에 대한 구체적인 논의와 대안이 취약한 것이 사실이다. 사이버
위협과 안보가 전통적인 안보위협과 분리된 새로운 공간, 새로운 환경
의 부상으로 이해되는 경우가 많고 이에 따라 새로운 안보담론과 안보
전략을 논의해야 할 것 같은 의무감을 갖게 된다. 그러나, 사이버 공간
의 안보정세와 구도는 전통적 안보정세와 구도를 닮아가고 있고 사이
버 군사력은 점점 더 전통적 군사력과 밀접히 연계되어 가고 있다. 사
이버 공간의 군사화, 강대국 간 사이버 군사력 경쟁, 그리고 점점 더
밀접해지는 전통적 군사력과 사이버 군사력의 연계는 사이버 안보정
책에서 주목해야 하는 주요한 변화 중의 하나이다. 이에 본 논문은 미
중 간 사이버 경쟁을 군사안보적 측면, 즉 미중 양국 간 사이버 군비경

---

2   최근에는 북중관계가 소원해진 상황에서 러시아가 북한에 인터넷을 지원하면서 북한의
     사이버 공격을 더 대담하게 만드는 데 기여하고 있다는 의혹이 제기되고 있다. Matthew
     Newton and Donghui Park, "Russia Is Now Providing North Korea With Internet:
     What That Could Mean For Cyber Warfare," *Forbes* (2017. 12. 01)

쟁에 초점을 두고 분석하는 한편, 북한 사이버 위협의 부상과 미중 경쟁구도를 함께 분석한다. 미중 사이버 군사력 경쟁과 북한위협의 부상에 따른 한국 사이버 안보 위협의 증대와 사이버 안보 협력의 제약을 살펴보고, 한국 사이버 안보정책에 주는 함의와 정책적 과제를 제시한다. 한국은 미중 패권경쟁의 강화 속에서 한미동맹과 한중협력을 병행 발전시켜야 하는 과제와 비핵화와 함께 한반도 평화안정의 문제를 해결해야 하는 과제가 사이버 공간에서도 유사하게 적용되고 있다는 점을 보여주고 이에 대한 전략적 접근의 필요성을 강조하고자 한다.

II. 미국의 사이버 군사역량 강화

1. 미국의 안보전략과 사이버 안보정책

미국은 세계 어느 나라보다도 발달된 정보 인프라를 구비하고 있고, 국가 발전과 운영에 있어 이러한 인프라에 대한 의존도가 높기 때문에 사이버 공격에 대한 취약성이 지극히 높은 국가이다. 따라서 전통적 군사력에서 열세인 국가들이 미국을 상대로 하여 사이버 공간에서 비대칭적 공격을 감행할 유인이 높은 것이 사실이다(김상배 2015b: 82). 미국은 이미 20세기 중반부터 사이버 공간이라는 새로운 전장에 대한 인식을 바탕으로 전략지침을 발전시켜왔고, 사이버 공간의 중요성이 높아지는 전략적 전환을 점진적으로 진행시켜 왔다(Deibert 2011: 3). 1992년 걸프전쟁 이후 콜린 파월은 "군의 규모와 국방비가 축소되는 상황은 억지력을 확보하기 위해 기술에 대한 의존도를 더욱 높이고 있다. 전장의 정보시스템은 군인들의 우군이었고 단순한 지원 이상의 역할을 하였다. 컴퓨터는 군사력을 배가시켰다"고 평가했다(Arquilla & Ronfeld 1993: 2). 1998년 10월 합참의장연석회의에서 미국은 "연합정보행동조약"을 발표하고 "사이버 전쟁 중에 컴퓨터인터넷공격 실시"에 대한 상세한 내용을 기술하였다(倪海宁 2008: 14). 1990년대 미국은 이미 사이버 전쟁에 대한 관심과 전략이 구체화되기 시작한 것이다.

2000년대 들어 사이버 전쟁에 대한 미국의 인식과 군사력에 대한 정책은 급격히 강화된다. 미 국방부는 2005년 '국방전략(National Defense Strategy)'에서 사이버 공간이 전투의 새로운 전장이며 따라서 정보작전(IO: Information Operations)이 군사력의 핵심이 되고 있다고 강조하였다(DOD 2005). 2006년 미 국방부의 국방평가보고서 (Quadrennial Defense Review Report)는 공격을 받을 위협의 공간으로, 반드시 억지하고 방어해야 하는 공간으로 사이버 공간을 언급하고 있다(DOD 2006). 미국은 2010년 국가안보전략보고서(National Security Strategy)에서 처음으로 사이버 위협의 심각성과 대응의 필요성을 독립적으로 강조하고 있다. 보고서는 "사이버 안보가 국가안보, 공공안전, 경제위협에 가장 심각한 위협"이라고 정의하고 이에 대한 기술향상과 민관협력 등의 대응 필요성을 제기한다(White House 2010). 이후 발표된 2010년 '사이버 국방전략보고서(Department of Defense Strategy for Operating in Cyberspace)'는 사이버 공간의 활용이 국방임무의 향상에 중대한 역할을 하고 있고 점점 더 사이버에 대한 의존도가 높아진다고 강조하고 있다(DOD 2011). 2011년부터 1년 반 동안 사이버 전략에 대한 광범위한 연구를 진행한 미국 국방과학위원회 (DSB)는 2013년 사이버 위협 관련 보고서를 발표한다. 이 보고서는 사이버 위협이 냉전시대의 핵위협과 유사한 파괴력을 가진 심각한 위협이라고 강조한다. 이러한 심각한 위협 앞에 미국의 정보기술체계가 적들이 군사력, 정보역량과 함께 사이버 기술을 활용하는 공격에 매우 취약하다고 분석하고, 국방부가 미국의 IT체계의 안정성을 증대시키고 적들이 국방부 시스템을 효과적으로 공격할 수 있다는 자신감을 갖지 못하도록 효과적인 대응책을 수립하고 구축해야 한다고 강조했다. 현재의 국방부 역량과 기술로는 정교한 적들의 사이버 공격을 막아낼 수 없다는 것이다(Defense Science Board 2013).

사이버 공간에서의 안보전략 수립에 있어 중요한 질문은 누구와 싸워야 하는지, 누구를 조심해야 하는지의 문제이다(Rosenzwig 2014: 22). 러시아와 독일, 이스라엘 등이 상당한 사이버 능력을 가지고 있음에도 불구하고 미국의 사이버 전략은 중국을 가장 대립관계에 있는 위협으로 간주하고 있다. 미국은 2018년 국방전략보고서에서 중국과 러시아, 북한, 이란을 주요한 위협으로 명시하고 있다. 특히 중국을 전략적 경쟁자로 명시하면서, 경제력의 외교적 활용과 군사력 증대를 주요한 위협으로 명시하고 있다. 미국의 새 국방전략은 중국과 러시아에 대한 미국의 군사적 우위가 약화되고 있는 경쟁적 현실을 직시하고 사이버 공간과 우주가 주요한 전장임을 강조하고 있다(DOD 2018). 미 국방전략보고서는 사이버 방어력과 복원력, 군사작전 차원에서의 사이버 능력의 완전한 통합을 위해 투자할 것이라고 강조하고 있다. 2009년 12월 구글은 중국 해커가 G메일계정에 침입한 것을 발견하고 2010년 1월 중국 내 해커들이 구글의 인프라 구조를 공격하고 있다고 비난하는 공개성명서를 발표했다. 그리고 구글은 미국 국가안전보장국(NSA)과 연방수사국(FBI)도 중국 해커들에게 뚫렸음을 경고했다(해리스 2015: 277-281). 구글의 공개성명은 미국정부가 공개적으로 중국의 사이버 공격을 비판하고 압박할 수 있도록 하였고, NSA와

FBI 등도 보안강화 조치에 나서는 계기가 되었다. 중국의 사이버 공격은 미국의 사이버 안보강화에 중요한 계기들을 만들어 왔다. 미국은 2017년에도 중국정부가 배후에 있는 사이버 공격이 계속되었고 이는 네트워크에 접근하여 정보를 빼가는 데 중점을 두고 있다고 인식하고 있다. 중국은 사이버 역량을 활용하여 미국의 경제, 외교, 학문, 국방산업 분야에 대한 정보를 수집하여 중국의 국방에 도움이 되는 첨단산업에 활용하고 있다는 것이다(Office of the Secretary of Defense 2018/05/16).

이렇듯 미국의 사이버 안보정책에서 군의 역할이 지속적으로 증대되고 있으며, 미국의 국방정책은 중국의 사이버 위협에 대한 경각심을 더욱 높이면서 군사독트린과 군사체계, 군사역량을 집중적으로 조정해가고 있다. 특히 중국의 사이버 역량 강화를 주요한 위협과 경쟁의 대상으로 미국의 사이버 위협인식의 강화와 사이버 군사전략의 확대가 이뤄지고 있다는 점에서 미중 간 군비경쟁의 구도를 확인할 수 있다.

2. 미국의 사이버 안보 체계 고도화: 통합적 전투를 위한 사이버 군조직의 부상

미국의 사이버 안보정책에서 군의 역할은 지속적으로 증대되고 있으며, 미국의 국방정책은 중국의 사이버 위협에 대한 경각심을 더욱 높이면서 군사독트린과 군사체계, 군사역량을 집중적으로 조정해가고 있다. 2013년부터 2015년까지 미국의 국가정보국장은 사이버 위협이 미국에 대한 최고의 전략적 위협이라고 지적하면서 2001년 9·11 이후 처음으로 사이버 위협이 테러리즘보다 더한 위협이라고 명시하였다. 미국의 사이버 위협에 대한 군사안보적 측면이 강조되면서 사이버 안보전략은 전통적 안보전략과 유사한 모습을 보인다. 2015년 미 국 방부의 사이버 전략 보고서는 사이버 위협에 있어 확산과 억지의 문제 를 사이버 안보전략의 주요한 과제로 강조하고 있다. 미국은 이에 대 해 사이버 공격 역량 강화와 전통적 군사력과의 통합체계를 구축하는 데 주력하고 있다. 최근 트럼프대통령은 적국에 대한 미국의 사이버 공격에 대한 규제를 완화하였다(Wall Street Journal 2018/08/15). 미국 사이버사령부는 기존의 방어 우선전략에서 더 공격적인 전략으로 선 회하고 있다고 알려지고 있는데 이는 미 국방부가 사이버사령부를 전 략사령부 산하 부대에서 독립시켜 통합사령부로 위상을 격상시킨 후 나온 것이다(연합뉴스 2018/06/18). 최근 사이버 공간의 군사력 체계 와 정책적 제도를 변화시키면서 미국은 사이버 공격력, 사이버 군사력 을 지속 증대하고 있다.

미국 국방부 사이버 전력은 3가지 임무를 제시하고 있다. 첫째 국 방부 네트워크, 시스템과 정보를 보호하는 것이고, 둘째는 미 영토와 국가이익을 침해하는 사이버 공격에 대응하는 것이고, 셋째는 군사작 전과 비상계획 등 실제 전투 수행을 지원하는 것이다. 이를 위해 미 국 방부는 사이버 전략의 목표로 "국방부 사이버 전력을 향상시키고, 사 이버 방어와 사이버 억지태세를 강화하는 것"이라고 명시하고 있다. 미군은 사이버 공간에서의 군사력 강화를 위해 구체적인 조직적, 기술 적 노력들을 수행하여 왔다. 육군은 사이버 공간에서의 군사행동을 위 한 작전개념과 능력 요건들을 개발하였다. 해군은 사이버사령부(Fleet Cyber Command)를 창설하고 사이버전 수행을 위해 10대 함대를 재 창설하였다. 공군은 기존 우주사령부(Space Command)를 사이버 임 무 수행을 위한 책임부대로 지정하고 장병들에게 사이버 조종사가 되 어야만 하는 필요성에 대해 주입하기 시작했다. 2009년 6월 23일 이러한 서로 다른 노력들을 통합하기 위해 게이츠 미 국방부장관은 미 전략사령관(Commander of the U.S. Strategic Command) 산하에 통합된 '사이버사령부'를 창설하는 법안을 발의했다(Rosenzwig 2014, 362). 2010년 미 전략사령부(U.S. Strategic Command, USCYBER-COM)에 사이버 임무를 통합하는 사이버사령부(United States Cyber Command, USCYBERCOM)가 정식 설립되었고, 사이버사령부는 육군사이버사령부(Army Cyber Command, ARCYBER), 함대사이버사령부(Fleet Cyber Command/10th Fleet, FLTCYBER), 공군사이버사령부(Air Force Cyber Command/24th Air Force, AFCYBER), 해군사이버사령부(Marine Forces Cyber Command, MARFORCYBER) 등으로 구성되었다. 트럼프 대통령은 2017년 8월 사이버사령부를 통합 전투사령부로 격상시키자는 매티스 국방부장관의 제언을 수용하기로 발표하고 2018년 5월 4일 정식으로 사이버사령부를 통합전투사령부로 격상시켰다.

미 국방부에 따르면 2018년 현재 미국의 사이버 임무부대(Cyber Mission Force)는 133개의 부대에 5000여 명의 군인으로 구성된다. 국가임무팀이 13개, 사이버 보호팀이 68개, 전투임무팀이 27개, 지원팀이 25개이다. 국가임무팀은 사이버 공격으로부터 미국과 미국의 이익을 보호하고, 사이버 보호팀은 국방부의 네트워크와 시스템 보호를 우선으로 한다. 전투임무팀은 사이버 공간에서의 효과적인 전투를 위한 지원을 하고, 지원팀은 국가임무팀과 전투임무팀을 위한 분석과 계획을 지원한다.[3] 사이버 임무부대는 2016년 10월까지 초기 작전능력(Initial Operating Capability)을 갖추는 데 완벽한 성과를 거두었고,

---

3　US department of Defense. "Cyber Strategy" https://www.defense.gov/News/Special-Reports/0415_Cyber-Strategy/ (검색일: 2018/08/18).

2018년 9월 말까지 전면적 작전능력(Full Operating Capability)을 확
보하고 인원도 5000명에서 6200명으로 늘릴 계획이다.[4] 미국은 사이
버 군사조직을 지속적으로 체계화, 통합화해 가는 것과 동시에 사이버
군사인력을 지속적으로 증대시켜가고 있다.

3. 미국의 사이버 군사역량 강화

미국은 워게임과 연합훈련 등을 통해 사이버 전투력을 강화해가고 있
다. 2010년 미국이 라스베이거스 외곽에 위치한 넬리스 공군기지에
서 군 고위장교와 모든 전투사령부 대표, 30개 이상의 정부기관과 군
의 사이버 보안 전문가 등 600여 명이 참석한 연례 슈라이버 워게임을
실시했다. 워게임은 2022년 태평양연안의 지역적성국이 미국과 상호
방위협정이 체결된 동맹국의 컴퓨터네트워크에 대규모 사이버 공격을
가하는 것으로 설정되어 있었고 이 공격에서 미국은 모든 자원을 전장
으로 동원하여 실제 공격을 가하지 않고도 적의 공격을 중지시키는 전
통적 개념의 전쟁억지가 불가능하다는 점과 미 국방부의 사이버 안보
가 매우 취약함을 알 수 있었다.[5] 2000년대 들어 미 국방부 네트워크
에 대한 사이버 공격의 증대로 인해, 미국은 전통적 군사력의 우위가
사이버 공간에서 쉽게 무너질 수 있음을 경험한 것이다. 미 국방부는
적극적으로 군사적 차원의 사이버 안보전략을 수립하고 이에 대한 구
체적인 체계와 기술역량 제고의 필요를 절감하게 된 것이다.
　　미국은 민간과의 협력을 통해서도 사이버 군사력 강화를 추진해

---

4   "U.S. Cyber Command History." https://www.cybercom.mil/About/History/
5   지역적성국의 국명이 거론되지는 않았으나 누구나 중국 혹은 북한이라고 추정할 수 있
　　다(해리스 2015: 102).

가고 있다. 챈소리아는 정보전이 군사와 사회의 경계를 무너뜨리는 것은 물론 평화와 전쟁의 경계도 파괴하면서 상상할 수 없는 사회의 혼란을 가져올 것이라고 강조하였다. 국가 간 분쟁은 컴퓨터 기술을 활용하여 적국의 교통, 에너지설비, 커뮤니케이션 기반을 공격하고 무력화하는 양상으로 전환된다고 강조하였다(Chansoria 2012: 106). 클라우스 슈밥도 사이버 전쟁 시대는 전쟁과 평화, 전투원과 비전투원, 심지어는 폭력과 비폭력 사이의 경계가 불행하게도 모호해진다고 강조한다(Schwab 2015). 이러한 사이버 전쟁의 특징은 미중 사이버 군사력 경쟁에서 민군협력이 주요한 과제로 부상하고 있는 배경이 되고 있다. 미 국방부는 이미 민간기업과의 기술협력을 통해 사이버 군사역량을 제고하는 프로젝트를 지속적으로 확대해가고 있다. 2017년 7월 미국방부는 구글과 1000만 달러의 '메이븐 프로젝트(Maven Project)' 계약을 통해 인공지능 이미지 인식기술을 활용해 드론이 수집한 영상자료를 분석하는 시스템 개발에 착수하였다(조선일보 2018/08/18). 인명살상용 무기 개발에 악용될 수 있다는 내부 직원들의 반대서명으로 구글이 연구를 중단하기는 하였으나 미 국방부가 사이버 전력을 강화하기 위해 대규모 예산을 투입하면서 민간의 기술을 활용하기 위한 네트워크를 구축해 가고 있음을 볼 수 있는 대표적인 사례였다. 최근 미 국방부는 IT 대기업들과의 협력을 위한 태스크포스를 창설하였다. 이 태스크포스는 정부 관계자, 학자, 기업 대표 등 18명으로 구성되었고, 특히 실리콘밸리에서 AI 기술을 선도하는 '파트너십온AI'의 대표가 포함되어 있다(이투데이 2018/03/16). 미국은 사이버 공격에 대한 방어력 증대 전략으로 AI를 적극 도입할 계획이다. 미국은 사이버 방어용 AI 기술에서 선두에 있으며, 2019년까지 인공지능을 사이버 방어 시스템에 통합하는 것을 목표로 하고 있다. 미 국방부는 연구를 위해 1억 5천

만 달러를 배정, 국방부 산하 방위고등연구계획국(DARPA)이 기술과
전략을 개발하고 있다(Taddeo & Floridi 2018).

미국은 2011년 '국방부사이버 정책 리포트'에서 미국에 대한 사이
버 공격에 대해 미국의 군사력으로 대응할 것임을 분명히 하였다.[6] 미
국 내에서 사이버 공격이라는 비대칭 위협에 대한 관심과 우려가 높아
지는 현실 속에서 전통적 안보전략에 의한 접근이 힘을 받고 있다. 중
요한 것은 미국의 사이버 억지와 보복전략이 사이버 공간을 벗어난 전
통적 군사력과 결합하고 있다는 것이다. 미국은 사이버 영역에서의 위
험이 비대칭적이라는 데에 주목한다. 네트워크에 매우 의존적인 미국
의 체계가 다른 국가들보다 상대적으로 사이버 공격에 취약한 데다 사
이버 공격은 전통적인 군사력과 비례하지 않는다는 것이다. 따라서,
미국에 대한 사이버 공격에 대해 사이버 대응에 그치는 것이 아니라
전통적인 물리적 군사력에 의한 대응이 좀 더 비례의 원칙에 부합된다
는 인식이 존재한다(Rosenzwig 2014: 376). 2018년 미국의 핵태세검
토보고서(NPR)는 비핵전략 공격에도 핵을 사용할 수 있다고 언급함
으로써 사이버 공격에 대한 전통적 핵억지전략으로 대응할 수 있음을
보여주고 있다. 결국 사이버 군사력 강화에 전통적 군사력의 지원이
확대되고 있다고 할 수 있다.

4. 미국의 사이버 안보동맹 확대

미국은 사이버 전쟁에 있어서 동맹국 혹은 우호국들과의 협력을 중요
한 과제로 강조하고 있다. 2010년 미국이 사이버 전쟁을 상정하여 추

---

6   Department of Defense, "Department of Defense Cyberspace Policy Report." No-
     vember 2011.

진한 슈라이버 워게임에 미국의 우방국인 호주, 캐나다, 영국 정부의 대표도 참가했다. 워게임을 통해 미국은 동맹들과 사이버 전쟁 관련 협정을 체결한 적이 없기 때문에 국제적 공조대응의 로드맵도 없다는 것을 알게 되었다(해리스 2015: 103-104). 미국 국방부는 2011년 발표한 사이버 전략 보고서에서 주요한 5가지 전략과제중 하나로 동맹국들과의 적극적인 협력을 강조한다. 사이버 공간의 집단안보(collective cybersecurity)를 강화하기 위해 동맹국 및 국제기구들과 긴밀히 협력해야 한다는 것이다.[7] 2011년 5월 미국 백악관이 발표한 〈사이버 공간의 국제전략〉에서도 다른 국가들과의 파트너십이 주요한 과제로 명시되어 있으며, 양자 및 다자 관계 강화와 다자제도 활용 등 다양한 국제 협력 방안들이 제시되어 있다. 특히 군사안보적 측면에서 동맹국 및 우호국들과의 협력을 통해 집단안보를 강화해가는 것이 주요한 과제로 제시되고 있다. 미국은 동맹국과 우호국들을 보호하기 위해서 외교력은 물론 군사적 수단까지 모두 사용할 수 있음을 명시하고 있다.[8]

미국은 이러한 인식에 기반하여 동맹국 및 우호국들과의 사이버 군사협력을 확대해가고 있다. 2011년 9월 미국과 호주는 "사이버 공간은 미래의 전장"이라는 개념 아래 양국의 외무장관 및 국방장관 회담에서 상호 안전보장 조약에 근거하는 공동 대처의 대상(cyber realm as part of a mutual defense treaty)으로 포함시켰고, 2018년 1월에는 사이버 전력 연구와 발전에 상호협력하는 협약을 체결하였다(The Guardian, 2018/07/25). 미일 양국 간의 사이버 안보 협력도 급속히

---

7   Department of Defense, "Department of Defense Strategy for Operating in Cyber-space." July 2011.

8   Whitehouse, "International Strategy for Cyberspace: Prosperity, Security and Openness in a Networked World," (May, 2011), 12-13.

강화되고 있다. 워너크라이 랜섬웨어의 공격 이후 미국 내에서는 일본과의 사이버 안보동맹의 절실함이 더 부각되고 있다(The Diplomat, 2017/05/23). 미국은 또한 영국, 캐나다, 호주, 뉴질랜드 등 5개국이 참여하는 정보동맹인 'Five Eyes'를 통해 사이버 공간의 안보동맹을 확대해가고 있다. 냉전시기 정보동맹으로 역할하였던 파이브아이즈는 2000년대 이후 사이버 안보동맹의 공간을 넓혀가는 역할을 하고 있다. 2013년 7월 22일 파이브아이즈 고위급대화는 사이버 안보 기반구축과 테러리스트 간의 정보교환을 공격하는 방법에 대한 심도 있는 토론을 진행하였다(汪婧 2015: 45). 파이브아이즈는 이스라엘이 옵저버 국가로, 싱가포르가 파트너로 참여하고 있으며, 최근 미국 내에서는 일본을 여섯 번째 파이브아이즈 동맹국으로 포함시켜야 한다는 논의가 제기되고 있다(내일신문 2018/09/13).

아킬라와 론펠트는 탈냉전 이후 대한민국과 남아시아 등에서 미군이 축소되거나 철수할 가능성을 거론하면서 이 지역에서 분쟁이 일어날 경우 사이버 전쟁 독트린이 지리적 거리와 축소된 군사력의 문제를 보완할 수 있을 것이라고 주장한 바 있다(Arquilla & Ronfeldt 1993: 51). 미국의 안보이익을 위해 사이버 군사동맹을 활용하면서 한편으로 동맹국에 대한 '사이버 우산'을 제공하는 사이버를 통한 동맹국 보호전략이 확대될 수 있다. 미국이 사이버 공간에서의 양자적 다자적 동맹을 확대해 가면서 동맹국에 대한 사이버 방어를 강조하고 있는 현실은 한국의 사이버 안보전략과 사이버 안보 협력에 있어서도 주요한 정책적 관심과 전략적 검토의 대상이 되고 있다. '사이버 동맹'의 문제는 한국의 사이버 안보와 군사전략에 있어서 직면하게 되는 중요한 과제 중의 하나이다.

III. 중국의 사이버 군사역량 강화

1. 중국의 안보전략과 사이버 군사력: 강군몽(强軍夢)과 사이버 전력

사이버 전쟁과 군사력에 대한 중국의 관심은 1980년대 서구에서의 연구를 소개하고 반영한 것이었다. 사이버 전쟁의 개념은 1987년 4월 션웨이광(沈伟光)이 『해방군보(解放军报)』에 '정보전의 부상(信息战的崛起)'을 발표하면서 처음 소개되었다고 할 수 있다.[9] 실제 중국에게 군사적 측면의 사이버 역량에 경종을 울린 사건은 1990년대 미국의 걸프전이었다. 당시 미국이 수행한 정보전과 컴퓨터 네트워크 기술과 연계된 작전수행으로 후세인의 군대를 쉽게 무너뜨리는 것을 본 중국은 그들의 전통적 군사력이 얼마나 시대에 뒤쳐져 있는지를 깨닫는 계기가 되었고 이후 군현대화를 추진하는 '대전환' 프로젝트를 시행하게 된다(Manson 2011: 121). 이후 2003년 이라크 전쟁 또한 중국에게 미국의 사이버 전쟁 개념과 사이버 전투력에 대한 관심과 연구를 더욱 강화시킨 계기였다고 할 수 있다(倪海宁 2008: 16). 미국의 사이버 전투기술, 사이버 전투체계의 강화가 중국에게는 군사력 격차의 심화, 이로 인한 군사력 균형의 상실, 나아가 국가안전에의 심각한 도전으로 인식된다. 미국의 사이버 전쟁개념과 사이버 군사전략을 연구하는 많은 중국의 논문들은 이러한 인식을 반영하고 있다고 할 수 있다(刘建峰 2016; 武荻山 2016; 倪海宁 2008). 중국은 실제 미국의 사이버 군사전략

9　션웨이광은 1990년 3월 세계 최초로 〈정보전(信息战)〉 제하의 저서를 출간하였고, 정보변경(信息边疆)·정보화전쟁(信息化战争)·정보화군대(信息化军队) 등의 신전쟁개념을 제시하였다.

과 군사체계, 기술 등을 모델로 하여 중국의 사이버 군사전략을 발전시켜가고 있다고 할 수 있다.

2002년 중국 국방백서는 최초로 정보화 추세에 대한 중국군의 인식을 공개적으로 밝히고 있다. 세계군사혁명이 급속히 진행되면서 새로운 군사력 불균형이 심화되고 있다고 강조하고, 정보기술이 군사영역에 광범위하게 적용되면서 전장이 육, 해, 공, 우주에서 전자의 영역까지 확대되면서 세계 주요국가들이 첨단기술에 기반한 군현대화 건설을 진행하고 있다고 밝히고 있다. 선진국들과의 기술 격차가 큰 상황에서 이는 개발도상국들의 국가주권과 안전을 수호하는 데 중대한 도전이 되고 있다고 강조한다.[10] 2004년 국방백서는 정보화 문제를 훨씬 더 비중 있게 구체적으로 다루고 있다. 정보화가 군대전투력의 핵심이라고 밝히면서 중국특색의 군사혁신과제로 정보화의 방향을 제시한다. 정보화로 세계군사역량의 균형이 더욱 무너졌다고 강조하고, 군사역량이 국가안전에 미치는 역할이 더욱 부상하였다고 강조하고 있다. 인민해방군은 군사정보시스템과 정보화전쟁 무기체계건설에 주력하고, 정보화에 기반하여 지도와 통솔계획을 강화하고, 군사이론과 작전사상을 혁신하고, 관리체계와 군편제를 개선하고, 법규와 표준체계를 향상시키고, 정보화인재를 육성하는 것을 중시한다고 명시하고 있다.[11] 또한 백서는 국가와 사회정보화 발전의 유리한 조건을 이용하여 군민이 결합된 과학연구생산체계와 정보동원체제를 구축하고 군대정보화건설과 국가정보화 건설의 상호 촉진을 실천한다고 강조하고 있다. 이렇듯 2004년 중국의 국방백서는 사이버 전쟁을 전제로 한 새로운 안보환경인식, 이에 기반한 군사전략과 군사체계, 전투역량과 무기

---

10 中国国务院新闻办公室. "2002年中国的国防 白皮书" (2002. 12).
11 中国国务院新闻办公室. "2004年中国的国防 白皮书" (2004. 12).

체계, 군민융합의 과학연구 개발체계와 동원체계 등 사이버 군사력 강화와 관련된 다양하고 구체적인 비전과 정책 등을 담고 있다.

2006년 국방백서에서 중국은 사이버 전쟁에 대비한 전투력 향상에 중점을 두었다. 백서는 사이버를 중심으로 한 군사력 경쟁의 심화가 계속되면서 군사력 불균형이 여전하다고 강조한다. 정보화 전쟁에 적응하기 위해 필요한 연합작전지휘체계와 훈련체계, 보안체계를 강화하는 것, 정보화 전쟁에서 승리할 수 있는 고급 신형 군사인재를 양성하는 것, 군사훈련의 내용과 방식, 수단들을 혁신하는 것들을 과제로 내세우고 있다.[12] 2008년 국방백서는 2010년 전에 기초를 닦고 2020년 전까지 군대의 기계화와 정보화 건설에 중대한 진전을 이루며, 2050년에 국방과 군대현대화 목표를 실현한다는 단계별 목표를 제시하면서, 중국특색의 군대정보화건설의 길(中国特色军队信息化建设道路)을 추진해 갈 것임을 강조하고 있다.[13] 2015년 중국 국방백서는 사이버 공간을 해양, 우주, 핵역량과 함께 역점을 두고 발전시켜야 하는 "4대 핵심안보 영역"으로 명시하고 있다. 사이버 공간에서의 세계의 전략경쟁이 점차 심화되는 상황에서 많은 국가들이 사이버 공간의 군사역량을 강화하고 있다고 강조한다. 국방백서는 중국이 해커공격의 최대 피해국 중 하나로 사이버 기반시설의 안보가 심각한 위협에 직면해 있다고 강조한다.[14] 2015년 국방백서는 공식적으로 발표된 가장 최근 문서로 미국이 '재균형' 전략을 지속하면서 역내 군사적 영향과 동맹체계를 강화하고 있다고 분석하고, 전쟁 형태 또한 정보전쟁으

---

12 中国国务院新闻办公室. "2006年中国的国防 白皮书"(2006. 12).

13 中国国务院新闻办公室. "2008年中国的国防 白皮书"(2008. 12).

14 中国国务院新闻办公室. 『中国的军事战略』 2015. 5. http://www.mod.gov.cn/af-fair/2015-05/26/content_4588132.htm

로 빠르게 전환되어 가고 있음에 주목한다. 세계 주요국들이 적극적으로 국가 안보전략을 조정하고 군사력체계를 변화시키고 있는 상황에서 군사기술과 전쟁 형태의 혁명적 변화는 국제정치와 군사 분야에 중대한 영향을 미치고 있으며 이는 중국의 군사안보에 새로운 도전이라고 인식한다.

중국 정치체계의 특성상 중국군은 단순히 국가안보뿐만 아니라 경제성장과 같은 국가건설사업에도 기여하도록 요구받고 있다. 2015년 중국 국방백서는 중국군의 현대화 사업이 중화민족의 위대한 부흥이라는 시진핑 시대의 과제를 실현하는 데 중요한 항목으로 제시되어 있다. 중국공산당 창건 백주년에 소강사회를 건설하고, 중국건국 백주년에 사회주의 현대화국가를 건설한다는 중화민족의 위대한 부흥의 꿈인 중국몽은 군대에 있어서 강군몽(强軍夢)으로 연결된다. 2015년 국방백서는 이러한 강군몽, 현대화된 군체계의 핵심과제로 정보네트워크 체계에 기반한 전투역량 강화를 가장 우선적으로 강조한다. 이렇듯 중국 또한 국방전략과 군현대화 비전에서 사이버 역량이 차지하는 비중이 점점 더 높아지고 군사조직체계, 기술역량, 인재양성 등 사이버 역량 강화를 위한 다양한 조치들을 정책과제로 제시하고 있다.

2. 중국의 사이버 안보 군사체계: 사이버 군사조직의 확대, 민군협력과 전 국가적 접근

중국의 군사연구들은 사이버 전쟁을 전쟁 중에 적들이 정보를 획득하고, 전달하고, 사용하는 능력을 약화시키기 위한 비대칭 전략으로 기술하고 있다. 사이버 전쟁이 정보의 우위를 확보하고 더 강한 적을 상대하는 데 매우 효과적인 방법이라는 것이다(Office of the Secretary of

Defense 2015/04/07: 37). 중국은 사이버 간첩과 사이버 전쟁이 중국보다 좀 더 발전된 경제와 군사, 그리고 정보조직과 경쟁하는 데 도움을 주는 전술이라고 생각한다(해리스 2015: 120). 중국은 사이버 전력 강화를 위한 군사체계와 기술, 대외협력을 발전시켜 가는 과정에서 미국의 사이버 안보전략과 군조직, 기술 등을 연구하고 벤치마킹하면서 조직적으로 유사한 구조를 구축해가고 있다. 중국의 많은 연구들이 미국의 사이버사령부의 통합적 리더십과 사이버 전투력 강화의 방향을 강조하면서 중국의 사이버 전력 강화에 주요한 정책적 참고로 삼고 있다(武获山 2016; 苏金树·王勇军 2015; 倪海宁 2008).

중국은 2011년 사이버 공격으로부터 국가를 보호하고 전쟁 시에 사이버 공격을 주도한다는 두 가지 목적을 가지고 사이버부대(Cyber Blue Army)를 창설하였다(Rosenzwig 2014: 79). 30명 규모의 이 군조직에 대해 중국 국방부 대변인은 "사이버 안전이 민간뿐만 아니라 군에 미치는 영향이 크고, 중국은 사이버 공격의 피해자"라고 강조한 뒤 'Cyber Blue Team'은 사이버 공격에 대한 방어력 향상을 목표로 만들어진 임시조직으로 인민해방군의 정식조직이 아니라고 반박하였다(TechinAsia 2011/05/27). 2013년 맨디언트(Mandiant)는 중국 인민해방군 내에 사이버 전쟁부대인 총참모부 3부 2국인 61398부대가 존재한다고 밝힌 바 있다. 중국 인민해방군에서 초기의 사이버 전략을 담당한 것은 총참모부, 특히 총참3부(总参三部)인 것으로 알려진다. 61398부대는 2006년부터 활동한 것으로 추정되며, 중국정부에서 존재 자체가 비밀인 조직으로, 상하이 지역에 주둔하며 몇 천 명의 인원이 활동한다. 총참3부에는 해커 10만 명 이외에 언어전문가, 분석가, 기술 인력 등이 상당수 있으며 산하에 16개국을 두고 전 세계 인터넷과 통신을 감청 또는 해킹하고 분석하는 임무를 수행한다고 알려져 있다(Mandiant Intelligence Center Report Feb. 2013). 맨디언트는 61398부대의 존재가 중국공산당이 사이버 공격과 약탈을 주도하는 근거라고 강조하고 있다.

중국인민해방군은 또한 사이버 전력을 통합하기 위해 2015년 12월 전략지원부대(战略支援部队, SSF/Strategic Support Force)를 창설하였다. 중국인민해방군 전략지원부대는 육군, 해군, 공군, 로켓군에 이은 제5대 군으로, 우주 사이버 전자 분야의 전투 역량을 관장한다. 중국 인민해방군보는 "시진핑 주석이 '중국몽, 강군몽'을 목표로 미래군사 경쟁전략을 제고하기 위해 중국특색의 현대군사역량체계를 구축하고, 직접 전략지원부대 창설을 결정하였다"고 전하고 있다. 시진핑 주석은 2015년 12월 31일 직접 전략지원부대 군기 수여식에 참석해 축사를 하였을 뿐만 아니라 9개월 뒤엔 직접 전략지원부대를 시찰하면서 "세계일류를 목표로 강력한 현대화 전략지원부대를 만들도록 하라"는 중요 담화를 발표하였다.[15] 그만큼 전략지원부대는 시진핑 주석의 미래 '강군몽' 실현을 위한 핵심정책임을 알 수 있다. 과거 정보 업무는 총참모부 산하 정보부서가 담당하였으나, 신설된 전략지원부대가 정보, 탐문, 전자 대항전, 사이버 공방, 심리전, 통신 등을 분리하여 통합 지휘하게 된 것이다. 전략지원부대의 창설은 사이버 전력을 강화하기 위한 첫 번째 조치로 사이버 정찰, 공격 및 방어 능력을 하나의 조직으로 결합하여 효율성을 창출하고자 하는 것이다(Office of the Secretary of Defense 2018/05/16). 중국은 이러한 사이버 군사조직의 개편과 함께 사이버 군 인력을 증강하고 있다. 최근 중화권 매체인 둬웨이(多維)는 중국이 사상 최대 규모로 인터넷 부대를 확대 개편하

---

15   中国战略支援网. "锻造新型作战力量的尖刀铁拳." 2017. 06. 05.

여 베이징과 상하이에 배치를 완료하였다고 보도한 바 있다(연합뉴스 2018/07/10).

중국은 사이버사령부 창설, 역량 강화 조치와 함께 사이버 작전수행 역량을 강화하기 위한 민군협력 강화에 주력하고 있다. 민간과 군의 역량을 통합하는 "군민융합(軍民融合)"은 중국이 20년 동안 주력해온 과제로 민간의 첨단기술력을 인민해방군의 전투력 강화에 투입하는 계획이다. 이러한 군민융합은 미국의 2014년 국가전략에서 제기하였던 모델을 벤치마킹하고 있는 것이라 할 수 있다(Laskai 2018: 12). 민병대의 존재는 전통적으로 중국 인민해방군의 특징이다. 민병대는 기업이나 대학 등 민간에 종사하는 사람들로 전시나 평시에 인민해방군의 지원을 위해 무장된 사람들이다. 중국 인민해방군이 사이버 민병대를 창설한 것은 대략 2002년부터이다. 당시 민병대는 IT기업과 대학 등에 있는 전문가들로 구성되었고 인민해방군의 '컴퓨터 네트워크 부대'와 중국 민간정보안보 전문가들의 연합체계였다. 인민해방군은 전문가들과 인프라에 쉽게 접근하기 위해 민간기업 내에 직접 민병대를 창설하였다. 중국 국방백서에 정보전에 특화된 민병대가 공식적으로 언급된 것은 2004년으로, 백서에는 "최근에 강화된"것으로 표현되었다. 비슷한 시기인 2003년에 중국인민해방군 국방과학대학(the PLA Academy of Military Science)이 공개적으로 사이버 전쟁 민병대를 언급하였고, 2006년 국방백서에서 다시 한번 사이버 민병대가 언급되었다.[16] 중국 인민해방군의 군사과학원 군사전략연구부(軍事科学院軍事戦略研究部)가 2013년에 발행한 『전략학(战略学)』에도 민병대가 언급된다.[17] 2015

---

16 중국 사이버 민병대 관련 내용은 Sheldon & Mcreunolds (2015) 참고.
17 『전략학』은 중국의 군사전략 방향을 가늠하는 중요한 전략서로 10년에 한 번 발행되는데, 2013년 처음으로 전체 한 장을 할애하여 사이버 정찰, 방어, 공격 및 억제 등 다양한

년 중국 국방백서에서도 민군융합은 중요한 과제로 제시된다.

중국은 시진핑 체제 들어 민군융합을 더욱 강조하면서 사이버 전쟁수행 능력을 강화하고 있다. 중국은 2014년 9월 전군 사이버 안전과 정보화 군민융합토론회를 개최하였다. 중국인민해방군은 사이버 안보 역량 강화를 위해 ZTE(中兴通讯), 화웨이 등 민간 인터넷 기업들과의 파트너십을 심화하는 것은 물론 대학들과의 네트워크도 강화해 왔다. 중국은 이러한 민군협력 강화의 차원으로 2017년 1월 중공중앙정치국과 정치국상무위원회 산하에 시진핑 주석을 주임으로 하는 '중앙군민융합발전위원회(中央军民融合发展委员会)'를 설립하였다. 군민융합발전위원회는 부주임에 리커창 총리 등 정치국 상무위원과 판공실 주임에 장가오리 상무위원을 배치하는 등 비중 있는 조직으로 신설되었다. 시진핑은 군민융합발전위원회 첫 회의에서 "군민융합발전은 중국이 장기적으로 경제력과 국방력을 건설하는 과정에서 이룩한 중대한 성과이며 또한 국가 발전과 안보에 관한 중대 결정이자 복잡다단한 안보 위기에 대한 대응책이며 국가 전략 우위를 얻기 위한 것"이라고 강조했다(新华社 2016/06/20). 군민융합발전의 핵심과제 중 하나가 사이버 안전에 대한 군민협력이다. 군민융합발전위원회와 중국인민해방군의 지도하에 2017년 12월 '사이버안전 군민융합혁신센터(网络空间安全军民融合创新中心)'가 설립되었다. 이 센터는 중국의 대표적인 사이버보안기업인 치후 360이 주도하는 것으로, '미래 사이버 전쟁에서의 승리'를 위한 민간부문의 협력을 이끌어내는 것을 핵심임무로 명확히 하고 있다(中国新闻网 2017/12/26).

유형의 사이버 군사작전을 기술하였다.

3. 중국의 사이버 군사역량 강화

중국은 사이버 역량과 인력이 미국에 뒤쳐져 있다고 인식하고 사이버 공간의 운영능력을 향상시키기 위해 훈련과 혁신을 강화하는 데 노력하고 있다. 중국은 적군의 침입을 저지하거나 교란하기 위해 중요한 군사 및 민간 노드를 타겟으로 하여 중국의 '反접근 지역거부전략(A2/AD：Anti-Access, Area Denial)'을 지원하는 것을 목표로 사이버 전력을 증강하고 있다(Office of the Secretary of Defense 2018: 61). 일부 전문가들은 이미 중국의 사이버 군사역량이 미국을 앞서 있다고 평가한다(해리스 2014). 중국은 이미 인터넷 기술을 발전시키는 데 더 많은 돈을 투자하고 있으며, 인민해방군이 미중 간의 국지적 충돌이 일어날 경우 강력한 사이버 전투역량을 통해 미국에 대한 비대칭 공격을 단행할 수 있는 수단을 확보한 것으로 믿고 있다(Manson 2011: 122).

중국 인민해방군은 군현대화 작업에 많은 예산을 지속적으로 늘려갔으며, 중국 국방비는 1996년 450억 달러에서 2018년 1746억 달러로 4배 가까이 증대되었다. 국방비에서 얼마나 많은 예산이 사이버 전투력 강화에 투입되고 있는지 구체적으로 공개되어 있지 않으나 미국은 중국의 사이버 전력 예산이 미국을 추월할 것이라고 인식한다.[18] 국방비뿐만 아니라 인적 규모가 중국의 사이버 전력 증강의 중요한 요소라고 할 수 있다. 2013년 맨디언트는 상하이에 본부를 둔 61398부대의 규모로 추정한 중국의 사이버 해킹그룹이 2만 명에 이른다고 분

18　2006년에 발표된 미국의 국방분석보고서에는 중국의 사이버 전력예산이 2017년 미국을 추월할 것이라고 전망하고 있다. Department of Defense, "Quadrennial Defense Review Report," (February 6, 2006), 29-30. http://archive.defense.gov/pubs/pdfs/QDR20060203.pdf

석하였다(해리스 2015: 123). 그만큼 중국 인민해방군이 사이버 군사 역량 강화를 위한 예산과 인원을 집중 투입하고 있음을 보여주는 것이다. 중국은 2030년까지 AI 분야에서 세계 최강국으로 올라서겠다는 목표를 천명하고 국방 분야에서도 AI를 적극적으로 도입할 방침을 밝혔다. 미 국방부 자문위원장인 알파벳의 에릭 슈미트 최고경영자(CEO)는 2017년 "5년 후 미국과 중국의 AI 수준은 비슷할 것"이라고 경고했다(이투데이 2018/03/16).

중국은 1990년대 이후 미국의 사이버 군사력 강화를 위한 제도적, 기술적 조치들에 적극적인 관심과 연구를 지속하면서 사이버 군사력을 강화해왔다. 미 국방부의 2010년 보고서는 중국이 이미 전자적 공격에 대응하기 위한 전자적 역량과 컴퓨터네트워크 작전(CNO: Computer Network Operation) 역량에 투자하고 있으며, 인민해방군은 이미 적들의 컴퓨터시스템과 네트워크를 공격하기 위한 바이러스를 개발하는 정보전쟁부대를 설립하였다고 밝히고 있다(DOD 2010: 37). 중국의 사이버 군사력은 또한 민간 해킹그룹의 기술과 참여라는 뒷받침을 받고 있다. 중국이 해킹그룹을 활용해 군사적 대응을 한 것은 이미 오래 전부터 있어왔던 것으로 알려진다. 1999년 주유고슬라비아 중국대사관이 나토 훈련 중이던 미국 전투기에 의해 오폭을 당한 이후 중국 민족주의자들이 미국과 동맹국의 웹사이트를 대상으로 사이버 공격을 단행하고 2001년 하이난섬 남해상에서 미국 정찰기와 중국 인민해방군의 전투기가 충돌한 이후 중국의 애국해커들은 또 다시 백악관 등 주요기관의 사이트를 공격했다. 이후 20년간은 중국이 사이버 전투역량을 강화하는 데 주력해온 시기라고 할 수 있다(Mason 2011: 121). 중국은 오랫동안 비대칭전략, 즉 기본적인 무기를 이용해 적의 약점을 공격함으로써 더 큰 적을 제압하는 전략을 구사해 왔다.

이러한 전략의 최신 버전이 사이버 간첩 활동과 사이버 전쟁이라고 할
수 있다. 중국이 전 세계의 대양을 누비며 전투를 벌일 수 있는 입체함
대를 보유하고 있지는 않으나, 지구 반대편에서 미국 내 타깃을 파괴
해버릴 수 있는 사이버 군사력은 확보하고 있다. 중국 사이버군은 러
시아와 마찬가지로 미국 군용 항공기를 해킹하여 항공기를 추락시킬
수 있는 사이버 공격기술을 개발했다(해리스 2015: 120-121). 2008년
중국 국방백서는 인민해방군의 사이버 전투체계와 역량이 일정한 성
과를 거두고 있음을 스스로 평가하고 있다. 정보시스템에 기반한 군
사 체계 건설에 일정한 진전이 있었고, 2006년 군사종합네트워크(軍事
綜合信息网)가 개통되어 정보기반시설과 정보안보 수준이 제고되었으
며, 전쟁에서의 정보기술 지원역량을 강화하였다고 평가하고 있다. 전
략적으로도 정보화 이론과 현실적인 문제들에 대한 연구가 심화되었
고 군대정보화 건설의 장기계획과 지도의견이 제정되고, 정보화발전
에 필요한 군대 내 교육기관의 교육과 인재육성이 강화되었다고 밝히
고 있다.[19]

중국군의 사이버 전투역량은 민간부문의 성장에 따라 더욱 강화
되고 있다. 2017년 19차 당대회 한 달 전 국가인터넷정보판공실(国家
互联网信息办公室)이 사이버 공간에 대한 시진핑 주석과 당의 인식을
보여주는 중요한 문서를 발표하였다. 문서는 "사이버 안보와 정보화
를 위해 민군통합을 더욱 강화해야 한다"고 강조하고 민군통합 체계와
사이버 안보 프로젝트, 혁신정책 등을 추진한다는 내용을 담고 있다
(Lyall 2018/03/01). 치후 360 등 민간기업이 사이버 군사력 강화를 위
한 민군협력에 적극 참여하고 있는 모습은 민간의 기술력이 군의 사이

---

19   中国国务院新闻办公室, "〈2008年中国的国防〉: 人民解放军的改革发展"(2009. 01).

버 군사력 강화에 기여하고 있음을 보여준다. 중국 인민해방군은 2000
년 들어 과학기술과 사이버 인재양성에도 주력하고 있다. 중국 인민
해방군은 2016년 중앙군사위원회 산하에 과학기술위원회(军委科学技
术委员会, S & T Commission)를 창설하고, 2017년에는 군사과학연구
지도위원회(Scientific Research Steering Committee)를 창설하였다.
이 위원회는 뛰어난 기술을 가진 과학자와 기술자들로 구성되어 있다
(Office of the Secretary of Defense 2018: 61). 중국중앙군사위원회는
21세기 초기 10년부터 장기간 동안 군대 내에 학교와 학원을 세워 인
재를 양성하는 '2110프로젝트(2110工程)'를 추진하여 왔다. 2110프로
젝트는 25개 군사학교(학원)와 60개 학과, 31개 실험실을 대상으로 중
점 지원하여 군현대화건설을 강화하는 것이었다. 2110프로젝트의 대
상에 국방과학기술대학(国防科学技术大学), 중국인민해방군정보공정대
학(中国人民解放军信息工程大学), 중국인민해방군전자공정학원(中国人民
解放军电子工程学院) 등 정보통신 관련 교육기관이 포함되어 있다.

4. 중국의 사이버 군사협력의 확대

중국은 사이버 문제에 대한 다자기구와 국제포럼 등에 적극적으로 관
여하면서 영향력을 확대해가고 있다. 중국은 상하이협력기구 회원들
과 사이버 공간의 거버넌스에 대한 통합적 관리를 강화하고 불간섭
등의 규범을 주도하기 위해 '정보안보에 대한 국제규범(International
Code of Conduct on Information Security)' 초안에 합의하였다(Office
of the Secretary of Defense 2015: 15). 중러 군사협력관계는 사이버 공
간에서도 주요한 협력의 구조로 역할하고 있다. 2015년 중국 국방백
서는 대외군사관계 발전에서 중러 군사협력을 가장 먼저 언급하고 있

다. 중러 양국 군대는 전면적 전략협력동반자관계(全面战略协作伙伴关系)인 양국관계하에서 양국 군사관계를 한층 광범위하고 심층적으로 발전시킬 것을 강조하고 있다.[20] 중국은 2012년부터 러시아와 해상, 대테러, 영공합동훈련 등 다양한 합동군사훈련을 실시하고 있으며, 2017년 파키스탄, 베트남, 캄보디아, 네팔, 이란 등과 수차례의 양자 합동군사훈련을 실시하였다(Office of the Secretary of Defense 2018). 중국은 아프리카, 남미, 남태평양국가들과의 전통적인 우호관계를 발전시키고, 아세안 국방장관확대회의, ARF, 샹그릴라 대화 등 다자회의에도 적극 참여한다는 방침을 가지고 있다. 이러한 전통적 군사협력관계는 사이버 공간의 군사협력관계로 이어지고 있다. 중국은 2015년 러시아와 사이버 보안협약을 체결하였고, 이 협약은 중국과 러시아가 사이버 공간에서 서로에 대한 감시를 지양하고 각국의 법집행기관을 통해 기술 전수 및 정보공유를 하겠다는 내용을 담고 있다.

중국은 미국의 사이버 전략과 군사력 체계, 전력 등에 대한 연구를 지속하면서 중국군의 정보화, 현대화 전략을 모색하고 있다. 지휘체계에서뿐만 아니라 민군협력체계, 인재양성과 기술력, 국제협력 등 다양한 분야에서 중국의 사이버 군사력을 증강시켜가고 있는 것이다.

IV. 북한의 사이버 위협과 미중 사이버 군사력 경쟁

2015년 미국 국제전략문제연구소(CSIS)는 북한의 사이버 작전 관련 보고서에서 "북한의 사이버 전력이 북한의 핵과 미사일처럼 한반도에

---

20   中国国务院新闻办公室. "中国的军事战略"(2015. 5).

서의 교착을 만들고, 미국과 한국의 일들에 영향을 미치고 있다"고 분석하였다(Jun & Lafoy & Sohn 2015: 29). 북한의 사이버 부대는 평시와 전시를 모두 관리하는 것으로 평시에는 기업, 은행, 정부기관 등에 대한 해킹과 교란으로 적국의 불안정과 위협을 야기하는 한편 실제 전시에는 상대의 레이더 혹은 조기감지 시스템을 교란하여 적군의 작전을 방해할 수 있다.[21] 북한의 사이버 공격 역량 증대는 한국에 군사적, 경제사회적 측면 등에서 직접적인 위협이 되고 있다. 2009년 7월 7일의 디도스 공격, 2011년 4월에는 악성 코드가 심어진 컴퓨터를 통해 농협 전산망 서버가 파괴되었으며, 2013년 3월에는 APT 공격으로 KBS 등 방송국과 금융사의 내부 시스템파괴 시도가 발생하기도 했다. 2014년 4월에는 GPS 전파 교란으로 항공기, 함정, 선박 등의 운항에 피해를 입기도 했으며, 12월에는 한국수력원자력에 대한 해킹사건이 발생하기도 했다(황지환 2017: 139-159). 북한의 사이버 위협은 점점 더 북핵문제 혹은 무력도발과 유사한 틀에서 한국의 안보위협이면서 세계 안보의 주요한 위협으로 담론화되고 있다.

1. 북한의 사이버 군사력 강화

미국의 사이버 보안 전문기관인 테크놀리틱스 연구소(The Technolyt-ics Institute)의 2009년 사이버 역량 평가에 따르면 북한은 중국, 미국, 이스라엘, 러시아, 일본, 이란, 인도에 이은 8위권으로 한국보다 더 높은 수준이었다. 김정은 체제 출범 이후 사이버 군사력의 중요성이 높

---

21   CSIS보고서는 2010년 북한의 연평도 포격 당시 한국의 AN/TPQ-37 2대가 작동하지 않은 것이 북한 정찰총국의 사이버 공격과 연계된 것으로 추정하고 있다(Jun & Lafoy & Sohn 2015: 39).

아지면서 체계와 기술, 인재 등에 대한 투자가 확대되는 것으로 알려지고 있다. 김정은은 사이버전을 "핵, 미사일과 함께 인민군대의 무자비한 타격 능력을 담보하는 만능의 보검"이라 칭하며, 2007년 9월부터 해킹 및 전파교란을 전담하는 6000명 규모의 사이버 부대를 직속 관리하고 있다(디지털타임즈 2017/11/21). 북한은 사이버 전력을 전략 무기로 인식하고 있으며, 사이버 전력은 단순히 인민군의 군사전략을 지원하는 역할을 넘어 주력으로 부상하고 있다(Jun & Lafoy & Sohn 2015: 29). 김정은은 2013년 11월 11일 제4차 적공일꾼대회에서 "사단급 사이버전략사령부를 조직해 3년 안에 세계 최강의 사이버 전력을 보유하라"고 지시했다. 북한 사이버 부대는 김일성종합대학, 김책공업종합대학 등 북한의 핵심 과학기술대학 출신의 사이버 전문병력 3000명을 보유하고 있는 것으로 알려지고 있다. 북한은 정보기술인재 양성을 매우 중시하여 소학교 3학년부터 컴퓨터를 필수과목으로 선택하고 김일성종합대학과 김책공업종합대학 등 주요대학은 모두 컴퓨터학과를 개설하였으며, 함흥컴퓨터기술대학, 평양컴퓨터기술대학, 평양과학기술대학에 IT대학원 등 정보기술인재 양성을 위한 전문대학을 증설하고 있다(崔成优·权金兰 2018: 59-60). 이러한 기술과 인력을 바탕으로 북한 국방위원회는 이미 여러 차례 북한이 강력한 사이버 전투 능력을 보유하고 있다고 표명하며 사이버전에서의 자신감을 표명하여 왔다.[22]

북한은 2000년대 들어 사이버 군사력 강화를 위한 군조직 체계

---

22 2014년 소니 해킹과 관련해 미국이 북한을 테러지원국으로 재지정하겠다는 뜻을 밝히자 북한 국방위원회 정책국은 성명을 통해 '미국이 근거 없이 북한을 해킹의 배후로 지목했다'고 주장하며 "우리 군대와 인민은 사이버전을 포함한 모든 전쟁에서 미국과 대결할 만반의 준비를 다 갖췄다"고 강조하였다.

개편과 규모 확대에도 주력하고 있다. 김정은 체제 출범 이후 북한은 군의 편제, 지휘체계, 군종병력, 군사력 발전방향에 중대한 변화들을 추진하고 있다. 특히 김정은 집권 이후 북한군은 사이버전 부대 발전을 고도로 중시하여, 사이버전, 핵무기, 미사일을 3대 전략작전수단으로 명시하여 사이버전의 전략적 위상을 격상시켰다(姚银松 2015: 37). 북한은 2009년 노동당과 인민군에 정보와 심리전, 사이버 공격을 총괄 주도하는 정찰총국을 국방위 산하에 창설하였으며 정찰총국 내에 사이버 작전을 수행하는 '121부대'와 '110연구소' 등이 있다. 정찰총국 내 1국에는 핵커부대로 알려진 414연락소와 128연락소가 있었다(Jun & Lafoy & Sohn 2015: 43). 110연구소는 컴퓨터기술연구소로 뛰어난 해킹기술을 보유하고 있는 것으로 알려진다. 121부대는 1998년 김정일 국방위원장의 지시로 만들어져 수천 명의 인원이 해외 주요 인사의 정보 수집, 특정 국가에 대한 사이버 공격을 목적으로 투입되고 있다(Nikkei Asian Review 2018/02/25). 이후 2013년에 김정은 위원장의 지시로 121부대의 부대원 500여 명을 중심으로 하는 180부대가 구성된 것으로 알려진다. 180부대 또한 정찰총국 산하에 편성되어 있고, 180부대의 임무는 핵폭탄, 장거리 미사일 등 5대 무기 개발에 필요한 외화 벌이에 집중되어 있는 조직으로, 2018년 일본의 가상화폐 거래소 '코인체크'를 해킹한 것도 180부대로 추정된다. 180부대는 기존 사이버 공격 이외에도 일본이나 중국의 기업을 대상으로 비교적 저렴한 비용에 소프트웨어 개발을 발주한 뒤 관련 자금을 국가에 상납하고 있다(아주뉴스 2018/03/12).

북한의 총참모부도 사이버 전략을 군사전략에 통합해가고 있다. 북한의 총참모부가 2014년 2월 21일부터 3월 4일까지 최초로 사이버 작전이 포함된 합동군사훈련을 실시했다는 점에서 북한의 군사전략과

작전에서 사이버전 개념과 전략, 전술이 통합되어 가고 있음을 볼 수
있다. 총참모부 산하에는 지휘자동화부대가 있으며 31소, 32소, 56소
로 구성되어 있고 심리전과 선전전의 임무를 담당하는 204부대가 존
재한다(Jun & Lafoy & Sohn 2015: 46-47). 중국의 한 논문에서는 북
한군이 2012년 8월 전군의 사이버 전쟁부대의 업무를 주도하고 통합
지휘하도록 하여 기존의 통일지휘체계의 결함을 개선하기 위해 전략
사이버사령부를 창설하였다고 밝히고 있다. 북한의 사이버 공격 병력
또한 3000여 명에서 2015년 6800여 명으로 규모가 2배 이상으로 확
대되는 등 북한의 사이버 전투역량은 급격히 상승하여 한국의 사이버
전쟁 부대에 절대적인 우세를 점하고 있다(姚银松 2015: 37).

2. 사이버 공간에서의 '불량국가 북한'의 부상과 안보화

북한은 최근 세계 사이버 안보의 주요한 과제가 되어가고 있다. 북한
이 세계 사이버 안보에 최대의 위협 국가 중 하나로 부상하고 있는 것
이다. 2017년 랜섬웨어의 배후로 북한이 지목된 이후 북한의 사이버
안보위협이 러시아보다 더 위험하다는 주장이 제기될 만큼 북한의 사
이버 공격에 대한 세계의 우려와 경계가 높아지고 있다.[23] 최근에는 북
한 사이버군이 대북제재로 인한 경제난을 해소하기 위해 사이버머니
해킹 등 외화획득 수단으로 사이버 공격을 단행하는 것이 주요한 위협
요인으로 주목받고 있다. 북한이 해커전문부대인 121부대를 위해 유
명 대학에서 학생들을 엄선하고 있고 지난해 11월에는 평양과학기술

23　CNN. "Why the world should worry about cyber war with North Korea."
　　(2017/10/11); *The Guardian*. "North Korea is a bigger cyber-attack threat than Rus-
　　sia." (2018/02/26).

대학교에서 특수 가상화폐 과정을 가르치고 있는 것으로 보도된 바 있다. 북한 해커 집단은 2015년 방글라데시 은행을 해킹해 8100만 달러를 필리핀 계좌로 빼돌린 혐의를 받았다(중앙일보 2018/03/07). 일본 또한 2018년 일본 가상화폐 거래소 '코인체크' 해킹 사건에 북한이 연루됐을 가능성을 제기하고 있다. 180부대가 외화획득을 위해 가상화폐 거래소를 해킹하고 있다는 것이다(아주뉴스 2018/03/12). 이렇듯 북한의 사이버 위협은 이란과 함께 국제사회의 주요한 안보위협으로, 북한은 주요한 사이버 범죄국가로 부상하고 있다.

미국은 북한의 사이버 위협을 주요한 안보위협으로 지속 강조하고 있다. 2015년 미 국방부가 발표한 '사이버 안보전략' 보고서에서 북한의 사이버 위협은 대표적인 사이버 테러의 사례로 비중 있게 다뤄지고 있다. 2014년 북한이 소니 컴퓨터를 사이버 공격하여 중요한 기업 기밀을 빼낸 것은 근래 일어난 사이버 공격 중에 가장 파괴적인 것으로 언급되면서 이 사건이 사이버 위협의 중대성과 사이버 안보 향상의 필요성을 미국 내에서 급격히 환기시켰다고 언급하고 있다.[24] 2018년 미국의 국방전략 또한 중국, 러시아, 이란, 테러리즘과 함께 북한의 위협을 핵심적인 과제로 적시하고 있다(Defense News 2018/01/30). 2017년 6월 워너크라이 랜섬웨어 사태의 공격 주체가 북한의 해커 집단 '히든코브라(Hidden Cobra)'라고 공식 지목한 이후 미국은 북한의 사이버 공격을 지속적으로 공개경고하고 있다(중앙일보 2018/08/06). 2018년 두 차례의 남북정상회담과 한 차례의 북미정상회담이 진행되면서 한반도 정세가 급격히 변화하는 상황에서도 북한의 사이버 공격 위협은 여전히 주요한 경계의 대상이다. 2018년 7월 13일 댄코츠 국

---

24 Department of Defense. "The Department of Defense Cyber Strategy." May 2015, 1-2.

장은 미국의 디지털 인프라에 대한 공격이 상시적으로 지속되고 있으며 가장 심한 공격자는 러시아, 중국, 이란, 그리고 북한이라고 덧붙였다(국제뉴스 2018/07/16). 북미 양국이 적대적 관계를 청산키로 한 6·12 싱가포르 공동합의가 나온 지 이틀 만에 국토안보부(DHS)와 연방수사국(FBI)은 북한의 악의적 사이버활동을 경고했고, 2018년 9월 6일 미 재무부는 2014년 소니영화사 해킹 혐의로 북한 국적의 해커 박진혁과 그가 소속된 '조선 엑스포합영회사'를 독자 제재명단에 올렸다. 2018년 7월 미국 상원 세출위원회가 승인한 새 회계연도 예산안에는 북한의 사이버 공격 역량을 지원하는 해외 국가에 대한 원조를 중단하는 내용이 포함되었고, 2018년 8월에는 미국 상원에서 '사이버 억지와 대응 법안'을 발의하였다(VOA뉴스 2018/08/23). 이렇듯 북한의 사이버 위협에 대한 미국의 경계와 대응 수위는 점차 강화되고 있다.

3. 북한 사이버 위협의 부상과 미중 경쟁

북한의 사이버 위협은 단순히 기술적 역량뿐만 아니라 러시아와의 연계 등 글로벌 네트워크의 차원에서도 위협적 존재로 인식되고 있다.[25] 북한은 사이버 공격 역량 강화에 중국, 러시아 등 전통적 우호협력국의 지원을 적극 활용하고 있다. 미국정부는 2017년 봄부터 9월 말까지 북한의 인터넷 이용 차단을 위해 디도스 공격을 벌였으나, 러시아가 이를 피할 수 있는 새로운 인터넷 채널을 제공하고 있는 것이다. 자라테 전 미국 재무부 테러금융담당 차관보는 2018년 1월 하원외교위 청

---

25 북중관계가 소원해진 상황에서 러시아가 북한에 인터넷을 지원하면서 북한의 사이버 공격을 더 대담하게 만드는 데 기여하고 있다는 의혹이 제기되고 있다(*Forbes*, 2017/12/01)

문회에서 러시아가 북한에 사이버 접근수단을 지원하는 것이 심각한 문제라고 지적하고 북한의 사이버 공격 역량을 지원하는 모든 개인과 기업에 세컨더리 보이콧, 즉 3차 제재를 가해 북한의 핵, 미사일 개발 자금줄을 차단해야 한다고 주장하였다(VOA 2018/01/11). 미국 케네스 기어스 북대서양조약기구(NATO) 사이버방어협력센터 대사는 "북한이 미군과 한국군 작전계획을 해킹하는 것은 충분히 가능하며, 북한은 그런 사이버 역량을 갖췄다"고 언급하고 "러시아와 중국이 북한의 이번 사이버 공격에 도움을 줬을 가능성이 있다"고 추정했다(VOA 2017/10/13). 북한의 사이버 공격에 대한 직접적 지원이나 연계가 아니더라도 실제 중국, 동남아 등이 북한 해커들의 근거지가 되고 있다는 점도 북한 사이버 공격 대응의 주요한 관심이 되고 있다. 이미 말레이시아의 두 개 기업이 북한의 정찰총국 스파이 기관과 연결되어 있는 등 말레이시아가 주요한 근거지 중 하나이고, 북한의 핵심 해커부대인 180부대가 중국이나 동유럽의 호텔에서 활동하고 있는 것으로 알려지고 있다(Reuters 2017/05/21). 북한의 사이버 위협은 중국, 러시아, 이란, 시리아 등 주요 위협국가 혹은 불량국가의 틀에서 담론화되고 있다.

미국은 북한의 사이버 위협에 대응하기 위한 다양한 조치들을 이행하고 있다. 미국은 북한, 시리아, 이란 등 불량국가들의 사이버 공격에 대한 효과적인 억지를 위해 동맹국의 정보기관들과의 협력을 통해 대응해야 한다고 강조한다. 기술들이 어디에서 어떻게 국가 간 이동하는지에 대한 정보를 파악하고 이 과정에서 어떠한 정부 조직들이 관여하는지도 밝혀내야 한다는 것이다(Poindexter 2015: 190). 2018년 1월 18일 미국 하원은 '사이버 외교법안'을 통과시키고, 미 국무부에 사이버 외교 전담 부서를 신설하였다. 법안에서는 북한을 비롯한 러시아, 중국, 이란이 미국에 대한 주요 사이버 위협으로 지목하고, 악의적인 사이버 활동을 벌이는 국가에 대가를 치르도록 국제사회의 정치적 협력을 촉구하는 것이다(뉴시스 2018/02/07). 이렇듯 사이버 공간에서의 북한과 중국, 러시아의 연계와 이에 대한 미국의 경계는 전통적 안보위협과 유사한 모습을 보인다.

반면 중국은 북한의 사이버 공격에 대해 상대적으로 낮은 위협인식과 서구사회의 비판에 부정적 인식을 드러내고 있다. 북한이 단행한 것으로 추정되는 최초의 국내사이버 공격인 2009년 7월 7일 디도스 공격 이후 국제사회에서 부상하는 북한 사이버 위협론에 대해 중국은 서구의 전략적 의도가 담긴 것으로 반박하고 있다. 중국은 미국이 중국의 사이버전 역량 증대에 대한 우려 때문에 중국을 '가상의 적(假想敵)'으로 명시하고, 국제사회에 '중국 사이버 위협론'을 확산시키고 있다고 인식한다(汪婧 2015: 43). 중국의 이러한 가상의 적 논리는 북한의 사이버 위협에 그대로 적용되고 있다. 중국 내 일부 보도와 연구들은 '북한의 사이버 위협론'이 모호할 뿐만 아니라 서구에 의해 만들어지는 '가상의 적'이 되어가고 있다고 반박한다. 북한위협론을 명분으로 일부 국가들이 군사력을 증강하고 전략공격무기를 민감한 지역에 배치하고 있다고 우려한다(和静钧 2009). 중국은 또한 한미동맹에서 사이버 협력의 중요성이 지속 확대되고, 이와 연계하여 한일 간의 사이버 방어 협력이 지속 강화되는 것에 대한 경계와 함께 이러한 동맹이 북한을 핑계로 한 대중국 봉쇄 전략의 일환으로 이용될 가능성을 우려하고 있다(姜明辰 2009: 26-28).

북한의 사이버 위협은 북핵문제와 같이 미중 간 갈등과 협력의 주요 공간으로 부상할 수 있다. 이미 미국이 북한의 사이버 공격을 주요한 위협으로 명시하고 있고, 국제사회와의 공동대응에 나서고 있는 상

254 제2부 사이버 안보 국제관계의 동학

황에서 중국이 갖는 위협인식의 격차와 대중국 봉쇄라는 부정적 인식의 부상은 향후 북한 사이버 공격 문제에 있어 양국 간 협력의 주요한 갈등구조를 양산할 수 있다. 또 한편으로 북핵 문제와 같이 큰 틀에서 미중 양국이 공동의 이해를 바탕으로 전략적 협력이 이뤄질 경우 주요한 협력의 과제로 다뤄질 수 있다. 2014년 북한이 소니전산시스템을 해킹한 사이버 공격에 대해 미국은 중국과 북한의 사이버 공격 문제를 논의했고 중국에 이에 대해 우려하고 있음을 전달하고, 중국측에 문제의 해결을 위한 협력을 요청한 바 있다. 이에 대해 "양국은 사이버 안보 관련 논의 중 북한의 사이버 공간에서의 파괴적 공격이 적절한 수준을 넘어섰다"는 데 의견을 같이한 것으로 알려진다(데일리뉴스 2014/12/21). 이렇듯 북한 사이버 공격의 문제는 미중 양국 간 갈등과 협력의 이중 구조 속에서 향후 주요한 안보논의의 과제로 부상할 수 있다.

V. 결론

사이버 전쟁의 가능성에 대한 세계의 우려와 경계는 점차 더 증대되고 있다. 로젠츠바이크는 사이버 위협이 과거 원자폭탄과 유사한 파괴적 본질을 가지고 있다고 강조했다(Rosenzwig 2014: 21-22). 지금 세계는 첫 번째 원자폭탄이 터진 이후 전 세계적으로 전쟁, 정치, 외교, 정무, 그리고 법의 안정적인 가정이 한순간에 모두 사라져 버린 상황을 상상해 보면 지금 막 시작단계에 있는 사이버 위협이 초래하는 파괴성을 간과해서는 안 된다는 것이다. 사이버 공간이 새로운 전장이라는 논의에도 불구하고 론슬리가 '새로운 병에 담긴 옛날 와인(Old Wine in the New Bottle)'이라고 지적하듯 사이버 안보 문제는 전통 안보적 사고와 프레임의 지배를 받고 있다(Rawnsley 2005). 사이버 공간에서의 군사력 경쟁이 조직의 신설과 기술의 발전을 기반으로 하고 있으나 기존의 군사독트린, 국방전략의 틀에 수렴되어 간다는 점에서 사이버 공간의 군사화를 핵의 역사와 군비경쟁 등 과거 안보의 틀에서 조망할 수 있다.

정보기술의 발전과 함께 사이버 위협이 급격히 제고되면서 국가들은 군에 사이버 안보 조직과 사이버 전력의 증대에 경쟁적으로 나서고 있으며 더 많은 국가들이 사이버 전쟁의 가능성을 상정하여 사이버 방어와 관련된 전략과 이행방법 등을 공개하고 있다. 국가가 사이버 전쟁을 준비하고 있다. 중요한 것은 이러한 역동성이 사이버 공간의 무기화에 기여할 것이라는 것이다. 핵무기와 마찬가지로 국가들은 절대 공격력을 먼저 사용하지 않을 것이라고 선언하고 있다(Daniel Ventre 2011 : 140). 그러나 여전히 강대국들은 사이버 군사력 강화에 주력하고 있다. 일본 정부는 2018년 자위대에 우주·사이버 분야를 담당할 사령부를 신설하기로 하였다(한겨레 2017/12/18). 러시아는 2017년 사이버 군사적 위협을 지적하고 사이버 심리전을 경계하는 '신정보보안 독트린'을 발표했다(아이뉴스 2017/05/07). 북대서양조약기구도 군대가 사이버 공격무기를 보다 폭넓게 배치하는 것을 추진하고 있다(전자신문 2018/02/20). 사이버 전쟁의 가능성을 전제로 한 수많은 군사조직과 군사독트린이 지속적으로 양산되고 있다는 것은 사이버 군비경쟁의 모습을 보여주고 있는 것이라 할 수 있다.

미중 양대강국의 사이버 전력 경쟁과 북한의 사이버 위협 부상이라는 측면에서 한국은 사이버 공간의 안보환경이 전통적인 안보환경의 모습을 닮아가고 있다는 점에 주목해야 한다. 그리고 아직 사이버 공격과 관련된 윤리와 국제규범, 이를 통제하고 관리할 수 있는 제도가 부재한 상황에서 점차 강대국 간 사이버 전력 경쟁이 심화되고 북한 사이버 위협의 직접적 위험, 북한 사이버 위협이 글로벌 안보이슈로 부상하는 상황은 한국의 사이버 안보 전략과 정책수립에 주요한 과제를 안겨주고 있다. 미중 사이버 군사력 경쟁과 북한위협의 부상으로 한반도를 둘러싼 사이버 안보의 불안정성과 사이버 전쟁의 위협은 높아지고 충돌과 협력의 메트릭스가 매우 복잡하게 전개되고 있다. 이 글에서 제기하였듯 사이버 전쟁의 시대에 한국이 처한 안보환경의 복합성과 위험은 그 어느 국가보다도 크고 직접적이라고 할 수 있다. 한국은 사이버 공간의 복합적 위협 속에서 한편으로는 자체적 사이버 역량을 강화하면서 또 한편으로는 북한의 위협에 공동대응하기 위한 주변국과의 협력을 강화해야 하는 과제를 안고 있다. 미중 간 강화되고 있는 사이버 군사력 경쟁에 어떻게 대응해야 하고 또 어떻게 사이버 공간의 군축과 글로벌 협력을 강화하는 방향으로 나아갈 수 있는지에 대한 고민이 필요한 때이다. 이 글은 몇 가지 정책적 제언을 통해 한국 사이버 안보정책의 방향을 논하고자 한다.

첫째, 한반도 주변의 사이버 안보정세를 정확히 인지하고 대응해야 한다는 것이다. 실재하는 위협을 인지하지 않는 것만으로도 국가안보는 취약해질 수 있다. 한반도 주변에서 전개되고 있는 사이버 군사력 경쟁, 그리고 북한의 사이버 역량 강화와 글로벌 이슈화의 추세 등 한국의 사이버 안보 전략과 정책수립에 있어서 가장 선제되어야 하는 것이 환경에 대한 정확한 판단이며 분석이라고 할 수 있다. 본문에서 미중 양국을 중심으로 사이버 관련 군사전략과 군사조직, 기술이 지속적으로 늘어나고 있는 추세임을 분석하였다. 이러한 사이버 군사력 강화의 추세는 단순히 미중만의 문제가 아니다. 독일도 2009년에 사이

버 전쟁 부대를 신설하였고, 네덜란드도 2011년에 새로운 사이버 안
보전략을 발표하였다. 영국과 프랑스, 호주와 에스토니아 등도 각각
2009년과 2011년에 사이버 전쟁 담당 부대를 신설하였고 이스라엘은
8200부대를 보유하고 있다(Ventre 2011: 138-140). 사이버 군비경쟁
의 환경에 대한 정확한 이해를 바탕으로 사이버 공간에 대한 한국의
외교안보전략을 수립해야 한다.

둘째, 사이버 안보 역량 강화의 문제이다. 사이버 군사력은 핵이
나 미사일과 같은 무기와 달라 누가 얼마나 많은 역량을 보유하고 있
는지, 어떠한 기술이 있고 어떠한 기술이 없는지를 객관적으로 파악하
고 평가하기 어려운 특징을 가진다. 누가, 그리고 얼마만큼 강력한 기
술을 개발하고 있는지 탐지하고 추적하는 것도 어렵다. 기술이 급속도
로 발전하는 상황에서 사이버 공격의 파괴력이 얼마나 클 것인지에 대
한 평가와 전망 또한 불가능하다. 핵무기와 달리 사이버 무기는 결국
사용되지 않고 있을 뿐 이미 어디선가 누군가에 의해 상상하기 어려운
파괴력을 지닌 사이버 무기가 생산되고 있을 수도 있다. 결국 이것이
개별국가들이 가진 사이버 공간의 위협인식과 함께 역량강화의 필요
성이 급속도로 확대되고 있는 이유일 것이다. 이러한 현실 속에서 사
이버 역량을 갖추고 사이버 군사력을 갖추는 것은 국가안보의 현실적
필요와 향후 규범질서의 창출을 위한 중견국의 역할을 위해 더욱 필요
한 것이다. 국제규범과 집단안보의 창출에 있어 한국의 기여는 사이버
안보에 대한 지식과 기술, 효율적 거버넌스를 가지고 있을 때 더욱 실
현가능할 것이다.

셋째, 사이버 안보 규범의 문제에 관심을 기울여야 한다. 사이버
안보의 문제는 사이버 공격력 등 기술의 발달이 이를 억제하기 위한
규범과 제도의 발전보다 빠르다는 것이다. 대응할 수 있는 인식의 수

준과 제도, 체계가 부족한 상황에서 기술이 군사적으로 실제 사용되었을 때 세계가 직면할 수 있는 혼돈과 위험을 고려하면 사이버 전쟁의 위험성에 대한 공통의 이해와 노력을 도출하기 위한 노력이 시급하다. 더욱이 최근 인공지능(AI) 무기개발 등의 뉴스가 자주 등장한다. 기존의 사이버 공간의 군사화와 함께 4차 산업혁명의 군사화가 동시에 진행될 경우, 전통적 사이버 공간의 공격력과 4차 산업혁명의 기술력이 결합할 경우 사이버 전쟁의 양상을 전혀 다르게 진화시킬 수 있다. 사이버 전쟁의 파괴력은 현재의 상상을 초월할 수도 있다. 결국 사이버 공간의 교전규칙, 기술 발전에 대한 윤리 규범 등 시급한 규범과 제도의 필요성과 이를 구체적으로 만들어가는 데 있어 중견국으로서의 한국의 역할을 고민해야 한다. 특히 북한으로부터의 직접적 위협과 미중 사이버 군사력 경쟁은 물론 주변 강대국들이 전개하고 있는 사이버 군비 경쟁의 간접적 위협을 동시에 가지고 있는 한국으로서는 인류 공동의 미래를 위해 적극적으로 사이버 전쟁과 관련된 국제규범과 제도의 구축에 역할을 해야 한다.

넷째, 사이버 위협의 증대와 사이버 군비경쟁이 강화되는 현실 속에서 사이버 분야의 집단안보체제 구축은 무엇보다 중요한 과제이다. 사이버 공간의 특성상 공격을 방어하기 어렵고, 억지하기 어려울 뿐만 아니라 공격의 주체를 규명하고 보복하는 것에 상당한 한계가 존재한다. 2007년 에스토니아와 2008년 조지아에서 각기 다른 형태로 러시아와의 분쟁 중에 일어났던 사이버 공격에 대해 러시아정부가 공격의 배후에 있다고 증명하기 어려웠던 것과 같이 사이버 공격은 특정 국가를 지정하여 책임을 묻거나 대응하기 어려운 특성을 가지고 있고, 이것이 세계질서의 잠재적 불안 요인이다(Deibert 2011: 3-4). 국가와 비국가 행위자들의 사이버 역량이 급속도로 향상되고 사이버 공격의 특성상 누가 공격을 했는지에 대한 규명과 책임을 묻는 것이 매우 어렵다는 점에서 정보와 기술을 공유하고 함께 대응하는 공동안보, 집단안보의 필요성은 더 높아진다고 하겠다.

트럼프 정부가 사이버 공격에 대한 핵억지 전략을 제기할 정도로 사이버 공격을 억지하고 방어하기 위한 수단 또한 매우 제한되어 있다. 지금과 같은 규범의 부재 속에서 자칫 사이버 전쟁이 실제 오프라인의 전쟁으로 확대될 수 있는 위험은 더 높아지고 있는 것이다. 사이버 공격의 주체를 규명하기도 어려운 상황에서 전통적 군사력으로 사이버 공격에 대응하는 것 또한 정당성을 확보하기 어렵다. 이것이 사이버 공간에서의 집단안보체제가 시급히 요구되는 이유이다. 사이버 공간의 억지력과 평화안정을 유지하는 데 있어서 가장 필요한 것은 다자의 합의와 협력에 의한 규범과 체제를 구축하여 사이버 공격의 기술과 양상, 주체와 행위들을 지속적으로 감시하고 공동대응하는 것이다. 그것이 사이버 전쟁이 오프라인 전쟁으로 확전하는 것을 관리하고 사이버 공간의 위협과 분쟁을 완화하고, 사이버 공간의 안전을 지키기 위한 핵심과제이다.

다섯째, 한국의 사이버 안보 전략 수립과 실천을 위한 정부체계에 대한 검토의 필요성이다. 사이버 안보정세의 변화에 대한 인식을 근거로 한국은 두 가지 길을 선택할 수 있다. 하나는 한국도 사이버 군비경쟁에 참여하여 사이버 군사력을 증강해야 한다는 결론이다. 또 다른 하나는 사이버 전쟁이 가지고 올 수 있는 파괴력을 공유하고 이에 대한 집단안보와 규범의 창출을 위해 역할해야 한다는 것이다. 비용은 들지만 한국이 즉각적 독자적으로 추진할 수 있는 것은 전자일 것이다. 전 세계 평화와 안정, 그리고 인류의 위협에 공동대응해야 한다는 측면에서 한국은 어렵지만 규범과 제도의 창출 역할을 우선해야 한다. 규범과 제도의 창출과 이후 사이버 안보 분야의 중강국으로서의 역할을 수행하기 위해 기술역량을 발전시켜 간다는 것이 더 바람직하지 않을까 한다. 사이버 안보 시대 한국이 중강국으로서 역할하기 위한 전략과 과제, 기술력 등을 체계적으로 구축, 관리하고 이행해갈 국가 차원의 중심체계를 검토할 필요가 있다. 또한, 현재의 사이버 안보 정세를 종합적이고 체계적으로 분석하고 중장기적으로 전략과 계획을 수립할 필요가 있고, 이를 담아낼 '사이버 국가전략'을 종합할 필요가 있다. 이러한 거시전략과 정세분석에 기반하여 구체적인 과학기술, 외교, 국방, 교육, 통일 등의 분야별 과제가 수립될 수 있고 역할분담이 체계적으로 이뤄질 수 있다. 이러한 거시적, 미시적 사이버 전략과 과제를 수립하고 부처 간 공동이행을 추진해 갈 컨트롤 타워의 필요성을 고민해 볼 때이다.

참고문헌

국제뉴스. "美 국가정보국장 "사이버 공격, 매우 위태로운 수준" 2018/07/16.
김상배. 2015a. "사이버 안보의 복합지정학: 비대칭 전쟁의 국가전략과 과잉 안보담론의
　　경계."『국제지역연구』 24(3).
＿＿＿. 2015b. "사이버 안보의 미중관계-안보화 이론의 시각."『한국정치학회보』 49(1).
내일신문. "일본 '파이브 아이즈' 가입할 때." 2018/09/13.
뉴시스. "美국무부, 북한 등 공격 대비 사이버 외교 전담 부서 신설" 2018/02/07.
데일리뉴스. "미국, 중국에 북한 사이버 공격 대응협조 요청. 데일리뉴스." 2014/12/21.
디지털뉴스. "총보다 무서운 사이버군단… 전산망 먹통에 바이러스까지." 2017/11/21.
셰인 해리스. 진선미 역. 2015.『보이지 않는 전쟁 @War』 서울: 양문.
아이뉴스24. "세계는 사이버 안보 강화中…뒤쳐진 한국." 2017/05/07.
연합뉴스. "중국 사이버통합부대 정식 출범…해커 10만명 보유" 2016/01/20.
＿＿＿. "미 사이버사령부, 방어→공격 전략 선회." 2018/06/18.
전자신문. "3년간 랜섬웨어 피해 1만건 넘어." 2018/02/06.
＿＿＿. "유엔사무총장, '사이버 전쟁대비한 교전규칙 시급하다' 경고." 2018/02/20.
중앙일보. "北, 지난해 가상화폐로 2억 달러 이상 벌었다." 2018/03/07.
＿＿＿. "미, 사이버 위협 제재 법률 만들어 적극 대응… 한국은 뭐하나" 2018/08/06.
차정미. 2018. "중국 특색의 사이버 안보 담론과 전략, 제도 분석."『국가안보와 전략』 18(1).
한겨레. "일본 '우주·사이버 자위대' 내년 창설한다." 2017/12/18.
황지환. 2017. "북한의 사이버 안보 전략과 한반도: 비대칭적, 비전통적 갈등의 확산."
　　『동서연구』 29(1).
P. Rosenzwig. 정찬기·이수진 역. 2014.『사이버 전쟁』. 서울: 국방대학교
　　국가안전보장문제연구소.
VOA. "상하원, 사이버 공격 제재 법안 동반 발의…북한 주요 위협으로 주목," 2018/08/23.
＿＿＿. "자라테 전 차관보, 북한 사이버 공격도 제재해야…러시아 지원 우려." 2018/01/11.

Arquilla, John; Ronfeldt, David. 1993. "Cyberwar is Coming!" *Comparative Strategy*
　　12(2).
Bracken, Paul. 2016. "The Cyber Threat to Nuclear Stability." *Orbis* 60(2).
Chansoria, Monika. 2012. "Defying Borders In Future Conflict In East Asia: Chinese
　　Capabilities In The Realm Of Information Warfare And Cyber Space." *The Journal*
　　of East Asian Affairs. 26(1).
Defense Science Board. "Resilient Military Systems and the Advanced Cyber Threat."
　　January 2013.
Deibert, Ronald. 2011. "Tracking the emerging arms race in cyberspace." *Bulletin of the*
　　Atomic Scientists 671.

Filiol, Eric. 2011. "Operational Aspects of a Cyberattack: Intelligence, Planning and Conduct," in *Cyberwar and Information Warfare*. ed. Daniel Ventre. NJ: Wiley.

Jun, Jenny, Lafoy, Scott and Sohn, Ethan. 2015. "North Korea's Cyber Operations: Strategy and Responses." *A Report of CSIS Korea Chair*. Dec. 2015.

Laskai, Lorand. "Civil-Military Fusion and the PLA's Pursuit of Dominance in Emerging Technologies." *China Brief* 18(6). APRIL 9, 2018.

Litwak, Robert and King, Meg. 2015. "Arms Control in Cyberspace?" *Wilson Brief*.

Lyall, Nicholas. "People-powering Chinese cyber power." *East Asia Forum*. 2017/12/26.

_____. "China's Cyber Militias," *The Diplomat*. March 01, 2018.

Lynn, William J. "Defending a New Domain: The Pentagon's Cyberstrategy." *Foreign Affairs*, September/October 2010.

Mandiant Intelligence Center Report. "APT1: Exposing One of China's Cyber Espionage Units." *Mandiant Consulting* (Feb. 2013).

Manson, George Patterson. 2011. "Cyberwar: The United States and China Prepare For the Next Generation of Conflict." *Comparative Strategy* 30(2).

Mehta, Aaron. "The Pentagon is planning for war with China and Russia-can it handle both?" *Defense News*. January 30 2018.

Nikkei Asian Review. "North Korea resumes cyber attacks in desperate search for foreign currency." Feb. 25, 2018.

Newton, Matthew and Park, Donghui. "Russia Is Now Providing North Korea With Internet: What That Could Mean For Cyber Warfare." *Forbes*. 2017/12/01.

Nye, Joseph S. 2011. "Nuclear Lessons for Cyber Security?" *Strategic Studies Quarterly* 5(4).

Office of the Secretary of Defense. "Annual Report to Congress: Military and Security Developments Involving the People's Republic of China 2015."

_____. "Annual Report to Congress: Military and Security Developments Involving the People's Republic of China 2018."

Rawnsley, Gary. 2005. "Old Wine in New Bottles: China-Taiwan Computer based 'information-warfare' and Propaganda." International Affairs. 81(5).

Reuters. "Exclusive: North Korea's Unit 180, the cyber warfare cell that worries the West," May 21, 2017.

Schwab, Klaus. "The fourth industrial revolution. What it means and how to respond." *Foreign Affairs*. Dec. 2015.

Sharma, Munish. 2016. "China's Emergence as a Cyber Power." *Journal of Defence Studies* 10(1).

Sheldon, Robert and Mcreunolds, Joe. "Civil-Military Integration and Cybersecurity: A Study of Chinese Information Warfare Militias," in Lindsay etc, *China and Cyber Security: Espionage, Strategy, and Politics in the Digital Domain*. New York: Oxford University Press, 2015.

Taddeo, Mariarosaria and Floridi, Luciano. 2018. "Regulate artificial intelligence to avert cyber arms race." *Nature* 556.

TechinAsia. "China Insists Cyber Blue Team is Temporary, for Defense." 27 May 2011.m

The Guardian. "US-Australia alliance 'rock solid', Mike Pompeo says." July 25, 2018.

The Diplomat. "WannaCry's Lesson for the US-Japan Alliance." May 23, 2017.

U.S. Department of Defense. "National Defense Strategy of United States America 2005"

_____. "Quadrennial Defense Review Report."

_____. "Department of Defense Strategy for Operating in Cyberspace."

_____. "Summary of the 2018 National Defense strategy of the United States of America."

_____. "Annual Report to the Congress: Military and Security Developments Involving the People's Republic of China 2010."

_____. "Department of Defense Cyberspace Policy Report." November 2011.

_____. "DoD Official: National Defense Strategy Will Enhance Deterrence."

_____. "The Department of Defense Cyber Strategy." May 2015.

_____. "Cyber Strategy" https://www.defense.gov/News/Special-Reports/0415_Cyber-Strategy/

_____. "U.S. Cyber Command History." https://www.cybercom.mil/About/History/

Ventre, Daniel. ed. 2011. *Cyberwar and Information Warfare.* NJ: Wiley.

White House. "National Security Strategy of the United States of America 2010." May 2010.

_____. "International Strategy for Cyberspace: Prosperity, Security and Openness in a Networked World." May, 2011.

崔成优, 权金兰. "朝鲜信息技术产业发展历程及现状分析研究." 『东疆学刊』 2018年03期.

姚银松. "金正恩执政以来朝鲜军事改革情况及特点分析." 『现代军事』 2015年09期.

和静钧. "朝鲜半岛网络战争,真有那么回事?" 『世界知识』 2009年15期.

姜明辰. "美韩网络安全制度化合作及发展态势." 『亚太安全与海洋研究』 2009年2期.

武获山. "美国陆军网络空间作战部队组织结构发展解析." 『军事文摘』 2016年23期.

刘建峰. "战术级网络作战效果如何?一美陆军试点'军以下网络空间支援部队." 『现代军事』 2016年11期).

倪海宁. 2008. "美军"网络战"理论和实践." 『国际资料信息』 2008/07/30.

苏金树, 王勇军. "美国防部网络空间战略举措及启示." 『信息安全研究』 2015年1期.

汪婧. "美国对中国网络战能力的评估与对策." 四川师范大学学报 2015年02期.

中国国务院新闻办公室. "2002年中国的国防 白皮书." 2002.12.

_____. "2004年中国的国防 白皮书." 2004.12.

_____. "2006年中国的国防 白皮书." 2006.12.

_____. "2006年中国的国防 白皮书." 2006.12.

_____. "2008年中国的国防 白皮书." 2009.01.

_____. "中国的军事战略." 2015.5.

中国战略支援网. "锻造新型作战力量的尖刀铁拳." 2017.06.05.
新华社. "习近平主持召开中央军民融合发展委员会第一次全体会议." 2016/06/20.
中国新闻网. "网络空间安全军民融合创新中心在北京成立." 2017/12/26.

제7장

일본의 사이버 안보 협력 전략:
양자, 소다자, 지역 협력 전략의 결합

이승주

I. 서론

일본은 기존 미일동맹을 바탕으로 사이버 안보 분야에서도 협력 강화
를 추구하고 있다. 일본의 사이버 안보 협력 전략은 보통국가의 실현,
미일동맹의 변환, 사이버 안보 협력을 매개로 한 지역협력의 강화, 도
쿄올림픽에 대비한 협력 강화 등 네 가지 차원에서 이루어지고 있다.
미일 사이버 안보 협력의 확대 및 강화는 아베 정부의 보통국가화를
위한 노력과 미일동맹의 변환이라는 두 가지 요소가 함께 작용한 결과
이다. 미국의 입장에서 부상하는 중국에 대응하는 차원에서 미일동맹
을 강화해야 할 상황에 직면하고 있다(이승주 2017). 한편 아베 정부는
보통국가를 지향하는 과정에서 헌법의 개정을 추구하는 가운데 과도
기적 조치로서 헌법에 대한 재해석을 통해 집단적 자위권을 추구하고
있다. 일본의 사이버 안보 협력은 미국의 중국에 대한 견제 필요성과
일본의 보통국가화의 필요성을 연결하는 접합점으로서의 역할을 하고
있다.

이러한 측면에서 볼 때, 일본의 사이버 안보 협력 전략은 사이버
위협에 대한 실체적 인식과 대응뿐 아니라 아베 정부의 외교 전략 변화
및 미일동맹의 재조정이라는 거시적 변화의 결과이다. 이를 위해 일본
은 미국과의 양자협력을 기반으로 사이버 안보 협력을 지역 차원으로
확대하는 접근법을 지향하고 있다. 가장 핵심인 미일 사이버 안보 협력
은 사이버 위협이 초국적으로 가해지는 데 따른 대응과 부상하는 중국
의 영향력이 아시아 지역으로 심화·확대되는 데 대한 대응이라는 두
가지 측면이 결합되어 있다. 일본은 미일 협력을 바탕으로 미·일·호주
삼각 사이버 안보 협력을 강화하는 한편, 동남아시아 국가들의 사이버
안보 역량 강화를 위한 지원을 확대하고 있다.

한편, 도쿄올림픽 유치를 계기로 일본 정부가 사이버 안보 위협에 대한 대응의 효과성을 제고해야 할 현실적 필요가 증대되었다. 2012년 런던올림픽 당시 사이버 공격의 횟수가 2억 건에 달했고, 2016년 리우올림픽에서는 사이버 공격이 더욱 증가하여 5억 건에 달한 것으로 알려졌다(Japan Times 2018/7/16). 일본 정부가 사이버 안보 능력 강화에 대한 본격적인 관심을 갖게 된 측면도 무시할 수 없다. 일본 정부가 2015년 사이버 안보 전략을 개정하고, 도쿄올림픽에 대비하여 사이버 안보 능력을 강화하기로 한 것은 이 때문이다. 급증하는 사이버 공격의 현실을 감안하여 일본 정부는 사이버 방어를 위한 자체 능력을 강화하는 한편, 이를 보완하는 차원에서 다양한 국가들과 국제협력을 추구하고 있다. 그러나 급증하는 사이버 위협에도 불구하고 일본 정부 차원의 공식적 대응이 기대에 미치지 못한다는 평가를 받기도 하였다. 정부와 민간 사이의 역할 통합에 대한 논의가 활발하게 이루어지고, 사이버 안보를 위한 플랫폼 공동 활용을 추구하는 것은 이러한 배경 때문이다.

다음에서는 이러한 문제의식을 가지고 미국과 일본이 사이버 안보 분야의 협력을 추진해 온 과정을 검토한다. 이를 위한 미일 사이버 안보 협력의 배경을 고찰하고 미국과 일본 양국이 양자 차원뿐 아니라 소다자 및 지역 차원으로 협력을 확대하는 과정을 검토한다. 또한 일본이 도쿄올림픽 개최에 대비하여 국제협력을 추구한 사례에 대한 검토를 바탕으로 일본의 사이버 국제협력의 현황을 소개한다. 마지막으로 결론에서는 미일 사이버 협력의 진행 과정에서 발견되는 주요 특징과 그에 따른 정책적 시사점을 제시한다.

II. 미일 사이버 안보 협력의 배경

1. 일본 외교 전략의 변화와 사이버 안보 협력

2012년 아베 총리가 재집권한 이후 일본 외교안보정책은 목표와 지향 면에서 보통국가론의 확대 발전, 수단과 방법 면에서 다차원적 접근으로 요약할 수 있다(이승주 2014). 아베 정부는 집단적 자위권 및 무기 수출금지 3원칙 등 기존의 안보 정책에 대한 변화와 미일동맹의 강화를 동시에 추진하는 양면 전략을 구사해왔다. 아베 정부는 미일동맹에 기반하여 일본 외교안보정책의 지평을 확장하려는 기존 방식을 근간으로 하되 보통국가론을 다차원적으로 추진하고 있다는 점에서 과거 자민당 정부와 차별화된다. 첫째, 아베 총리가 '향후 일본은 미국이 주도적 역할을 하는 지역과 세계 안보 체제를 연결하는 적극적 공헌자가 될 것'이라고 피력한 데서 나타나듯이(每日新聞 2013/12/11), 미일동맹의 재조정 과정에서 동맹 파트너로서 한층 적극적인 역할을 모색하고 있다. 물론 아베 정부의 보통국가 추구가 미일 관계의 강화를 기반으로 하는 것은 사실이나, 그렇다고 해서 미국에 대한 의존도의 심화를 의미하는 것은 아니다. 아베 정부는 미일동맹을 강화하는 가운데 일본의 외교안보적 역할 확대를 도모하려는 시도라고 할 수 있다. 특히 트럼프 행정부가 기존의 자유주의적 국제 질서에서 이탈하려는 일련의 정책들을 추진하는 과정에서 아베 정부는 기존 질서의 유지를 위한 독자적 노력을 경주할 필요성이 점증하고 있다.[1]

둘째, 지역 차원에서는 아세안 등 주변 국가들과의 전략적 호혜

---

1   아베 정부가 대북 정책 등 일부 분야에서는 트럼프 행정부와 이해관계가 분화될 가능성이 없지 않다는 점에서 미일 관계를 '협력과 충돌'로 설명하기도 한다(이기태 2016).

관계를 구축하고 지구적 차원에서는 보편적 가치에 입각한 외교적 연대를 추구한다. 일본이 중국의 부상에 우려를 공유하는 역내 국가들과의 협력을 추구한다는 점에서 미국과 일치된 이해를 갖고 있기 때문이다. 이러한 점에서 아베 정부의 외교안보 노선은 '국제협조주의에 기반한 적극적 평화주의'라고 할 수 있다(박영준 2018). 이는 미일동맹에 기반하여 기존 국제 질서의 기본틀을 유지하는 가운데 일본의 역할을 확대하려는 시도이다. 아베 총리가 2013년 10월『월스트리트 저널(*Wall Street Journal*)』과의 인터뷰에서 일본이 적극적 평화주의를 표방하는 이유는 경제적 측면뿐 아니라, 군사와 안보 등 다양한 차원에서 리더십을 행사할 것을 요청받고 있기 때문이라고 주장한 것도 이러한 맥락이다(Wall Street Journal 2013/10/25).

셋째, 아베 정부는 일본의 역할 확대 추구를 선언적 차원에 그치지 않고 외교 및 군사안보 역량을 안보 법제의 제개정과 국가안전보장회의의 설치 등을 통해 제도적으로 뒷받침하고 있다는 점에서 과거의 일본 외교안보정책과 차이가 있다. 또한 아베 정부는 '적극적 평화론'을 주창하면서 이라크에서 'Operation Enduring Freedom' 작전에 참여하고, 아덴만에서 반해적 작전을 수행하며, 재난 지역에서 인도적 지원과 재난 구호 활동을 하는 등 미국과의 군사 협력의 범위와 수준을 과거보다 한층 심화·확대하고 있다. 과거의 보통국가론이 주로 목표와 방향 설정 차원에서 논의되었다면, 현재의 보통국가론은 수단과 방법을 구체화하고 있다.

일본의 사이버 안보 협력은 위에서 언급한 외교안보정책의 변화의 연장선상에서 추진되고 있다. 아베 정부가 집단적 자위권을 확보하고 더 나아가 일본의 보통국가화를 추구하는 가운데, 사이버 안보 협력을 이를 실현하는 효과적인 수단으로 활용하고 있다. 일본은 헌법상의 제약 때문에 선제적 사이버 공격 능력을 갖추는 데 제한을 받고 있기 때문에 사이버 능력을 증강하는 데 근본적인 한계가 있는 것이 사실이다(Rigoli 2013). 그러나 아베 정부는 헌법의 재해석을 통해 집단적 자위권의 범위를 우주와 사이버 공간으로 확대하는 한편, 사이버 공간에서 무장 공격을 사안별로 평가하는 일종의 편법을 함께 구사하고 있다. 아베 정부가 2014년 사이버 부대를 창설할 수 있었던 것도 아베 정부의 이러한 접근 때문이다(Matsubara 2018b). 또한 아베 정부는 미일동맹을 더욱 강화하고, 이를 바탕으로 아세안, 호주, 인도 등 주요 역내 국가들은 물론, 영국, 프랑스, 독일 등과 협력을 강화하기 위한 다각적인 노력을 펼치고 있는데, 이러한 정책적 특징이 사이버 안보 협력에도 그대로 적용되고 있다.

2. 미일동맹의 변환과 사이버 안보 협력

미일 양국이 2015년 방위 가이드라인을 개정한 것은 1997년 가이드라인을 개정한 이래 안보 환경이 급격하게 변화하고 있는 현실을 반영한 것이다. 동중국해와 남중국해에서 중국의 공세가 증가하는 데 따른 긴장이 고조되고, 북한이 핵과 미사일 개발을 지속하며, 러시아가 일본의 영공을 침투하는 군사 비행을 증가시키는 등 안보 환경이 변화함에 따라 기존의 미일동맹 체제로는 효과적으로 대응하기 어려운 위협이 증가한 것이다. 2015년 가이드라인이 미일동맹의 복합성이 증가하고 있음을 명시한 것은 이러한 위협의 증가와 관련이 있다. 1997년 가이드라인에서 설치된 '양자조정메커니즘'(Bilateral Coordination Mechanism)은 새로운 위협에 일본 정부 기관들이 대처하는 데 여러 가지 문제점을 드러냈다는 것이 미국과 일본 양측의 판단이다. 이를 보완하기 위한 대체적인 변화의 방향은 2012년 1월 '미국의 글로벌 리더십 지속: 21세기 방위를 위한 우선순위'(Sustaining U.S. Global Leadership: Priorities for 21st Century Defense)에서 제시하였듯이, 기존의 협력 분야 외에 새로운 협력 분야를 포함시켜 양국의 협력 범위를 확대하는 것이었다(Sakoda 2015).

2015년 가이드라인을 관통하는 초점은 '물샐 틈 없고, 강건하며, 유연하고, 효과적인'(seamless, robust, flexible, and effective) 협력이다. 이러한 맥락에서 미일 양국은 평시와 무장 갈등 시기의 구분이 모호한 회색 지대에서 발생할 수 있는 문제에 대처하기 위해 예측 가능한 우발적 사건의 범위를 폭넓게 설정하고 있다. 2015년 가이드라인에 동태적 안보 위협에 대응할 수 있는 역량을 구축하기 위해 '파트너 역량 구축'(Partner Capacity Building) 프로그램을 도입한 것이 이러한 노력의 일환이다. 이러한 변화는 미국과 일본 사이에 전반적으로 균형적인 관계를 수립한다는 데 커다란 의미가 있다.

일본은 2014년 미일동맹을 확대하는 장애 요인이 될 수도 있는 집단적 자위권의 확대 적용을 승인하는 등 가이드라인의 개정을 위한 국내적 준비를 선제적으로 완료하였다. 이로써 일본 자위대는 일본 영토 내의 작전 중, 평화유지 활동 중, 미사일 방어 중 등의 상황에서 미군을 방어할 수도 있게 되는 등 다양한 협력의 확대가 가능하게 되었다. 이처럼 위기 시 계획과 관리를 조정하는 데 초점을 맞추었던 기존 메커니즘이 보다 강건하고 상시적인 동맹 조정 메커니즘으로 대체되는 의미 있는 변화가 이루어졌다.

사이버 안보는 신안보 가이드라인에 따라 미국과 일본이 군사 협력을 심화하는 데 가장 핵심적인 분야로 대두되고 있다. 미일 양국이 2014년 4월 미일방위지침을 개정하면서 사이버 안보 협력을 포함시킨 것은 이러한 맥락이다. 특히 미일 사이버 안보 협력이 비록 명시적이지는 않지만 중국의 부상에 대한 공동 대응을 강화하는 것도 포함하고 있음을 부인하기는 어렵다. 아베 정부가 2017년 8월 일본 의회에 제출한 2018년 예산안에는 방위비가 대폭 증가한 5조 2천 600억 엔이 책정되었다. 일본 정부가 방위비 예산을 대폭 증액한 것은 주로 북한의 미사일 위협과 중국과의 해양 분쟁에 대비한 것으로 평가되고 있다.[2]

이러한 맥락에서 아베 정부는 사이버 안보 능력의 증강이 보다 적극적인 군사 태세를 갖추고 미일동맹의 범위를 확대하는 두 가지 목표를 동시에 달성하는 데 유효한 수단으로 인식하고 있다. 물론, 미국과 일본의 사이버 안보 협력이 아베 정부의 독자적 노력의 산물은 아니다. 미국과 일본 양국 정부가 이미 2011년 미일 사이버 안보 협력을 위한 전 정부적 대화를 선언한 데서 나타나듯이 사이버 안보 협력은 미일동맹의 확대·강화를 위한 새로운 영역으로 상당 기간 그 필요성이 제기되어 왔다. 미국의 관점에서 보더라도 동아시아 지역에서 전략적 균형을 유지하는 데 일본의 역할 증대가 필요한 시점이다. 미일동맹이 중국 등으로부터 가해지는 사이버 위협은 물론 다른 안보상의 도전에 효과적으로 대응하기 위해서는 일본의 사이버 능력 증강이 필수적이기 때문이다. 미국과 일본은 이러한 공동 인식하에 사이버 분야의 협력을 강화하는 데 상당한 노력을 기울이고 있다.

아베 정부가 이전 정부에 대해 갖는 차별성은 사이버 안보 능력의 강화를 집단적 자위권을 실현하는 효과적 수단으로 인식하는 경향이 있다는 점이다. 아베 정부는 집단적 자위권을 현실화하기 위해서 주변

---

2   신안보 가이드라인은 일본을 미사일 방어 체제에 편입시킴으로써 중국의 군사력 증강에 대한 일본의 역할을 강화하는 데 역점을 두었다.

국들을 설득하기 위한 외교적 노력을 지속적으로 기울여왔다. 아베 정부의 외교적 노력이 일정한 성과를 거두기도 하였지만, 집단적 자위권을 일본이 기대했던 수준만큼 실천하는 데는 현실적 한계가 있었던 것도 사실이다.

한편, 일본은 중국의 부상으로 인해 점증되는 안보 위협이 사이버 안보 분야에서도 예외가 아닐 것으로 예상하고 있다. 일본이 사이버 방어 능력을 강화하는 것은 중국, 러시아, 북한 등과 사이버 안보 관련 긴장이 고조되고 있는 것과 밀접한 관련이 있다(Lui 2017). 일본의 국가안보전략과 미일동맹의 변환 등 현재 일본이 추구하고 있는 광범위한 사이버 협력 강화는 기본적으로 중국을 위협 요인으로 인식하고 있다. 일본 방위연구소(防衛研究所)가 발간한 중국 관련 연차보고서에서 일본이 중국의 군사력 증대, 특히 사이버 능력 증대를 위협으로 지적한다. 2014년 일본에서 발생한 사이버 공격 건수는 250억 건을 초과하였는데, 이 가운데 약 40%가 중국에서 발생한 것으로 파악되고 있다(Gady 2015).

일본이 미국과 사이버 협력을 강화하는 이유 가운데 하나는 사이버 공격 중 상당수가 국가의 암묵적 지원을 받고 있다는 판단을 공유하고 있기 때문이다. 특히 일본의 관점에서 볼 때, 중국, 러시아, 북한 등으로부터 사이버 공격을 받고 있는 현실은 사이버 안보 분야에서도 지정학이 귀환한 것으로 인식하기에 충분하다. 방위백서는 중국발 사이버 공격이 일본의 주요 인프라에 대한 정보 취득을 목표로 한 것으로 판단하고 있다(Dardenne 2018). 일본이 중국과는 사이버 대화를 개설하지 않는 상태를 유지하는 것도 이러한 판단과 관련이 있다.

일본은 위의 인식에 기반하여 일본의 사이버 안보 역량을 강화하는 한편, 미국 및 동류 국가들과 다자적 사이버 협력을 추구하고 있다. 그러나 일본의 이러한 인식과 협력 전략이 일본과 중국은 물론 동아시아 지역 차원의 전략적 긴장을 고조시키는 요인으로 작용하고 있다. 더 나아가 일본이 능동적 사이버 방어에 대한 나토의 내부 논의를 적극 검토하는 등(Scimia 2018), 공격적 사이버 태세의 채택의 움직임을 보이자, 지정학적 갈등 구조가 상존하고 있는 상황에서 적대국들의 반발을 초래하기도 하였다. 특히 북한은 일본 방위성이 해커들에 대한 자위라는 명목하에 다른 국가에 대한 컴퓨터 시스템에 대한 공격 능력을 증강하고 있다고 비난하는 등("North Korea accuses Japan of planning cyberspace war" 2017/8/20), 일본의 공격적 사이버 태세에 대해 매우 민감한 반응을 보이고 있다. 일본이 자위라는 명분으로 사이버 공격 능력을 구축하려 한다는 것이다("Japan preparing for 'cyberspace war': North Korea" 2017).

III. 미일 사이버 안보 협력 체제

1. 일본의 사이버 안보 능력 강화

위에서 언급하였듯이 일본의 사이버 방어 능력 확충 필요성은 다각적으로 제기되고 있다. 일본은 2016년 약 1천 280억 건의 사이버 위협에 노출된 바 있다. 2005년 사이버 위협 건수가 3억 1천만 건이었다는 점을 감안하면 일본에 대한 사이버 위협이 급격하게 증가하고 있는 셈이다(Scimia 2018/1/22). 일본 은행들이 사이버 범죄로 인해 연평균 약 1억 1천만 달러의 손실을 기록하고 있을 뿐 아니라, 2020년 도쿄올림픽이 적대적 사이버 공격의 대상이 될 가능성이 높다는 점에서 사이버 방어 능력의 강화가 시급하다.

일본 정부는 사이버 공격의 심각성을 인식하여 2017년 12월 철도, 전략, 금융 등 주요 인프라에 대한 사이버 공격의 심각도에 따라 정부 대응 태세의 기준을 0에서 5까지 6단계로 설정하기로 한 바 있다("サイバー攻撃 被害, 基準策定へ レベル 0~5 五輪控え整備" 2017/12/17). 군사안보 측면에서도 일본 방위성은 점증하는 사이버 위협에 주목하여 사이버 공간을 제4의 공간으로 정의하고, 2020년까지 자위대 3군을 통합한 새로운 지휘센터를 설립하기로 하였다.[3] 지휘센터는 기존 사이버방위대와 새로 창설될 우주감시대를 함께 관장하게 된다. 특히, 일본 정부는 미국 및 유럽과 협력하여 '킬러 위성'을 감시하는 체제를 수립하고("Japan to set up command center to address threats in space and cyberspace" 2017/12/18), 이를 2018년 말 방위계획대강에 반영할 것으로 예상된다(Kato 2018/3/1).

또한 미일 사이버 안보 협력 체제의 구축이라는 관점에서 볼 때, 일본은 미일 양국의 사이버 방위 능력의 격차를 가능한 한 조기에 메워나갈 현실적 필요성이 있다는 점을 충분히 인식하고, 사이버 방어 능력의 강화를 위한 노력을 전방위적으로 전개하고 있다. 아베 정부는 군사 분야의 사이버 방어 능력 증대를 위해 자위대 내에 우주 부대를 새로이 창설하고, 국가안보기술연구진흥(National Security Technology Research Promotion)에 약 110억 엔을 책정하였다. 아베 정부는 또한 사이버 방어 능력의 강화를 위해서는 조기경보 능력의 확보가 필수적이라고 보고 이를 위해 상당한 노력을 기울이고 있다(Evans 2017). 일본의 사이버 방어 능력 확충을 위한 노력은 이에 그치지 않

---

3   한편, 방위성은 우주 공간을 제5의 전장으로 인식하고, 2022년부터 우주감시대를 운용할 계획을 갖고 있다(Kato 2018/3/1).

는다. 사이버 방어 능력의 증강을 위해서는 하드웨어의 보강도 필요하지만, 그동안 취약점으로 지적되어 왔던 인적자원의 문제를 해결하는 데도 과거에 비해 노력을 배가하고 있다. 일본 방위성이 도쿄올림픽에 앞서 사이버 방어 능력 증대 계획의 일환으로 2017년 6월 사이버방위대의 인원을 기존 110명에서 1,000명 수준으로 증원할 계획임을 발표한 것이 대표적 사례에 해당한다("Japan preparing for 'cyberspace war': North Korea" 2017/8/21).[4]

　이와 더불어, 일본은 정부 기관의 사이버 보안을 강화하는 작업을 병행하고 있다. 일본 외무성이 2016년 종합외교정책국 사이버안전보장정책실(総合外交政策局サイバー安全保障政策室の設置)을 설치하고 (일본 외무성 홈페이지, https://www.mofa.go.jp/mofaj/press/release/press4_003479.html), 경제산업성과 총무성이 2017년 사이버 안보 훈련센터를 설치한 것 등이 정부 차원의 사이버 안보 능력을 강화하기 위한 노력의 대표적 사례라고 할 수 있다. 일본 정부는 더 나아가 2018년 정부 기관과 민간 부문 사이의 협력을 촉진하고 주요 인프라에 대한 보호를 관장하기 위해 사이버 안보 대응센터를 설치하기로 한 것역시 이러한 노력의 일환이다. 방위성이 2023년까지 사이버 전담 인력을 천 명 수준으로 증가하고 사이버 방어 태세를 갖추기 위한 검토에 착수하는 등 자체 역량을 강화하기 위해 노력하고 있다(Dardenne 2018).

　그럼에도 일본의 사이버 방어 능력의 증강이 여전히 한계를 갖고 있는 것은 사실이다. 일본은 사이버 방어 능력을 발전시키는 데 있

4　사이버방위대는 2018년 150명으로 확대되는 것을 시작으로 1,100명까지 순차적으로 증원될 것으로 보인다. 한편, 미국은 사이버 방위 인력을 2018년 6,200명까지 증원할 것으로 알려졌다(Kato 2018/3/1).

어서 재정, 행정, 인력 등 다양한 문제에 직면해 있다. 일본 내에서는 정부와 민간 부문 사이의 소통 부족에 대한 지적이 끊이지 않고 있고(Aron 2017), 인력 부족 문제 또한 매우 심각한 것으로 알려졌다("Bridging the Gap"). 경제산업성의 2016년 발표에 따르면, 일본의 IT 인력 부족 인원은 약 13만 명에 달할 것으로 예상되고 있다(経済産業省商務情報政策局情報処理振興課016). 인력 수급의 불일치는 일본 정부가 사이버 방어 능력을 확대·강화하는 데 구조적인 제약으로 작용하고 있다. 일련의 노력에도 불구하고 일본은 빠르게 증가하는 사이버 위협에 대처하는 능력을 증강하는 데 커다란 어려움을 겪고 있다(Matsubara 2017/5/15). 일본은 사우디아라비아와 UAE에 이어 세계에서 세 번째로 사이버 공격에 취약한 국가로 평가받고 있다. 일본이 싱가포르와 한국은 물론, 태국, 베트남, 인도에 비해서도 IoT 취약성이 더 크다는 것이다(Deloitte 2017: 10). IoT가 본격 실용화됨에 따라 사이버 공격에 대한 취약성이 더욱 증가할 수 있다는 점에서 이에 대한 대비가 시급하다(Chalfant 2017).

한편, 일본 정부는 2018년 사이버 안보 전략을 개정하는 작업에 착수하였다. 이번 개정안은 인프라에 대한 방어와 민간 기업의 모범 관행을 확립하는 데 초점이 맞추어진 것으로 알려졌다(次期サイバーセキュリティ戦略骨子). 일본 민간 부문은 미국에 비해 사이버 보안에 취약한 것으로 평가된다. 일본에서 사이버 안보를 기업지배구조에 통합하는 수준에 이르지 못하고 있다. 미국 기업의 80%가 사이버 보안 위험 평가를 수행하는 데 반해, 일본 기업은 55%만이 위험 평가를 수행하고 있다(情報処理推進機構 2017). 또한 27%의 일본 기업만이 최고정보보안가(CISO: chief information security officer)를 보유하고 있는데 반해, 미국과 유럽 기업에서 이 비율은 각각 78%와 67%에 달한다

(情報処理推進機構 2017).

　일본 기업들이 사이버 안보에 대한 준비가 충분히 되어 있지 않은 것은 사이버 안보를 기업 경쟁력의 주요 요소라기보다는 기업의 사회적 책임 차원에서 접근하고 있기 때문이다. 2017년 내각사이버안보센터(サイバーセキュリティセンター)의 보고서에 따르면, 사이버 안보를 기업지배구조 보고서에 포함시키고 있는 기업이 21%에 불과한 반면, 63%의 기업들이 기업의 사회적 책무성 보고서에 사이버 안보를 포함시키고 있다. 경영진과 사이버 보안 전문가 사이에 존재하는 인식의 격차 역시 일본 기업의 사이버 안보 능력을 제고하는 데 장애 요인으로 작용한다. 경영자들의 63%가 사이버 안보를 비용으로 인식하고, 18%만이 투자 기회로 인식하고 있다(ニュートン・コンサルティング株式会社 2017).

　새로운 사이버 안보 전략 개정안이 초점을 맞추고 있는 민간 부문의 사이버 보안 능력을 제고하기 위해서는 정부와 민간 부문 사이의 수평적 협력을 강화하는 것이 핵심이다. 일본 정부는 기업의 IT 보안 관련 투자를 촉진하기 위해 법인세를 인하하는 등의 유인책을 제공하는 것을 검토하고 있다. 개정안은 또한 외국의 모범 관행을 도입하는 것도 검토하고 있는데, 아직 구체화된 단계는 아니지만 미국 국립표준기술연구소의 사이버 안보 프레임워크를 고려하고 있는 것으로 알려지고 있다(Matsubara 2018).

2. 미일 사이버 협력

미국과의 사이버 협력은 2006년 '정보 확인과 컴퓨터 네트워크 보호에 관한 협력' 양해 각서(Memorandum of Understanding Concerning

Cooperation Regarding Information Assurance and Computer Network Defense)를 체결하면서 시작되었다. 이후 미국과 일본은 사이버 안보 관련 다양한 분야의 정책 협의, 사이버 공격에 대한 대응, 정보 공유 등을 촉진할 수 있는 양자 차원의 프레임워크를 구축하기 위해 노력을 경주하였다.

미일 사이버 안보 협력은 미일동맹의 진화와 맥을 같이 한다. 과거 미일동맹은 기본적으로 미군과 일본 자위대 사이의 역할 분담을 토대로 운용되었다. 반면, 미일방위지침을 개정하면서 미일 양국 정부는 제한적이기는 하지만 미군과 자위대 간의 '역할 통합'의 가능성을 탐색하는 방향으로 동맹의 전환을 지향하고 있다. 미일 사이버 안보 협력은 이와 같은 동맹 전환을 위한 주요 수단 가운데 하나로 대두되고 있다. 사이버 안보 협력은 변화하는 현실을 반영한 미일 방위협력의 전반적 조정과 연계에서 빼놓을 수 없는 분야로 부상하고 있는 것이다.

현 시점의 일본의 사이버 방어 능력을 감안할 때, 미국과의 긴밀한 협력 없이는 사이버 공격 및 위협에 효과적으로 대처하기 어려운 것이 사실이다. 일본의 사이버 능력 증대는 미국 측의 요구이기도 하다. 미국의 입장에서 볼 때도 사이버 방어는 독자적 대응만으로는 한계가 뚜렷하기 때문에 동맹국들과의 협력이 필수적이다. 사이버 방어를 위한 지역협력의 효과를 제고하기 위해서는 방어 능력의 대칭성이 어느 정도 확보될 필요가 있다는 것이 미국 측의 판단이다. 이러한 관점에서 미국은 사이버 안보 위협에 대한 효과적인 방어를 위해 일본이 일정 수준의 공격 능력(some offensive cyber capabilities)을 갖추기를 기대한다는 점을 분명히 하고 있다.

미일 양국은 2014년 10월 동맹의 전환을 검토·평가하고 향후 협력 방향을 제시하는 '미일 방위협력지침 개정 중간보고서'(Interim Report on the Revision of the U.S.-Japan Guidelines for Defense Cooperation)를 발간한 바 있다. 이 보고서는 사이버 안보 협력에 대한 방향도 제시하고 있는데, 사이버 위협과 취약성에 관한 정보 공유를 통해 사이버 안보 협력을 강화할 것에 합의하는 등 사이버 위협에 대한 미일 양국의 공동 대응의 필요성을 다시 강조하였다.

미국과 일본은 미일동맹에 기반한 협력을 바탕으로 사이버 안보 협력의 범위를 확대하고 있다. 미일 사이버 안보 협력은 좁은 의미의 사이버 군사 협력뿐 아니라 보다 광범위한 협력을 지향하고 있다. 주요 협력 분야에는 사이버 관련 정책 및 사이버 공격에 관한 정보 공유와 활용, 사이버 사고에 대한 대응, 사이버 위협 관련 정보 공유, 공동 훈련, 인적자원 개발을 위한 협력, 미일 신방위협력지침에 따른 자위대와 미군의 협력 강화 등이 포함된다. 미국은 최근 사이버 공격에 대한 대응 능력과 보복 능력을 증가하는 데 상당한 투자를 하고 있다. 2015년 애쉬턴 카터(Ashton Carter) 국방장관이 사이버 무기에 대한 보복 능력을 강조한 것은 이 때문이다(Kelly 2015). 한편, 일본의 사이버 방어 능력 증강을 위한 노력은 상대적으로 부진하다는 미국의 판단에 대해 일본 방위성은 일본 자위대는 물론 미군에 대한 사이버 공격에 대한 대응 능력을 확대하는 데 기여할 것임을 명확히 한 바 있다. 일본도 도쿄올림픽이 다가옴에 따라 정부 웹사이트에 대한 공격 탐지 능력을 강화하는 등 상당한 노력을 기울이고 있다(Kelly 2015).

미국과 일본은 우선 협력 분야에 대한 공통의 이해를 바탕으로 다양한 협력의 채널을 형성·유지하고 있다. 미일 사이버 대화(U.S.-Japan Cyber Dialogue), 미일 사이버 방위 정책 워킹그룹(U.S.-Japan Cyber Defense Policy Working Group), 미일 인터넷 경제에 대한 정책협력대화(U.S.-Japan Policy Cooperation Dialogue on the Internet

Economy) 등이 그것이다. 미국과 일본이 다양한 협력 채널을 가동하는 것은 미일동맹의 틀 속에서 사이버 안보 협력을 지향하고, 군사 협력을 넘어서 총체적인 협력과 분야별 특성을 감안하여 보다 정교한 기능적 협력이 필요하다는 판단에 따른 것이다.

1) 미일 사이버 대화

미일 사이버 대화는 2013년 개시되어 점진적으로 발전되어 왔다. 이 가운데 협력의 주요 내용을 간추리면 2014년 4월 제2차 미일 사이버 대화에서는 사이버 안보 협력의 범위를 구체화하는 데 대하여 광범위한 합의가 이루어졌다. 당시 합의된 협력 분야는 중요 인프라에 대한 방호, 역량 강화, 사이버 범죄에 대한 공동 대응 등이다. 이 합의는 미국과 일본 사이의 사이버 협력을 위한 공통의 기준을 마련하였다는 데 의미가 있다.

이후 미국과 일본은 2017년 10월 협력의 범위를 확대하고 수준을 심화하기로 하였다. 특히 이 회의에서 미일 양국은 사이버 공격에 대한 대응을 위해 정보 공유를 심화하기로 하였다. 미일 양국이 사이버 공격에 대한 공동 대응을 위한 협력하기로 한 것은 IoT로 인해 연결성이 급속하게 증대되는 현실을 고려할 때 사이버 공격에 대한 대응의 필요성이 더욱 중요하다는 데 양국이 공감대를 형성하였기 때문이다. 이에 더하여 미일 양국은 세부적 이슈에 대해서도 협력을 강화하기로 하였는데, 미국 국토안보국(Department of Homeland Security)과 일본 내각 サイバーセキュリティセンター(NISC: National Center of Incident Readiness and Strategy for Cybersecurity)이 정보공유 프로그램을 수립하기로 합의한 것이 이에 해당한다. 미국 국토안보부와 일본 NISC는 '자동화 지수 공유'(Automated Indicator Sharing)를 공

유함으로써 사이버 위협의 수준을 사전적으로 측정, 평가할 수 있는 '사이버 위협 지수'(cyber threat indicators)를 쌍방향적으로 교환하기로 함으로써 사이버 안보 협력의 수준을 한층 높였다고 할 수 있다. 특히, 미일 양국 정부가 미국 국토안보국 '자동지표공유'(AIS: Automatic Indicator Sharing) 플랫폼을 활용하여 사이버 위협 지표를 공유하기로 한 것은 양국의 협력 수준을 상징적으로 나타낸다. 구체적으로 미일 양국이 공유하는 정보는 악의적 IP 주소, 피싱 이메일에 포함된 발신 주소 등이다. 이처럼 사이버 위협 지표를 공유함으로써 미일 양국 사이의 정보 격차가 해소("Bridging the Gap")될 것으로 기대한다.

2) 미일 사이버 방위 정책 워킹그룹(U.S.-Japan Cyber Defense Policy Working Group)

미일 사이버 안보 협력의 또 다른 채널은 미일 사이버 방위 정책 워킹 그룹이다. 이 워킹그룹은 2013년 10월 설치된 것으로 주로 군사방위 분야의 협력을 논의하는 장의 역할을 하고 있다. 구체적으로 미일 양국은 이 워킹그룹을 통해 정보 보증(information assurance), 방어적 사이버 작전, 미국 국방부와 일본 방위성 간 각각의 역할에 대한 공동 이해 등 사이버 군사 협력을 심화하는 방안을 논의한다.

이 워킹그룹은 특히 악의적 사이버 행위자들의 기술 수준이 높아지는 데 주목하여, 주요 인프라와 서비스에 대한 방어의 필요성에 대한 인식을 공유하고 그 대비책을 함께 수립하는 방안을 검토한다. 특히 미국 국방부와 일본 방위성이 사이버 안보와 관련한 사이버 정보를 공유하기로 하는 등 군사방위 분야의 협력 방안을 구체화하는 데 노력을 기울이고 있다. 다만, 이 워킹그룹을 통한 협력은 기본적으로 미국이 사이버 방어의 범위를 일본으로 확대하여 일본 정부, 군사, 인프라

네트워크에 대한 공격을 탐지 또는 완화하는 데 지원을 제공하는 방식을 취하고 있는 데서 알 수 있듯이 엄밀한 의미의 쌍방향적 협력으로 발전하기까지는 상당한 시간이 소요될 것으로 보인다.

미일 사이버 방위 정책 워킹그룹은 공동성명을 통해 2015년 동맹국들이 사이버 공격 위협에 대한 대응을 지원하는 차원에서 일본에 사이버 방어우산을 제공하기로 하였다고 밝힌 바 있다. 미국의 사이버 방어우산은 특히 일본 내 군사 기지와 인프라를 보호하는 데 활용될 것이다(Kelly 2015). 미일 사이버 방위 정책 워킹그룹은 비국가 행위자 또는 국가가 후원하는 행위자들에 의한 사이버 공격이 고도화되고 있기 때문에 사이버 방어우산 제공의 필요성이 증가하고 있는 데 주목하였다.

IV. 지역협력

일본 정부는 국제규범의 강화와 사이버 관련 인식 제고 등을 필두로 한 사이버 공간에서의 국제협력의 중요성을 강조하고 있다. 그러나 일본은 2013년에 이르러서야 비로소 사이버 공격을 국가 안보 위협으로 인정하였다(Lui 2017). 이러한 인식의 변화에 따라 일본은 사이버 공간을 지구적 공공재로 규정하고 양자 및 다자 차원의 사이버 협력을 본격화하기 시작하였다. 이를 계기로 일본은 미국, 영국, 인도, EU, 아세안 등과 사이버 안보 협력을 추구하였다. 현재 일본 정부가 사이버 대화를 개최하고 국가 또는 지역은 14개국에 달한다. 일본의 사이버 안보 전략의 큰 방향은 국내적으로는 사이버 방어 역량을 강화하고 이를 위한 법적 기반을 갖추는 한편, 대외적으로는 주요 국가들과 협력을 확대하는 것이다.

일본은 미일동맹에 기반하여 제3국들과 협력을 확대·강화하는 데도 노력을 배가하고 있다. 그 대표적인 사례로는 호주, 싱가포르, 아세안 등과의 사이버 협력을 들 수 있다. 일본이 미국뿐 아니라 호주, 인도와 양자 차원의 협력과 아세안과 소다자 차원의 협력을 동시에 추구하는 이유는 사이버 안보 협력에 전략적 가치를 부여하기 때문이다. 아베 정부는 사이버 협력의 범위를 사이버 공간에서의 법치, 신뢰 구축 조치, 역량 강화를 위한 협력 등으로 설정하고 있지만, 여기에는 트럼프 행정부가 전략적으로 추진하고 있는 인도태평양전략과 보조를 맞추려는 이면의 의도가 있다고 할 수 있다. 즉, 아베 정부는 사이버 안보 협력의 수준을 제고함으로써 안보 협력 전반을 강화하는 효과를 의도하고 있다.

1. 일본-호주 협력

일본과 호주는 2015 7월 제1차 사이버 정책 대화를 개최한 이후 양자 차원의 협력을 강화하고 있다. 일본과 호주는 특히 사이버 방어를 위한 지역협력을 강화하는 방안을 선도적으로 모색하는 역할을 하고 있다. ARF에서 사이버 분야의 신뢰구축 조치를 위한 협력을 재확인한 것이 대표적 사례이다. 양자 차원의 협력 의제로는 사이버 범죄 퇴치, 정보 인프라 방호, 2020년 도쿄올림픽과 같은 주요 행사에 대한 사이버 협력을 강화하는 방안을 검토하고 있으며, 이를 바탕으로 사이버 공간에 대한 국제규범의 발전과 국제법의 적용을 위해 협력을 추구하고 있기도 하다.

일본은 미·일·호주 삼각 협력의 차원에서도 협력을 실행하고 있다. 미국, 일본, 호주 정부는 2014년 11월에 개최된 G20 정상회의를 계기로 사이버 분야의 삼자 협력을 강화할 것에 합의한 바 있다. 이는 군사안보 분야에서 미·일·호주 삼각 협력은 중국에 대한 안보 협력의 핵심 축으로서 역할을 하고 있으며, 사이버 안보 협력은 이러한 노력의 일환이라고 할 수 있다.

2. 일본-아세안 협력

사이버 안보 협력은 아베 정부의 이러한 외교적 고민을 해소할 수 있는 효과적인 수단으로 부상하였다. 일본은 동남아 국가들의 사이버 역량 강화를 위해 자위대의 지원을 통해 동남아 군대에 대한 능력 구축을 지원하고, 인재 육성과 장비에 대한 지원까지 제공하는 양상을 보이고 있다. 또한 사이버 방어의 성격상 개별 국가들이 자국에 대한 방어에 치중하는 것만으로는 방어의 효과성을 담보하기 어렵다. 사이버 방어는 위협을 공유하는 국가들과 공동의 노력을 할 때 비로소 효과를 제고할 수 있다는 면에서, 아베 정부가 굳이 집단적 자위권을 주변국에 호소하지 않더라도 자연스럽게 그 필요성이 인정될 수도 있는 분야이다. 더 나아가 일본은 사이버 위협에 대응하는 수단으로서 일정 수준의 공격 능력을 보유하는 데 대한 가능성을 탐색하고 있는데, 기존의 전수방위 원칙과 충돌할 여지가 있을 뿐 아니라, 집단적 자위권을 실질적으로 확보하는 수단으로 작용할 가능성이 있다. 아베 정부가 신 가이드라인에서 사이버방위대와 우주방위대 창설을 지속적으로 언급한 것은 이와 관련이 있다. 아베 정부는 이러한 측면에서 사이버 안보 협력을 집단적 자위권을 확보하는 요긴한 수단으로 인식하고, 미국은 물론, 호주 및 동남아시아 국가들과 사이버 안보 협력의 범위를 확대하기 위해 지속적인 노력을 기울이고 있다.

일본은 아시아 국가들과의 사이버 안보와 관련한 지역 차원의 협력을 강화하기 위한 외교적 노력을 적극 기울이고 있다. 이 가운데 아세안과의 협력이 높은 우선순위를 점하고 있다. 일본과 아세안 양측은 2009년 '일-아세안 정보보안정책회의'(日·ASEAN情報セキュリティ政策会議)를 발족하여 사이버 안보 협력의 범위를 점진적으로 확대하여 왔다. 이 회의는 사이버 안보와 관련한 보편적인 규범을 수립하는 것을 일차적 목표로 설정하고 있다. 이러한 기본 목표하에 일본과 아세안은 지역 차원의 사이버 방어 능력을 향상시킬 수 있는 실제적인 방안을 모색하고 있다. 사이버 공격에 대비한 공동 훈련을 실행하고, 기술 협력, 인재 육성, 공동 의식 계발 등으로 사이버 안보 협력의 범위를 지속적으로 넓혀나가고 있다.

2009년 제1차 회의에서는 협력 목표가 주로 경제 분야의 사이버 보안을 위한 협력을 증진시킬 수 있는 정부 간 협력에 초점이 맞추어졌다. 협력 분야가 (1) 지식경제시대에 대비하여 안전한 사업 환경 조성, (2) 안전한 정보통신 활용을 위한 환경 구축, (3) 정부 주도의 정보보안 전략 수립 등으로 설정된 것이 이를 대변한다. 이어 2010년 3월에 개최된 제2차 회의에서는 사이버 협력을 정부가 주도하는 것이 중요하다는 점을 양측이 재확인하였다. 2011년 3월 제3차 회의의 특징은 양자 차원의 협력을 넘어 지역 차원의 쟁점들을 포함하는 변화가 있었다는 점에 주목할 필요가 있다. 즉, 일본과 아세안 양측이 지역 차원의 공통 이슈에 대하여 논의하는 것을 바탕으로 협력 분야에 대한 심도 있는 논의를 할 필요성에 대하여 기본적인 합의가 이루어졌다.

이어 2015년 10월 제8차 회의에서는 양국의 사이버 안보 현황에 대한 검토를 바탕으로 사이버 안보 강화에 대한 공통의 인식을 조성하고, 향후 사이버 안보와 관련된 협력 분야를 발굴하기로 하였다. 이와 관련, 일본과 아세안은 지역 차원의 정보 공유 및 역량 강화 방안을 모색하기로 하였다. 특히, 일본과 아세안은 사이버 방어 역량 면에서 역내 국가 간 격차에 주목하여 지역 차원의 사이버 안보 능력을 강화하기 위해서는 이러한 격차를 좁힐 필요가 있다는 공통의 인식에 도달하였다. 특히 아세안과의 협력에 있어서 일본 정부는 ODA를 통해 사이버 안보 장비와 훈련을 제공하는 등 역량 강화를 위한 협력에 초점을 맞추고 있다.

더 나아가 양측은 사이버 안보 규제에 있어서 역내 국가들 사이에 상당한 차별성이 발견되고, 이러한 차별적 규제가 지역 차원의 사이버 방어 역량을 강화하는 데 장애 요인이 될 수 있다는 점에서 인식을 같이 하였다. 예를 들어, 필리핀은 사이버 안보에 대한 규제가 취약한 대표적인 국가인 반면, 중국은 사이버 안보와 관련 과도한 규제를 부과하는 대표적인 국가라고 할 수 있다. 이처럼 규제 레짐의 차이가 지역 차원의 사이버 협력을 제고하는 데 어려움을 제기할 수 있다는 인식의 공감대를 마련한 것 자체가 하나의 성과라고 할 수 있다.

한편, 일본과 아세안의 사이버 협력은 지난 십여 년 동안 진행되면서 일종의 성격 변화의 과정을 거치고 있다. 초기에는 경제 분야의 사이버 안전 문제에 초점을 맞추었던 사이버 안보 협력 의제가 점차 지역협력을 포괄하는 방향의 변화를 보이기 시작하였고, 세부 주제에 있어서도 정보 공유와 역량 강화를 넘어서 협력 분야를 구체화하는 단계로 발전되고 있다. 다만, 일본 측에서는 아세안과의 사이버 안보 협력을 중국의 사이버 위협에 대한 간접적 대응 수단으로 활용하려는 암묵적 의도를 갖고 있다. 일-아세안 정보보안정책회의가 경제 분야의 사이버 협력을 넘어 군사안보적 함의를 가지고 있는 분야로까지 확대

되는 것은 이러한 일본 정부의 의도와 관련이 있다. 일본 정부는 아세
안과의 사이버 협력을 기본적으로 가치관을 공유하는 전략적 파트너
와의 협력으로 이해하는 것은 이 때문이다. 유사한 맥락에서 일본 정
부는 아세안 측과 중국의 사이버 위협에 대한 공동 대응 체제를 개발
하기 위해 노력하고 있다.

일본-아세안 사이버 안보센터(Parameswaran 2018)를 태국에 설
치하려는 것도 아세안과의 협력을 안보 협력 전반으로 확대하려는 일
본의 의도가 반영되어 있다. 일본은 이러한 차원에서 싱가포르와의 협
력을 강화하고 있다. 싱가포르와의 협력은 양자 차원에서도 중요하지
만, 싱가포르가 사이버 안보 분야에 있어서 동남아시아 지역의 허브
역할을 하고 있다는 점에서 양자협력을 넘어 지역협력을 강화하는 방
안으로서의 의미를 갖고 있다. 일본은 아세안과 지역협력, 싱가포르와
양자협력을 병행함으로써 사이버 위협에 대해 효과적인 대처를 위한
노력을 강화하고 있다. 일본 내각 サイバーセキュリテイセンター와
싱가포르 CSA는 2017년 9월 사이버 협력 강화에 합의하는 새로운 협
력각서(Memorandum of Cooperation)에 서명한 바 있다.[5] 일본은 싱
가포르와 정책 대화, 정보 교환, 사이버 안보 인식 제고를 위한 협력,
지역 역량 강화를 공동 노력, 모범 사례의 공유 등 다양한 분야의 협력
에 합의하였다(Parameswaran 2017).

---

5   싱가포르 정부는 지역 경제 허브로서의 명성과 지위를 유지하기 위해서는 사이버 안보
를 강화하는 것이 긴요하다고 보고 지역협력에 적극성을 보이고 있다. 이를 위해 싱가
포르 정부는 2015년 4월 Cyber Security Agency(CSA)를 신설하였는데, CSA는 프랑스,
인디아, 네덜란드, 영국, 미국, 독일 등과 사이버 안보 협력을 위한 양해각서를 체결하였
다(Parameswaran 2016).

3. 일본-인도 사이버 협력

일본과 인도의 사이버 협력은 아베 총리와 만모한 싱(Manmohan Singh) 총리가 일본-인도 전략적 글로벌 파트너십 공동성명을 발표한 2006년으로 거슬러 올라간다. 이 성명에서는 군사안보뿐 나이라 기술, 무역 등 다양한 분야의 협력을 강화할 것에 대한 기본 합의가 이루어졌다. 이어 2007년 아베 총리는 인도 의회에서 '두 대양의 합류'(Confluence of the Two Seas)라는 제목의 연설을 한 것을 계기로 연례 전략 대화를 개최하게 됨으로써 양국 간 협력은 새로운 전기를 맞이하였다(Matsubara 2017b).[6]

일본이 인도와 사이버 안보 협력을 추구하는 이유는 아세안과 사이버 협력을 추구하는 이유와 기본적으로 유사하다. 가치와 규범을 공유하는 국가들 간 협력이라는 초점을 맞추고 중국에 대한 견제 차원에서 사이버 협력을 추구하고 있는 것이다. 일본과 인도는 자유롭고 안전한 사이버 공간과 사이버 공간에서의 법치라는 규범을 공유하고 있는데, 이러한 규범은 해양 안보 등에도 적용되는 것이라고 할 수 있다.

2012년 제6차 전략대화에서 양국의 외무장관은 사이버 공격이 국가 안보와 국제협력에 심각한 위협을 가하고 있다는 공통 인식에 기반하여 양자 사이버 안보 대화를 출범시킬 것에 합의하고, 같은 해 11월 도쿄에서 제1회 사이버 대화를 개최하였다. 5년 후인 2017년 제2차 사이버 대화가 개최되었는데 양국의 사이버 안보 정책, 사이버 위협 현황, 국제협력에 대한 양국의 노력 등에 대한 광범위한 의견 교환이 이루어졌다. 일본-인도 사이버 대화는 2012년 시작된 이래 2017년

---

6   '두 대양의 합류' 연설 전문은 외무성 홈페이지(https://www.mofa.go.jp/region/asia-paci/pmv0708/speech-2.html) 참조.

제2차 사이버 대화가 개최되는 등 협력이 긴밀하게 전개된 것은 아니었다. 그러나 2018년 제3차 사이버 대화를 개최하기로 합의한 데서 나타나듯이, 인도태평양전략의 추진과 더불어 일본과 인도 양자 차원의 사이버 안보 협력이 강화될 전망이다. 협력 범위에 사이버 방어 훈련이 포함된 것도 이와 관련이 있다고 할 수 있다. 일본과 인도가 사이버 협력을 강화하고 있는 것은 사이버 대화에 참여하는 정부 기관과 대표가 대폭 확대된 것에서도 확인된다(Matsubara 2017b).

일본과 인도는 또한 APT on ISM을 활용해서 사이버 안보 협력의 범위를 확대하기 위해 노력하는 등 협력의 수준과 범위를 확대할 뿐 아니라, 협력의 채널을 다양화하기 위해 노력하고 있다. 협력 범위의 확대와 관련, 일본은 현재 사이버 인력의 심각한 부족 현상을 겪고 있는데, 인도의 풍부한 IT 전문가들을 활용하는 방안을 검토하고 있다. 한편, 일본은 인도가 사이버 안보 관련 민관 협력을 강화하는 데 직면한 어려움을 극복하는 데 지원을 제공할 수 있다.[7]

일본과 인도의 사이버 협력에는 산업계에서도 지대한 관심을 갖고 있다. 일본–인도 비즈니스 리더 포럼(Japan-India Business Leaders Forum)이 2013년 양국의 사이버 안보 협력을 확대할 것을 촉구한 것이 대표적 사례이다. 개별 협력 분야가 구체적으로 적시되지는 않았으나, 주요 인프라의 보호를 위한 협력을 강화할 필요성이 지적되었다. 특히 도쿄올림픽 개최를 앞두고 일본 정부가 사이버 안보 분야의 민관 협력과 국제협력을 강화하는 데 주안점을 두고 있는 만큼 인도와의 협력은 올림픽의 성공적 개최뿐 아니라 이후 협력의 기반을 마련한다는 점에서 매우 중요하다(Matsubara 2017).

---

7   이와 관련, 일본과 인도는 2018년 5월 사이버 안보와 IT 전문 인력의 교환을 위해 협력하기로 합의한 바 있다(Parameswaran 2018).

4. 역외 국가들과의 협력

일본은 또한 역내 국가들과의 지역 차원의 협력을 넘어 역외 국가들과의 협력도 적극 추진하고 있다. 이는 간접적으로 미일 협력과 병행하여 지구적 차원의 사이버 협력을 강화하려는 시도로 이해할 수 있다. 역외 국가들과의 협력의 사례로는 영국, 나토, 발틱 3국, 프랑스, 영국 등을 들 수 있다. 우선, 일본은 도쿄올림픽에 대비하기 위한 경험 공유 차원에서 영국과 사이버 협력을 강화하고 있다(Matsubara 2018c).[8] 일본 정부는 영국 당국이 2012년 런던올림픽 개회식 당시 전력 인프라를 교란시키는 사이버 사건과 2018년 평창올림픽 개회식에서도 유사한 사건을 처리했던 사례가 있다. 일본 정부는 2019년 럭비 월드컵을 사이버 공격에 대한 사전 대응 연습의 기회로 활용할 예정이지만, 영국과 한국의 경험을 적극 활용할 계획을 갖고 있다.[9] 특히 영국은 동남아시아 국가들이 사이버 안보 훈련을 수행하는 데 있어서 일본과 협력을 확대하는 방안을 검토하고 있다.[10] 일본과 영국 양국은 사이버 안보 전문 인력을 양성하기 위한 적극적 노력을 기울이고 있다. 이와 관련 2017년 일본 경제산업성과 총무성이 'C-level' 사이버 전문 인력을 양성하기 위한 사이버 훈련센터를 각각 개설하였다("5 Reasons

---

8   도쿄올림픽과 관련한 국제협력은 미일 사이버 안보 대화에서도 다루어졌다. 2020년 도쿄올림픽 개최 기간을 전후한 시기 미일 양국의 사이버 안보 협력에 대해서도 기본적인 합의가 도출되었다. 트럼프 대통령과 아베 총리가 2017년 2월 양국 간 사이버 안보 협력을 강화하기로 한 이후 처음으로 개최된 공식 회담에서 이러한 합의가 도출되었다는 데 의미가 있다(Chalfant 2017).

9   영국 역시 일본과 양자협력을 강화함으로써 아세안 국가들에 대한 일본의 역량 강화 지원 경험을 활용할 수 있다는 점에 주목하고 있는 것으로 알려졌다(Matsubara 2018c).

10   이러한 노력을 기울이는 것은 일본만은 아니다. 호주와 싱가포르도 아세안 지역에 역량 구축을 위한 지원을 강화하기 위해 협력을 진행 중인 것으로 알려지고 있다(Matsubara 2018c).

Why Japan Fell Behind in Cybersecurity." https://wisdom.nec.com/
en/technology/2017120601/index.html).

　일본은 또한 나토와 사이버 협력 심화를 위한 전략적 협력을 추
구하고 있다. 일본은 특히 '주요 비-나토 동맹국'(MNNA: Major Non-
NATO Ally) 지위를 활용하여 나토와의 사이버 안보 협력의 가능성을
탐색하고 있다. 주요 비-나토 동맹국은 나토와 연구개발(R&D) 분야
의 협력을 수행할 수 있다는 규정에 근거하여 사이버 안보 분야의 협
력을 강화할 수 있는 제도적 기반을 갖고 있다. 구체적으로 일본은 나
토와 세계 최대의 사이버 방어 훈련인 'Locked Shields'에 참여하고
있다(https://ccdcoe.org/colonel-jaak-tarien-become-director-nato-
cooperative-cyber-defence-centre-excellence.html).

　일본은 또한 에스토니아, 라트비아, 리투아니아 등 발틱 3국과도
협력을 추구하고 있다. 일본은 이 국가들과 사이버 안보 관련 정보를
공유하는 등 협력 대화(cooperation dialogue)를 개최하고 있다. 일본
은 특히 사이버 안보의 선두 주자라고 할 수 있는 에스토니아의 실질
적 협력을 기대하고 있다. 일본은 특히 에스토니아 정부가 자발적 디
지털 방위대를 예비군에 편제하고, 2018년 독자적인 사이버사령부를
창설하는 등 방어 능력과 공격 능력 모두 보유하고 있는 데 주목하여
협력의 가능성을 탐색하고 있다(Scimia 2018).

　일본은 이 밖에도 프랑스 및 영국과도 협력을 확대하고 있다. 프
랑스와는 '2+2 대화'를 통해 우주 분야의 협력을 강화할 것에 합의
하였고, 영국과는 안보협력 공동선언을 통해 사이버 공간에서의 협력
을 해양 안보, 테러리즘, 인도적 지원 등과 함께 개도국의 사이버 역량
강화를 위한 구체적 협력을 모색할 것에 합의하였다(Japan-UK Joint
Declaration on Security Cooperation 2017).

V. 결론

지금까지 사이버 안보 분야의 미일 협력과 아시아 지역 차원의 협력의 전개 과정을 살펴보았다. 미국과 일본은 사이버 안보 협력을 양자 수준뿐 아니라, 소다자 및 지역 차원의 협력과 병행하여 추구하고 있다. 이 과정에서 미국과 일본은 역내외 국가들과 양자협력을 병행하고, 이를 지역 및 지구적 차원의 사이버 안보 협력에 통합시키기 위한 방안을 모색하고 있는 단계이다.

　미일동맹은 미일 사이버 안보 협력의 핵심 축이라고 할 수 있다. 미일 양국은 동맹에 기반한 사이버 안보 위협 대응 시스템을 구축하는 것을 우선 추구하고 있다. 이는 점증하는 사이버 위협에 대한 대응이기도 하지만, 중국의 부상에 대한 대응이기도 하다. 이러한 관점에서 볼 때, 미일 사이버 안보 협력은 미일동맹 조정이라는 거시적 맥락 속에서 진행되는 것으로 이해될 수 있다.

　미국과 일본은 양국 간 협력을 소다자협력 및 지역협력과 결합하기 위해 노력하고 있다. 소다자협력의 대표적 사례는 미·일·호주 삼각 협력이다. 미·일·호주 3국은 기존의 군사 협력을 기반으로 사이버 안보 협력으로 협력의 범위를 확장하고 있다. 또한 미국과 일본은 역내 국가들과의 양자협력도 각각 추구하고 있다. 미국과 일본은 향후 양자, 소다자, 지역 차원의 협력을 유기적으로 결합하여 사이버 안보의 효과를 제고하는 다층적 안보 네트워크를 형성하기 위한 노력을 전개할 것으로 예상된다.

참고문헌

박영준. 2018. "일본 아베 정부의 미일동맹 정책과 지구본 외교: "국제협조주의"와 "전략적
　　자율성"의 사이." 『국방연구』 61(3): 183-201.
이기태. 2016. "협력과 충돌의 대외전략: 일본의 아시아 외교를 중심으로." 『일본연구논총』
　　44: 135-159.
이승주. 2014. "21세기 일본 외교전략의 변화: 보통국가의 변환과 다차원 외교의 대두."
　　『한국정치외교사논총』 35(2): 275-306.
_____. 2017. "일본 사이버안보 전략의 변화: 사이버 안보의 전통 안보화와 전통 안보의
　　사이버 안보화." 『국가안보와 전략』 17(1): 183-202.

Aron, Hayley. 2017. "U.S.-Japan cooperation in defense, trade, and cybersecurity
　　discussed at Fourth Annual Security Forum." https://spfusa.org/sasakawa-blog/
　　u-s-japan-cooperation-defense-trade-cybersecurity-discussed-fourth-annual-
　　security-forum/
"Bridging the Gap: U.S. & Japan Take An Important Step In Cyber Information Sharing."
　　https://www.lookingglasscyber.com/blog/threat-intelligence-insights/bridging-
　　gap-u-s-japan-take-important-step-cyber-information-sharing/
Chalfant, Morgan. 2017. "US, Japan talk cooperation against 'large-scale' cyberattacks."
　　July 24. http://thehill.com/policy/cybersecurity/343427-us-japan-talk-cooperation-
　　against-large-scale-cyberattacks-botnets
"Colonel Jaak Tarien to Become Director of the NATO Cooperative Cyber Defence
　　Centre of Excellence." 2018. CCDCOE Homepage. August 14. https://ccdcoe.org/
　　colonel-jaak-tarien-become-director-nato-cooperative-cyber-defence-centre-
　　excellence.html
Dardenne, Anne-Léonore. 2018. Cybersecurity: the potential for Japan-India
　　cooperation. Asia Dialogue. http://theasiadialogue.com/2018/05/30/japanese-
　　cybersecurity-and-the-potential-for-japan-india-cooperation/.
Deloitte. 2017. Defense Policy and the Internet of Things: Disrupting Global Cyber
　　Defenses.
Enomoto, Tsuyoshi. 2016. Cybersecurity Strategy and Countermeasures for Cyber
　　Threats by MEXT. November 1.
Evans, Gareth. 2017. "Japan ramps up its defences with record budget." Army
　　Technology. November 22. https://www.army-technology.com/features/japan-
　　ramps-defences-record-budget/
Gady, Franz-Stefan. 2015. "Japan Hit by Cyberattacks at an Unprecedented Level." 9.
　　February 20.

Holding, Matthew. 2017. "Trump's Threat to Australia-US Cyber Cooperation."
     Australian Outlook. July 8.
"Japan & India Strengthen Cyber-Security Cooperation." 2012. *Infosecurity Magazine*,
     October 22.
"Japan preparing for 'cyberspace war': North Korea." 2017. *ETTelecom Newsletter*.
     August 21. https://www.dnaindia.com/technology/report-japan-preparing-for-
     cyberspace-war-north-korea-2535823
"Japan Strengthens Cybersecurity Cooperation with EU ahead of Olympics." 2018. *Japan
     Times*, July 16.
"Japan to set up command center to address threats in space and cyberspace." 2017. *The
     Japan Times*, December 18.
Kato, Masaya. 2018. "Japan spreads defense wings to cyber and space." *Nikkei Asian
     Review*. March 1.
Kallender, Paul, and Christopher W. Hughes. 2017. "Japan's Emerging Trajectory as a
     'Cyber Power': From Securitization to Militarization of Cyberspace." *Journal of
     Strategic Studies* 40(1-2): 118-45.
Kelly, Tim. 2015. "U.S. to bring Japan under its cyber defense umbrella." The Reuters.
Lui, Helen. 2017. Japan's Cybersecurity Strategy: Deterring China with Selective
     Engagements. May 22. https://jsis.washington.edu/japan/news/japans-
     cybersecurity-strategy-deterring-china-selective-engagements/
Matsubara, Mihoko. 2017a. "How Japan Is Aiming to Close the Cybersecurity Skills
     Gap Before Tokyo 2020." May 15. https://researchcenter.paloaltonetworks.c
     om/2017/05/cso-japan-aiming-close-cybersecurity-skills-gap-tokyo-2020/.
_____. 2017b. "Highlighting Japan-India Cybersecurity Cooperation in the "Confluence
     of the Two Seas." September 25. https://researchcenter.paloaltonetworks.c
     om/2017/09/cso-highlighting-japan-india-cybersecurity-cooperation-confluence-
     two-seas/
_____. 2018a. How Japan's New Cybersecurity Strategy Will Bring the Country Up to
     Par With the Rest of the World. CFR Net Politics. https://www.cfr.org/blog/how-
     japans-new-cybersecurity-strategy-will-bring-country-par-rest-world
_____. 2018b. "How Japan's Pacifist Constitution Shapes Its Approach to Cyberspace."
     Net Politics. https://www.cfr.org/blog/how-japans-pacifist-constitution-shapes-its-
     approach-cyberspace
_____. 2018c. "How Can Japan-UK Cybersecurity Cooperation Help ASEAN Build
     Cybersecurity Capacity?" April 16. https://www.cfr.org/blog/how-japans-pacifist-
     constitution-shapes-its-approach-cyberspace
_____. 2018d. Japan's New Cybersecurity Strategy: Plugging the IoT Gap. July 18.
     https://www.rsis.edu.sg/rsis-publication/rsis/co18121-japans-new-cybersecurity-
     strategy-plugging-the-iot-gap/#.W8xLeWgzaUk

"North Korea accuses Japan of planning cyberspace war." 2017. *Indian Express*. August 20.

Parameswaran, Prashanth. 2016. "Singapore Unveils New ASEAN Cyber Initiative." *The Diplomat*. October 14.

_____. 2017. "Japan, Singapore Sign New Cyber Pact." *The Diplomat*. November 10.

_____. 2018. "What's Behind the New Japan-ASEAN Cyber Center?" *The Diplomat*. April 3.

Rigoli, Elaine. 2013. "Insights Into Japan's Cybersecurity and Other Global Views." *Private WiFi*. March 26.

Sakoda, Robin Sak. 2015. "The 2015 U.S.-Japan Defense Guidelines: End of a New Beginning." Asia Maritime Transparency Initiative. https://amti.csis.org/the-2015-u-s-japan-defense-guidelines-end-of-a-new-beginning/

Scimia, Emanuele. "Japan turns to NATO for improving cyber defense." *Asia Times*. January 22.

"The Inaugural ASEAN-Japan Cybercrime Dialogue." Ministry of Foreign Affairs of Japan.

経済産業省 商務情報政策局 情報処理振興課. 2016.
　　IT人材の最新動向と将来推計に関する調査結果 ～ 報告書概要版 ～. 6月 10日.
"サイバー攻撃 被害,基準策定へ レベル 0～5 五輪控え整備." 2017. 『毎日新聞』. 12月 17日.
情報処理推進機構. 2017. 企業の CISO や CSIRT に関する実態調査 2017－調査報告書－.
防衛研究所編. 2018. 『中国安全保障レポート2018－岐路に立つ米中関係―』. 防衛研究所編
ニュートン・コンサルティング株式会社. 2017. 平成28年度企業のサイバーセキュリティ
　　対策に関する調査報告書.

제8장

미러 사이버 안보 경쟁과 중러 협력

윤민우

I. 머리말

사이버 공간에서의 주요 강대국들의 사이버 전력 강화와 세력다툼은 대체로 미러 사이의 사이버 안보 경쟁과 중러 사이의 사이버 안보 협력이 함께 나타나는 방향으로 진행되고 있다. 먼저 미러 경쟁으로 나타나는 양상은 보다 넓게는 미국-서방을 연결한 서방 진영과 러시아-중국을 연결한 비서방 진영 간의 경쟁과 충돌을 의미한다. 미국과 서방은 사이버 공간에서의 다중이해당사자주의와 자유롭고 안전하며 개방된 사이버 공간과 물리적 네트워크의 보호 등을 강조하는 데 반해 러시아와 중국은 국가간다자주의를 근간으로 인터넷주권주의와 정치적, 사회적 안정을 위한 국가 개입의 원칙, 그리고 물리적 네트워크 보호를 넘어선 정보콘텐츠 자체에 대한 억제와 보호를 주장한다(김상배 2018: 251-254).

미국과 러시아, 중국 등 강대국들은 사이버 안보의 문제를 자신들의 전통적인 정치, 군사, 경제, 사회, 문화 전략과 연계하여 이해하고 접근한다. 예를 들면, 미러의 사이버 안보 경쟁은 구소련 지역에서의 색깔혁명의 확산으로 인한 러시아 정부의 서방세력의 국내정치 침투 위협과 2014년 러시아의 우크라이나 침공으로 인한 미국과 서방의 대러시아 봉쇄와 제제 등과 긴밀히 연결되어 있다. 중러 사이버 협력 역시 미국의 지정학적 패권질서에 대항하기 위한 일반적인 중러의 반서방 반패권주의 연대의 한 부문으로 작동한다. 미국-서방과 러시아-중국 간의 사이버 공간에서의 기술, 규범, 표준 경쟁은 동시에 이들 두 진영의 경제적 이해관계를 반영하기도 한다. 이처럼 사이버 안보 경쟁과 협력은 오프라인에서의 정치, 군사, 경제, 사회, 문화의 문제와 서로 상호작용하는 복잡한 역동성을 보여준다(Maurer 2016: 51-55).

하지만 사이버 공간에서의 안보 경쟁은 냉전시기 핵을 중심으로 한 전통적인 미소 간의 안보 경쟁과는 다른 보다 복잡한 양상을 띤다. 냉전시기 미국과 소련 간의 지정학적 대립과 경쟁이 국가 행위자 주도의 보다 단순한 모습을 띠었던 것과는 달리 오늘날 미러 간의 사이버 경쟁은 패권경쟁의 지정학적 측면과 함께 국제제도와 규범 형성, 그리고 국가 이외의 민간과 기업, 지역기구, 국제기구 등과 같은 보다 다양한 행위자들과의 연대와 협력을 동시에 포함하고 있다는 점에서 보다 복잡하고 복합적인 양상을 띤다. 이러한 복잡하고 복합적인 양상에 주목하여 사이버 안보 경쟁과 협력을 복합지정학 또는 네트워크 이론으로 바라보아야 할 필요가 있다(김상배 2018: 78-96).

이 글은 오늘날 사이버 공간상에서 벌어지고 있는 미러 사이버 안보 경쟁과 중러 협력의 복잡한 양상을 기술한다. 전통적인 지정학적 안보문제를 넘어서는 복합지정학적 측면을 갖고 있는 사이버 안보문제는 따라서 경쟁과 협력이 이분법적, 단절적으로 나누어지는 것이 아니라 동시에 함께 존재하는 이중적인 양상을 갖는다(김상배 2018: 83-86). 때문에 미러 간의 사이버 안보 경쟁이 동시에 협력의 요소를 담고 있으며 중러 협력 역시 협력과 동시에 잠재적인 경쟁의 요소도 동시에 담고 있다. 상황과 역동성에 따라 현상적으로 경쟁의 요소가 강한지 아니면 협력의 요소가 강한지 결정되는 경향이 있다. 이런 맥락에서 미러 사이버 안보 경쟁은 패권충돌과 경쟁의 측면이 강하게 나타나지만 동시에 사이버상에서의 안전의 확보와 규범질서의 확립이라는 협력의 측면도 동시에 포함한다. 한편 중러 협력은 반미, 반서방을 목표로 한 협력의 측면이 강하지만 동시에 중러 간의 이해관계의 잠재적인 경쟁과 갈등의 요소를 포함한다.

이 글은 또한 미국과 서방의 다중이해당사자주의와 러시아와 중국의 국가간다자주의 사이에서 중견국가로서 한국이 어떤 입장을 취해야 하는지에 대해서도 고민한다. 미국을 포함한 서방진영과 러시아와 중국 등 비서방진영의 충돌구도에서(김상배 2018: 288-289). 한국과 같은 중견국가는 어떠한 가능성과 딜레마를 갖고 있으며 어떠한 전략을 추구하여야 하는가는 우리의 국가 이해와 관련하여 매우 핵심적인 문제일 수 있다. 이 글은 이러한 문제에 대해서도 논의할 것이다.

II. 사이버 공간의 특성들

다른 공간들과 구별되는 사이버 공간이 가지는 몇 가지 차별적인 특성은 사이버 공간의 복합지정학적, 네트워크적 특성을 강화시킨다. 이러한 특성들은 미러 간의 경쟁과 중러 협력 등과 같은 사이버 공간상에서의 강대국들의 행위와 관계를 조건 짓는 양상을 보여준다. 이러한 양상은 전통적인 강대국들 간의 패권충돌과 지정학적 전략과는 다른 방식으로 사이버 안보 경쟁과 협력이 전개되도록 만든다.

1. 사이버 공간의 이중적 성격

사이버 공간이 가지는 이중적 성격은 사이버 공간이 국가주권이 작동하거나 영향을 받는 국가주권의 공간이자 국가의 주권 범위를 넘어서는 글로벌 사회의 인류의 공동자산이라는 두 가지 서로 상충되는 특성을 동시에 가지고 있다는 것을 의미한다. 이는 사이버 공간이 국내와 국외 부문들이 서로 상호 관련되어 있는 독특한 현상 때문에 발생한다(McConnell, Sharikov, & Smekalova 2017: 5). 이러한 두 개의 서

로 상충되는 특성은 서로 분리될 수 없으며 사이버 공간 자체가 가지
는 특성 때문에 동시에 함께 존재한다. 먼저 사이버 공간은 한 주권국
가의 정치적, 군사적, 경제적, 사회문화적 역량을 강화하고 다른 국가
에 투사할 수 있는 전략공간으로서의 성격을 갖는다. 이런 점에서 사
이버 공간은 다른 기존의 땅과 바다 공간들과 마찬가지로 전통적인 국
가들 간의 패권충돌과 세력경쟁 등이 벌어지는 지정학적 공간으로서
의 특성을 갖는다. 한편, 동시에 사이버 공간은 글로벌 사회의 공동자
산이라는 특성을 갖는다. 이는 사이버 공간의 전일성과 무정부성에서
기인한다. 아직까지는 적어도 어느 한 국가나 국가들 간의 협력체도
사이버 공간 전체에서 우월한 폭력적 독점이나 규범적 권위를 인정받
지 못한다. 이러한 상황은 사이버 공간의 무정부성을 지속, 강화 시킨
다. 이러한 환경에서 범죄자들과 테러리스트들, 그리고 핵티비스트들
과 같은 여러 비국가 행위자들이 사이버 공간의 안전하고 평화적인 이
용을 침해한다(McConnell et al. 2017: 8). 사이버 공간의 이러한 특성
은 사이버 안보문제를 환경문제, 기후문제, 난민문제, 테러문제, 국제
조직범죄 등과 같이 한 국가가 아니라 인류가 공동으로 대처해야 하는
신흥안보의 문제로 이해하도록 만든다.

2. 은밀성과 책임 소재의 불분명성

사이버 공간이 가지는 또 다른 특성은 은밀성과 이와 관련된 책임 소
재의 불분명성이다. 사이버 공간상에서는 공격 또는 침해행위의 주체
를 특정화하기가 곤란하다. 대부분의 사이버 공격이나 사이버 침해 사
례에서 공격주체 또는 가해자는 구체적으로 특정화하기 곤란하며 많
은 경우에 추정에 그친다. 예를 들면, 미국의 민주당 전당대회 해킹공

격사례의 공격주체인 해커그룹 APT 29는 FSB(Federalnaya Sluzhba Bezopasnosti: 연방보안국)와 APT 28은 GRU(Glavnoye Razvedyvatelnoye Upravleniye: 주요 정보 관리국)와 연관이 있는 것으로 여러 정황증거들에 의해 추정될 뿐이다. 더욱이 러시아 해커들이 공격주체라는 것을 파악했다고 하더라도 이들이 러시아 정부로부터 직접적인 명령을 받은 것인지, 스폰을 받은 것인지, 아니면 러시아 정부와 관련 없는 자발적인 동기에 의한 활동인지 여부를 밝히기 매우 어렵다(Baezner & Robin 2017: 10-11). 사이버 공간에서의 침해나 공격의 책임 소재는 매우 불확실하며 일반적으로 큐 보노(cui bono: to whose benefit)의 논리를 따른다. 하지만 이러한 논리추론 역시 사이버 공격이나 침해행위로부터 이익을 보는 어떤 특정한 행위자가 실제 공격주체 또는 가해자인지를 완전히 확실하게 밝히는 것은 불가능하다.

3. 사이버 안보의 대상

핵안보 또는 전통안보의 대상과 의미가 비교적 명확했던 것과는 달리 탈지정학적 성격을 갖는 사이버 안보의 대상과 의미는 국가 행위자들, 특히 미국, 러시아, 중국 사이에서 아직 명확히 합의되지 않았다(Kulikova 2015). 사이버 안보의 대상은 정보-기술(information-technological) 부문과 정보-심리(information-psychological) 부문으로 나뉠 수 있는데, 사이버 안보의 대상에 정보-기술 부문만을 다룰 것인지 아니면 정보-기술과 정보-심리를 함께 포함시키는 보다 광범위한 사이버 안보를 의미할 것인지에 대해 주요 경쟁 당사자 사이에서 아직 분명한 정리 또는 합의가 되지 않았다. 정보-기술 부문의 사이버 안보는 인터넷과 관련된 기반설비와 소프트웨어, 물리적 하드웨에 등을 의미하며 이에 대한 침해는 대체로 DDoS 공격, 해킹, 사이버 첩보나 정보절취, 사이버 테러, 사이버 범죄 등과 같은 사이버 공간에서의 하드웨어나 소프트웨어, 또는 기반설비 등에 대한 침해행위나 공격, 사보타지 행위들로 한정된다. 한편 정보-심리 부문은 사이버 공간상에서의 정보 콘텐츠 자체와 그 콘텐츠가 미치는 심리적 영향력을 의미한다. 이러한 정보들이 어떤 국가나, 정치체제, 사회문화에 대해 미치는 부정적인 영향력까지 사이버 공간에서 벌어지는 침해행위 또는 공격행위로 간주하고 이를 사이버 안보의 범위에 포함시킬지의 여부에 대한 합의가 이루어지지 않고 있다(Medvedev 2015: 47-49). 사이버 안보 경쟁을 벌이고 있는 미국과 러시아는 특히 이 문제에 대해 대립하고 있다. 러시아와 반미-반서방 협력을 취하는 중국은 러시아와 입장을 같이하고 있으며 따라서 미국과 대척점에 서 있다. 미국은 사이버 안보의 대상에 정보-기술만을 다루자고 주장한다. 대부분의 유럽과 오스트레일리아, 일본 등 서방국가들은 이러한 미국의 주장에 동조한다. 반면 이러한 미국의 주장에 대해 러시아와 중국은 정보-기술 부문만이 아니라 정보-심리 부문 역시 함께 포함하여 사이버 안보의 대상으로 다루어야 한다고 주장한다(Medvedev 2015: 48). 이러한 미국-서방과 러시아-중국 사이의 사이버 안보의 대상에 대한 충돌은 현재진행형이며 때문에 아직까지 사이버 안보의 대상에 대해서는 여전히 보편적인 합의나 공통인식이 존재하지 않는다(Abdul Wahab 2017: 58).

III. 미러 사이버 안보 경쟁과 중러 사이버 안보 협력

미러 사이버 안보 경쟁과 중러 사이버 안보 협력은 사이버 공간에서 벌어지는 미국-서방과 비서방 세력인 러시아-중국 두 진영 간의 기술, 표준, 규범, 제도, 담론 등에서의 충돌과 경쟁에 함께 묶여 있는 서로 다른 단면이다. 미국과 서방은 사이버 공간에서 기술과 표준에서의 우위를 바탕으로 사이버 공간에서 정보의 자유로운 소통, 표현의 자유, 개방, 신뢰 등을 기본원칙으로 강조한다. 또한 사이버 공간을 이용하는 개인, 기업, 시민사회, 정부 등 다양한 행위자들이 참여하는 공동의 국제적인 규범과 거버넌스를 구축해야 한다고 주장한다. 하지만 이러한 미국과 서방의 담론과 모델이 궁극적으로 사이버 공간에서 우월적 지위에 있는 미국과 서방의 패권과 이익을 보장하고 공고화하는 측면이 있다고 인식하는 러시아, 중국 등은 사이버 공간에서도 국가 주권은 인정되어야 하며, 필요한 경우 정보통제가 가능한 공간으로 남아야 한다는 것을 주장한다. 인터넷 체계와 사이버 공간에서 서방이 일방적으로 주도권을 행사하는 것에 반대하며, 사이버 공간상에서 보다 공정한 새로운 세계질서를 구축해야한다고 강조한다(신범식 2017: 267-273).

미러 사이버 안보 경쟁과 중러 사이버 안보 협력은 모두 큰 틀에서 전개되는 글로벌 패권을 둘러싼 미국과 러시아-중국 간의 안보 경쟁과 협력과 긴밀히 연계되어 있다. 냉전종료 이후 글로벌 패권경쟁은 미국의 패권에 대한 러시아-중국의 반패권, 반서방 연대 간의 경쟁 또는 충돌로 나타나고 있다. 따라서 사이버 안보와 마찬가지로 오프라인에서도 미국-러시아, 미국-중국 사이에서는 안보 경쟁이, 중국-러시아 관계에서는 안보 협력이 전개되고 있다. 이러한 구도는 러시아와 중국의 권위주의적 국내정치질서에 어떤 본질적인 변화가 나타나지 않는 한 당분간 중, 장기적으로 지속될 것이라고 전망된다(Rumer 2017: 20).

1. 미국-러시아 사이버 안보 경쟁

사이버 공간의 이중적 특성과 은밀성, 책임 소재의 불분명성 등과 같은 특성들 때문에 미국-러시아의 안보 경쟁은 오프라인에서의 전통적인 지정학적 안보 경쟁과는 달리 경쟁과 동시에 협력의 요소를 포함한다. 이중적 성격을 갖는 사이버 안보 경쟁은 질적으로 단편적인 성격을 띠는 전통적인 지정학적 안보 경쟁과는 다르며 때문에 탈지정학적 또는 복합지정학적 성격을 띤다(김상배 2018: 83-86). 실제로 미국과 러시아는 사이버 안보 경쟁에서 경쟁과 동시에 협력의 모습을 보였다. 이러한 이중적 관계를 사이버 공간에서의 "Frenemies(친구-적)"이라는 용어로 표현한다(McConnell 2017: 4).

한편으로는 미러 간에 어느 정도의 사이버 협력의 시도들이 이루어져왔다(Kshetri 2014: 14). 예를 들면, 2013년 양자 간에 사이버 핫라인을 설치하는 협정을 체결했다. 이는 냉전시대 핵 공포에 대해 사용했던 것과 유사한 것으로 사이버 긴장완화를 한 걸음 진전시키고 미래의 컴퓨터 관련 위기를 해소하기 위한 시도였다(김상배 2018: 283-284). 심지어 스노든 사태에도 불구하고 미국과 러시아의 이러한 사이버 상호협력은 지속되었다(신범식 2017: 262-263). 2013년 미국과 러시아는 정보통신기술(ICT: Information and Communication Technology)에 관련된 조치들에 동의했다. 2015년에는 20개 국가들의 대표단들을 포함하는 UN GGE(The UN Group of Governmental Experts)가 국제안보의 맥락에서 정보와 통신 부문에서의 국제 규범들에 관한 보고서를 출판하였는데 미국과 러시아는 여기에 함께 참여하였다(Baezner & Robin 2017: 6-7). 미러 간의 협력은 비공식적 타협과 협조, 그리고 실무적인 구체적 상호협력으로도 나타났다. 2000년대 중반, 미국 법집행 관리들(law enforcement officials)은 6건의 사이버 범죄 관련 협조 요청에 대해 러시아 측으로부터 도움을 받았다고 보고했다. 러시아 사이버 보안 요원들 역시 미국에서 훈련받은 바가 있다. 2011년 6월에는 러시아 National Security Council Deputy Secretary가 이끄는 러시아 대표단이 미국을 방문하였고 미국과 러시아의 고위급 관리들이 양국이 직면하고 있는 사이버 안보 주제들에 대해 논의하였다 (Kshetri 2014: 14).

하지만 그러한 일정 정도의 미러 간의 사이버 협력 시도에도 불구하고, 미러 간의 관계는 대체로 서로 경쟁적이며, 냉소적이고, 신뢰가 결여되어 있다. Victor Pleshchuk의 사례에서도 미국 정부는 러시아의 처벌 수위에 대해 불만을 표시했다. 많은 경우에 미국의 법집행 기관들(law enforcement agencies)은 러시아 사이버 범죄자들을 추적하는 경우에 러시아 기관에 알리지 않는다. 러시아는 이러한 자국 국민들에 대한 미국의 일방주의적 법집행에 대해 강한 불만을 표시한다. 예를 들면, Vladimir Zdorovenin의 사례에서 러시아 외교부 대변인은 "우리가 보고 있는 것은 러시아 국적자들에 대한 미국 법의 불법적 초국경적(exterritorial) 적용이다"라고 비난했다. 미러 간의 사이버 관계가 불편한 또 다른 이유는 러시아 사회와 정부 내에서 증가하고 있는 반미주의(anti-Americanism)와 관련이 있다. 푸틴 정부는 미국과 서방이 사이버 공간을 통해 서방의 가치를 자국민들에게 확신시킴으로써 푸틴 정부를 전복시키려 한다고 의심한다. 러시아 사회 내의 반미주의는 푸틴 정부가 정교하게 배양하고 정치적 자산으로 구축한 데 기인한다고 평가된다. 미국에 대한 적대감과 러시아에 대한 애국심을 결합하여 이를 푸틴 정권의 정치적 기반으로 활용한다. 이러한 미국과 러시아 간의 신뢰의 결핍과 경쟁적 태도는 스노든 사태와 러시아의 스노든에 대한 임시 피난처(asylum) 제공으로 더욱 분명해졌다(Kshetri 2014: 15-18).

미국과 러시아의 사이버 안보 경쟁은 2000년대 중, 후반까지의 다소 협력적 기조에서 몇 가지 주요한 사건들을 거치면서 매우 경쟁적으로 바뀌었다. 그러한 몇 가지 주요한 사건들은 누적된 영향을 미치면서 다소 협력적이면서 경쟁적인 국면에서 상대적으로 매우 경쟁적인 국면으로 미러의 사이버 안보관계를 전환시켰다. 대체로 2000년대 들어 탈소비에트 공간에서 벌어진 색깔혁명, 2008년 러시아의 그루지아 침공, 2011년 미국과 서방의 리비아에 대한 군사개입, 2013년 스노든 사태, 2014년 러시아의 우크라이나 침공과 사이버 공격, 2016년 러시아의 미국 DNC 해킹 사건과 대선 개입 의혹 등 지난 15~20년간 일련의 주요한 사건들이 이에 포함된다.

2000년대 탈소비에트 공간에서 벌어진 색깔혁명의 배후에 미국과 서방의 서방적 가치와 제도, 규범의 확산을 통한 세력 확장의 의도가 숨어 있다고 의심한 러시아는 이를 러시아에 대한 심각한 안보위협으로 받아들였다. 이러한 인식은 탈냉전기 초기에 러시아가 취했던 미국과 서방에 대한 협력적인 시도를 급격히 전환시켰다. 이러한 러시아의 인식변화는 2004년 이후에 러시아의 전략적 기조가 미국과 서방에 대한 공세적 방어 전략으로 전환하게 되는 배경이 되었다. 러시아는 미국과 서방의 이러한 사이버 공간을 통한 서방의 가치와 규범, 제도의 확산을 정보전쟁으로 간주하고 사이버 공간상에서의 러시아의 전략적 능력을 강화하고 미국과의 본격적인 사이버 안보 경쟁에 돌입하였다. 2011년 미국과 서방의 리비아에 대한 군사개입과 스노든 사태는 러시아의 미국과 서방에 대한 사이버 위협 인식을 고착, 강화시키는 계기가 되었다.

러시아의 그루지아 침공과 2014년 우크라이나 사태와 사이버 공격, 그리고 2016년 DNC 해킹과 미대선 개입 등은 러시아의 사이버 전력과 수행의지에 대한 미국의 위협 인식을 제고하는 계기가 되었다. 특히 우크라이나 사태 이후 미러관계는 본격적으로 악화되는데 이 2014년을 기점으로 미러관계는 본격적인 사이버 안보 경쟁으로 돌입하게 된다. 러시아 정보전문가는 미러 간에 사이버 전쟁이 이미 시작된 것으로 보고 있다. 미국의 2015년 국가안보전략에도 이미 세계는 사이버 전쟁에 돌입했다는 미국의 인식이 드러나고 있다. 특히 2016년 사건 이후에 미국은 선거제도를 국가의 핵심기반시설로 규정하고 기존의 정보-기술에 중점을 둔 사이버 전력 강화와 더불어 정보-심리를 의미하는 사이버 심리전의 역량 강화를 강조하였다. 또한 사이버 공격 역량 강화와 함께 포괄적 사이버 역량 강화를 강조하였다. 사이버 역량 강화에는 사이버 방어능력, 보복-억제능력, 가해자 탐색능력, 사이버 공격능력, 피해복구-회복능력, 사이버 심리전 수행능력 등 총체적인 사이버 안보 역량의 강화와 함께 사이버 전력과 오프라인에서의 군사전력을 연계하는 것 등을 포함한다. 미국의 이러한 태세전환은 러시아 등 도전세력과의 사이버 안보 경쟁에서 미국의 패권을 유지하는 것을 목표로 한다(Libicki 2017).

미국과 러시아에서 나타나는 국내 정치체제의 본질적인 차이 역시 양국 간에 협력보다는 사이버 안보 경쟁을 더욱 자극하는 측면이 있다. 개방된 자유민주주의 체제인 미국은 사이버 공간에서 개인의 자유와 권리, 프라이버시, 알권리, 정보소통의 자유 등을 강조한다. 미국이 의미하는 사이버 안보 위협은 이와 같은 개인의 자유와 권리(재산권을 포함하여) 등에 대한 부당한 또는 불법적 침해를 의미한다. 때문에 디도스 공격이나 지능형 지속공격, 해킹과 개인정보 도난, 돈세탁

등과 같은 사이버 기술을 이용한 침해행위와 사이버 공간을 이용한 극
단주의전파, 테러리스트의 인터넷 이용 등과 같은 문제들, 그리고 정
부나 기업의 정보나 비밀의 도난과 같은 cyber-espionage에 미국의
사이버 안보 위협 인식이 집중되어 있다. 미국은 사이버 공간상에서
이와 같은 비국가 행위자들과 국가 행위자들의 일탈행위를 처벌하는
법집행(law enforcement) 모델로 사이버 위협에 대응하고자 한다. 미
국은 이러한 일탈행위의 처벌을 통해 궁극적으로 사이버 공간상에서
의 정보소통의 자유, 개방성 확보, 자유민주주의의 확산, 개인주의의
증진 등을 시도한다(Kshetri 2014: 19-24).

　반면 러시아는 권위주의 정체의 보호를 가장 핵심적인 국가이해
로 인식한다. 즉 정권안정과 국가이익은 같은 의미로 받아들여진다.
때문에 사이버 공간에서 러시아가 가장 중요하게 강조하는 것은 국가
주권의 확립이다. 러시아가 강조하는 사이버 안보위협의 가장 주요한
두 가지 측면 1) 국가주권의 인정, 2) 사이버 공간을 통한 정부전복 기
도에 대한 대응은 모두 이 권위주의 정권의 안전보장과 관련이 있다.
러시아의 이러한 인식에 중국도 기본적으로 같은 스탠스를 취한다. 러
시아의 국가주권에 대한 강조는 사이버 공간 내에서의 주권 범위에 속
하는 공간 내에서 국가가 인터넷을 통제하고 정보를 관리하여 개인의
사생활과 자유를 억제할 수 있다는 내용을 주요 골자로 한다. 따라서
사이버 공간을 이용한 기술적 침해나 테러리스트나 범죄자, 스파이 등
의 사이버 공간의 불법적 이용뿐만 아니라 인터넷을 통한 정보의 자유
로운 소통, 인권과 민주주의의 확산, 소수자나 특정 이슈 중심의 핵티
비즘 등도 주요한 사이버 안보 위협으로 인식한다. 이와 같은 러시아
의 사이버 안보 인식은 미국의 인식과 정면으로 충돌한다. 미국은 사
이버 공간에서의 개방성과 자유로운 정보의 소통, 자유민주주의 등을

확산시키고자 하지만 러시아는 그리고 중국 역시 이러한 미국과 서방
의 노력을 국가주권에 대한 중대한 위협 또는 정권전복 의도로 이해한
다. 때문에 러시아는 사이버 공간에서의 여러 위협들을 법집행의 대상
이 되는 일탈행위가 아니라 국가의 주권을 위협하는 정보전쟁의 문제
로 인식한다(신범식 2017: 268-73).

　미국과 러시아의 사이버 안보 경쟁은 기존의 전통적인 미국과 소
련과의 핵안보 경쟁과는 달리 지정학적 패권경쟁이면서 동시에 탈지
정학적 글로벌 사이버 안보 거버넌스 표준 경쟁이라는 복합적 성격을
동시에 가진다. 때문에 미러 사이버 안보 경쟁은 복합지정학적이다.
먼저 지정학적 패권경쟁적 측면은 미국의 패권에 대한 러시아의 반패
권전략 사이의 충돌에서 나타난다. 미러 간의 패권 충돌은 2014년 우
크라이나 사태 이후 본격화되며 이는 정치, 군사, 경제 등을 포함한 오
프라인에서의 지정학적 안보 경쟁의 연장선상에서 미러 간의 사이버
안보 경쟁이 전개된다. 사이버 공간상에서의 미국-러시아의 안보 경
쟁은 오프라이에서의 안보 경쟁과 연결되어 있다.

　러시아의 사이버 전력 강화는 미국과 서방과는 다른 체계에서 독
자적으로 상당히 높은 수준으로 발전해왔다. 러시아는 보안기술과 정
보부처, 특히 FSB와 GRU 중심으로 보안체계가 구축되어 사이버 보
안 및 공격능력이 매우 발전해 있다. 이미 러시아는 몇 차례 실제로 매
우 파괴력 높은 사이버 공격과 침투를 감행한 바 있으며 이러한 능력
과 노하우는 앞으로도 더욱 발전할 것으로 예상되어 사실상 사이버 패
권지위에 있는 미국과 사이버 전력 경쟁을 지속할 것으로 판단된다.
2013년 7월 5일 푸틴 대통령이 사이버 위협에 대한 대책 마련의 필요
성을 강조한 것과 2014년 5월 사이버전 전담부대의 창설은 이러한 러
시아의 사이버 전력 강화의 주요한 사례들로 지적될 수 있다. 푸틴 대

통령은 사이버 공격이 이미 정치, 군사적으로 활용되고 있으며 그 효과는 전통적 전쟁을 넘어설 수도 있다는 사이버 위험 및 위협에 대한 높은 인식을 보여 주었다. 사이버 부대 창설의 의미는 단순한 군 조직 개편 이상의 의미를 담고 있다. 그간 러시아 정부가 수동적인 입장에서 정보안보와 연관된 도전과 위협을 분석하는 방어적 정책으로부터 탈피하여 그에 대응하고 방지하는 적극적 공세적 정책으로 전환하게 된 상징적 사건으로 이해할 필요가 있다(신범식 2017: 257-260).

러시아가 이처럼 사이버 전력 강화를 적극적, 공세적으로 배양해 오고 있다는 사실은 최근 러시아 군사독트린의 변화에서도 나타난다. 러시아의 정치적, 전략적 문화는 사이버 공간에서의 스타일과 선호를 만들어내는 경향이 있다. 러시아인들은 본질적으로 클라우제비츠의 추종자들이다. 이는 그들이 전쟁에서의 최우선되는 정치의 속성을 잘 이해하고 있다는 의미이다. 따라서 그들은 사이버 공간에서의 기술, 군사작전, 전략, 그리고 궁극적으로 정치적 결과물 사이의 연계를 통해서 생각하는 데 빠르게 적응했다(Wirtz 2015: 31-32). 최근 러시아의 게라시모프 독트린은 그러한 사이버 전력에 대한 러시아의 전략적 인식을 보여준다. 국가 간 갈등 해결에서 기존의 군사적 방법과 사이버 공간에서의 정보전쟁을 통한 비군사적 해결방식이 모두 전쟁의 개념에 포함되어야 하며, 미국과 서방의 정치적, 문화적, 이념적 가치의 사이버 공간을 통한 확산은 그 자체로 따라서 국가주권에 대한 부당한 침해인 전쟁행위로 간주되어야 한다. 이런 맥락에서 러시아는 미국과 서방이 즐겨 쓰는 사이버 전쟁이라는 개념보다는 이보다 더 넓은 의미로 이해될 수 있는 정보전쟁이라는 개념을 사용한다. 게라시모프의 독트린은 전쟁의 규칙들이 바뀌었으며 사이버 공간에서의 해킹과 언론조작, 사이버 공격, 프로파간다, 선전여론적 등 비군사적 수단들이

전통적인 군사적 수단들보다 더 중요할 수 있다는 점을 인식한다. 게
라시모프 독트린은 사이버와 정보전쟁에 관한 다음과 같은 핵심 요점
들을 담고 있다. 게라시모프 독트린에 따르면 현대의 사이버 안보 갈
등의 속성은 정보전쟁의 모든 갈등 단계에서 일정 기간을 가지고 있
으며 군사적이고 비군사적인 힘을 함께 포함한다(Medvedev 2015:
62-63).

- 갈등은 점점 더 정보와 다른 비군사적 수단들로 이루어지고 있다.
- 비밀 작전과 비정규 병력은 점점 더 정보 충돌에서 중요해지고 있다.
- 전략적, 작전적 그리고 전술적 수준들과 공격과 방어 활동 사이의 구
  분이 사라지고 있다.
- 정보무기들은 적의 이점들을 상쇄시키고 적 영토의 전반에 걸쳐 저항
  전선의 형성을 허락한다는 점에서 비대칭 작전들을 가능하게 한다.
- 정보 충돌은 적의 전투 능력을 떨어뜨리는 기회를 만들어 낸다.

러시아가 국제안보와 전쟁의 속성에 대한 게라시모프의 제안에
따라 21세기 전쟁에서 새로운 접근을 시도하고 있는 것처럼 보인다.
러시아는 게라시모프 독트린에 따라 공격적인 사이버 태세를 취하고
있다. 명백한 정치적, 군사적 위기가 시작되기 전에 다른 국가에 대
한 정보활동을 선제적으로 시작하며 러시아 군이나 러시아 연방정부
의 책임 여부를 따지기 어렵도록 하는 수단과 방법을 사용하고 있다
(Medvedev 2015: 63). 특히 해커들이나 사이버 범죄자들과 같은 전통
적인 의미에서 군이나 국가의 에이전트로 볼 수 없는 다양한 행위자
들을 적극적으로 주요한 사이버 공격의 첨병으로 활용하고 있다(Con-
nell & Vogler 2017: 10-12). 게라시모프 독트린이 러시아의 가장 핵심

적인 정보전쟁의 군사 독트린으로 채택되었다는 점은 이 독트린의 주
창자인 발레리 바실리예비치 게라시모프가 러시아 안보정책 전반에서
의 주요한 위상을 가지기 때문이다(Frankfurter Allgemeine 2018).

　미국 역시 사이버 공간에서의 패권 장악이 글로벌 패권 유지와 직
결된다는 사실을 인식하고 사이버 전력 강화를 위해 노력해오고 있
다. 이 전력 강화의 궁극적 목표는 미국이 주요한 사이버 안보 경쟁자
로 인식하는 러시아-중국에 대한 경쟁에서 우월적-패권적 지위를 유
지하는 것이다(Singer 2017). 미국은 사이버 공간에서 국방역량 강화,
정보활동 역량 강화, 법 집행 및 사후 대응 등 공권력 집행능력 확보,
인력 개발 등의 국가 전반적인 사이버 안보 역량 강화를 추진하고 있
다(윤민우 2017: 277). 특히 국방역량 강화를 위해 사이버사령부를 재
편하고 그 위상을 강화하였다. 2009년에 창설된 사이버사령부(United
States Cyber Command)는 애초에 방어적인 임무를 염두에 두었으나
이후 점차로 공격적인 물리력으로 변모했다. 2018년에는 사이버사령
부가 완전하고 독자적인 통합전투사령부(a full and independent Uni-
fied Combatant Command)의 지위로 승격이 완료되었다.[1] 이는 미국
이 사이버 안보 경쟁과 관련하여 단순이 위협에 대한 방호나 방어, 사
후 대응과 같은 수동적인 자세를 벗어나 더 적극적인 사이버 공격 역
량을 강화하려고 시도하는 것으로 이해할 수 있다(윤민우 2017: 277-
278). 이는 2017년 3월 21세기 사이버 전쟁에 관한 의회 군사위원회
청문회에서 사이버 공격이나 침해에 대한 방어적인 성격을 갖는 방어
와 회복 능력 강화와 함께 공격적, 공세적 성격을 갖는 미국의 사이버
억지(deterrence) 능력과 보복(retribution) 능력이 매우 강조된 것과

1　Office of the Press Secretary. "Statement by President Donald J. Trump on the El-
　evation of Cyber Command." whitehouse.gov.

도 맥락을 같이한다(Healey 2017).

미국의 사이버 안보 역량 강화는 사이버 정보, 보안, 법집행 등의 관련 정부기관과 민간 파트너와의 유기적인 협력체계 구축과 운용에서도 잘 나타난다. 단적인 예로 미국 최대 군수업체인 록히드 마틴이 운영하는 사이버 혁신 및 기술센터(NexGen Cyber Innovation & Technology Center)를 들 수 있다. 이 민간 이해당사자 센터는 2006년 록히드 마틴이 중국 해커의 타깃이 되어 조인트 스트라이크 파이터(F-35 전투기) 개발 계획을 도둑 맞은 사건이 계기가 되어 만들어졌다. 이 센터는 사이버 방어와 관련된 새로운 비즈니스를 만들어 낸다. 이 센터는 대표적으로 '사이버 킬체인' 개념을 수립했는데 이것은 록히드의 사이버 방어전략의 토대가 되었다. 나아가 이 사이버 킬체인은 미 정부고객의 네트워크와 은행, 제약회사, 그리고 최소한 17개의 공공시설이 사용하고 있다. 이 사이버 킬체인은 정찰, 무기화, 전달, 탈취, 인스톨, 명령과 통제, 실행하기의 7단계로 이루어져 있다(셰인 해리스 2014: 316-318).

미국의 사이버 전력 강화의 근간에는 전략인식의 변화가 자리 잡고 있다. 기존의 기술과 네트워크, 설비 중심의 방어적-수동적인 사이버 전쟁 개념을 넘어 오프라인에서의 전쟁과 기존의 사이버 전쟁, 그리고 사이버 심리전을 통합한 입체적인 군사전략이 제안되고 채택되고 있다. 예를 들면, 5세대 전쟁의 개념도 여기에 해당된다(Reed 2008: 686-690). 이 5세대 전쟁 개념에서는 사이버상에서의 비물리적(non-kinetic) 군사적 활동이 다른 현실 공간에서의 물리적(kinetic) 군사활동과 서로 통합되며 따라서 군사적인 승리는 과거와 같이 단순한 물리적 전장 환경에서의 승리에만 의존하지 않으며 통합된 환경에서의 결과의 총합에 따라 전쟁의 승리가 결정된다. 5세대 전쟁 개념은

변화된 전장환경을 인식하고 물리적, 비물리적 전장환경 모두를 포함
하는 총체적인 전장환경에서의 전쟁 수행을 전일적으로 보고 그러한
전쟁에서 승리하는 것을 목표로 한다. 이와 같이 미국의 사이버 안보
전략은 전통적인 물리적 군사전력에 더불어 사이버 전쟁과 사이버 심
리전 전력, 다른 정부기관과 조직들, 다양한 민간 부문의 역량을 협력
과 연대를 통해 결집하여 통합전력을 구축하는 보다 입체적인 형태로
진화하고 있다(Wilson 2014).

　미러 간의 사이버 안보 경쟁은 전통적인 지정학적 패권충돌 이외
에도 사이버 공간에서의 규범과 표준을 놓고 경쟁을 벌이는 탈지정학
적 또는 복합지정학적 속성도 동시에 갖고 있다. 사이버 범죄와 사이
버 테러, 가짜뉴스의 범람, 사이버상에서의 정보절취와 침해 등의 여
러 안보 위협 요인들은 사이버 공간의 아노미 또는 무정부적 속성에
기인한다. 이러한 여러 위협들에 대한 대응의 주체로서 국가들은 초국
적으로 협력을 하며 사이버 공간상에서의 기술과 규범, 그리고 제도를
구축할 책임이 있다(김상배 2018: 86). 미국과 러시아의 사이버 안보
경쟁은 이러한 기술과 규범, 제도에 관한 각기 다른 프레임 간의 표준
경쟁의 성격을 포함한다. 미국은 다중이해당사자들이 참여하는 거버
넌스 프레임을 주장하는 데 반해 러시아는 정치사회적 논리를 바탕으
로 내정불간섭과 국가주권 원칙에 입각하여 국내체제의 안전을 관철
하려는 거버먼트 프레임을 주장한다(김상배 2018: 150). 미국과 러시
아의 각기 다른 프레임의 표준 경쟁은 기술공학적 시각에서의 표준 경
쟁과 더불어 정책과 제도의 문제, 그리고 더 나아가 안보담론 간의 주
도권 다툼을 포함한다. 이러한 주도권 다툼은 전통적인 의미의 지정학
적 패권충돌이라기보다는 복합지정학적 속성을 갖는 네트워크상의 권
력게임이다. 이는 바꾸어 말하면 사이버 공간에서의 표준 질서의 설계

를 놓고 벌이는 경쟁이라는 성격을 갖는다(김상배 2018: 232-234).

미러 간의 복합지정학적 네트워크 권력게임의 속성은 네트워크적이며 협력-경쟁적이다. 이는 네트워크 권력게임에서는 내편 만들기와 연대구축이 경쟁의 핵심이기 때문이다. 미러는 각각 보다 더 많은 국가 행위자들을 자신들의 표준 프레임으로 초대하고 협력하고 이를 통해 자신들의 표준 프레임에 기반을 둔 네트워크를 구축하려고 시도한다. 미국은 주로 EU, 일본, 오스트레일리아 등 서방국가들과의 연대와 협력을 통해 내편 모으기와 네트워크 구축전략을 추구한다. 미국은 양자 및 지역 협력 차원에서 기존의 동맹을 사이버 공간에도 적용하는 전략을 추구했다. 또한 미국은 유엔 GGE나 ITU 등과 같은 기존 국제기구의 틀을 활용하기보다는 ICANN이나 사이버공간총회, 유럽사이버범죄협약 등과 같이 민간 이해당사자들이나 선진국 정부들이 주도하는 다중이해당사자주의에 입각한 글로벌 거버넌스의 메커니즘에 좀 더 주력하는 모습을 보였다(김상배 2018: 154). 반면 러시아는 주로 중국을 포함한 카자흐스탄, 키르기스스탄 등 비서방 권위주의 국가들과의 내편 모으기 전략을 추진한다. 러시아는 이를 위해 유엔 GGE나 ITU 등과 같은 기존의 관련된 국제기구의 플랫폼을 활용하는 것을 선호한다(Kulikova 2015). 러시아는 또한 사이버 공간에서도 국가주권이 존중되어야 한다는 자신들의 주장을 지원하는 우호세력을 확보하기 위해 상하이협력기구(SCO: Shanghai Cooperation Organization), 집단안보조약기구(CSTO) 등과 같은 지역협력기구 활동에 참여한다. 이 외에도 브릭스(BRICS) 국가들과의 협의와 유럽안보협력기구(OSCE), 아세안지역포럼(ARF) 등의 지역수준 국제협력에도 적극적으로 참여한다(김상배 2018: 166; 신범식 2017: 266).

미국과 러시아의 프레임 경쟁은 서로 다른 인식론 간의 글로벌 표준 경쟁의 양상을 띤다. 이들은 사이버 보안의 정의와 개념, 논의 범위, 위협에 대한 인식 등에서 뚜렷한 차이를 보인다. 미국은 사이버 공간에서 표현의 자유와 자유로운 정보소통의 권리가 보장되어야 할 것을 강조한다. 따라서 사이버 보안의 대상은 정보 자체가 아닌 정보통신 인프라와 네트워크 보안에 집중해야 한다는 입장이다(신범식 2017: 268). 당시 미 국무장관 힐러리 클린턴은 2010년 1월 "인터넷 자유"에 관한 연설에서 "사이버 공격을 감행하는 국가들 또는 개인들은 결과와 국제적 비난에 직면해야 하며, 인터넷으로 연결된 세상에서 한 국가의 네트워크에 대한 공격은 모두에 대한 공격이며, 이러한 메시지를 재차 강조함으로써 국가들 사이의 행동규범을 만들어내고 글로벌 네트워크 공동체에 대한 존중을 고무할 수 있다"라고 언급했다(Kshetri 2014: 23). 미국은 주로 사이버 범죄, 사이버 테러, 사이버 정보절취나 침해, 전자적 산업 스파이 행위 등과 같은 사이버 공간에서의 국가 또는 비국가 행위자의 일탈행위에 주목하고 이 때문에 글로벌 커뮤니케이션, 경제 협력, 지적 재산권 등 정보보호 전반에 대한 논의가 필요하다는 입장이다. 이와 관련하여 미국은 사이버 공간에서의 위협을 정보전 등과 같은 위험의 방지나 정보무기의 군축, 확산방지 차원이 아니라 범죄 차원의 위험에 대한 예방과 방지, 법집행의 차원으로 받아들인다. 미국은 법집행 모델을 선호하며 기존의 국제규범의 적용과 국제적 협약, 그리고 실무기관 차원에서의 국가 간 비공식적 협력과 협업을 통해 초국경적 성격을 갖는 사이버 일탈 또는 침해의 문제에 효과적으로 대응할 수 있는 초국경적 법집행의 토대를 구축하려고 접근한다(신범식 2017: 268-269). 이 과정에서 미국은 자신들의 사법집행권을 미국의 주권 범위를 넘어 투사할 수 있는 법적 토대와 정당성을 구축하려고 한다(Kshetri 2014: 7).

러시아의 사이버 안보에 대한 인식은 본질적으로 미국 등 서방과
의 정보 격차와 이 때문에 발생할 수 있는 정보 식민지화(information
colonialism)와 국가주권의 위협에 기초하고 있다. 중국 역시 이와 같
은 러시아의 인식에 강하게 공감한다(Kshetri 2014: 20-22). 러시아는
정보 격차가 궁극적으로 러시아의 경제적, 정치적, 사회적, 문화적 안
정성을 위협할 것이며 이는 기존의 전통적인 군사적 수단에 의한 전
쟁과 마찬가지로 심각한 국가안보의 위협이 된다고 판단한다(Kshetri
2014: 21). 이 때문에 러시아는 사이버 보안의 개념을 정보통신 기반
시설과 정보 자체에 대한 위협 감소와 안정성 향상으로 미국 등 서방
에 비해 훨씬 폭넓게 정의한다. 러시아는 사이버 안보의 군사적 측면
을 강조하며 정보전쟁이라는 개념을 사용한다. 이 정보전쟁의 개념 속
에는 정보(intelligence), 보안(counterintelligence), 기만(deceit), 역
정보(disinformation), 전자전(electronic warfare), 통신약화(debilita-
tion of communications), 내비게이션 성능 지원저하(degradation of
navigation support), 심리적 압박(psychological pressure), 정보 시스
템 저하와 프로파간다(degradation of information systems and propa-
ganda)가 모두 포함된다(Wirtz 2015: 31). 러시아는 또한 이와 관련하
여 정보 자체가 무기가 될 수 있으며 정보무기, 정보전 등은 UN이나
ITU와 같은 기존의 국제기구에서 대량살상무기와 같이 논의되어야
한다고 주장한다(신범식 2017: 268-269). 예를 들면, 2011년 9월, 러
시아는 중국, 타지키스탄, 우즈베키스탄 등과 함께 66차 UN총회에 정
보보안에 대한 국제 행동강령초안(A draft International Code of Con-
duct for Information Security)을 제출했다. 그 초안 내용은 국가들이
테러리즘(terrorism), 분리주의(secessionism), 극단주의(extremism)
를 선동하거나 다른 국가들의 정신적(spiritual)이고 문화적(cultural)

인 환경뿐만 아니라 정치적, 경제적, 그리고 사회적 안정성을 저해하는 정보의 확산과 배포를 줄이는 데 협력할 것을 촉구했다(Kshetri 2014: 22). 러시아의 이 같은 사이버 안보에 대한 인식은 SCO의 사이버 안보 협력 사례에서도 잘 드러난다. 러시아는 중국과 연대하여 "새로운 사이버 공간 질서(new cyberspace order)"의 형성을 옹호하고 다른 국가의 인터넷 주권(internet sovereignty)에 대한 침해에 강력히 반대하는 목소리를 내고 있다(Kulikova 2015).

　미국과 러시아의 이러한 복합지정학적 충돌과 경쟁은 안정적으로 관리되었던 과거 냉전시기 핵안보 경쟁에 비해 상대적으로 더 큰 위험성을 내포한다. 이는 핵안보 경쟁과 달리 사이버 안보 경쟁에서는 사이버 그 자체의 속성들 때문에 사이버 힘의 균형(balance of power), 사이버 전투서열(cyber orders of battle), 공격 탐지 또는 인지, 피해 규모와 정보 평가, 책임 소재 판단 등이 매우 애매모호하고 불확실하기 때문이다(Wirtz 2015: 29-30). 이러한 불확실성은 경쟁 당사자인 미러 간에 서로에 대한 불신과 불안을 증폭시키는 경향이 있다. 이렇게 형성된 낮은 신뢰 수준은 신뢰구축(trust-building) 장치들이 따로 작동하지 않는다면 상대방의 행동을 더욱 위협적으로 인식하여 먼저 선제적으로 과잉 공격행동을 하게 되는 죄수의 게임 딜레마(prisoners' dilemma game)에 빠질 위험성을 키운다(Kshetri 2014: 25-26). 미국과 러시아 간의 긴장은 사이버 공간에서의 충돌을 상승시키고 사이버상에서의 충돌은 다시 오프라인에서의 정규전의 가능성으로 이어지는 연쇄적 위기증폭이 나타날 개연성이 높다. 이는 미국과 러시아 양 당사자가 신뢰구축이 부재한 상태에서는 위기 시 서로 상대에 대해 약하게 보이지 않으려는 tit-for-tat 논리에 따라 행동할 개연성이 높기 때문이다. 사이버의 속성들은 행위자들이 tit-for-tat 논리에 따라 보다 쉽게 실제 사이버 공격을 감행하도록 만드는 경향이 있다(Baezner & Robin 2017: 13-14). 이러한 논리를 뒷받침하듯 미국과 러시아는 전략개념을 바꾸고 이에 따라 경쟁적으로 사이버 전력 강화를 추진하는 사이버 무기 경쟁(cyber arms race)이 나타난다. 새로운 사이버 전략에서는 선제공격이 강조되고 보다 은밀하고 신속하며 압도적인 공세전략이 적극적으로 채택된다. 이는 사이버의 속성 때문에 공격-방어 다이나믹에서 공격에 중대한 이점을 제공하기 때문이다. 사이버 무기경쟁은 공격용 사이버 무기의 개발, 사이버 전투원 또는 전사의 질적, 양적 양성, 미사일 방어체계와 유사한 사이버 방어체계의 구축 등을 포함한다.

하지만 여전히 미국과 러시아 간에 사이버 협력을 강화해야 한다는 목소리들은 계속되고 있다. 이는 사이버 경쟁이 갖는 증폭된 위험성을 완화시킬 필요가 존재하기 때문이다. 동시에 사이버 공간에서 글로벌 표준과 규범, 제도와 질서를 구축하기 위해 미국과 러시아 양자가 긴밀히 협력해야 한다는 요구도 담겨 있다. 미국과 러시아 간의 신뢰구축 수단들을 증진시키기 위해서 Stauffacher와 Kavanagh 는 투명성 증진(사이버 정책, 전략, 독트린에 관한 대화, 군 인원 교환, 합동 시뮬레이션 훈련 등), 투명성 수단들에 대한 지표와 모니터링(병원과 같은 금지된 타깃에 대한 협정, 핫라인 등과 같은 위기관리 합동 메커니즘 구축), 상호협력 조치들(공통된 용어의 개발, 사건 발생 시에 관한 합동 가이드라인의 개발, 합동 위협 평가 개발), 소통과 협력 메커니즘(위기 고조 시에 커뮤니케이션 채널 구축), 그리고 제지 조치들(1차 선제 타격이나 보복공격의 인센티브 제거, 제3국을 대상으로 한 사이버 공격작전의 배제) 등을 포함하는 일련의 것들을 제안했다(Baezner & Robin 2017: 16). 또한 미국과 러시아의 사이버 전문가들이 참여한 2017년 RIAC(Russian International Affairs Council)와 EWI(East West

Institute) 합동 회의에서, 양국의 전문가들은 양국이 서로의 핵심시설 (critical infrastructure)을 공격하지 말도록 하자는 데 동의했다. 하지 만 이 핵심시설이 무엇을 의미하는지는 명확하지 않으며 양국의 정부 당국이 서로의 핵심시설 목록에서 서로 겹치는 것과 서로 격차가 나타 나는 것이 무엇인지에 대한 분석이 이루어져야 할 것을 제안했다(Mc-Connell et al. 2017: 12).

2. 러시아-중국 사이버 협력

러시아와 중국의 사이버 안보 협력은 미국-서방과 러시아-중국 간의 사이버 안보 경쟁의 큰 틀에서 이해되어야 한다. 이들은 미국의 사이 버 공간에서의 패권적 지위에 도전하고 대안적 사이버 안보 표준프레 임을 제시하는 데 공통의 이해를 가진다. 이러한 러시아와 중국의 협 력이 단순히 미국과 서방의 사이버 공간에서의 기술적, 제도적, 문화 적, 담론적 헤게모니에 대응하기 위해 현실적 필요에 따라 형성된 편 의의 연대라는 시각이 있는 반면 또 다른 한편에서는 이와 같은 러시 아와 중국 간의 연대와 수렴은 어떤 진정한 전략적, 건설적 협력의 진 전이라고 보기도 한다(Medeiros & Chase 2017: 3). 어떤 경우이건 최 근 들어 특히 2014년 우크라이나 사태 이후 미국과 러시아와의 관계 가 보다 경쟁적이고 적대적으로 변화한 것과 동시에 러시아와 중국 간 의 협력과 연대가 빠르게 진전되었다.

러시아와 중국 간의 사이버 협력은 오프라인에서의 큰 틀에서의 러시아와 중국 간의 협력 강화와 맥락을 같이한다. 냉전 이후 일반적 으로 러시아와 중국은 꾸준히 양자 간의 우호적 관계를 발전시켜왔 다. 1994년 건설적 파트너십(constructive partnership), 1996년 협력

의 전략적 파트너십(strategic partnership of cooperation), 2010년 포
괄적 심화된 전략적 파트너십(comprehensive, deepening strategic
partnership) 등이 그러한 냉전 후 초기 20년간의 양자 간의 협력 관계
발전의 사례들에 해당한다(Klein & Westphal 2016: 1). 2014년 우크
라이나 위기를 거치며 러시아가 미국과 서방과의 관계가 상당 정도로
악화되자 이와 함께 러시아와 중국 간의 관계는 급속도로 발전하고 긴
밀해졌다. 특히 이러한 전개는 군사와 에너지 협력의 전략적 영역에서
가장 두드러졌다. 군사부문에서의 양국 간의 합동 군사 훈련의 확장과
원유와 가스, 그리고 민간 핵 기술 부문 등에서의 협력의 강화는 그러
한 양국 간의 연대 강화의 사례들로 지적될 수 있다(Klein & Westphal
2016: 2-5).

사이버 부문에서의 러중 협력은 그러한 큰 틀에서의 우크라이
나 사태 이후의 양국 간의 협력 강화와 관련이 있다. 러시아와 중국이
2015년 4월 30일에 서명한 국제 정보안보(information security) 의제
에 관한 협력에 관한 기초합의는 특히 양국 간의 사이버 협력과 관련
하여 중요하다. 그 합의에 따르면, 양국은 서로에 대한 사이버 공격을
삼가하기로 약속했고 국가의 안보와 안정에 위협이 되거나 내부적으
로 사회-경제적인 상황을 불안하게 하는 기술에 대해 합동 대응을 하
기로 약속했다(Klein & Westphal 2016: 2-3). 이 합의는 시진핑의 모
스크바 방문에서 양국에 의해 서명되었는데, 미디어는 이를 사이버협
정(cyber pact)으로 지칭했다. 이 협정은 사이버 관련 국제관계에서
러시아와 중국 간의 중요하고 상징적인 서로에 대한 다가서기로 간주
되었다. 양국이 함께 맞서기로 한 위협들은 "주권과 국가의 안보적,
영토적 일체성에 대한 침해를 목적으로 공격행동을 수행하는 기술의
사용", "국가의 내부 문제에 대한 개입", "경제적 피해를 야기하는 것",

"데이터 침해, 테러목적, 정치와 사회-경제 시스템 또는 다른 국가의 정신적, 도덕적 그리고 문화적 환경에 피해를 야기하는 것" 등을 포함했다(Kulikova 2015). 2016년 4월에는 중국 사이버공간안보협회와 러시아 안보사이버연맹이 공동 주최한 제1차 중러 사이버 공간 발전과 안보 포럼이 모스크바에서 개최되었다. 이어 2016년 6월 시진핑과 푸틴 러시아 대통령은 사이버 공간의 발전을 촉진시키기 위한 공동성명을 내놓았다(김상배 2018: 284).

이러한 러시아와 중국 양국 간의 협력 이외에도 러시아와 중국은 UN GGE(Group of Government Experts) 등의 전통적인 국제기구와 상하이협력기구 등과 같은 지역협력 기구를 통해서 긴밀히 협력하며 미국과 서방에 대항한 러시아와 중국의 입장을 반영한 대안 프레임을 주장하고 있다(김상배 2018: 308-313). 이들의 대안 프레임은 2012-2013년 GGE 회의에서 중국 관리들이 강조한 내용에서 잘 드러난다. 이러한 내용들은 사이버 공간에서의 주권에 대한 개념, 해당 정부 권위의 강조, 비개입, 평등을 포함한다. 2013년 중국과 한국 간의 2차 인터넷 라운드 테이블 당시 중국 국가인터넷정보국(State Internet Information Office)의 수장이었던 류 웨이는 이와 같은 중국의 입장을 분명히 하였다. 그에 따르면, 사이버 공간에서의 주권의 강화는 국제 협력의 가장 기초가 되며, 주권은 진화하는 개념이다. 17세기에 국가 주권의 범위가 바다로 확장되었고, 20세기에 하늘로 확장된 것처럼, 오늘날은 사이버 공간으로 확장되어야 한다. 정보는 국경을 넘나들 수 있지만 사이버 공간은 주권 없이 존재할 수 없다(Segal 2017: 6). 이러한 중국의 인식은 러시아의 인식과 기본적으로 일치한다. 이러한 기조는 러시아와 중국에 의해 이후 GGE 회의에서도 반복되었다. 2014-2015 GGE에서 러시아와 중국은 주권 규범에 대한 주장을 계속했고 확장했다. 2016-2017년 GGE 회의에서는 미국이 기존 국제규범과 신뢰구축 조치들의 채택을 주장하자 러시아와 중국은 사이버 규범을 포함하는 새로운 협정이 필요하다며 미국의 주장을 함께 반대했다.

러시아와 중국의 협력은 SCO의 발전 과정에서도 관찰된다. SCO는 원래 관련국들의 국경을 비군사화하고 서로 간의 신뢰를 구축하는 것을 의도했다. 이후 SCO의 아젠더는 경제와 테러리즘, 사이버 테러리즘과 같은 비전통적 안보 위협을 포함하는 것으로 확대되었다. 사이버 안보 협력과 관련하여 SCO는 테러리즘, 분리주의, 극단주의를 3대악으로 규정하고 사이버 공간상에서 이와 관련된 일체의 정보를 국가주권의 개념에 따라 국가가 감시하고 통제할 정당한 권리가 있음을 주장한다. SCO는 구체적으로 Regional Anti-Terrorist Structure를 구성하여 멤버 국가들의 다양한 사이버 관련 기관들의 협력을 조율하고 테러 조직과 활동들에 관한 정보의 데이터베이스를 유지하고 있다(Segal 2017: 9-10). 이 SCO 활동에서 러시아와 중국은 서로 협력하여 리더의 역할을 하고 있다.

사이버 안보와 관련하여 중국은 러시아와 매우 유사한 인식과 프레임을 공유한다. 러시아와 마찬가지로 중국은 사이버 주권을 사이버 안보에서 가장 핵심적인 사안으로 인식한다. 2015년 세계 인터넷 컨퍼런스에서 시진핑은 사이버 주권은 각국이 자신의 인터넷 발전 경로, 인터넷 관리 모델, 그리고 자신의 인터넷상에서의 공공 정책들을 선택할 수 있는 각국의 권리를 의미한다고 설명했다(Segal 2017: 1). 중국은 이 사이버상에서의 주권과 관련하여 실제 물리력이 동원되지 않는 하이브리드 전쟁이 사이버 공간상에서 벌어지는 것이 중국의 주권에 매우 위협이 되고 있다고 평가한다. 또한 우크라이나에서 서방이 수행한 사이버 공간을 통한 네트워크 전쟁이 대중 여론을 통제하고 조작하고 정부를 공격하는 것, 네트워크를 감시하고 정부와 군 시스템에 정보공격(information attacks)을 수행하는 것, 그리고 반정부 그룹들을 지원하기 위해 상당한 자금과 정보를 제공하는 것 등을 포함한다고 인식한다. 이러한 중국의 사이버 안보에 대한 여러 인식들을 종합해보면 중국은 러시아의 사이버 안보 또는 정보전쟁에 대한 인식과 대체로 일치하고 있음을 알 수 있다(Saalman 2017: 59-60). 중국은 또한 프레임에서도 미국의 자유롭고 안전한 인터넷 담론에 대항하여 정치안전, 정권안보, 국가주권 등을 강조함으로써 러시아와 상당히 유사한 국가간 다자주의와 거버먼트 프레임을 주장한다(김상배 2018: 253).

　사이버 안보와 관련된 러시아와 중국의 사이버 공간에 대한 인식과 전술과 전략은 점점 더 수렴의 경향을 보인다. 이들은 사이버 공간의 전일적 속성 때문에 정치적, 경제적, 군사적 영향력이 전투원과 비전투원을 가리지 않고 인구 전반에 광범위하게 걸쳐 미친다는 점을 인지한다. 사실상 이들의 인식에 따르면, 비전투원은 사이버 공간상에서 존재하지 않는다. 러시아의 사이버 전쟁 독트린과 이후 관련된 발전 과정과 마찬가지의 움직임들이 중국에서도 관찰된다. 중국의 민간과 군 전문가들은 사이버 안보의 발전을 위해 군과 민간의 통합과 사이버 공격과 방어 메커니즘의 통합을 강조한다. 그들은 또한 방어적 그리고 공격적 훈련을 통해 네트워크의 보호와 모니터링을 개선할 뿐만 아니라 대응공격과 개입 능력을 강조하는 보다 포괄적인 사이버 전쟁 능력 강화를 주장한다(Saalman 2017: 62-63). 중국이 러시아 모델을 벤치마킹한다는 대표적인 사례 가운데 하나가 APT(Advanced Persistent Threat) 30의 사례이다. 정보전쟁의 개념에 따라 운용된 러시아의 APT 28과 APT 29의 사례에 따라 중국 역시 정보작전의 프락시로 남동아시아와 남아시아의 다수의 국가 네트워크에 침투하기 위해

APT 30을 운용하였다. 이 APT 30은 중국의 PLA(People's Liberation Army) 또는 Ministry of State Security의 지원을 받은 것으로 추정된다. 중국은 러시아와 매우 유사하게 정보의 흐름의 통제와 가공을 강조한다. 이와 같은 러시아와 중국의 사이버 안보에 대한 인식이나 담론, 전략과 전술, 이와 관련된 발전경로는 앞으로 더욱 유사하게 수렴될 것이라고 예상된다(Saalman 2017: 63-64).

러시아와 중국의 협력은 미국의 사이버 헤게모니와 사이버 안보 전략에 대한 대응이라는 성격을 가진다. 이러한 경향은 특히 2013년 스노든 사건과 2014년 우크라이나 사태 이후로 강화되었다. 러시아와 미국 간에 사이버 안보 신뢰구축 협의, 컴퓨터 비상 대응팀(CERTs)들 간의 정보 공유와 협력, 워킹그룹의 구성 등의 협력기조는 2014년 우크라이나 사태 이후로 답보상태에 있고 한 번도 의미 있는 진전을 이루지 못했다. 중국과 미국 간에도 같은 해 신뢰 구축 조치에 관한 협의의 유사한 시도가 있었으나 스노든의 폭로로 어떤 진전도 만들어 내지 못했다. 2015년에는 미 국방부(Department of Defense)가 사이버 전략을 발표하면서 러시아와 중국을 핵심 적(adversaries)으로 지정하였다. 이는 미국의 러시아와 중국에 대한 인식을 분명히 하는 것으로 평가된다. 더욱이 미국 정부는 새로운 제재 프로그램을 가동하면서 미국의 국가안보, 외교정책, 경제적 건전성 또는 재정적 안정을 위협하는 행동을 한 악의적 의도를 가진 사이버 행위자들을 제재한다고 발표하였다. 미국의 이러한 움직임은 2014년 후반부터 최근까지 러시아와 중국이 더욱 긴밀히 사이버 안보 협력을 하는 촉매제가 되었다. 예를 들어 러시아와 중국은 SCO proposal Section 10을 새로이 발전시켰는데 이는 실제적 신뢰 구축 조치들을 발전시킬 것을 언급하고 있다.

이와 같은 중러 사이버 안보 협력은 러시아와 중국 간에 당분간 지속될 것으로 보인다. 러시아와 중국의 협력을 위협하는 요소는 두 가지 정도가 있다. 하나는 중국의 빠르게 증가하는 정치적, 경제적, 군사적 힘의 증가에 대해 러시아가 느끼는 불안감이다. 러시아의 정치적, 군사적 리더십과 중국의 경제적 지지라는 상호 보완적인 연대구조에 바탕을 둔 러시아와 중국의 협력은 최근 중국의 빠른 국제정치적, 군사적 영향력의 증대로 장기적으로 러시아가 중국의 주니어 파트너로서의 역할에 머물 수 있다는 불안감이 러시아내에서 확산되고 있다. 특히 중국의 힘의 확장으로 전통적으로 러시아가 자신들의 세력공간으로 인식했던 중앙아시아가 중국의 정치적, 경제적, 군사적 영향권 내로 편입될 수 있다는 가능성은 러시아가 중국과의 협력을 거두어들일 수 있는 잠재적인 중요한 요인이 된다. 하지만 이러한 러시아의 국가이해는 푸틴 정권의 권위주의 정체 유지라는 정권의 이해 때문에 당분간 수면 아래에 가라앉아 있을 가능성이 크다. 따라서 향후 러시아와 중국 간의 협력을 위협할 주요한 다른 하나의 요소는 러시아의 국내정치적 변동이 될 것이다. 만약 러시아의 권위주의 정권이 붕괴되고 보다 자유롭고 민주적인 정권이 러시아에 들어선다면 러시아는 보다 더 미국과 서방에 다가설 개연성이 크다. 이러한 상황이 전개된다면 러시아의 사이버 정책 인식과 프레임은 서방의 그것과 가까워질 것이고 러시아와 중국의 사이버 안보 협력은 중대한 변화를 맞게 될지도 모른다(Weitz 2017: 29-36).

IV. 맺음말

미국과 러시아-중국 간의 안보 경쟁은 기본적으로 미국이 주창하는

다중이해당사자주의와 러시아와 중국이 주창하는 국가간다자주의 간
의 충돌이다. 이러한 미국과 러시아-중국 간의 근본적인 차이는 양 당
사자 간에서 나타나는 기술과 문화적 간극과 다른 정치체제에서 비롯
된다. 러시아와 중국의 협력은 공동의 이해관계에서 비롯된다. 먼저
미국이라는 공동의 위협이자 동시에 반패권 연대의 대상이 존재하기
때문이며, 또한 동시에 이들이 갖는 권위주의 정체의 특성 때문이다.
러시아와 중국은 공동의 목표를 위해 서로 긴밀히 양자협력하며 동시
에 유엔 GGE와 같은 기존 국제기구와 SCO와 같은 지역협력 기구에
서 서로 지지, 연대하며 리더십을 제공한다.

　사이버 안보 경쟁과 협력은 냉전시기의 핵안보 경쟁과 서방과 공
산 진영의 지정학적 충돌과 대치와는 다른 양상을 띤다. 사이버 안보
경쟁은 미국과 러시아-중국의 패권충돌과 정치, 군사, 경제적 이해관
계의 충돌이라는 지정학적 양상을 보이지만 동시에 자신들의 담론과
프레임이 국제질서의 표준이 되기 위해 경쟁하고 더 많은 내 편을 끌
어 모으기 위한 매력 경쟁의 요소를 갖고 있다. 또한 사이버 안보 경쟁
은 경쟁과 동시에 협력의 요소를 가진다. 이는 사이버 안보가 환경, 에
너지, 기후, 테러리즘 등과 같은 다른 신흥안보의 아이템들과 마찬가
지로 국제질서 전반의 협력틀을 구축하고 사이버 범죄, 사이버 테러리
즘, 해킹, 사이버 정보절취 등과 같은 여러 다양한 사이버 공간의 안전
위해 요소들을 억제하고 관리해야 하는 측면을 포함하기 때문이다. 따
라서 지금은 경쟁관계가 뚜렷이 나타나는 미국과 러시아, 미국과 중국
간에도 협력에 대한 필요는 꾸준히 제기되어 왔으며 보다 안전한 사이
버 공간을 만들기 위해 이들 경쟁 강대국들 간의 협력의 시도도 역시
있어왔다. 물론 2013-14년 스노든 사건과 우크라이나 사태 등을 거치
며 이러한 협력의 기조가 퇴색되고 경쟁이 보다 본격화되기는 하지만

안보 협력의 필요와 요구 역시 앞으로도 지속할 것이다.

　흥미로운 점은 사이버 안보 경쟁이 이처럼 복합지정학적 특성을 가지기 때문에 오히려 과거 냉전시기 핵안보 경쟁보다 더욱 위험할 수 있다는 것이다. 이는 사이버 공간이 가지는 이중적 성격과 은밀성과 책임 소재의 불분명성, 그리고 사이버 안보의 대상의 모호성 등과 같은 고유한 속성들 때문이다. 이러한 주요한 속성들은 경쟁의 당사자로 하여금 공세적, 공격적 전략과 전술을 채택하도록 만든다. 이는 사이버 공간의 속성들이 경쟁 당사자로 하여금 경쟁 상대방에 대한 전력측정이나 상대방의 공격 여부와 공격으로 인한 피해 정도, 보복수단 선택 등에서 상당한 불확실성과 모호성을 경험하도록 하기 때문이다. 이러한 양상은 경쟁 당사자로 하여금 보다 공세적이고 공격적인 스탠스를 취하게 하고 또 보다 쉽게 실제 공격을 실행하도록 한다. 다른 하나는 사이버 공간이 다른 오프라인과 연결되어 있기 때문이다. 사이버 안보 경쟁은 이 때문에 쉽게 위기의 상승국면으로 이어질 수 있고 또한 실제 오프라인에서의 물리적 충돌로 확산될 수 있다.

　때문에 경쟁 당사국이자 주요 강대국인 미국과 러시아, 그리고 중국 간의 상호 신뢰 구축과 협력의 강화는 사이버 안보뿐만 아니라 보편적인 국제안보질서를 위해서도 매우 중요하다. 물론 미국과 러시아, 중국이 갖는 오프라인에서의 근본적인 국가이해의 충돌이나 각국이 갖는 정치체제의 이질성 때문에 이러한 노력들이 쉽지는 않을 것이다. 하지만 사이버 경쟁이 오히려 핵안보 경쟁보다 더 위험할 수도 있다는 사실은 경쟁의 국면에서도 주요 강대국들 간에 협력과 신뢰구축 노력이 끊임없이 시도되어야 할 당위성을 제공한다.

　주요 경쟁 당사국들 간에 협력과 신뢰구축을 위한 노력으로 다음의 세 가지 방안들이 제시될 수 있다. 먼저, 가능하고 상호간에 이견이 없는 공통의 영역부터 먼저 협력과 신뢰구축을 하는 노력이 필요하다. 대체로 정보-기술(information-technological) 부문이 정보-심리 (information-psychological) 부문과는 달리 미국과 러시아-중국 간에 이견이 별로 없어 보인다. 때문에 대체로 합의가 가능한 DDoS 공격, 해킹, 사이버 첩보나 정보절취, 사이버 테러, 사이버 범죄 등과 같은 사이버 공간에서의 하드웨어나 소프트웨어, 또는 기반설비 등에 대한 침해행위나 공격, 사보타지 행위들에 대해 먼저 협력과 신뢰를 구축하고 공동의 시스템을 구축하는 노력이 필요할지 모른다. 반면 양 당사자 간의 이해가 첨예하게 대립하고 있는 정보-심리 부문은 충분한 여건이 조성될 때까지 각자의 입장을 존중하고 현 상태에서 동결시킬 수 있을 것이다. 다음으로 트랙 2에 해당하는 각국의 민간 전문가들과 학자들, 그리고 실무 관료들의 접촉을 강화, 확장하는 방안이 제시될 수 있다. 정치적인 성격을 강하게 띠는 고위급 관료와 정치인들 대신에 정치적인 부담이 별로 없는 전문가들과 실무자들이 경쟁 당사국들 간의 사이버 안보 협력 방안을 위한 대안을 모색하고 공동의 노력을 경주하는 것은 경색된 국면을 뚫고 나가는 데 도움이 될 수 있다. 마지막으로, 미국과 러시아-중국 간의 직접적인 경쟁을 완화하고 협력과 신뢰를 구축하기 위해 글로벌 패권추구 의지와 능력이 없으면서 국제적으로 역량을 갖춘 제3국들의 네트워크적 역할을 강화하는 것이 제안될 수 있다. 이러한 제3국들은 대체로 독일, 브라질, 남아프리카 공화국, 인도 등이 될 수 있다. 한국도 이러한 국가들의 리스트에 들어갈 수 있을지 모른다. 이러한 국가들이 미국과 러시아-중국 사이에서 어떤 네트워크의 완충점 또는 연결점 역할을 함으로써 양 경쟁 당사국들 간의 갈등을 완화하고 서로에 대한 소통과 신뢰구축을 매개할 수 있을지 모른다. 특히 이러한 중견국가들이 개별적으로 매개 역할을 하기보다는 서로 네트워크로 결합되어 보다 집합된 힘으로 미국과 러시아-중국 간의 경쟁관계에 개입하여 이들 양 당사자들을 네트워크상에서 연결, 매개한다면 더욱 긍정적인 협력 증진 효과를 기대할 수 있을지 모른다.

결국 중견국가로서 한국의 역할은 미국과 러시아의 사이버 안보 경쟁에서 경쟁을 조절하고 협력과 신뢰를 증진시키는 매개역할을 수행할 수 있다. 이를 위해 한국은 경쟁하는 양 당사국들과 동시에 긴밀한 네트워크로 연결되어야 한다. 동시에 한국의 독자적인 역량으로 강대국들 간의 경쟁과 이해관계의 충돌을 조율하고 협력을 이끌어 내기는 벅차기 때문에 우리와 유사한 다른 제3의 중견국들과도 네트워크로 결합되어 연대하여야 한다. 중견국가들이 네트워크로 구조화하여 서로 조율되고 협력된 목소리를 낼 때 사이버 안보 경쟁의 당사자인 강대국들에게 더 의미 있는 영향력을 행사할 수 있을지 모른다. 이러한 한국과 같은 중견국가들의 노력은 미국과 러시아와 같은 강대국 행위자들을 보다 큰 글로벌 사이버 정치의 그물망에 포섭함으로써 양 당사자 간에 발생할지 모르는 잠재적인 충돌을 완화하고 협력과 신뢰를 증진시켜 보다 안전한 사이버 안보질서를 구축하는 데 기여할 수 있다. 과거 핵안보 경쟁과 달리 사이버 안보 경쟁에서는 더 큰 불확실성과 선제적 공격의 유혹이 존재한다. 이 때문에 경쟁 당사자인 강대국들이 스스로를 제어하기보다 더 불확실해지고 어려워질 것이다. 이런 점에서 중견국가들의 역할이 보다 중요해지고 있는 것처럼 보인다. 과거 중견국들이 강대국들의 어젠다에 동조하는 수동적인 역할을 넘어 사이버 안보 경쟁에서는 보다 적극적인 네트워크 중재자이자 중매자(matchmaker)로서의 역할이 기대된다. 한국은 충분히 그러한 역할을 수행할 수 있을 것이다.

참고문헌

김상배. 2018. 『사이버 안보의 세계정치와 한국: 버추얼 창과 그물망 방패』 한울아카데미.
신범식. 2017. "러시아의 사이버 안보전략과 외교." 『사이버 안보의 주변4망: 전략과 외교』 서울대학교 국제문제연구소 총서.
셰인 해리스. 2014. 『보이지 않는 전쟁 @ War』 진선미 옮김. 양문.
윤민우. 2017. 『폭력의 시대 국가안보의 실존적 변화와 테러리즘』 박영사.

Abdul Wahab, Amirudin Bin. 2017. "New Domains of Crossover and Concern in Cyberspace 8.1." Lora Saalman ed., *China-Russia Relations and Regional Dynamics: From Pivots to Peripheral Diplomacy*. Sipri(Stockholm International Peace Research Institute).
Baezner, Marie and Robin, Patrice. 2017. "Cyber-conflict between the United States of America and Russia." CSS Cyber Defense Project, version 1.
Connell, Michael and Vogler, Sarah. 2017. "Russia's Approach to Cyber Warfare." CNA Analysis and Solutions.
Frankfurter Allgemeine. 2018, Montag 20, August. Nr. 192/34D3, Seite 3.
Healey, Jason. 2017. "Cyber warfare in the 21st century: Threats, challenges, and opportunities." Testimony before the United States House of Representatives Committee on Armed Services.
Klein, Margarete and Westphal, Kirsten. 2016. "Russia: Turn to China?" SWP Comments 7, Stiftung Wissenshaft und Politik, German Institute for International and Security Affairs.
Kshetri, Nir. 2014. "Cybersecurity and International Relations: The U.S. Engagement with China and Russia." Prepared for FLACSO_ISA 2014, University of Buenos Aires, School of Economics, Buenos Aires, Argentina, July 23-25.
Kulikova, Alexandra. 2015. "China-Russia cyber security pact: Should the US be concerned?" Russia Direct.
Libicki, Martin C. 2017. "It Takes More than Offensive Capability to Have an Effective Cyberdeterrence Posture." Testimony before the United States House of Representatives Committee on Armed Services.
Maurer, Tim. 2016. "Cybersicherheit in einem komplexen Umfeld. Transatlantische Divergenzen und Diplomatische Errengenschaften." *Vereinte Nationen-German Review on the United Nations*. 64(2).
McConnell, Bruce W., Sharikov, Pavel., and Smekalova, Maria. 2017. "Suggestions on Russia-U.S. Cooperation in Cyberspace." *Policy Brief*, no. 11, RIAC(Russian International Affairs Council).

Medeiros, Evan S. and Chase, Michael S. 2017. "Chinese Perspectives on the Sino-Russian Relationship." NBR Special Report #66, The National Bureau of Asian Research, July 2017.

Medvedev, Sergei A. 2015. "Offense-Defense theory analysis of Russian cyber capability." Thesis, Naval Postgraduate School, Monterey, California.

Office of the Press Secretary. "Statement by President Donald J. Trump on the Elevation of Cyber Command." Whitehouse.gov.

Reed, J. D. 2018. "Beyond the War on Terror: Into the Fifth Generation of War and Conflict." *Studies in Conflict & Terrorism* 31(8), pp. 686-690.

Rumer, Eugene B. 2017. "Russia's China Policy: This Bear Hug Is Real." NBR Special Report #66, The National Bureau of Asian Research.

Saalman, Lora. 2017. "New Domains of Crossover and Concern in Cyberspace 8.2." Lora Saalman ed., *China-Russia Relations and Regional Dynamics: From Pivots to Peripheral Diplomacy.* Sipri(Stockholm International Peace Research Institute).

Segal, Adam. 2017. "Chinese cyber diplomacy in a new era of uncertainty." Aegis Paper Series No. 1703, A Hoover Institution Essay.

Singer, P. W. 2017. "Hearing on cyber warfare in the 21st century: Threats, challenges, and opportunities." Prepared Testimony and Statement for the Record, Hearing on "Cyber Warfare in the 21st Century: Threats, Challenges, and Opportunities." Before the House Armed Services Committee.

Weitz, Richard. 2017. "Sino-Russia Security Ties." NBR Special Report #66, The National Bureau of Asian Research.

Wilson, J. R. 2014. "Cyber warfare ushers in 5th dimensional of human conflict." Military & Aerospace Electronics.

Wirtz, James J. 2015. "Cyber wan and strategic culture: The Russian integration of cyber power into grand strategy." Chapter 3 In Kenneth Geers ed., *Cyber War In Perspective: Russian Aggression Against Ukraine.* NATO CCD(Cooperative Cyber Defence) COE(Centre of Excellence) Publications, Tallinn.

제9장

상하이협력기구의 사이버 안보 논의:
러시아와 중국의 역할

양정윤

I. 머리말

새로운 공간의 출현은 국가에 안보적 위협과 기회라는 도전과제를 부
여한다. 20세기 초 비행기의 발명은 공역(空域)이라는 새로운 공간을
출현시켰고, 잠수함의 보급은 해저공간을, 20세기 후반 로켓기술의 발
달은 우주공간이라는 새로운 공간을 출현시켰다(장노순·한인택 2013:
158). 새로 출현된 공간은 국가이익 추구의 장(場)이 되어 공간의 전략
적 활용을 위한 국가 간의 경쟁이 발생한다. 정보통신기술의 발달에
따라 급격히 팽창된 사이버 공간은 국가에 새로운 위협이자 기회의 공
간으로 대두되고 있다.

　　탈냉전시대의 안보개념 변화에 따라 포괄적 안보 대상의 구성요
소로 생각되던 사이버 안보는 주요기반시설의 운영 및 정치적 안정성
을 위협하여 국가의 정상적인 기능을 저해할 수 있는 치명적(vital)이
익에 대한 위협으로 발전하고 있다. 사이버 공간이 갖는 공시성(共時
性), 통공성(通空性), 편재성(偏在性)과 같은 특징들은 국가위협의 구성
요소인 위협의 구체성, 위협의 공간적 근접성, 위협의 시간적 근접성,
위협이 현실화될 수 있는 개연성, 위협에 따른 이익 침해의 심각성을
충족하여 국가안보위협으로 자리매김하고 있다(하영선·김상배 2006:
18; 이성만 외 2015: 29-32).

　　국가들은 자국의 이익과 정책에 따라 일각에서는 베스트팔렌 체
제가 사이버 공간에도 적용되어야 한다고 주장하는 한편, 다른 일각에
서는 사이버 공간에서 정부의 역할은 완화되어야 하고 사이버 공간이
민간에 의해 자율적으로 관리되어야 함을 주장한다. 인류 전체의 자산
이면서 개별국가의 주권 기반시설에 귀속되는 인터넷의 속성상 사이
버 공간에서의 행위는 개별국가의 이익과 전 지구적 이익이라는 두 가

지 요구사항을 순항(navigate)하며,[1] 국가들은 자국의 이익을 극대화하는 방향으로 사이버 공간에 적용되는 국제규범을 형성하기 위해 노력한다(Hathaway 2014: 303).

이러한 노력은 개별국가의 차원에서 국가의 정책, 전략, 법제도에 반영되거나, 집단적 차원에서 이익을 공유하는 국가들이 국제기구를 통해 공동대응의 수단으로 이익담론을 성문화하고 당사국들의 활동을 구속함으로써 두드러지게 표명되기도 한다. 국제기구는 그 탄생에서부터 활동에 이르기까지 국제정치와 분리될 수 없으며 상호간 톱니바퀴처럼 맞물려 있다. 또한 국제기구의 성쇠와 쟁점, 이익갈등은 주권국가의 이익과 분리될 수 없으며, 국가들은 국제기구를 통해 자국의 이익을 추구하기 위해 경주한다(서창록 2016: 6).

본문에서는 사이버 공간상 미국 중심의 서방국가와 다른 방향으로 자국의 이익을 확대하기 위한 러시아와 중국의 노력을 상하이협력기구의 활동을 통해 살펴본다.[2] 이 글은 크게 세 부분으로 구성된다. 제2절 상하이협력기구의 사이버 안보 논의의 발전에서는 상하이협력기구에서의 사이버 안보 논의 발단과 전개 과정을 주요 문건 검토를 통해 살펴본다. 이를 통해 중국과 러시아가 상하이협력기구를 통해 수립하고자 하는 사이버 안보 규범의 특징을 살펴본다. 제3절 사이버 안

1   The Internet remains both a global commons and a part of each nation's sovereign infrastructure, and thus activities in cyberspace must navigate two sets of demands: national interests and global interests.

2   본문에서는 '사이버 안보'와 '정보안보'라는 표현을 혼용한다. 중국과 러시아의 사이버 공간에 대한 인식은 서방의 그것과 차이가 나는데, 중국과 러시아는 지속적으로 사이버 공간(cyber space)과 사이버 안보라는 용어 대신 정보공간(information space), 정보안보(information security)의 용어를 사용하여 사이버 안보(혹은 정보안보) 정보통신 기반시설의 안전한 운용뿐만이 아닌 정보 자체에 대한 안보를 강조한다. 즉 사이버 공간을 표현하는 용어에서 부터 사이버 공간을 기술 중심으로 보고 발전시켜온 서방과 정치적 맥락에서 판단하는 러시아와 중국이 차이가 남을 드러낸다.

보에 관한 상하이협력기구 내 러시아와 중국의 역할에서는 상하이협력기구에서 러시아와 중국의 역할을 러시아와 중국의 사이버 공간에 대한 이익 측면에서 고찰한다. 제4절 상하이협력기구의 사이버 안보 전망에서는 상하이협력기구 플랫폼에서 러시아와 중국이 주장하는 사이버 안보 의제의 지속적 발전 가능성을 분석하고, 2017년 6월 인도와 파키스탄의 상하이협력기구 가입에 따른 사이버 안보 의제의 변화 가능성을 살펴본다. 결론에서는 상하이협력기구에서 러시아와 중국의 활동을 통한 국제 사이버 안보 규범 형성 가능성과 상하이협력기구 사례를 통한 동아시아 지역 국제기구를 통한 사이버 안보 협력 가능성 및 한국의 전략적 대안을 타진해본다.

II. 상하이협력기구의 사이버 안보 논의의 발전

1. 사이버 안보 논의의 발단

상하이협력기구(Шанхайская организация сотрудничества, 上海合作組織, 이하 SCO)는 1996년 중국 상하이에서 러시아, 중국, 카자흐스탄, 키르기스스탄, 타지키스탄 정상들이《국경 지대의 군사적 신뢰 강화를 위한 조약(Treaty on Deepening Military Trust in Border Regions)》을 체결하면서 형성한 상하이-5(Shanghai Five)를 그 전신으로 한다. 상하이-5의 초기 설립 목적은 중국이 중앙아시아 지역 및 극동지역에 영토적 요구를 해올 것을 대비한 국경의 공동관리였으며, 여기에 우즈베키스탄이 합류하면서 상하이-5는 상하이협력기구로 개편되어 2001년 SCO가 창설된다. SCO는 테러리즘, 분리주의, 극단주

의에 대한 공동 대응을 모색하는 한편[3] 중앙아시아 및 유라시아 지역
의 안전보장 확립을 그 목적으로 한다. 또한 회원국 간 정치, 경제, 군
사, 문화 등 폭넓은 분야에서 협력 강화를 도모하는데, SCO의 주요 안
보 협력 분야는 국가안보정책, 에너지안보, 경제안보, 신흥안보 이슈
이다.[4] SCO는 2010년부터 합동 군사훈련을 실시하여 나토(NATO)의
대항기구적 성격을 가지고 있는 것으로 평가되기도 하며, 경제 분야의
협력을 점차 강화하는 추세이다.

2017년 6월 인도, 파키스탄의 가입으로 현재 중국, 러시아, 카자
흐스탄, 우즈베키스탄, 키르기스스탄, 타지키스탄, 인도, 파키스탄 8
개의 정회원국, 아프가니스탄, 이란, 몽골, 벨라루스 4개의 준회원국,
아제르바이잔, 아르메니아, 캄보디아, 네팔, 터키, 스리랑카 6개의 참
관국 및 협력국이 SCO를 구성한다. SCO는 전 세계의 44%에 달하는
인구 31억 명의 거대협의체로 세계 경제에서 차지하는 비중은 25% 정
도로 측정되며 4개의 핵보유국(중국, 러시아, 인도, 파키스탄)이 가입되
어 있다. 2001년을 시작으로 매년 SCO 회원국 정상회의를 개최하여
2018년 9월 현재 총 18차례 정상회담이 개최되었다.

SCO에서 사이버 안보 이슈에 대한 논의는 2006년 6월 개최된 상
하이 정상회담에서 시작되었으며, 동 정상회담에서 '국제정보안보에
관한 SCO 성명(Statement by the Heads of Member States of the SCO
on International Information Security)'을 채택함으로써 사이버 안
보 논의가 공식화된다. 그 해 10월 SCO 사이버 안보 정부전문가그룹

---

3   Declaration on the Establishment of the SCO(2001. 6. 15).
4   중앙아시아 지역 국경안정화 노력, 반테러 협력 체결(Adoption of the SCO Convention
     on Counterterrorism, 2009), Confirmation of NPT and the Central Asian Nuclear-
     Weapon-Free Zone(CANWFZ), 합동군사훈련(NORAK-Anti-Terror(2009. 4), 반마약 협
     력, 아프가니스탄 문제 조율 등이 이에 해당한다.

(SCO Group of Governmental Experts in Cybersecurity)이 형성되며 논의가 본격화되었는데, 논의 발단의 추동력은 국제사회에서 정보안보에 관한 러시아의 이니셔티브에 힘을 실어주기 위함으로 분석된다(Oleg Demidov 2011: 10).[5]

이후 2007년 키르기스스탄 정상회의에서 '국제정보안보를 위한 SCO 행동계획(The SCO Member States Action Plan to Safeguard International Information Security)'을 채택하였으며, 2008년 두산베 정상회의에서 국제정보안보 분야의 합법적 프레임워크를 개발하기 위한 정부 간 합의를 도출할 것에 관해 합의하였다(SCO 2008).

SCO에서의 사이버 안보 관련 합의 중 가장 발전된 형태의 결과물이 도출된 것은 2009년 예카테린부르크 정상회담에서 채택된 '상하이협력기구 회원국 간 국제정보안보분야 협력에 관한 협정'으로 평가된다. 총 12개 조문으로 이루어진 이 협정은 국가이익과 관련된 ICT 기술사용을 주요 골자로 하여 사이버 안보에 관한 포괄적 지역협정의 청사진을 제시한 문건이다. 협정에서 사용되는 용어의 정의와 정보안보에 대한 접근은 SCO가 UN에 제안한 국제정보안보 행동수칙과 유사한 것으로 분석된다. SCO 정상회의의 주요 사이버 안보 관련 합의사항은 다음과 같다.

---

5   러시아는 1998년 최초로 UN 차원에서 국제안보의 관점으로 정보통신 기술의 발전을 총회의 공식 의제로 다룰 것을 제안하였으며, 사이버 공간의 국제안보의 위협요소와 회원국의 협력 방안 연구를 위한 정부전문가그룹(GGE, Government of Governmental Experts) 수립을 요구하는 결의의 채택(UN 총회 결의 58/31, 2003. 12. 8)을 주도하는 등 사이버 공간에서 자국의 입지를 공고히하기 위해 적극적으로 활동함.

표 1. SCO 정상회담의 정보안보 관련 합의사항

연도	공식 문건	주요 합의 사항
2006. 6.	국제정보안보에 관한 SCO 성명	※ II. 2. 참조
2007. 8.	비슈케크 선언	• 국제정보안보에 관한 협력 강화
2008. 8.	두산베 선언	• 국제정보안보 보장을 위한 국제법적 프레임워크 및 실질적 협력 매커니즘 구축
2009. 6.	SCO 회원국 간 국제정보안보분야 협력에 관한 협정	※ II. 2. 참조
2010. 6.	10차 SCO 회원국 정상회담 선언	• 정보안보는 국가주권, 국가안보, 사회경제, 국민이익에 관한 문제이므로 회원국은 국내 상황 및 법률에 따라 인터넷에 대한 통제 실행^6
2011. 6.	아스타나 선언	• 정보안보 위협 언급 • 국제정보안보에 관한 협력 강화
2012. 6.	베이징 선언	• 정보기술에 관한 SCO의 역할 강화 • 주권존중과 내정불간섭 원칙하에 정보공간의 평화 · 안전 · 공정 · 개방 지향 • 정치 · 경제 · 사회 안보를 저해할 목적으로 정보통신기술 사용 금지 • 테러리즘, 극단주의, 분리주의 이데올로기 전파를 위한 목적으로 인터넷 사용 금지
2013. 9.	비슈케크 선언	• 정보안보 위협 언급 • 예카테린부르크 협정 이행 의지 표명
2014. 9.	두산베 선언	• 국제정보안보 보증을 위한 노력 강화 • 예카테린부르크 협정 이행 의지 표명 • 국가의 인터넷 관리와 (정보공간에서의) 국가주권에 대한 동등한 권리는 보장되며 국가안보를 위해 인터넷 통제 • 회원국이 정보공간에서 국가의 책임 있는 행동에 대한 원칙과 표준, 보편적 규칙을 수립하는 것을 지지

6   9. The member states note that information security is closely linked to state sovereignty, national security, socio-economic stability and the interests of citizens. All countries are entitled to exercise control over the Internet in accordance with their domestic situation and laws, while expanding cooperation in a spirit of equality and mutual respect(SCO 2010).

		• UN에 제출한 국제정보안보 행동수칙은 국제정보안보 발전을 위한 중요한 계기가 되는 것으로 평가
2015. 6.	우파 선언	• 국제정보안보에 관한 협력 강화 • 회원국이 정보공간에서 국가의 책임 있는 행동에 대한 원칙과 표준, 보편적 규칙을 수립하는 것을 지지 • 국제정보안보 행동수칙 개정안의 UN 제출 지지
2016. 6.	타슈켄트 선언	• 예카테린부르크 협정 이행을 위한 실질적 협력 지속
2017. 6.	아스타나 선언	• 국제정보안보에 관한 협력 강화 • 회원국이 정보공간에서 국가의 책임 있는 행동에 대한 원칙과 표준, 보편적 규칙을 수립하는 것을 지지 • 국제정보안보 행동수칙 개정안의 UN 제출 지지
2018. 6	칭따오 선언	• 예카테린부르크 협정에 기반하여 정보공간의 위협에 대한 실질적 협력 지속 • 범죄 목적의 IT사용 반대에 관한 UN 중심의 법률적 문건 발전 • 인터넷을 통한 테러리즘 전파를 막기 위한 협력을 강화하고, 2017년 중국에서 개최한 샤먼 반사이버 테러리즘 훈련(Xiamen-2017 anti-cyber terrorism exercise) 지지

출처: 상하이협력기구 홈페이지(http://rus.sectsco.org/ – Documents)

2. 사이버 안보 논의의 전개

1) 국제정보안보에 관한 SCO 성명(2006)

'국제정보안보에 관한 SCO 성명(Заявле́ние глав государств-членов ШОС по международной информационной безопасности 2006)'은 정보안보에 관하여 SCO가 최초로 채택한 공식 문건이다. 동 성명에서는 ICT 기술의 발달이 국가에 기회이자 위협이 될 수 있음을 언급하고, ICT 기술에 따른 위협으로 개인·사회·국가 안보에 대한 위협, 상호존중에 대한 기본원칙 침해, 주권국가의 내정간섭, 분쟁의 평화적 해결에 대한 위협, 무력사용금지에 대한 위협, 인권존중에 대한 위협을 언급한다. 또한 범죄, 테러, 군사, 정치적 목적의 ICT 기술 이용에 대한 우려를 표명한다. 국가 차원의 정보안보 강화 노력과 SCO 국가들 간 협력이 필요함을 나타내고 정보안보에 대한 UN의 역할을 강조한다. UN총회 결의안 60/45[7]를 지지하며, 향후 SCO 프레임워크 내에서 정보안보에 대한 논의를 지속할 것임을 나타낸다.

국제정보안보에 관한 SCO 성명이 사이버 공간에 대한 SCO의 입장을 구체적으로 제시하지 않았으나, 사이버 안보에 관한 초기 논의의 발단으로 SCO 국가들 간의 협력 의지 및 논의의 발전 가능성을 내포한 것으로 평가한다.

2) SCO 회원국 간 국제정보안보 분야 협력에 관한 협정(2009)

'SCO 회원국 간 국제정보안보 분야의 협력에 관한 협정(Соглашение между правительствами государств - членов Шанхайской организации сотрудничества о сотрудничестве в области обеспечения международной информационной безопасности), 이하 예카테린부르크 협정)'은 SCO에서의 사이버 안보 관련 합의 중 가장 발전된 형태의 문건이다. ICT 기술의 발달에 따른 국제안보 위협 증대에 대비하여 SCO 국가들 간 국제정보안보 분야의 상호교류를 강화하고 신뢰를 증진시켜 회원국의 이익을 확보하는 것을 동 협정의 목적으로 한다.

협정은 주요 정보안보 위협을 ① 정보무기 및 정보전, ② 정보테러리즘, ③ 정보범죄, ④ 국가이익에 반하는 정보공간의 사용, ⑤ 국가이익에 반하는 정보유포, ⑥ 정보기반시설 위협으로 식별한다. 주요

---

7   UN General Assembly of Resolution 60/45 "Developments in the field of information and telecommunications in the context of international security."

협력방안은 ① 정보안보 위협에 대한 집단대응, ② 정보안보 위협 모니터링 및 공동대응 시스템 구축, ③ 정보무기에 대한 국제법규범 개발 및 공동조치 강화, ④ ICT 기술을 이용한 테러 대응, ⑤ 정보범죄 대응, ⑥ 정보안보 강화를 위한 시험, 연구, 평가 수행, ⑦ 글로벌인터넷 거버넌스 발전, ⑧ 국가주요기반시설의 안전보장, ⑨ 신뢰구축조치 개발, ⑩ 정보교환 매커니즘 발전, ⑪ 정보안보 관련 법제에 관한 정보교환, ⑫ 정보안보 보증을 위한 회원국 간 협력 매커니즘 발전, ⑬ 정보안보 책임기관 간 협력 구축 및 정보공유 등이다. 주요 협력원칙으로 국제법 일반원칙을 준수하고 정보와 관련된 회원국의 권리는 준수되나, 이러한 권리는 국가와 공공의 안전을 위해 제한될 수 있음을 명시한다. 각국은 정보안보 위협으로부터 자국을 보호할 권리를 갖으며 회원국 간 정보안보 위협이 되는 행위를 가해서는 안 되고 정보안보 보장을 위한 필요한 지원을 제공한다. 회원국은 각국의 정보안보 책임기관 간 정보공유채널을 구축하여 협력한다. 한편 협정에 따라 회원국 간 정보를 교환할 의무가 부과되는 것은 아니며, 교환된 정보는 법규정에 따라 엄격히 보호된다.

동 협정의 체결에 따라 SCO 국가들 간 지향하는 정보안보에 대한 개념 및 규범에 대한 방향이 설정되었으며, SCO 회원국 간 정보안보에 관한 실질적 협력 기반이 구축되었다.

3) 국제정보안보 행동수칙(2011, 2015)

국제사회에서 사이버 안보에 관한 SCO의 주요 활동은 UN에 제출한 '국제정보안보 행동수칙(International Code of Conduct for Information Security)'으로 볼 수 있다. 국제정보안보 행동수칙은 2011년 UN 총회 제66차 회기에서 중국, 러시아, 타지키스탄, 우즈베키스탄 4개국

이 공동으로 제출하였으며, 이후 2015년 1월 기존 행동수칙을 수정·
보완하여 6개 SCO 회원국(중국, 러시아, 카자흐스탄, 우즈베키스탄, 키
르기스스탄, 타지키스탄)이 UN총회 제69차 회기에서 개정을 통보하였
다. 이하에서는 2015년 국제정보안보 행동수칙 개정안을 토대로 주요
내용을 살펴보고자 한다.

국제정보안보 행동수칙 개정안은 정보안보 위협에 대해 국가 행
위에 관한 규범, 규칙, 원칙을 세우고 정보공간에서의 신뢰구축조치
등과 같은 위협 대응을 위한 국가들 간 협력조치를 취하며 이와 관련
한 국제 개념에 관한 연구를 위해 제3차 UN GGE의 평가 및 권고 사
항을 고려할 것임을 명시한다. 또한 국가의 ICT 이용에 관한 기존 국
제법 규범의 적용 방법에 대해 보편적인 이해를 도출할 필요성이 있음
을 인정함과 동시에 ICT 고유의 특성에 따라 추가적 규범의 발전 가능
성이 존재함을 나타낸다(전문).

행동수칙의 주요 사항은 다음과 같다. 정보통신기술을 활용한 국
내문제 불간섭 원칙을 강화하고(3항), 국가들은 정보통신기술을 이용
해 테러활동, 분리주의, 극단주의, 인종주의, 종교적 갈등을 유발하지
말아야 하며, 테러활동, 분리주의, 극단주의, 인종주의, 종교적 갈등을
유발하는 정보 보급 억제를 위해 협력하여야 한다(4항). 정보통신기술
에 있어 일국이 우월적 지위를 취하는 것을 배격하며, ICT 제품 및 서
비스의 안전을 강조하여 국가가 독자적으로 정보통신 제품 및 서비스
의 공급망을 확보하는 것에 대한 근거를 강화한다(5항). 위협, 간섭,
공격, 사보타지 활동에 대한 국가의 권리 및 의무를 재확인함으로써
자국의 정보공간에 대한 국가 책임을 강화한다(6항). 온라인상 표현의
자유와 관련하여 오프라인과 동일하게 온라인상에서도 개인의 권리가
보호됨을 표명하고, 필요한 경우 법률에 의해 이러한 권리의 행사가

제한될 수 있음을 규정한다(7항). 다자적이고 투명하며 민주적인 방향
으로 인터넷 거버넌스가 발달되어야 하고, 인터넷의 안전하고 안정된
기능을 보장하는 인터넷 거버넌스 매커니즘이 발달되어야 함을 표명
한다(8조). 협력을 통해 정보안보를 실현하고 주요정보기반시설을 보
호하기 위해 필요한 지원을 제공한다(9조). 신뢰구축조치 발전 및 모
범사례를 공유하고(10항), 개발도상국의 정보안보 역량 강화와 정보격
차 해소를 위해 노력한다(11항). 마지막으로 국제법규범 개발, 국제분
쟁의 평화적 해결, 정보안보 분야의 국제협력 강화를 위한 유엔의 역
할을 강조한다(12항).

　국제정보안보 행동수칙은 미국을 위시한 서방국가들의 사이버 공
간 국제규범 수립 활동 전개에 대응하여 SCO 중심의 비서방국가들이
사이버 공간의 국가주권 강화, 국제 인터넷 거버넌스 체계 변경, 국가
의 정보통제권 인정 등을 주요 내용으로 하여 제출한 문건으로 사이버
공간에서 SCO 국가들의 핵심 주장을 표명한다.

III. 사이버 안보에 관한 상하이협력기구 내 러시아와 중국의 역할

1. 러시아와 중국의 공동 이익

1) 사이버 공간에서의 국가주권 강화

러시아와 중국은 인터넷이 국내체제 전복 수단으로 사용되는 것 대한
공동의 위협 인식을 가지고 있다. 양국은 인터넷에 유영하는 정보들
이 정권에 위협을 가하는 것에 대항하기 위한 방편으로 사이버 공간

에서의 국가주권 강화 및 국가의 정보통제력 확대를 주장한다(김상배 2017: 254).

러시아는 사이버 공간에서의 국가주권 수호를 강력히 주장하며 이는 러시아의 정책 문건을 통해 나타난다(Keir Giles 2012: 63-67). 2016년 러시아 정보안보 정책(Доктрниа информационной безопасности Российской Федерации, 대통령명령 646호)에서는 정보안보가 러시아의 주권이 보장되는 것을 의미한다고 기술하고(2조c, 8조e), 타국의 정보기관이 국가의 주권을 훼손할 목적으로 사이버 공간에서 심리전을 구사하는 것을 주요 정보안보 위협으로 인식하여 사이버 공간에서 타국의 영향력이 확대되는 것에 대한 경각심을 드러낸다(12조). 또한 군사정치 목적의 정보기술 활용과 주요정보기반시설을 파괴하는 등의 사이버 위협이 국가주권에 위협을 가하며(15조, 16조), 국가의 중요이익을 침해한다고 표명한다(20조). 정보안보의 최우선 전략 목표를 국가주권 보호, 정치사회적 안정, 영토보전으로 나타낸다(22조). 정보안보 보장을 위해 러시아는 독립적이고 자체적인 정책을 통해 정보공간에서 주권을 보호할 것임을 전략에서 표명한다(29조a). 2013년에 발표된 러시아의 정보안보에 관한 대표적인 국제정책 문건인 2020년 국제정보안보 정책 기본원칙(Основы государственной политики Российской Федерации в области международной информационной безопасности на период до 2020 года, 대통령명령 1753호)에서도 사이버 위협을 국가주권 및 영토적 완전성을 침해하는 행위로 규정하며(8조a), 정보안보 목적을 주권을 침해하는 행위로부터 안전성 보장(10조b, 10조d, 12조, 14조)으로 규정한다. 이러한 러시아의 주장은 러시아의 사이버범죄협약(Convention on Cybercrime, 속칭 부다페스트협약)[8]의 가입에도 영향을 미쳐, 부다페스트협약의 가입이 러시아의 인터넷 주권을 침해할 수 있음을 주장하고 주권과 관련된 조항(예: 32조)이 삭제된다면 협약에 가입할 수 있다는 의사를 표시한 것으로 알려져 있다(양정윤·박상돈·김소정 2018: 146-149).[9]

중국은 2016년 12월 최초로 발표한 국가사이버공간안전전략(国家网络空间安全战略)에서 사이버 공간에서 국가주권의 중요성을 강조한다. 전략 수립 목적이 사이버 공간에서 국가주권과 이익 수호임을 천명하고 영토, 영해, 영공, 우주와 동일하게 국가주권이 사이버 공간에 적용되며 사이버 공간에서 국가의 주권이 존중되어야 함을 주장한다. 전략은 4대 전략 목표와 9대 전략적 임무를 명시하는데 사이버 공간의 첫 번째 원칙이 주권 존중 및 수호임을 밝히고 첫 번째 전략적 임무도 사이버 공간의 주권 수호로 기술한다. 사이버 공간에서의 주권 침해는 용납되지 않으며, 국가는 자주적으로 정보통신망의 발전 경로, 관리 방식, 정책을 선택하며 국가는 독자적으로 사이버 공간에 관한 문제를 결정할 것임을 주장한다. 각국은 자국의 상황에 따라 사이버 공간과 관계된 법률 및 법규를 제정, 시행하고 사이버 공간을 관할할 것임을 밝히며, 전략적 임무 측면에서 사이버 공간의 주권을 수호하는 것이 사이버 공간 안전을 통한 국가안전보장 강화, 주요정보기반시설

8   사이버범죄협약(Convention on Cybercrime, 부다페스트협약): 사이버 범죄 단속 및 처벌 규정을 명시한 최초의 국제조약으로 2001년 11월 체결. 2018년 9월 현재 61개국 비준.
9   한편 부다페스트협약은 국가의 주권 문제에 관하여 안전장치(safeguard)를 제공하고 있다는 점에서 러시아 측 주장의 합리성에 대해서는 이견이 존재한다. 즉 부다페스트협약이 ① 국가 간 상호원조 및 자료공유가 기본이나 자료공개가 국가의 주권·안보 등 중대한 이익을 침해할 경우 공개 거부 가능하고, ② 사이버 범죄자의 인도 요청에 대하여 행위자 국적을 근거로 거절이 가능하며, ③ 기타 협약은 유보조항을 통해 조약국의 주권에 대한 안전장치 설정되어 주권에 대한 사항이 협약의 가입이 보류되는 것에 부정적 견해가 존재한다.

보호, 사이버 테러 및 범죄 단속 등 타 전략적 임무에 우선하는 것으로 보는 국가 입장을 나타낸다. 중국이 2017년 3월 발표한 국가사이버공간국제협력전략(网络空间国际合作战略)도 동일한 정책 기조를 나타내는데, 국제협력전략의 제2원칙을 주권 원칙으로, 제1전략 목표를 주권 수호와 안전으로 설정한다. 국가는 사이버 공간의 주권을 명확히 하며 법률적으로 사이버 공간을 관리하여야 하는 책임과 권리를 구현하게 됨을 주장한다.

　이러한 중국과 러시아의 사이버 안보 정책은 사이버 안보 전략상 주권이란 표현의 사용을 지양하는 미국, 영국 등의 국가들과 차이가 있는 것으로 나타나며, 사이버 안보에 대한 SCO의 논의에도 반영되는 것을 확인할 수 있다.

2) 국가의 정보통제권 인정

러시아와 중국은 사이버 공간에서 유영되는 정보 자체를 위협(contents as a threat)으로 인식하여 사이버 안보 확보를 위해 정보가 야기하는 위협에 대항할 것이며, 이를 달성하기 위해 사이버 공간에서 국가의 정보통제권이 인정되어야 함을 주장한다. 이러한 중국과 러시아의 정책 기조는 국가전략상 나타난다.

　러시아에서 대통령령 683호로 발표된 국가안보전략(Стратéгия национальной безопасности Российской Федерации, 2015. 12. 31)은 국가안보 수호를 위한 포괄적 중·장기 전략방안을 제시한 문건으로 푸틴 정부의 미래구상과 위험평가 등에 대한 시각을 볼 수 있다. 동 전략은 국가안보의 위협요소로 첨단기술을 활용한 불법행위 및 정보전(information warfare)을 명시하였으며, 국가안보 과제에 정보안보를 포함하였다(6항). 전략에서는 러시아가 대외 위협에 능동적이고 적극적으로 대처할 것이며, 정보안보에 관하여 정보공간에서 국가주권 강화 및 인터넷 거버넌스 체계를 개선할 것임에 대한 의지를 표현하며, 국가의 정보통제권 인정을 주장한다. 러시아 2016년 정보안보 정책에서는 정보공간의 확대와 정보기술의 발전이 야기하는 국가안보 위해 요소에 주목하고 있으며 국경의 제약 없이 유통되는 정보의 속성에 따라 정보가 정치적 목적으로 악용될 수 있고, 테러, 극단주의, 범죄 등에 이용될 수 있다고 주장한다(10조). 이에 대처하기 위한 대통령과 국가기관의 역할을 강조하고, SORM 프로그램[10]을 운용하는 등 정보공간에 대한 국가통제력을 강화하고 있다. 2014년 4월 푸틴 대통령은 러시아의 인터넷서비스 제공자들에게 DNS 서버를 러시아 내에 위치시킬 것을 지시한 바 있으며, 정보통신네트워크의 개인정보 처리에 관한 일부 조항(242-ФЗ, 2014. 7. 21 개정) 및 반테러 및 공공안전보장을 위한 추가 조치를 위한 연방법률 개정(374-ФЗ, 2016. 7. 6 개정) 등을 통해 정보통신사업자에게 러시아 국민의 개인정보가 담긴 서버를 러시아 영토 내에 위치시켜야 할 의무를 부여하고 있다. 또한 정보통신사업자들은 이용자들의 교신내용을 보관하여 FSB(연방보안국)가 암호해독키의 제공을 요청할 경우 제공하여야 하는 의무를 부여하는 등 사이버 공간에서의 국가의 정보통제를 지속적으로 강화하고 있다.

중국은 사이버 공간을 통한 내정간섭, 사회불안 야기, 정권전복 시도, 간첩활동 등이 국가의 정치적 안정에 위해를 가하는 것으로 판단한다. 이러한 중국의 인식은 인터넷 사용 초기에 확립되었다. 1998

---

10   SORM(첩보수사시스템, System for Operative Investigative Activities, 러시아어: Система Оперативно-Розыскных Мероприятий): 러시아의 인터넷 검색 및 감시시스템. 1995년 통과된 법안에 근거하여 FSB가 러시아의 모든 이동통신사와 인터넷서비스제공자에 대한 감시 수행. 총 3기로 구성.

년 중국 민주당이 인터넷과 휴대전화 문자메시지, 그리고 이메일을 이용하여 대중에게 정치적 영향력을 미치기 시작하자 이를 경계한 공산당은 관련자들을 체포하고 인터넷상 정치활동을 금지시키는 사건이 발생했다. 중국 정부는 이를 계기로 인터넷의 발달에 따른 온라인상 자국민 활동에 경각심을 갖게 되고, 사이버 공간의 발전이 중국의 경제, 사회, 문화 발전에 긍정적인 영향을 미쳐 새로운 기회가 됨과 동시에, 정치제도를 공격하고 사회불안을 선동하며 정권전복 시도의 수단이 되어 국가에 중대한 위협이 될 수 있음을 인지하게 된다. 중국 공안부는 황금방패[금순공정(金盾工程), 방화장성 또는 만리방벽(The Great Firewall)으로도 불림]를 통해 유해한 웹상의 콘텐츠로부터 자국민을 보호한다는 명목으로 대규모의 인터넷 검열, 감시 및 첩보시스템을 가동시키고 있는 것으로 알려져 있다. 또한 중국은 2016년 사이버안전법 입법을 통해 국내 정보통제를 강화하고 있는 것으로 알려져 있다. 사이버안전법은 중국 내 네트워크 구축, 운영, 유지 및 사용에 관한 네트워크의 안전의 감독 관리를 규정한 법으로 중국 내 네트워크 사업자, 주요정보기반시설 운영자에게 적용되는 법률이다. 동 법의 시행에 따라 데이터의 경외 반출이 강력하게 제한(11조)됨과 동시에 국가안보, 사회질서 유지 등을 위한 국가기관의 네트워크 제한 조치가 가능(58조)해져 사이버 공간에서 국가의 정보통제권이 강화될 것으로 평가된다.

3) 국제 인터넷 거버넌스 체제 변경

러시아와 중국은 현상변경세력으로 자국에 유리한 방향으로의 인터넷 거버넌스 체제를 개편하고자 하며 이를 위한 일련의 노력을 하고 있다. 국제 인터넷 거버넌스와 관련된 국가 간의 대립은 인터넷의 중요성이 커짐에 따라 증대된다. 인터넷은 태동 단계부터 실질적으로 미국

의 관리·감독하에 있었으며, 미국 중심의 거버넌스 구조를 가지고 있
었다. 2003년 이라크 전쟁의 발발은 미국 패권체제에 대한 문제의식
을 불러일으키게 되고 인터넷 자원의 미국 독점문제로 번져 러시아 등
은 사이버 공간의 패권체제에 반발하여 인터넷 거버넌스와 관련된 논
의를 UN 차원으로 변경되도록 시도한다. 미국은 런던 프로세스의 일
환인 사이버스페이스총회 개최 등을 통해 비서방 국가들의 독자적 행
동을 저지하기 위한 노력을 실행하는 한편 중국은 이에 대항하여 2014
년부터 세계인터넷대회를 개최해 세계인터넷대회가 사이버 공간 국제
협력의 장이 될 것임을 밝힌다[국가사이버공간안전전략 4장(9), 국가사
이버공간국제협력전략 4장(3)].

　세계인터넷대회(世界互联网大会, World Internet Conference, 이하
우젠회의)는 중국 국가인터넷정보판공실(中华人民共和国国家互联网信息
办公室)이 주최하는 회의로 현재까지 총 4회 개최되었다. 약 100여 개
국에서 온 2,000여 명의 정부관계자, 국제단체인, 기업, 민간단체인,
인터넷 엘리트 등이 참석하는 것으로 알려져 있으며 디지털 경제, 첨
단기술, 인터넷과 사회, 웹 공간 거버넌스, 교류 협력 등을 주제로 하
여 인터넷 주권 존중, 사이버 공간의 평화안전 유지, 사이버 공간의 개
방협력 촉진, 사이버 공간 내 질서구축, 인터넷 거버넌스 체계 구축
에 대한 토론의 장을 마련하는 것을 목적으로 한다. 2014년 첫 회의는
100여 개국에서 온 1,000여 명이 참석하여 뉴미디어, 모바일인터넷,
전자상거래, 사이버 테러, 인터넷 금융, 사이버 공간 안전, 인터넷 거
버넌스 등을 주제로 성황리에 개최되었다. 2015년 회의에서는 8명의
국가 지도자와 40여 명의 총리를 포함한 2,000여 명이 참석하였으며
인터넷에 대한 국제사회와 이해 당사자들의 협력을 통한 상호 이익 증
진과 인터넷 발전 및 번영을 위한 공동 노력 등을 내용으로 하는 우젠

이니셔티브(Wuzhen Initiative)를 발표하였다. 또한 메드베데프 러시
아 총리, 테미르 사리에브 키르기즈스탄 총리 등 SCO 지도자들이 참
석하여 SCO 국가들 간 협의의 장이 되었으며, 전 세계 260개 기업이
참석하는 인터넷 엑스포 행사(Light of Internet Expo)를 병행하여 참
가자들의 관심을 끌었다. 우젠회의는 규모와 행사 면에서 확대되고 있
으며 사이버 안보, 공유경제, 인터넷플러스, 사물인터넷, 가상현실, 빅
데이터, 인공지능, P2P, 5G 기술 등 다양한 사이버 공간과 관련된 이
슈 및 최신 기술 발전을 다루어 관련 주체들의 이목을 끌어가고 있다.

표 2. 세계인터넷대회 주요 사항

차수	주제	일시	참석인원
1회	• 주제: An Interconnected World Shared and Governed by All – Building a Cyberspace Community of Shared Destiny	'14. 11. 19-21	1,000여 명
2회	• 주제: An Interconnected World Shared and Governed by All – Building a Cyberspace Community of Shared Destiny	'15. 12. 16-18	2,000여 명
3회	• 주제: Innovation-driven Internet Development for the Benefit of All – Building a Community of Common Future in Cyberspace	'16. 11. 16-18	1,200여 명
4회	• 주제: Developing Digital Economy for Openness and Shared Benefits—Building a Community of Common Future in Cyberspace	'17. 12. 3-5	1,500여 명

출처: 세계인터넷대회 홈페이지(http://www.wuzhenwic.org/)

미국을 위시한 서방국가들은 사이버 공간에서 정부의 역할을 완
화하고, 사이버 공간이 민간에 의해 관리될 것을 주장하고 있고, 인터
넷 후발주자이나 인터넷 인구 및 사용량에서 서방국가를 추월하게 된
중국, 러시아 등 비서방국가는 사이버 공간에서 정부 중심의 의사결정

체계가 반영되어야 함을 주장하며 UN 등 정부간기구에 의한 사이버 공간의 관리·감독을 주장한다.

  이러한 러시아와 중국의 정책은 국가전략에도 드러나는데, 러시아는 2020년 국제정보안보 정책 기본원칙에서, UN 정보안보협약의 도입과 UN GGE의 발전, ITU의 역할 강화를 강조한다[11(a), 11(b), 11(d)]. 중국은 국가사이버공간국제협력전략에서 사이버 안보에 관한 국제플랫폼으로 UN의 역할을 강조하고 있으며, UN 체제하에서 모든 국가가 보편적으로 수용할 수 있는 사이버 공간 국제규범 및 국가행동 규범이 구축되어야 한다고 주장한다[2장(3), 3장(2), 4장(2), 4장(5)]. 또한 UN GGE 활동을 지지하고 참여할 것임을 명시하며[4장(2), 4장(5)], 국제정보안보 행동수칙을 지지한다[4장(2)]. WSIS에 참여하고 IGF의 체제 개혁을 추진하며 ICANN이 독립적 기구가 되어야 하고 이에 필요한 지원을 할 것임을 나타낸다[4장(4)]. 중국과 러시아는 국제 인터넷 거버넌스의 현상변경세력으로 서구 중심의 인터넷을 UN 중심으로 변화시키기 위해 지속적으로 노력하고 있다.

2. 러시아와 중국의 이익 갈등

SCO체제 내에서 중국과 러시아는 협력과 경쟁이라는 이중적인 역동성을 갖는다. SCO는 기본적인 지리적 대상지역은 중앙아시아인데, 중앙아시아 지역은 이 지역에서 이익을 확대하고자 하는 러시아, 중국, 미국이라는 3대 세력이 패권을 다투는 지전략적 교차로(geostrategic crossroads)이자 거대게임(Great Game)의 대상으로 거론되기도 한다(신범식 2008: 165-200). 러시아는 중앙아시아에서 카프카즈(코카서스)로 연결되는 지역의 분리주의 책동에 대응하여야 하고, 중국은 중앙아시아 국가들과 인접한 신장의 위구르 및 범투르크 민족주의와 분리주의에 대항하여야 한다. 이러한 상황에서 SCO는 인종적 분리주의, 종교적 근본주의(극단주의), 테러리즘에 공동 대응한다는 목적으로 결성되었으나, SCO의 발전은 러시아의 독자적 이익지대인 중앙아시아 지역에서의 중국의 지위를 급격히 향상시켜주었다. 중국과 러시아는 미국에 대항한 연성균형을 이루기 위해 서로를 국제적, 지역적 이슈에 대처하기에 적절한 동반자라고 여기고 우호적인 관계를 유지하려 하고 있으나, 중국이 중앙아시아 지역 국가들과 접촉하는 수단으로 SCO를 활용하는 반면 러시아는 동 지역의 국가들을 통제하는 수단으로 SCO를 활용하려 하고, 이러한 측면에서 SCO의 강력한 양 주도국이 SCO에 대한 동일한 비전을 공유하지는 않는다. 또한 중국의 지역적, 경제적 약진은 전통적으로 지역강자였던 러시아의 경계심을 고조시키고 있다(문수언 2010: 1-33).

중국의 영향력이 중앙아시아 지역에서 필요 이상으로 확대될 경우 러시아는 대상지역의 사이버 안보 기구로 독립국가연합(CIS)의 집단안보조약기구(CSTO: Collective Security Treaty Organization)의 활동을 강조할 가능성이 있다. 사이버 안보에 관해 CSTO 국가들 간에 정보안보 증진 체제 구축을 위한 연합행동 프로그램을 실행하고 있음을 볼 때, 러시아의 사이버 안보에 관한 활동이 CSTO를 통해 전개될 가능성도 고려할 수 있다(신범식 2017: 161-162). 러시아는 정보안보 전략에서 SCO와 함께 CSTO와의 협력을 강화할 것을 표명하고 있으며, 실제로 2010년 '정보안보 분야의 CSTO국가 간 협력 규정(The Regulation on Cooperation of Member States of the Organization of the Collective Security Treaty in the Field of Information Security)'을 발표한 바 있다. 동 규정에서는 CSTO 회원국 상호간 적대행위로부터 국가주권을 보호하기 위해 정보를 공유하고 정보보안 분야에서 협력을 증진할 것에 합의하였다. 2014년에는 사이버전 훈련을 실행하고 사이버 분야의 지속적인 협력을 논의하고 있다(Malika 2017).

최근 인도의 SCO 가입은 러시아가 중국을 견제하기 위해 중국의 대항세력을 SCO에 가입시키려는 전략의 일환으로 평가되며 이에 관해서는 다음 절에서 살펴보도록 한다.

IV. 상하이협력기구의 사이버 안보 전망

1. SCO의 사이버 안보 의제 발전 가능성 분석

이 절에서는 SCO 플랫폼에서 사이버 안보 의제의 발전 가능성을 왜 SCO 플랫폼 내에서 사이버 안보 논의가 제기되었고, 러시아와 중국이 상대를 전략적 동반자로 설정하였으며, 어떠한 조건하에 협력이 쇠퇴할 것인지를 고찰하고자 한다. 국제기구는 조약에 입각해 복수의 주권국가가 일정한 목적하에 설립하는 조직체이자 다자주의적 협력안보체제로 참여국들의 협조를 전제로 안보문제에 참여하게 되고 국가들은 효과적인 정책적 선택이라는 판단하에 국제기구에 가입하게 된다.

러시아와 중국이라는 쌍두마차에 의해 지휘되는 SCO는 구조적으로 사이버 안보 이슈의 논의를 발전시키기에 적합한 환경이었음을 알 수 있다. 중국과 러시아는 여러 국제무대에서 미국의 독주를 견제하기 위해 정책적으로 공조하고 있었으며, 특히 사이버 공간에서 발전되는 정보 콘텐츠와 서구 중심의 사이버 공간 발전이 자국 내 정치적, 사회적 안전에 위협이 된다는 공통된 위협인식을 가지고 있었다. 공유된 정체성을 가진

국가들은 서로를 적절한 협력 상대국으로 여기는 경향이 있고, 협력을 유지시키는 데 필요한 협력 규범을 발전시키게 되며 이러한 규범이 다시 협력을 유지하는 데 기여하게 된다. 사이버 공간에 대해 유사한 시각을 견지하는 중국과 러시아 양국은 서로를 협력파트너로 여기게 되어 양국이 갖는 규범의 격차를 줄이고 공통된 사이버 안보에 관한 규범을 발전시키게 되고, 이러한 규범이 양국의 국제정책에 영향을 미치게 되며 이렇게 발전된 국가 정책이 다시 협력의 발전에 기여하게 된다.

중국과 러시아는 인터넷에 대한 동일한 위협의식 및 시각을 견지하여, 사이버 공간을 베스트팔리아체제가 적용되는 공간으로 보고 사이버 공간에 대한 국가의 관리를 증가시키고 타 국가가 사이버 공간을 통해 국내정치에 개입을 못하도록 하여 자국 내 사이버 공간을 강력히 보호하는 것에 대한 원칙을 견지한다. 러시아는 아랍의 봄 이후 인터넷이 국내 봉기의 수단이 될 수 있는 점에 위기감을 느끼고 있으며, 중국도 정권정복의 수단으로 인터넷이 사용되는 것을 가장 큰 위협으로 인식하고 있다(Julien Nocetti 2015). 일례로 중국이 자국의 인터넷 검열시스템인 황금방패를 러시아의 인터넷 통제시스템인 레드웹(Red Web)에 이전하는 협력을 하는 것과 같은 행동에서 동일한 정책하에 양국의 인터넷상 공조가 강화되고 있는 것을 볼 수 있다(최희정 2016). 러시아와 중국은 2015년 '러-중 국제정보보안 보장에 관한 협정'[11] 체결을 통해 양자협력을 강화하고 양국의 입장을 확인하였다. 협정은 사이버 공간에서 상호 적대행위를 지양하고 기술을 전수할 것이며 정보

11 О подписании Соглашения между Правительством Российской Федерации и Правительством Китайской Народной Республики о сотрудничестве в области обеспечения международной информационной безопасности (2015. 4. 15).

공유를 확대하고 SCO를 통해 협력하고 법률적, 조직적 프레임워크를 구축할 것임에 대한 내용을 담고 있다. 이와 더불어 양국은 2016년 '정보공간발전을 위한 협력에 관한 양국 정상간 공동성명(Joint Statement between the presidents of China and Russia)(2016. 6)'을 발표하여 사이버 공간에 대한 양 국가의 공통된 인식을 재확인하고 협력을 강화하였다(Chinadaily 2016).

　　중국과 러시아는 다자주의 지역협력 기구의 중요성을 인식하고 이를 적극적으로 활용하려 하였으며, 동일한 이익을 갖은 국가들 간 협력의 장이 SCO가 되어 러시아와 중국의 사이버 공간 국제정책을 실행하는 플랫폼이 된 것으로 판단된다. 사이버 안보 의제가 갖는 비물리적 특성을 활용할 경우 협력의 장점은 최대화되어 SCO 플랫폼을 통한 러시아와 중국의 협력은 중단기적으로 지속될 것으로 판단된다. 실제 러시아는 2020년 국제정보안보 정책 기본원칙에서 정보공간에서의 국가이익 확대를 위한 최우선 협력대상에 SCO를 다수 언급하고 있으며[11(c), 11(h), 13(a), 15(a), 15(b)], 중국은 2017년 3월 발표한 국가사이버공간국제협력전략에서 SCO국가들과 사이버 안전에 관한 실무협력을 추진할 것임을 명시한다[제4장(3)].

　　한편 SCO 회원국인 카자흐스탄, 키르기즈스탄, 타지키스탄, 우즈베키스탄의 입장에서 SCO 내 존재하는 세력불균등으로 인해 자국의 정치적 자율성이 감소할 가능성이 존재하나, 정보능력이 중요한 사이버 안보 분야에서 강대국이 소지한 사이버 위협정보를 제공받을 수 있게 되어 국가의 사이버 안보 억지력과 방어력을 단기에 향상하여 안보력을 강화할 수 있는 효과를 얻게 되고, 중국과 러시아가 자국을 공격할 가능성이 감소하는 효과를 기대할 수 있게 된다. 중국과 러시아는 중앙아시아 국가들에 대한 통제력과 영향력을 확대함과 동시에 사이

버 공간의 국제규범 수립 노력에 대한 지지 세력을 확대함으로써 이점
을 취할 수 있게 된다.

SCO 내 테러리즘, 분리주의, 극단주의에 대응하기 위해 2001년
설립된 상설기구인 지역반테러기구(Regional Anti-Terrorism Struc-
ture, 이하 RATS)는 2015년 사이버 테러에 대응하기 위한 합동모의훈
련(joint simulation exercises)을 실시할 것에 합의하였다.[12] RATS는
SCO의 전략 목표를 실행하는 핵심 기구로 RATS의 활동에 사이버 안
보가 추가되었다는 점은 중단기적으로 SCO를 통한 사이버 안보 논의
의 발전이 지속될 것이라는 점을 시사한다.

2. SCO 내 동학에 의한 사이버 안보 의제 변화 가능성

2017년 6월 인도와 파키스탄이 SCO에 가입함으로써 SCO의 회원국
및 지역적 범주가 확대되었다. 인도와 파키스탄의 SCO 가입 배경은
전통적 이익 지역인 중앙아시아 지역에서의 중국의 영향력 확대를 견
제한 러시아가 인도의 SCO 가입을 추진한 것으로 알려져 있으며, 중
국과의 안보협력 강화를 위해 SCO 가입을 추진한 것으로 분석된다.
거대한 인구 및 시장을 보유한 인도가 SCO에 가입함으로써 SCO의
규모가 확대되어 국제기구로서의 위상이 강화됨과 동시에, 미국과 전
략적 우호관계이자 민주국가인 인도의 영향으로 내부적으로 SCO의
의제 설정, 발전 방향, 정책 지향성에 변화를 가져올 것이라는 예측이
존재한다. 즉 인도의 영향으로 SCO가 기존 회원국의 권위주의적 관계

---

12   RATS NEWS PRESS COMMUNIQUE OF 26th MEETING OF THE COUNCIL OF
     REGIONAL ANTI-TERRORIST STRUCTURE OF THE SHANGHAI COOPERATION
     ORGANIZATION(http://ecrats.org/en/news/4940).

에서 탈피하여 중러 양국관계 및 회원국들 간의 역학관계에도 영향을 미침과 동시에, 미국의 단극체제를 견제하기 위한 중러 안보협력 플랫폼 역할을 해온 SCO가 더욱 다원화, 개방화될 것이라는 예측이 존재한다(박상남 2018: 33).

　이러한 SCO 내 동학은 사이버 안보에 대한 SCO의 의제를 변화시킬 가능성이 존재한다고 판단된다. 인도는 SCO 가입을 통해 에너지 자원 확대, 새로운 시장 개척, 중국의 영향력 견제, 중앙아시아의 관계 강화의 이익을 도모할 것으로 예측되나 필연적으로 사이버 안보 의제에 영향력을 미칠 것으로 예상된다. 인도는 전 세계 인터넷 사용자 2위를 차지하는 국가로 2000년 정보기술법(Information Technology Act)을 제정하고 2013년 국가 사이버 안보 정책(National Cyber Security Policy-2013)을 수립하여 국가 전체를 규율하는 사이버 안보 정책 및 전략을 발전시켜 왔다. 인도의 2013년 국가 사이버 안보 정책은 시민, 기업, 정부에 안전한 사이버 공간을 구축을 목적으로 고안되었다. 정책상 전략 사항으로 ① 안전한 사이버 생태계 창출, ② 사이버 안전 보증을 위한 프레임워크 창출, ③ 개방된 (기술) 표준 사용 장려, ④ 정책 프레임워크 강화, ⑤ 안전 위협에 대한 조기 경고, 취약성 관리 및 대응을 통해 안전 보증 매커니즘 창출, ⑥ 전자정부 보안성 강화, ⑦ 주요정보기반시설 보호 및 회복력 강화와 기타 연구개발, 공급망 안전, 인력 개발, 사이버 안보 인식 제고, 민관협력 강화, 정보공유 협력 증진 등 ICT 기반시설 보호를 강조하여 정보주권을 강조하는 러시아와 중국의 사이버 안보 정책 기조와는 차이가 있는 것으로 판단되며, 2019년 인도에서 개최될 SCO회의에서의 사이버 안보 정책 변화에 대한 귀추가 주목된다.

V. 맺음말

인터넷의 전 세계적 영향력은 더욱 증대되어가고 있으며, 러시아와 중국은 사이버 공간을 정치화하여 사이버 공간에 대한 영향력을 강화하고자 한다. 국제적 측면에서 전략적 이익 확보를 위한 정보 작전 수행이 가능하다고 여겨지는 이러한 국가들은 더욱 적극적으로 활동의 범위를 넓혀가고 있으며, 과거 스윙 스테이츠(swing states)로 여겨지던 인도와 브라질 등의 국가들도 러시아, 중국 쪽으로 입장을 선회하는 움직임이 보여진다(Keir Giles 2016: 42-46; Julien Nocetti 2015: 120). 현상변경세력의 적극적 활동에 의해 사이버 공간 내 새로운 거버넌스가 형성될 수 있으며 주권국가 체제를 새로이 형성해 가는 과정이 이루어질 가능성이 존재한다. SCO는 이러한 비서방진영 국가들의 적극적 사이버 안보 활동에 적절한 플랫폼을 제공하는 것으로 판단된다. 비전통안보 이슈에서 전통안보 이슈로 발전하여 국가들 간 세력이 경합하는 사이버 안보 이슈에 대한 러시아와 중국의 협력은 지속될 것으로 진단한다(James Andrew Lewis 2018: 2; Tikk · Kerttunen 2018: 1-6).

한국의 경우에도 SCO와 같은 다자안보협력기구에 대한 참여가 사이버 안보에 관한 협력의 동인이 될 수 있을 것인가 대한 모색이 필요하다. 아시아의 경우 1994년 설립된 아세안지역포럼(ASEAN Regional Forum, 이하 ARF)이 한국이 참여 가능한 SCO와 유사한 역할을 수행하는 국제기구로 생각될 수 있다. ARF는 아태 지역에서 최초로 설립된 정부 차원의 다자안보협력체로 역내 대부분의 국가를 포괄하는 국제기구이고 2012년 처음 사이버 안보 관련 논의는 시작되었으며 '사이버 안보보장 협력 성명서'를 채택한 바 있다. 다자안보협력체가 협력을 강화하기 위해서는 지역국가 간 공통의 안보이익과 인식이 존재해야 하고 미래의 안보질서에 대해 일정한 원칙에 대한 가입국 간 합의가 필요하다. 하지만 동아시아지역 국가들 사이에는 여전히 역사적 갈등과 냉전의 잔재가 존재하고, 국가 간의 이해관계가 복잡하게 얽혀 있어 신뢰구축이 어려운 것이 사실이다. 또한 북한 핵 위기와 중국의 부상, 일본의 보통국가화 등 동아시아의 주요 안보 이슈를 고려할 때 동아시아 국가들 간 잠재된 충돌요인이 존재하며 이는 아시아 지역 다자안보협력체 내 협력의 한계로 나타난다(하영선 외 2012: 130). SCO 내 사이버 공간에 대한 논의가 지속적이고 단계적으로 발전해온 것과 같이 논의의 발전을 위한 지속적인 노력과 신뢰구축이 필요하다. 사이버 공간의 비대칭성을 활용한 다양한 사이버 공격이 발생하는 시기에 한국의 전략적 국제사이버 안보정책이 필요한 시기이다.

(비공식 번역)

상하이협력기구 회원국 간 국제정보안보 분야의 협력에 관한 협정

예카테린부르크, 2009년 6월 16일
(2012년 1월 5일 발효)

새로운 정보통신기술 및 수단의 발전과 도입에 따른 글로벌 정보공간의 구축이 괄목할 만한 진보를 이루고 있다. 이러한 기술 및 수단의 사용은 일반 사회와 군사력의 활용적 측면에서 국제안보에 위협

을 가할 수 있다. 국제정보안보의 중요성은 국제안보체제의 핵심 요
소 중 하나이다. SCO 국가들 간 국제정보안보 분야의 상호교류를 강
화하고 신뢰를 증진하는 것이 회원국의 이익보존을 위해 시급한 사
안으로 대두되고 있다. 인간과 시민의 권리와 기본적 자유에도 정보
안보는 중요한 부분을 차지한다. 본 협정은 UN총회 결의 'Develop-
ments in the Field of Information and Telecommunications in the
Context of International Security'[13]를 준용한다. 회원국은 국제정보
안보 위협에 대항하기 위해 회원국들의 정보안보이익을 보증하고 평
화, 협력, 조화의 국제정보환경을 구축하기 위해 노력한다. 또한 회
원국들 간 국제정보안보 분야에 대한 법률적, 조직적 협력 프레임워
크를 구축하도록 노력한다.

제1조 일반규정
협정의 이행을 위해 회원국 간 상호이해를 증진시키기 위하여 기본
개념에 대한 정의는 본 협정에 중요한 부분이 되는 [별첨1]에 따른
다. [별첨1]은 회원국의 동의에 따라 추가적으로 보충 및 갱신될 것
이다.

제2조 국제정보안보 분야의 주요 위협
협정의 협력을 증진시키기 위하여 회원국은 다음을 현존하는 국제정
보안보의 핵심 위협으로 인식한다.
1) 정보무기 개발 및 사용, 정보전 준비 및 도발
2) 정보테러리즘

---

13   1998년 UN총회 결의 53-70. UN GA, Resolution on "Developments in the Field of
Information and Telecommunications in the Context of International Security". UN
Doc. A/RES/53/70, 4 January 1999.

3) 사이버 범죄

4) 타 국가의 이익과 안보를 저해할 목적으로 정보공간 사용

5) 정치사회, 경제사회, 시스템적, 정신적, 도덕적, 문화적으로 타국
   에 위해를 가할 목적으로의 정보유포

6) 전 지구 및 국가의 정보기반시설의 안전하고 안정적 운용에 대한
   자연적, 인공적 위협

기본 위협의 정의는 본 협정에 중요한 부분이 되는 [별첨2]에 따른
다. [별첨2]는 회원국의 동의에 따라 추가적으로 보충 및 갱신될 것
이다.

제3조 주요 협력분야

본 협정 제2조의 위협에 대한 관점에서 본 협정 제5조에 따른 회원
국, 공인된 당사자들, 회원국의 주무관청들은 국제정보안보에 대한
다음의 주요 분야에 대해 협력한다.

1) 국제정보안보 보증을 위해 필요한 집단조치를 취하는 것에 대한
   식별, 동의, 실행

2) 국제정보안보 분야의 신규 위협을 모니터링하고 공동으로 대응할
   수 있는 시스템 구축

3) 국가와 공공의 안전을 저해하는 정부무기의 유포와 사용을 막기
   위한 국제법규범의 개발과 관련 공동조치 제고

4) 테러 목적의 ICT 사용 위협 대응

5) 사이버 범죄대응

6) 본 협정의 목적 달성에 필요한 정보안보 보증 분야의 시험, 연구,
   평가 수행

7) 글로벌 인터넷 거버넌스의 안전하고 안정된 기능과 국제화 지원

8) 국가 및 회원국의 주요시설에 대한 정보안보 보증

9) 국제정보안보 보증을 위한 공동 신뢰구축조치 발전 및 실행

10) 전자 디지털 서명과 국경 간 정보교환에 대한 정보보호 관련 정
    책조율, 기관, 기술절차 발전 및 실행

11) 정보안보 보증 관련 국가 및 회원국의 법제 정보 교환

12) 국제정보안보 보증에 관한 회원국들 간 국제적·합법적 근거 확
    보 및 실질적 협력 매커니즘 증진

13) 본 협정 실행을 위하 회원국들의 유권기관(관련기관) 간 협력을
    위한 기반 마련

14) 국제정보안보 보증을 위해 국제기구 및 포럼 프레임워크를 통한
    상호 교류

15) 정보안보 분야에서 회원국들 간 경험을 공유, 전문가 양성, 권한
    있는 대표자 및 전문가들 간 실무자회의 개최, 컨퍼런스·세미
    나·포럼 개최

16) 제3조에 관한 주요 분야의 협력 실행 관련 정보교류

회원국 또는 회원국의 유관기관은 상호협력을 통해 기타 협력분야를
결정한다.

제4조 주요 협력원칙

1. 회원국들은 본 협정의 프레임워크 안에서 국제정보공간에 관하여
   협력하고 행동할 것이다. 이러한 활동은 사회적, 경제적인 발전을
   도모하고 국제안보를 유지하며, 국제법규범 원칙의 일반원칙을 준
   수하는 것에 기여한다. 분쟁의 평화적 해결원칙, 무력사용금지의
   원칙, 국내문제불간섭원칙, 인권존중 및 기본적 자유 존중원칙, 지
   역협력 및 회원국의 정보자원 침해 금지의 원칙이 이에 해당한다.

2. 본 협정의 프레임워크 내 회원국의 행위는 각 회원국의 정보 검색, 획득, 배포의 권리를 준수해야 한다. 이러한 권리는 국가와 공공의 안전 보호를 위해 법에 따라 제한될 수 있다.

3. 각 회원국은 정보자원과 주요시설을 불법적 사용이나 정보공격을 비롯한 비인가 간섭으로부터 보호하여야 할 동등한 권리를 갖는다.

각 당사자는 이러한 행동을 타 당사자에게 수행하면 안 되며, 위에 언급된 권리를 실행에 필요한 지원을 타 회원국에 제공하여야 한다.

제5조 주요 협력 형태 및 메커니즘

1. 본 협정 발효 60일 이후 회원국들은 협정의 이행에 책임 있는 유권기관(이하 책임기관)을 통해 정보를 교환하고 특정분야의 협력에 대한 직접적인 정보공유채널을 구축한다.

2. 회원국은 협정의 이행, 정보공유, 신규정보안보위협 분석 및 평가, 위협식별 및 조정을 취해 책임기관과 협의한다.
   이러한 협의는 6개월마다 정기적으로 진행되며, 사무국과 조정 하에 임시협의회 개최가 가능하다.

3. 협정에 의하여 책임기관은 특정분야에 대한 실질적 상호작용(협력)을 할 수 있다.

4. 특정분야에 대한 협력을 위한 합법적, 조직적 기반을 확립하기 위해 회원국의 책임기관은 기관 간 협약 체결이 가능하다.

제6조 정보보호

1. 동 협정은 정보제공이 일국의 국가이익을 침범할 경우 회원국에 정보를 제공할 의무를 부과하지 않는다.

2. 회원국은 회원국의 법령에 따라 국가기밀로 분류되는 정보를 교환하지 않는다.

3. 회원국은 협정에 따라 전송된 데이터의 보안을 보장하여야 하며 정보의 접근 및 전송이 제한된다. 이러한 정보는 회원국의 법규정에 따라 보호된다.

제7조 예산

1. 회원국은 협정의 이행에 따라 발생하는 대표단과 전문가들에 대한 예산은 자체적으로 부담한다.

2. 협정의 이행과 관련된 기타 예산에 대하여, 회원국 법률 및 각 사안에 따라 예산 절차에 대한 동의 절차를 거친다.

제8조 타 조약과의 관계

본 협정은 회원국이 가입한 타 국제조약의 권리와 의무에 영향을 미치지 않는다.

제9조 분쟁해결

이 협정 조항의 해석 또는 적용에 대해 발생하는 분쟁은 협의에 의하여 조정된다.

제10조 언어

이 협정의 협력 프레임워크에 사용되는 언어는 러시아어, 중국어이다.

제11조 (협정문) 보관

상하이협력기구 사무국이 본 협정문을 보관한다. 서명 후 15일이 지난 시점에 회원국들에 인증된 사본을 전달한 후 협정문의 원본은 디파지터리(Depository)에 보관한다.

제12조 최종 문구

1. 본 협정의 만료일은 정해지지 않으며 국내 절차가 완료에 대한 발효에 필요한 네 번의 서면 통지를 디파지터리로부터 수신한 이후 30일 이내 발효된다. 국내 절차 이행 중의 국가에 대하여 동 협약은 보관처의 각 통지의 수신 30일 이후 발효된다.

2. 본 협정은 다수 회원국의 동의에 따른 개별 프로토콜에 의하여 개정된다.

3. 본 협정은 어떠한 국가나 기관도 직접적으로 배척하지 않으며, 발효 후 동 협정의 목표와 원칙을 공유하는 모든 국가는 기관 가입 신청서를 디파지터리에 제출함을 통해 본 협정의 가입이 가능하다. 국가의 가입을 위해서 기존 협정에 대한 서명과 가입에 대한 승인 통지 이후 30일 이내 발효되어야 한다. 디파지터리는 통지를 받은 30일 이내에 타 회원국에 이를 알린다.

4. 각 회원국은 디파지터리에 철회 90일 전 서면으로 통지하여 본 협정을 철회할 수 있다.

5. 본 협정의 종료 시, 종료 시까지 회원국은 협정에 따라 수행되었던 공동 작업, 프로젝트, 미완된 활동의 종료와 함께 정보보호에 관한 조치를 취할 것이다.

본 협정은 2009년 6월 16일 예카테린부르크에서 러시아어와 중국어 정본으로 체결되었다.

[별첨 1] 국제정보안보 분야의 기본 용어 목록
[별첨 2] 국제정보안보 분야 위협의 기본 유형, 근원, 형태 목록

참고문헌

1차 자료

Chinadaily. 2016. "Joint statement between the presidents of the People's republic of China and the Russian Federation on Cooperation in Information Space Development." Chinadaily.com.cn

SCO. 2001. "Shanghai Declaration on the Establishment of the SCO."

_____. 2006. "Statement by the Heads of Member States of the SCO on International Information Security."

_____. 2007. "Bishkek Declaration by the Heads of the Member States of the SCO."

_____. 2008. "Dushanbe Declaration by the Heads of the Member States of the SCO."

_____. 2009. "Agreement on Cooperation in Ensuring International Information Security between the Member States of the SCO."

_____. 2010. "Tashkent Declaration by the Heads of the Member States of the SCO."

_____. 2011. "Astana Declaration on the 10th Anniversary of the SCO."

_____. 2012. "Beijing Declaration By the Heads of Member States of the SCO on Building a Region of Lasting Peace and Common Prosperity."

_____. 2013. "Bishkek Declaration by the Heads of the Member States of the SCO."

_____. 2014. "Dushanbe Declaration by the Heads of the Member States of the SCO."

_____. 2015. "Ufa Declaration by the Heads of the Member States of the SCO."

_____. 2016. "The Tashkent Declaration of the Fifteenth Anniversary of the Shanghai Cooperation Organization."

_____. 2017. "The Astana declaration of the Heads of State of the Shanghai Cooperation Organisation."

_____. 2018. "Qingdao Declaration of the Council of Heads of State of Shanghai Cooperation Organisation."

UN General Assembly of Resolution 60/45 "Developments in the field of information and telecommunications in the context of international security."

UN General Assembly A/66/359 "International code of conduct for information security."

UN General Assembly A/69/723 "International code of conduct for information security."

Президент России. 2013. "Основы государственной политики Российской Федерации в области международной информационной безопасности на период до 2020 года(2020년 국제정보안보 정책 기본원칙)."

_____. 2015. "Стратегия национальной безопасности Российской Федерации(국가안보전략)."

_____. 2016. "Доктрина информационной безопасности Российской

Федерации(러시아 정보안보 정책)."
"国家网络空间安全战略(중국국가사이버공간안전전략)."
"网络空间国际合作战略(중국사이버공간국제협력전략)."
"中华人民共和国网络安全法(중국사이버안전법)."

논문 및 단행본

김상배 외. 2017.『사이버 안보의 국가전략』사회평론아카데미.

문수언. 2010. "상하이협력기구(SCO)를 통하여 본 러시아와 중국 관계: 러시아의 우려와
　　대응."『사회과학논총』13, pp. 1-33.

박상남. 2018. "상하이협력기구(SCO)의 위상 변화와 한국의 협력 방안: 2017년 인도,
　　파키스탄 가입 이후를 중심으로."『슬라브연구』34(1), pp. 33-55.

서창록. 2016.『국제기구』다산출판사.

신범식. 2017. "러시아의 사이버 안보 전략."『슬라브학보』32(1), pp. 139-178.

_____. 2008. "신거대게임으로 본 유라시아 지역질서의 변동과 전망."『슬라브학보』23(2),
　　pp. 165-200.

양정윤·박상돈·김소정. 2018. "정보공간을 통한 러시아의 국가 영향력 확대가능성 연구: 가
　　사이버 안보 역량 평가의 주요 지표를 중심으로."『세계지역연구논총』36(2), pp. 133-
　　162.

이성만 외. 2015.『국가안보의 이론과 실제』오름.

장노순·한인택. 2013. "사이버 안보의 쟁점과 연구 경향."『국제정치논총』53(3), pp. 579-
　　618.

최희정. 2016. "푸틴, 중국과 손잡고 인터넷 검열망 구축 박차." 중앙일보.

하영선·김상배. 2006.『네트워크 지식국가』을유문화사.

_____. 2012.『변환의 세계정치』을유문화사.

Demidov, Oleg. 2011. "The Shanghai Cooperation Organization: Maintaining Cyber
　　Security in the Central Asia and Beyond." CSCAP Russia.

Giles, Keir. 2012. "Russia's Public Stance on Cyberspace Issues." 4th International
　　Conference on Cyber Conflict. pp. 63-75.

_____. 2016. "Russia's 'New' Tools for Confronting the West: Continuity and
　　Innovation in Moscow's Exercise of Power." Chatham House, pp. 1-75.

Hathaway, Malissa E. 2014. "How the Internet Is Challenging Sovereign Decisions.,
　　American Foreign Policy Interests. Connected Choices." Vol. 36, Issue 5, pp. 300-
　　313.

Lewis, James Andrew. 2018. "Rethinking Cybersecurity: Strategy, Mass Effect, and
　　States." CSIS. pp. 1-50.

Nocetti, Julien. 2015. "Contest and conquest: Russia and global internet governance."
　　International Affairs. 91(1), pp. 111-130.

Orazgaliyeva, Malika. 2017. "CSTO foreign ministers adopt measures to curb IT crime during Minsk meeting." *The Astana Times*. (https://astanatimes.com/2017/07/csto-foreign-ministers-adopt-measures-to-curb-it-crime-during-minsk-meeting/)

Tessman, Brock F. 2012. "System Structure and State Strategy: Adding Hedging to the Menu." *Security Studies* 21(2), pp. 192–231.

Tikk·Kerttunen. 2018. "CYBER TREATY IS COMING: Что делать?" CPI. pp. 1–6.

제10장

유럽연합의 사이버 안보 국제협력 전략

유지연

I. 머리말

유럽연합(EU: European Union)은 사이버 공간이 만드는 사회에 대해 진지한 시각으로 바라보며 사이버 공간이 가져오는 기회와 도전을 준비하고 이행해 나가고 있다.[1] 디지털 전략 및 사이버 안보 전략에 EU가 추구하는 핵심가치—인간존엄성, 자유, 민주주의, 평등, 법, 인권—를 담아내어 사이버 공간 행동에 대한 규범 및 원칙으로서 영향을 미치고자 하고 있다(Sabillon et al. 2016).

2013년에는 네트워크 및 정보시스템에 대한 지침(Directive on Security of Network and Information Systems)을 제안하여 모든 회원국의 사이버 안보 능력을 동등한 수준으로 끌어 올려서 신뢰에 기반한 협력적 교류(정보 교환 및 안전한 시장 운영 등)를 확보하고자 했다. 2015년에는 온라인 시장을 확대하고 네트워크 서비스의 기반을 창출함으로써 디지털 경제 성장을 위해 IT 기술을 기초로 EU 내의 온라인 시장과 오프라인 시장을 통합하는 디지털 단일시장 전략(Digital Single Market Strategy for Europe)을 수립하였으며, 온라인 시장에서 개인의 데이터와 권리를 보장하기 위하여 일반데이터보호규칙(GDPR: General Data Protection Regulation)을 수립하고 2018년 5월부로 시행함으로써 전 세계에 보안에 대한 신뢰성과 안전성을 확보하고자 한다.

---

[1] 1990년대 초 정보통신기술이 발전하면서 세계 주요국에서 일본 "NTT VI&P(Visual, intelligent and personal communications service)(1990)", 미국 "NII(National Information Infrastructure)(1993)" 등 정보통신기술 개발 및 정보하이웨이 구축에 집중하고 있을 때에 EU는 "TEN(Trans European Network)(1993)"과 함께 "Europe and the Global Information Society: Recommendation to the Council(1994)"를 통해 정보사회에 대한 전략적 고려를 앞서 시작하였다고 할 수 있다.

그리고 EU는 규범적 글로벌 행위자(normative global actor)로서
의 역할을 사이버 공간에서도 추구하고자 하며(Darmois and Schmé-
der, 2016) 국제규범 및 글로벌 협력체계를 구축해 나가고 있다. 2001
년에 인터넷상에서 일어나는 범죄행위에 대해 규정한 최초의 국제조
약으로 유럽사이버범죄협약(Budapest Convention on Cybercrime)[2]을
수립하고 사이버 범죄로부터 사회를 보호하는 국제협력을 촉진하고
있다. 이 외에 브라질, 멕시코, 인도 등 개도국과의 사이버 대화(Cyber
Dialogue)를 추진해 나가면서 글로벌 세계에서의 EU의 위상과 역할
을 확대하고 있다.

　또한 EU는 기존의 인권 등 권리의 차원과 상호의존성으로 인해
중요해진 주요기반시설의 보호 차원, 지속적인 환경 파괴에 대응하기
위한 지속가능성에 대한 연구, 환경의 변화에 따른 ICT와 더 나아가
IoT에 대한 대응 등 유럽 내외에서 발생하는 사이버 공간 및 사이버
안보에 대한 국제 문제와 협력을 꾸준히 다루며 효과적·건설적 문화

2　유럽사이버범죄협약(Budapest Convention on Cybercrime)은 2001년에 헝가리의 부다페
스트에서 진행된 사이버 범죄 국제회의에서 수립된 조약이다. 사이버 범죄를 규제하는
최초의 다자간 법적 구속력을 가진 조약으로 유럽평의회(Council of Europe)에서 운영하
며 국제협력을 촉진함으로써 사이버 범죄로부터 사회를 보호하기 위해 수립되었다. 이
조약은 사이버 범죄 영역에서의 범죄 및 관련 조항이 각 국가 내 형사법과 조화를 이루
어 범죄에 대한 수사나 기소에 필요한 각 국가 내 형사소송법과 관련하여 전자 형식의
증거를 제공하고, 국제협력의 신속하고 효과적인 체제 정립하는 것을 목표로 하기 때문
에 사이버 범죄와 전자 증거에 관한 가장 중요한 국제협약으로 인정받는다.
　조약에 가입한 국가들은 특정 범죄 처벌을 위하여 각 국가 내 법률을 조약 내용과 호
환이 가능하도록 적절한 입법을 채택해야 한다. 그 기준으로 컴퓨터 데이터에 대한 불법
적인 접근과 데이터 가로채기, 데이터 간섭, 하드 및 소프트웨어의 오용과 같은 네트워
크 보안에 대한 범죄, 컴퓨터 관련 위조 및 사기, 아동 포르노, 저작권 침해 등의 내용이
포함되어야 한다. 또한 가입 국가들은 저장된 자료의 수집과 실시간으로 기록한 자료를
협약 국가의 권한 있는 당국이 지원해야 하며, 이에 대한 상호 지원을 제공하고 이를 위
해 연중무휴로 연락할 수 있는 지점을 지정하는 등의 방안을 통해 국제협력을 촉진할 의
무가 있다.

창출을 추구하고 있다.

이에 본 글에서는 EU의 사이버 안보 전략 및 국제협력에 대해서 보다 구체적으로 파악함으로써 사이버 공간에서의 신뢰 증진과 협력을 위한 한국의 협력적 방안에 대해 고찰해 보고자 한다.

II. 사이버 안보의 추진배경과 방향

1. 유럽연합의 사이버 안보 원칙

EU에서 안보는 회원국 차원의 특별한 임무이며 특권으로 받아들여져 EU의 공통 접근 방식을 꺼렸다. 이러한 접근은 사이버 안보에도 적용되어 EU 수준에서 사이버 안보에 대한 논의는 적극적으로 이루어지지 않았다. 국경을 넘나드는 정보시스템의 특성과 기본적인 권리, 개인정보 및 프라이버시의 효과적인 보호에 대한 공동 정책 등 사이버 공간의 권리와 의무에 대한 전략 중심으로 이루어졌다. 그래서 EU의 사이버 안보 전략은 다른 주요국의 전략 수립 시기보다 조금 늦은 2013년에서야 수립되었다.

이러한 사이버 안보 전략의 기본원칙은 EU의 핵심적 사이버 정책인 "유럽 2020(Europe 2020, 2010)"에 기반한다. "유럽 2020"은 '디지털 단일시장 구축'을 목표로 7개의 디지털 의제(Digital Agenda for Europe)[3]를 제시하였다. 그리고 이 의제들에 기반하여 사이버 안보와

3　7개의 디지털 의제(Digital Agenda for Europe): ① 유럽 디지털 단일시장 구축, ② 호환성 및 표준 강화, ③ 정보보안 강화 및 신뢰 구축, ④ 초고속 인터넷 접속을 위한 인프라 구축, ⑤ 연구 및 혁신을 위한 투자, ⑥ 디지털 활용 능력 강화 및 ICT 참여 확대, ⑦ ICT

디지털 사생활 보호가 유럽의 정치적 우선사항으로 꼽히며, 신뢰 및 안보가 디지털 단일시장의 핵심에 자리하고 있음을 보여주었다.

그리고 2013년에 정보 보안 강화와 신뢰 구축을 위한 노력의 일환으로 EU 집행위원회와 외교안보고위대표는 "EU의 사이버 안보 전략: 개방되고 안전한 사이버 공간(Cybersecurity Strategy of the European Union : An Open, Safe and Secure Cyberspace)"이라는 공동 전언을 발표하였다. 이를 통해 EU는 사이버 위협 예방 및 대응을 위해 각 정부와 관련 당국이 스스로 맡아야 할 역할과 책임감, 그리고 EU 내 효과적인 네트워크의 정보보안을 위한 조치와 회원국, EU 당국, 민간을 아우르는 협력 체계 구축에 대한 실행계획을 제언했다. 이러한 기반에는 사이버 공간을 개방적이고 자유로운 공간으로 유지하기 위하여 물리적 공간에서 EU가 유지해왔던 가치와 규칙, 규범 등을 동일하게 적용해야 한다는 입장을 가지고 있다.

EU의 사이버 안보 정책에서 제시하는 원칙은 다음과 같다

① EU의 핵심 가치를 사이버 공간에 적용해야 한다.
② 기본권, 표현의 자유, 개인 데이터와 프라이버시의 보호가 이루어져야 한다.
③ 모든 사람들을 위한 개방된 접근성을 확보해야 한다.
④ 민주적이고 효율적인 다중이해당사자 거버넌스의 구조를 가지고 있어야 한다.
⑤ 안보의 확립을 위한 의무 및 책임을 회원국이나 부문 간에 공유해야 한다.

활용을 통한 EU 사회문제 해결.

EU는 사이버 안보와 관련해 회원국의 국민들은 언제 어디서나 안심할 수 있어야 하므로 꾸준히 추구해온 전통적 안보의 논리가 사이버 공간에서도 적용되어야 한다는 생각을 포함하고 있으며, 자유와 민주주의라는 가치를 놓치지 않고 시민의 보호에 무게를 두어 안보 전략을 수행하고 있다.

2. 유럽연합의 사이버 안보 정책 및 제도

EU는 안전한 사이버 공간에 대한 책임이 시민과 정부에 이르기까지 전 세계 정보 사회의 모든 참여자에게 있다고 이야기하며 사이버 안보에 관련된 모든 이해관계자의 책임을 강조한다. 모든 이해관계자가 사이버 공간의 행동 규범, 존중 규칙 및 기존 법을 따라야 함을 주장하며, 행위자들에게 신뢰 구축 조치를 개발하고 투명성을 높이며 국가 행동에 대한 오인의 위험을 줄이도록 권장하고 있다.

결국 EU 내부의 안보 전략은 간접적으로 사이버 범죄를 포함하며 국제 범죄 네트워크의 파괴, 테러리즘의 예방, 급진주의 및 고용 모집, 국경 관리를 통한 안보 강화, 위기 및 재해에 대한 유럽의 회복력 향상에 중점을 두고 있다. 유럽 차원에서 회복력을 위한 유럽의 민간 파트너십(EP3R: European Public-Private Partnership for Resilience)을 통해 공공 및 민간 부문 간의 협력은 강화를 꾀하고 주요기반시설과 네트워크 및 정보 구조의 회복력을 포함하여 안보를 향상시키기 위한 혁신 조치 및 도구를 개발하고자 노력한다. 이러한 가운데 사이버 안보와 관련한 법률의 수립 및 도입은 긴 기간이 걸리므로 끊임없이 발전하는 기술을 따라가기 어려운 문제가 있어, 이를 관리하기 위한 포괄적인 법률 및 거버넌스 형태의 개발이 요구된다.

공통안보 및 방위정책(The Common Security and Defence Policy)

EU는 사이버 안보 전략 수립 이전에 공통안보 및 방위정책(CSDP : The Common Security and Defence Policy)에 의해 IT 자산 및 네트워크 보호에 대한 대응을 수립해 왔다. 그 시작점은 1993년의 CSDP에 기반한 유럽네트워크정보보호원(ENISA : European Network and Information Security Agency)과 유럽데이터보호감독기구(EDPS : European Data Protection Supervisor)의 설치이다.

그리고 2013년의 CSDP를 토대로 같은 해에 사이버 안보 전략(CSS : Cyber Security Strategy)을 수립하고 2014년에 사이버 방어 정책의 프레임워크(EU Cyber Defence Policy Framework)를 구축하였다. 이를 통하여 EU 사이버 안보 전략의 사이버 방어적 측면에 대한 프레임워크를 제공하고, 다른 유럽 관계자들의 역할을 명확히 하며, CSDP 사이버 방어의 우선순위 영역을 1) CSDP와 관련된 회원국의 사이버 방어 능력 개발 지원, 2) EU 주체가 사용하는 CSDP 통신 네트워크의 보호 강화, 3) 광범위한 EU 사이버 정책, 관련 기관 및 민간 부문과의 민간 군사협력 및 시너지 효과 증진, 4) 교육, 교육 및 공동 운동 기회 향상, 5) 관련 국제 파트너, 특히 NATIO와의 협력 강화 등 5가지로 구체화하여 지원한다. 또한 각 영역에 대해 1) 사건의 예방 및 처리를 개선하기 위한 자발적 기반으로 회원국의 군사 군수기구 간 협력 증진, 2) 정보공유 메커니즘 및 신뢰구축 조치를 개발함으로써 회원국과 관련 기구 간의 실시간 사이버 위협 정보공유를 촉진, 3) 교육, 훈련 및 가능한 민간 군사 영역에 대한 모범사례를 교환하기 위한 작업 메커니즘을 개발하기 위한 협력 강화, 4) CSDP 사이버 방어 운동 개발에 NATO나 OSCE와 같은 국제 파트너의 참여, 5) CERT-EU와 관련 EU 사이버 방어 단체와 NATO의 NCIRC 간 협력 강화 등의 구체적 조치를 제안한다.

이러한 EU의 방위 전략인 CSDP의 맥락에서 EU의 사이버 역량 구축을 위한 사이버공통안보방위정책(CDSP : Cybersecurity in the EU Common Security and Defence Policy)이 2017년 마련되었다. CDSP 는 정책, 문화, 기술, 법률, 역량 및 조직 전반에 걸쳐 추가 제안을 권고하는 기존 EU의 노력을 토대로 작성되었다. 이에 일관된 사이버 정책/전략의 유지, 사이버 문화의 홍보, 사이버 기술의 개발, 법적 및 규제 프레임워크의 강화, 표준/조직/역량의 개발 등 5가지 주요 정책 대안을 제안하고 있다. 그리고 이 CDSP 및 글로벌 전략에 기반하여 영구구조화협정(PESCO : Permanent Structured Cooperation)[4]을 수립하여 사이버 안보에 대한 협력체계를 마련하였다.

사이버 안보 전략(EU Cyber Security Strategy)

EU는 2013년 2월에 디지털뿐만 아니라 물리적 세계에서 EU의 핵심 가치를 보호하기 위해 사이버 안보 전략을 발표하였고, 사이버 위협에 대처하기 위한 5가지 전략적 우선순위를 제시하였다. 사이버 회복력의 증가, 사이버 범죄의 감소, EU의 CSDP와 관련한 사이버 방어 정책 및 역량의 개발, 사이버 안보를 위한 산업 및 기술 자원 개발, EU를 위한 일관된 국제 사이버 공간 정책 수립 및 핵심 EU 가치 증진 등의 우선순위를 가진다.

첫째로, 국경 간 사이버 위협에 대응하고 비상사태 시 적절한 대

---

4   PESCO : 방위협정연례검토(CARD : Coordinated Annual Review on Defence)의 유럽방위기금(European Defence Fund)과 군사계획및행동능력(MPCC : Military Planning and Conduct Capability)이 구성한 EU의 새로운 포괄적인 방위 패키지. PESCO는 모든 EU 회원국이 참여할 것을 요구하지 않는다는 점에서 다른 정책 분야의 강화된 협력과 유사하다.

응을 위해 정부는 민간 부문에 보다 큰 협력을 제안하고, 국경을 초월한 사건의 경우 국가적 역량, 조정, 민간 부문의 참여와 준비 측면에서 볼 때 여전히 EU 전역에 걸친 격차를 인식하고 이를 해결하기 위해 사이버 회복력을 강화해야 한다. 둘째로, 유럽위원회는 회원국들의 사이버 범죄 대처 역량 강화를 지원하며, 유럽의 사이버범죄센터(Europol and Eurojust)와 긴밀히 협력하여 새로운 정책 접근법을 운영, 모범 사례와 연계하고 EC3를 통해 사이버 범죄와의 전쟁을 선포함으로써 사이버 범죄를 줄이고자 한다. 셋째로, 회원국의 국방 및 국가의 안보 이익을 지원하는 정보시스템의 사이버 회복력을 높이기 위해 "정교한 사이버 위협으로부터의 탐지, 대응, 복구"를 중심으로 CSDP의 틀과 관련된 사이버 방어 정책과 역량을 개발해야 한다. 넷째로, 혁신적인 ICT 제품과 서비스를 제공하는 많은 글로벌 리더가 EU 외부에 위치하고 있음을 인식하고, 안전성이 높은 제품에 대한 유럽의 시장 수요를 높이고 높은 수준의 사이버 안보를 보장하기 위해 민간 부문에 인센티브를 제공함으로써 사이버 안보를 위한 산업 및 기술 자원의 개발을 지원한다. 마지막으로, 사이버 문제, 특히 EU의 가치를 공유하는 제3국과 안보 분야에서 활동하는 조직(예: 유럽위원회, OECD, UN, OSCE, NATO, AU, ASEAN, OAS)과 관련하여 국제 파트너와 협의를 통해 EU는 사이버 공간을 자유와 기본권의 영역으로 홍보하기 위해 기업의 사회적 책임을 증진하는 등 EU를 위한 일관된 국제 사이버 공간 정책 수립 및 EU의 핵심가치를 증진하고자 한다. 여기서 EU는 안보 분야의 글로벌 조정을 개선하기 위한 국제적 이니셔티브를 시작하고자 하며, 투명성을 제고하고 국가 행동의 오인의 위험을 줄이고 사이버 안보에 대한 신뢰 구축 조치의 개발을 장려하고자 새로운 국제 법률을 도입하는 등의 방법을 수행한다.

그리고 2017년 유럽위원회는 효과적인 사이버 범죄 대응과 빠르게 변화하는 사이버 위협에 대한 회복력 향상에 중점을 둔 새로운 사이버 안보 전략을 수립하였다. 해당 전략은 사이버 공격의 보다 효과적인 원인 규명, 가해자의 처벌 및 교육, 일반 인식, 전문가 양성 및 국제협력과 같은 관련 분야를 개선하기 위한 조치를 주 내용으로 구성하고 있다. 유럽의 사이버 안보를 보장하기 위해서는 사이버 분야와 관련된 EU의 기관 및 기타 조직 간의 협력을 강화할 필요가 있으며, 따라서 기존의 노하우와 경험을 공유하는 것이 중요하다. 회원국, 기관 및 기업체에 NIS 지침(Network and Information Directive)의 이행을 포함한 핵심 분야의 지원을 영구적으로 위임하여 새로운 ENISA 기관의 입지가 강화되었으며, 다양한 IT 제품, 서비스 및 시스템에 대한 인증 프레임워크를 제안한다.

NIS 지침(Directive on Security of Network and Information Systems)
유럽위원회는 2013년에 유럽 내 사이버 안보의 수준을 강화하기 위하여 네트워크 및 정보시스템에 대한 지침(Directive on Security of Network and Information Systems)을 제안하였다. NIS 지침은 회원국과 민간 부문이 사이버 안보 위협에 대처하기 위한 적절한 조치를 취할 수 있도록 EU가 이를 보장할 수 있도록 노력하고, 회원국과 공공/민간 부문 사이의 사이버 안보 위협에 대한 정보 공유를 용이하게 하며, 회원국이 민간 부문에 부과해야 하는 기준 및 의무를 설정하는 것을 주요 목적으로 하고 있다.

이어 유럽은 2015년 수립한 안보의제(Agenda on Security)를 기반으로 2016년에 NIS 지침을 개정하여 2018년까지 회원국에서 각각 이행하도록 지원한다. 모든 회원국의 사이버 안보 능력을 동등한 수

준으로 끌어 올려서 신뢰를 강화하고 정보 교환 및 협력이 효율적으로
운영되도록 보장한다. 본 지침을 통하여 유럽의 사이버 보호를 위한
새로운 다단계 거버넌스 구조를 수립하였다. 새로운 프레임워크의 출
시를 가속화하고 효과적인 협업을 위한 모든 가능성을 완전히 활용하
고자 한다.

사이버 안보패키지(EU Cyber Security Package)

이어서 EU는 사이버 공격 회복력을 높이기 위하여 2017년 사이버 안
보패키지(EU Cyber Security Package)를 구성하였다. 이 패키지에는
ENISA를 강화하기 위한 입법안(Cyber Security Act)과 ICT 제품 및 서
비스에 대한 영구적인 권한을 부여하기 위한 자발적인 EU 인증 프레
임워크, 네트워크 및 정보 보안 지침(NIS Directive) 구현 지원, 사이
버 공격의 효과적인 대응을 위한 청사진 등이 포함되며 효과적인 사이
버 방어 및 올바른 기술을 유럽 전역 및 전 세계 파트너와 함께 구축함
으로써 자율성을 강화하고자 한다.

유럽위원회는 2017년 EU의 차년도 핵심 우선순위로 사이버 안
보를 선정하고 사이버 공격에 대한 EU의 대응 확대, 사이버 회복력
향상, 디지털 단일시장에 대한 신뢰 향상 등을 위해 사이버 안보법
(Cybersecurity Act)을 제안하였다. 해당 법은 현재 발표된 일반데이
터보호규정(GDPR: General Data Protection Regulation)과 마찬가지
로 규제의 형태를 취하며 ENISA의 역할 및 EU 사이버 에이전시(EU
Cybersecurity Agency)의 수립, 그리고 EU 사이버 안보 인증 프레임
워크(EU Cybersecurity Certification Framework)를 중점적으로 다루
고 있다(COM 2017). EU 에이전시는 ENISA를 기반으로 EU 회원국과
EU 연구소, 에이전시, 단체 간의 조정과 협력을 강화하고자 수립되었

다. EU 사이버 안보 인증 프레임워크는 에너지, 교통 네트워크와 같은 오늘날 주요기반시설과 커넥티드 카(connected cars)와 같은 새로운 소비자 장치 등 수십 억의 IoT 장치들에 대한 신뢰를 보장한다.

유럽위원회는 ENISA가 EU의 사이버 회복력과 대응력 강화에 중요한 역할을 하고 있지만 현재의 임시 임무에 의해 제약을 받고 있으므로 NIS 지침 및 사이버 안보 인증 체계의 이행을 포함하여 주요 분야의 회원국, EU 기관 및 기업에 지원을 제공할 수 있도록 기관에 영구적인 권한을 제안한다. ENISA는 범 유럽 사이버 안보 훈련을 조직하고 컴퓨터보안사고대응팀(CSIRT)의 네트워크를 통해 회원국 간의 더 나은 정보 공유에 기여함으로써 EU의 대응 및 대비를 개선하며, NIS의 보안에 관한 지침을 이행하는 데 도움이 될 것으로 보인다(European Parliament 2018). 유럽위원회의 새로운 사이버 에이전시 구축과 관련한 제안은 다음과 같은 활동을 중심으로 회원국들이 사이버 공격에 대처할 수 있도록 ENISA를 비롯한 기존의 유럽기구에 더 많은 임무와 자원을 제공할 것으로 예상된다(European Commission 2017). 정책 개발 및 실행에 있어 회원국에 대한 지원을 강화하고 EU의 기관 및 단체 사이버 안보 정보를 공유하고, 사고 예방 및 대응과 같은 역량을 강화하며 사이버 보안 인증 프레임워크를 개발하고 CSIRT와의 협력을 강화하는 방향으로 추진되고 있다.

EU의 글로벌 전략(EU Global Strategy)

세계 정세가 불안정해짐에 따라 연합체에 대하여 의문이 제기되는 등 EU는 국제질서에 대해 다양한 도전을 받고 있다. 이에 EU는 국제규범이 모든 사람에게 제약 조건으로만 발효되는 것은 아니라는 생각을 기반으로 글로벌 전략을 수립하였고, 이를 통해 외교, 협력에 있어 주도적인 역할을 수행하고 있다(EEAS 2016a).

EU는 2016년에 수립한 글로벌 전략을 통해 5가지 우선순위 사항을 정하기 앞서 단일성, 참여, 책임, 협력 등 4가지 원칙을 세웠다. 그리고 원칙에 기반하여 EU의 안전, 유럽인근정책(ENP, European Neighbourhood Policy)에 따라 사회적 회복력, 갈등과 위기에 대한 통합적 접근, 협력적 지역 명령, 21세기의 국제 거버넌스 등 5가지 우선순위 항목을 선정하였다.

그리고 EU의 글로벌 전략은 2016년 6월 최초로 수립되어 이후 매년 6월에 보고서를 발간하는 형식으로 유지되고 있다. 2017년 6월에 발간된 1차년도 보고서는 동부와 남부에 대한 국가 및 사회적 회복력, 갈등과 위기에 대한 통합적 접근, 안보 및 방위의 목표를 시행하고 외부-내부의 결합, 공공 외교에 적극적인 참여 의사를 밝힌 내용이 핵심이다.

2차년도 보고서에서 EU는 조정과 협력을 핵심으로 놓고 EU의 안보와 방위력 증진을 위한 새로운 수단들과 회복력과 협력을 강화하고 있다. EU 보안 및 방위력 증진을 위한 새로운 도구 및 수단으로써 영구구조화협정(PESCO), 방위협정연례검토(CARD : Coordinated Annual Review on Defence), 유럽방위기금(European Defense Fund), 유럽평화기금(European Peace Facility) 등을 마련하였고, 회복력 강화를 위해 하이브리드 퓨전 셀(hybrid fusion cell), NATO와의 협력 강화 등의 활동을 수행하고 있다. 영구구조화협정은 회원국들이 사이버 공격에 신속하게 대처할 수 있는 신속한 개입과 같은 구체적 공동 방어 프로젝트에 보다 긴밀하게 협력할 수 있는 구속력 있는 최초의 체계이며, 방위협정연례검토는 회원국이 자신의 국방지출 계획을 공유해 부족이나 겹침을 식별하고 함께 작업하여 규모의 경제를 실현할 수 있다. 새롭게 창설된 유럽방위기금은 공동 군사 연구 및 개발을 위한 재정으로 활용되고 EU 예산 이외의 새로운 금융 도구인 유럽평화기금은 군사적 또는 수비적 영향력이 있는 공통외교안보정책(CFSP)의 작전 수행에 자금을 지원한다. 또한 비전통적 또는 복합적 형태를 점점 취하는 위협에 직면한 상황에서 하이브리드 퓨전 셀을 설립해 여러 출처의 관련 정보를 신속하고 적절하게 입수해 의사 결정을 내릴 수 있다(EEAS 2018c).

사이버 외교 툴박스(Cyber Diplomacy Tool box)

EU는 대응의 필요성과 비례의 원칙을 고려하여 잠재적인 공격자의 행동에 영향을 주는 것을 목표로 EU와 회원국의 대응역량 강화를 위하여 2017년 6월에 "사이버 외교 툴박스(CDT: Cyber Diplomacy Tool box)"를 수립하였다. CDT는 악의적인 사이버 활동에 대한 EU의 외교적 대응을 위한 프레임워크로서 목표 달성을 위해 많은 도구와 제재를 포함하고 있다. 그 중 EU의 제재 정책은 유럽연합조약(TEU: Treaty on European Union) 제21조에 규정되어 있는 '제한적인 조치'를 의미하는데, 이 제한적인 조치의 이행 및 평가에 관하여 지침이나 모범 사례를 효과성의 지표로 삼아 설계 및 시행하고 목표 식별과 예외 선정에 대한 권장 사항을 제공한다. 그러나 전 세계적으로 사이버 제재 규정을 둔 국가는 미국이 유일할 정도로 사이버 제재에 대한 사례가 부족하기 때문에 관련한 모범 사례는 다른 목적을 위해 사용된 이전 및 기존 제재 제도에서 도출되었다. 따라서 세계적 또는 지역적으로 이루어지는 공격은 기존 규범을 준수하여 대응해야 한다(EUISS 2017).

이 CDT를 운용하는 데에 있어 5가지 사항을 충분히 고려해야 한다.

① 제재는 EU의 대외 정책 전략보다 넓은 맥락에서 이루어져야 한다. 제한적인 조치가 성공할 기회를 얻으려면 항상 다른 정책 수단(외교, 무역 협상, 민관협력 등)과 결합되어야 하기 때문에 CDT에서 다른 도구를 결합하는 방법은 신중하게 고려해야 한다.

② CDT가 창안되기 전에 제재의 논리가 정의되어야한다. 여기에는 제재가 행동을 바꾸기 위해 목표를 강요하거나, 자신의 활동이나 자원에 접근하도록 제한하는 행동을 용인하지 않을 것이라는 신호를 보내야 한다는 제재가 포함되어야 한다.

③ 상황별 인식 공유가 중요하다. 국제법상의 모든 대응책의 적법성을 위한 조건인 사이버 환경에서 귀속, 필요성, 비례에 대한 확실성이 적절하기 때문이다. 현재 사이버 공격의 위협에 대처하기 위한 국제적인 노력은 사이버 능력이나 취약성과 관련된 민감한 정보를 공유하는 국가 차원의 저항을 포함하여 여러 가지 제약 사항으로 인해 빠른 진화가 방해받고 있다.

④ 이 도구를 통해 시행되는 제재는 정치에만 국한된 것이 아니므로 산업과 민간 부문과의 협력이 중요하다. 일례로 최근 EU의 금융 제재가 발달함에 따라 정교한 금융 전문 지식과 정부와 금융 부문 간의 긴밀한 협력 관계가 수립되어 이러한 조치를 시행하는 사람들을 지원한다.

⑤ 새로운 제재 체제의 경제적 및 정치적 비용을 무시할 수 없다. 특히나 새 정권은 보복의 위험을 포함하여 대상 국가로부터 응답을 생성하거나 주의 깊게 평가해야 하는 의도하지 않은 결과를 초래할 수 있다.

EU가 구성한 CDT에 어떤 도구가 포함될지는 불분명하지만, EU

는 CDSP에서 "제한적 조치"를 포함하는 사이버 대응 조치를 취하는 도구가 사용된다. 일반적인 외교 도구 외에도, EU가 사이버 공간에서 회원국을 공격하는 적에게 제재를 가할 수 있는 가능성을 제공한다(CFR 2017).

일반데이터보호규칙(General Data Protection Regulation)

2015년부터 논의되어 왔으며 2018년 5월부터 시행하는 일반데이터보호규칙(GDPR: General Data Protection Regulation)은 EU의 개인정보보호 법령으로 개인정보를 보호하고 EU 내에서의 개인정보의 자유로운 이동을 보장하기 위해 수립되었다. GDPR은 기존의 규칙들과 달리 법 형식을 띠는 규제로 제정되어 법적 구속력을 가지며 EU 회원국 시민의 개인정보를 취급하는 모든 EU 회원국뿐만 아니라 전 세계의 기업들에게 직접적으로 적용된다. 특히나 위반할 경우 과징금 등 행정처분이 부과될 수 있어 전 세계가 주목하고 있다.

GDPR은 기존에 명시된 개인정보의 정의에 포함되지 않았던 위치정보나 온라인 식별자, 유전(genetic) 정보 등이 포함되는 등 그 범위를 확장하였으며 동의 요건이 강화되어 동의 의무 위반 시 과징금을 부여한다. 과징금은 개별 사례별로 부과되며 최대 전 세계 연간 매출액의 4% 또는 2천만 유로로 책정되는 등 과징금의 수위가 기존에 존재하던 그 어떤 법률보다 높고, 권고 차원에서 의무 수준으로 규제가 강화되어 기업들이 긴장하고 있다. 이처럼 강력한 규제를 통해 GDPR은 정보삭제권(잊힐 권리), 개인정보 이동권 등 정보주체의 새로운 권리와 개인정보책임자 지정 등 기업의 책임성을 강화하는 내용이 포함되어 기존 규제들보다 강력하게 권리를 보호한다.

III. 유럽연합 차원의 사이버 안보 협력

EU에서 사이버 안보 협력은 사이버 파워(Cyberpower)의 조정과 견제 차원에서 이루어지는 관계(reflexible level)가 있으며 다른 한편으로는 글로벌 행위자로서 협력적 관계(relational level)가 있다(Renard 2018). 전자는 미국, 중국 등과의 협력 관계를 의미하며 후자는 브라질, 일본, 인도 등과의 협력 관계를 의미한다.

1. 주요 선진국과의 협력

EU와 미국의 협력

유럽은 1953년 석탄 및 철강을 매개체로 미국과 공식적인 협력을 시작하였으며, 실질적으로 EU와 미국의 협력은 대서양선언(Transatlantic Declaration, 1990)과 대서양의제(New Transatlantic Agenda, NTA, 1995)에 기반을 두고 있다.

이후 2010년 11월에 EU/US 정상회의에서 창안된 사이버 안보와 사이버 범죄 워킹그룹(WGCC: Working Group on Cyber security and Cybercrime)은 사이버 안보 및 사이버 범죄 분야에서 중요한 업무를 수행하며 사이버 사고 관리, 공공-민간 파트너십(시장 접근 장벽 포함), 인식 제고, 사이버 범죄에 대한 4개의 전문가 하위 그룹으로 구성된다. WGCC는 사이버 안보와 사이버 범죄에 관한 EU와 미국 사이의 긴밀한 협력을 촉진시켰으며, 산업 제어시스템(ICS) 및 스마트 그리드에 대한 공공-민간 워크숍, 온라인 성적 학대에 대한 세계 동맹(Global Alliance against Sexual Abuse Online, 2012)의 발족, 인터넷을 아이들에게 더 좋은 곳으로 만들기 위한 EU-미국 공동 선언의 서명(joint declaration on making the Internet a better place for children), 도메인 이름의 보안 강화 작업 및 인터넷 프로토콜 주소 등의 결과를 도출하였다. 또한, 미국 법 집행 기관과 유럽사이버범죄센터(EC3) 간의 훌륭한 협력을 지원하여 사이버 범죄를 보다 효과적으로 해결하는 데 도움을 준다.[5]

EU위원회의 대외관계 총국(DG RELEX, Directorate-General for EXternal RELations)이 후원하여 2011년 시작된 EU-U.S. 안보 전략(EU-U.S. Security Strategies) 프로젝트는 유럽과 미국의 정책 입안자들에게 EU와 미국에 공통적으로 우려되는 안보 문제에 대한 대서양의 담론을 강화하고 심화시킬 수 있는 통찰, 의견, 아이디어, 도구를 제공한다.

그리고 2010년부터 EU는 미국과 캐나다와 주요기반시설의 보호와 정책 문제에 대하여 지속적으로 전문가 회의를 진행해왔다. 전문가들은 주요기반시설이 국가 내부 보안에 미치는 영향과 국제협력의 개선에 대해 논의하고, 가장 중요한 쟁점들 중에는 중요한 상황에서 행동할 수 있는 사이버 안보와 역량 관리, 기후변화와 자연재해가 주요기반시설에 미치는 영향 등이 포함된다. 주요기반시설이 국가 내부 보안에 미치는 영향과 국제협력의 향상과 관련하여 주요기반시설 보호 분야에서 정보를 교환하고, 공통된 이해를 얻고, 주요기반시설에 대한 다양한 위협에 대한 해결책을 모색하기 위한 토론이 진행된다.

EU와 브라질의 협력

EU 설립 후 최초로 외교관계를 수립한 브라질은 1960년 냉전체제의

---

5   https://www.eaccny.com/news/eu-us-cooperation-on-cyber-security-cyber-space/

종식과 맞물려 공식적으로 외교를 시작하였고, 이후 2007년 리스본 조약으로 새로운 협력체계가 구축되었다. 2007년 리스본에서 이루어진 EU와 브라질의 정상회담을 통해 환경 및 기후변화와 문화 및 교육, 해상 및 항공 운송, 에너지, 과학 및 기술 분야 등 15개의 분야에 대해 새로운 협력체계가 구축되었다.

이어서 2014년 EU 정상회담을 통해 EU와 브라질은 자유롭고 개방적인 인터넷을 보호하기 위하여 공동의 이익을 공유하고, 특히 데이터 보호와 국제 프라이버시 표준을 지속적으로 강화하기로 협의하였다. 두 분야의 협력은 경제적, 재정적 문제에서 안보, 사회, 환경, 인권 문제에 이르는 30가지 영역으로 이루어져 있다. 안보적 차원에서는 SecureCloud(2016-2018)와 EUBRA-BIGSEA(2016-2018) 등 두 가지 연구 프로젝트가 선정되었으며, 개발 중인 프로젝트는 안보 문제를 고려한 클라우드 기반 서비스 제공을 위한 혁신적인 기술을 개발할 예정이다. 또한 EU와 브라질의 협력은 빅 데이터의 클라우드 중심 애플리케이션을 발전시키고 EU와 브라질 간의 정책 조정을 촉진하기 위한 방향으로 나아갈 것으로 예상된다.

2015년 11월 이루어진 EU와 브라질 간의 정보보호대화(Information Society Dialogue)는 클라우드 정책, 개인정보 보호, 대서양의 데이터 흐름, 데이터 이동성(portability), 상호운용성(interoperability) 등을 다루는 클라우드 컴퓨팅에 대한 대화를 의미한다. EUBRA-BIGSEA(Europe-Brazil Collaboration of BIG Data Scientific Research through Cloud-Centric Applications)는 역동적이며 통합된 거대한 데이터 클라우드 플랫폼을 제공하여 개인정보, 안보, 불만 사항 등 데이터 볼륨, 다양성, 속도 및 비상 사안을 해결할 수 있다. 데이터 관리 관점에서의 빅데이터 서비스와 빅 데이터용 프로그래밍 레이어 개발 모델, 클라우드 컴퓨팅 인프라를 기반으로 한 프레임워크의 개발과 같은 기술적 요소와 더불어 포괄적이고 효과적인 보안과 빅 데이터 처리를 위한 클라우드의 요구 사항과 제약 조건을 고려한 글로벌 보안 솔루션을 제공하기 위한 보안 및 개인정보 보호 등으로 구성된다.

EU와 영국의 협력

영국은 2016년에 브렉시트(Brexit)로 EU에서 탈퇴하였지만 경제적, 안보적 차원에서 EU와 더욱 깊고 새로운 협력 관계를 맺기 원하고 있으며 NATO와 EU 간의 협력 체계에서 간접적으로 지원하는 역할을 수행하고자 한다. 그러나 아직 EU는 영국의 이러한 제안에 대하여 별도의 답을 주지 않고 있다.

이에 영국은 EU와의 새로운 협상 및 새로운 동반자 관계를 통해 달성하고자 하는 목표에 대한 분명한 비전을 제시하기 위하여 2017년 백서(The United Kingdom's Exit from and New Partnership with the EU)를 발표하였다. 해당 백서에는 브렉시트의 의미를 EU에 대한 배신이 아닌 영국 능력에 대한 자신감으로 표현하고 있다.[6]

또한 과학 및 혁신을 위한 EU의 주력 프로그램인 Horizon 2020에 대한 영국의 입장을 정리하여(UK Participation in Horizon 2020: UK Government Overview) 문서로 Horizon 2020이 끝날 때까지 영

---

6   2017년 백서(The United Kingdom's Exit from and New Partnership with the EU)에 제시된 12원칙: ① 확실성과 명확성 제공, ② 우리 자신의 법률을 통제함, ③ 조합 강화, ④ 아일랜드와의 유서 깊은 유대 관계를 보호하고 공동 여행 지역 유지, ⑤ 이민 통제, ⑥ 유럽연합(EU) 내의 영국 국민과 영국 국민의 권리 보장, ⑦ 노동자 권리 보호, ⑧ 유럽 시장과의 자유무역 보장, ⑨ 다른 나라와 새로운 무역협정 확보, ⑩ 영국이 과학 및 혁신을 위한 최고의 장소로 남아 있음을 보장, ⑪ 범죄와 테러와의 전쟁에 협력, ⑫ 유럽연합에서 부드럽고 질서 정연한 출구 제공.

국의 자금 보증에 대한 약속과 영국의 자금 보증 연장에 대한 자세한 내용을 서술하였다. 질의응답 식의 형태로 브렉시트 이후 Horizon 2020에 대한 영국의 참여 의사를 설명하며 전반적으로 큰 변동사항은 없을 것을 보증한다. 자금뿐만 아니라 연구자 지원 및 이민 체계에 대한 내용과 영국의 국제협력에 대한 내용을 포함한다.

이 외에도 영국과 EU 간의 분야별 협력을 위한 프레임워크 (Framework for the UK-EU partnership)를 금융, 공정경쟁 등 분야별로 발표했다. 해당 프레임워크는 영국과의 협의를 위해 영국 협상 팀이 제작한 일련의 시리즈 중 하나로서 미래 프레임워크의 개발을 알리고 개방적이고 공정한 경쟁을 위한 영국의 제안과 금융 서비스 제안에 각기 초점을 두고 있다.

2. 아시아 지역 국가와의 협력

EU는 유럽 국가를 중심으로 이루어진 국가연합체지만 네트워크의 발달로 인해 전 세계가 서로 연결되어 있으며 미치는 영향력은 점점 더 극대화되고 있다. 이는 더 이상 유럽 내부의 연합으로 해결될 문제가 아니기 때문에 EU는 아시아를 포함한 전 세계 다양한 국가들과 협력을 추진하고 있다.

EU와 일본의 협력

EU는 일본과 2020년 도쿄올림픽 개최를 앞두고 다양한 차원의 테러 방지 및 국가 안보를 위하여 다방면으로 협력하고 있으며, 일본은 이러한 과정에서 문화적, 정부적, 조직적 차원에서의 EU의 전문성에 의존하고자 한다. EU와 일본은 협력관계가 특별히 높은 것은 아니지만 양국 간 사이버 안보 문제에 관해서는 둘 사이뿐만 아니라 다자간 차원에서도 협력체계를 구축하였다. 특히 일본이 부다페스트협약에 서명한 사실은 둘 사이의 규범적인 근접성을 의미한다고 볼 수 있다. 또한 EU와 일본은 인터넷 거버넌스와 관련된 이슈에 크게 연계된다.

2018년 3월 도쿄에서 열린 제3차 EU-일본 간 사이버 담론(EU-Japan 3rd Cyber Dialogue-Joint Elements)에서 EU와 일본은 협력관계를 확립하고 자유롭고 공정하며 안정적이며 안전한 사이버 공간을 확립하여 사회적 및 경제 성장과 인권과 기본적 자유가 존중받는 사회를 구현하고자 한다. 양측은 "회복력, 억지, 국방: EU의 강력한 사이버 안전 구축(Resilience, Deterrence and Defence: Building Strong Cybersecurity for the EU)"과 EU의 공동 커뮤니케이션 및 일본 사이버 안보 전략 검토(the review of the Japanese Cybersecurity Strategy)를 포함하여 각자의 전략, 정책 및 입법과 관련한 내용을 발표하였다. 디지털 경제와 사회에 대한 신뢰를 강화하기 위해 사이버 안보 강화에 대한 지속적인 협력을 확인하였다.

양측은 디지털 개발이 제공하는 기회를 강화하기 위해 안정적이고 안전한 사이버 공간에 대한 필요성을 강조하며, 악의적으로 정보통신기술(ICT)을 남용하려는 모든 시도를 비난하고 평화적 수단에 의한 국가의 ICT 사용에 관한 국제 분쟁 해결에 대한 공약을 재확인하였다. 즉, 사이버 공간에서 악의적인 사이버 활동을 억제하고 대응하며, 자신의 행동에 책임을 지는 행위자를 확보하기 위하여 협력을 지속적으로 강화하고자 한다.

EU와 인도의 협력

EU와 인도는 에너지와 기후변화를 포함하여 환경, 디지털 경제 및 사

회, 경제, 지속가능한 도시 개발 등 다양한 정책 분야에 걸쳐 많은 관
심을 공유하고 있으며 이 중 사이버 안보에 대해서는 매년 사이버 담
론을 개최하여 협력관계를 돈독히 다지고 있다.

2016년 3월 30일 브뤼셀에서 진행된 제13차 EU-인도의 정상회
담(EU-India Agenda for Action-2020)에서 향후 5년간 EU와 인도의
전략적 동반자 관계를 강화하기 위한 공통로드맵으로서 EU-India 행
동계획을 승인하였다. 본 의제는 2005년에 수립되어 2008년 개정된
공동행동계획[7]의 목적과 성과에 기초를 두고 있으며, 정책적·안보적
협력과 무역·투자, 에너지와 기후나 IT, 이주 및 이동성 등에 대한 포
괄적인 영역별 협력 등에 대해 논의가 이루어졌다. 안보적 차원에서
반 테러리즘 및 사이버 안보에 대한 가시적인 결과를 위하여 협력을
강화하고, 테러를 포함한 초국적 위협의 맥락에서 EUROPOL과 인도
기관 간의 정보 공유 가능성을 탐색하며, 국가적 조직범죄에 대응하기
위하여 해양 안전 증진 및 국제법(UNCLOS)에 따른 항해의 자유, 평
화 유지, 평화 구축 등 EU-India 행동계획에 언급된 다른 분야의 협력
을 강화하고자 한다.

그리고 2017년 8월 인도 뉴델리에서 개최된 인도와 EU 간 사이버
담론(EU-India Cyber Security Dialogue)은 사이버 정책 환경, 사이버
위협 및 완화, 인터넷 거버넌스, 양자 협력 메커니즘 및 다양한 국제
포럼 및 지역 포럼에서의 가능한 협력에 대해 논의하였다. 인도와 EU
는 개방적이고 자유롭고 안전하며 안정적이며 평화롭고 접근 가능한
사이버 공간에 대한 공약을 재확인함으로써 경제 성장과 혁신을 가능

---

7   2000년 이래로 EU와 인도의 관계는 2004년에 EU-India 간의 전략적 협력이 형성됨
에 따라 크게 진전됨. 전략적 협력을 뒷받침하기 위해 EU-India 공동행동계획(EU-India
Joint Action Plan)이 2005년 정상회담에서 채택되었고 이후 2008년에 개정됨.

하게 한다. 특히 인도는 국제법의 기존 원칙이 일반적으로 사이버 공간에 적용 가능하며 국제법의 사이버 공간에 대한 적용 가능성에 대한 심의를 계속하고 심화시킬 필요가 있으며 국가의 책임 있는 행동 규범을 수립할 필요가 있음을 재확인하였다. 또한 다양한 지역, 국제 및 다자간 전략, 특히 UN이 핵심 역할을 하는 이니셔티브의 중요성을 강조하여 사이버 역량 구축뿐만 아니라 이러한 문제에 대한 논쟁을 계속하고 있다. 이후 2018년 브뤼셀에서 차기 EU-인도사이버 담론을 개최하기로 합의하였다.

　　EU와 인도 간 사이버 안보 담론은 사이버 범죄 해결 및 사이버 안보 및 회복력 강화뿐만 아니라 개방된 사이버 공간에 대한 모범 사례 교환에 중점을 두고 있다. 사이버 외교에 관한 협력 프로젝트를 통해 사이버 공간에 있는 인도 파트너와의 대화가 더욱 강화되고 있다.

EU와 중국의 협력

중국이 발전하며 세계에 미치는 영향력이 증가함에 따라 EU에서는 경제, 안보, 사회 등 모든 영역에서 중국과의 협력을 맺기 위해 노력하고 있다. 2013년에 맺은 전략적 의제(EU-China 2020 Strategic Agenda for Cooperation)는 지금까지도 유럽과 중국의 핵심적인 협력 문건이다. EU와 중국은 1975년 공식 외교관계를 수립하였고, 2013년에는 평화와 번역, 지속가능한 개발, 인적 교류 등에 대한 기존의 관계에서 가장 높은 수준의 협력을 시작하였다. 전례 없는 규모와 속도를 가진 중국의 부상은 국가를 내부적으로 변화시키고, 국제무대에서의 비중 또한 증가시키고 있다. 이에 개선된 EU와 중국의 관계는 EU 내의 일자리 및 성장을 창출하고 중국의 경제 개혁 프로그램을 지원하는 주요 기회를 제공한다.

다만 아직까지 중국과 EU의 협력은 사이버 안보를 중심으로 한 협력의 필요성은 인식하고 다양한 대화식의 협력은 이루어졌으나 구체적인 협력은 맺어지지 않았으며 중국의 국제 영향력 자체가 증가하다보니 경제, 기술적 차원의 협력 중심으로 이루어지고 있다. 최근 2017년 이후 사이버 공간에서 발생하는 다양한 문제점(테러, 지적 재산권의 존중, 불법 복제 등)에 대해 협력이 필요하다는 목소리가 나오고 있다.

2012년에 사이버 문제에 대한 협력을 강화하기 위해 EU와 중국 간의 태스크 포스(EU-China Cyber Task-force)가 설립되었다. 해당 조직은 사이버 범죄를 예방하고 대응하기 위한 중국과 유럽연합 간의 즉각적이고 실질적인 협력에 초점을 맞추고 있다. 또한 사이버 전쟁과 사이버와 관련하여 특히 인터넷의 거버넌스와 안보에 대하여 보다 광범위하고 세계적인 규범을 수립하는 데 초점을 맞춘다.

그리고 2013년 EU와 중국은 2020년까지의 전략적 협정을 맺었다(EU-China 2020 Strategic Agenda for Cooperation). 본 전략이 수립된 이후 상호 협력이 더욱 제도화되고 발전되면서 점점 더 많은 관심 분야가 추가되었으며, 달성되어야 할 핵심 이니셔티브의 목록을 제공한다. 또한 전략적 의제는 인권, 무역, 해양 안전, 농업, 항공, 우주 및 기타 여러 분야에서 가능한 모든 협력 방안을 다루며, EU는 중국의 주권과 영토 보전에 대한 존중을 재확인했으며 중국은 EU 통합에 대한 지원을 재확인한다. 매년 EU-China Summit이 개최되어 정치 및 경제 관계와 지구 및 지역 문제를 논의한다. 사이버 안보와 관련한 내용은 별도로 언급되지 않으며 사회, 경제적 차원에서 중국과 EU가 어떻게 협력을 맺고 있는지를 상세히 서술하고 있다.

이어, 2014년 4월에 시진핑 주석의 유럽 방문과 동시에 발표된 중국 외교부의 새로운 정책 보고서(China's Policy Paper on the EU: Deepen the China-EU Comprehensive Strategic Partnership for Mutual Benefit and Win-win Cooperation)는 유럽연합과 중화인민공화국 간의 사이버 안보에 대한 협력 증대의 필요성을 강조하였다. 해당 보고서를 통하여 EU와 중국은 사이버 안보와 관련한 협력을 강화하고 평화롭고 안전하며 개방적이고 협력적인 사이버 공간의 구축을 촉진하고자 한다. EU 회원국(특히 독일과 영국)의 사이버 범죄에서 가장 큰 관심사 중 하나는 중국발 디지털 및 온라인 지적 재산의 도용 문제이지만, 그럼에도 불구하고 중국은 지적 재산권에 관한 중국과 EU의 협력 수준을 높이고자 한다. 사이버 범죄에 대한 중국과 EU의 실질적인 협력과 사이버 보안 사고에 대한 비상사태 대응 및 중국의 사이버 대책본부(Cyber Task force)와 같은 플랫폼을 통한 사이버 역량 구축을 촉진하고, UN 체제 내에서 사이버 공간에서의 행동 규범을 수립하기 위해 함께 협력하고자 한다.

2016년에 EU는 중국에 대하여 전략적 의제를 통해 협력을 맺은 상황에서 자체적인 전략, 즉 새로운 관계에서 최대한의 이익을 확보하기 위한 새로운 전략(Joint Communication To The European Parliament And The Council-Elements for a new EU strategy on China)을 수립하였다. 이 전략을 통하여 EU는 중국과의 관계를 통해 놓치지 말아야 할 사항을 제시하였다. 먼저, 중국과의 관계를 강화하기 위해 새로운 기회를 확보해야 하며, 둘째로, 경제, 무역 및 투자, 사회, 환경, 기타 분야에서 중국과의 관계에 상호 이익을 가져 오는 실질적인 방법으로 중국을 개혁 과정에 참여시켜야 함을 강조한다. 셋째로, 협력의 모든 영역에서 평등한 경쟁, 공정한 경쟁을 장려해야 하며, 넷째로, 포괄적 협상을 적기에 완료할 수 있도록 투자와 새로운 시장 기회를 열어야 하고, 다섯째로, 제안된 방법에 따라 모든 국가에 혜택을 제공하는 개방형 규칙 기반 플랫폼을 기반으로 유럽과 중국 간의 인프라, 거래, 디지털, 사람과 사람 간 연결을 추진해야 한다. 여섯째, UN 및 G20 각국의 책임에 따라 국제 공공재, 지속가능한 개발 및 국제 안보를 장려해야 하고, 일곱째로, 중국 및 국제적으로 법치와 인권의 존중을 존중해야 한다. 마지막으로, 중국과의 거래에서 EU의 응집력과 효율성을 극대화해야 함을 주장한다.

3. 국제기구와의 협력 및 국제조약

EU는 회원국이 아닌 국가 외에도 CoE, OECD, UN, OSCE, NATO, AU, ASEAN 및 OAS와 같은 다른 안보기구들과의 긴밀한 협력을 모색하고 있으며(EC 2013a; EC 2013b) ITU, 정보사회세계정상회의(WSIS) 및 인터넷 거버넌스 포럼(IGF)과의 협력을 확립하였고(EC, 2013b), 사이버 범죄에 관하여 CoE와 협약을 맺고 있다. 사이버 위험을 관리하기 위한 초국적 협력의 필요성을 인식하고 있는 EU는 예방, 사전 예방 수단 개발, 기술적 조치 개발, 지식 교환, 교육, 법 집행 메커니즘의 조화 등을 포함한 협력을 구축하고자 한다(Wall 2007).

EU와 NATO의 협력

오늘날의 불안한 세계에서 EU는 EU와 시민들을 보다 효과적으로 보호하기 위해 노력하고 있으며, 이러한 맥락에서 NATO는 핵심적인 파트너이다. EU와 NATO의 협력은 안보와 국방 정책의 특정 성격을 침해하지 않으면서 양 기관의 의사결정 자율과 절차를 전적으로 존중하여 개방성, 투명성, 포괄성, 호혜성과 같은 주요 지침 원칙에 따라 계속 진행된다(EEAS 2018a). EU와 NATO 간 협력은 EU의 글로벌 전략(Implementation Plan on Security and Defence) 실행의 일환으로 유럽의 안보와 국방을 강화하기 위한 EU의 노력의 핵심이며, 대서양의 부담 경감에 기여한다.

이런 맥락에서 2016년 7월 유럽평의회의장(President of the European Council)과 유럽위원장(President of the European Commission)은 NATO의 사무총장과 함께 바르샤바에서 EU-NATO 간의 전략적 제휴를 위한 공동선언문에 서명하였다(EU-NATO Joint Declaration in Warsaw). EU와 NATO 간 협력을 강화하기 위하여 1. 하이브리드 위협 대응, 2. 해상 및 이주를 포함한 운영 차원의 협력, 3. 사이버 안보 및 방어, 4. 방어 능력, 5. 방위 산업 및 연구, 6. 훈련, 7. 동부 및 남부 파트너의 역량 강화 노력 지원 등 7가지 구체적 영역을 선정하였다. 공동선언에 의한 명령에 기초하여, 2016년 12월 협력의 7개 분야에서 공동선언의 이행을 위한 42개의 구체적인 행동이 EU와 NATO 위원회에 의해 승인되었다. 이어 2017년 12월 반테러리즘, 여성, 평화와 안전, 군사 이동성 등의 분야에서의 새로운 제안 사항을 공개하였다.

① 하이브리드 위협: 현재 74건의 협력 제안 중 20건이 하이브리드 위협에 대응하는 데 중점을 둔 안건으로 유럽의 하이브리드 위협 대응센터(Centre of Excellence of Hybrid Threats)는 이 분야에서의 EU-NATO 협력 강화에 효과적으로 기여하고 있다. EU 및 NATO 요원은 하이브리드 위협에 대한 더 나은 이해와 조율된 방식으로 대응하기 위한 옵션을 개발하기 위해 센터의 활동에 참여한다.

② 해상 문제를 포함한 운영 협력: EU와 NATO 직원은 해상 영역에서 조정, 상호 보완, 협력을 강화하기 위한 양식을 모색하고 있으며, 직

원들은 정기적으로 정보 공유 및 노력을 통해 주요 포럼인 지중해 (SHADE MED)에서 공유 인식 및 메커니즘에 대한 아이디어를 교환 한다.

③ 사이버 안보: 직원 수준에서의 적극적인 상호작용은 개념 및 교리, 기존 및 계획된 교육 및 교육과정, 위협 지표, 위협 경고 및 평가의 임시 교류, 위기관리의 사이버 측면을 포함하여 사이버 분야에 대한 정기적인 교차 브리핑으로 진행한다.

④ 방위력: PESCO, EDF, EU 역량개발계획, CARD(Coordi-nated An-nual Review of Defense) 및 각 NATO 프로세스와 같은 기획 도구 와 프로세스 간의 산출물의 일관성을 보장하기 위한 노력이 계속되 고 있다. NATO 방위계획프로세스(NDPP: NATO Defence Plan-ning Process)와 평화 기획 및 검토 프로세스를 위한 협력처럼 군사 이동성을 향상시키기 위해 NATO와 EU의 노력 간의 시너지 효과가 나타나고 있다.

⑤ 방위 산업 및 연구: EU와 NATO 직원들은 관련 활동에 대한 정기적 인 업데이트를 포함하여 산업 문제에 관하여 지속적으로 대화하고 있다. 특히 중소기업의 국방 공급망과 혁신에 대한 접근이나 특정 분야의 산업 참여에 중점을 두고 있다.

⑥ 시행: 2017년 10월의 첫 번째 조정활동에서 EU와 NATO는 위기 상 황, 특히 하이브리드 상황에 대응하기 위한 메커니즘과 실제 협력을 훈련하고 테스트하였다.

⑦ 지원 파트너의 역량 강화: 특히 서부 발칸 반도와 동부 및 남부 지역 에서 역량을 키우고 회복력을 키우는 데 협력 업체를 지원하는 것이 공통된 목표로, 3개의 시험국(보스니아-헤르체코비나, 몰도바, 튀니 지공화국)에 대한 비공식적인 정보 교환이 강화되었다.

EU와 OSCE의 협력

OSCE는 지중해 지역, 아시아, 호주의 협력 국가로 알려져 있으며 이
집트, 이스라엘, 아프가니스탄, 일본, 한국, 태국, 호주 등 여러 국가와
특별한 관계를 유지하고 있다(EEAS 2016). 그리고 모든 EU 회원국은
OSCE에 참여하고 있다. 두 기구는 일련의 쟁점에 대해 협력하고 EU
의 공통외교안보정책(CDSP)의 개발과 유럽의 안보, 그리고 EU의 위
기관리 운영에 따라 협력 범위가 확대되고 심화되었다. 오늘날 사법
및 경찰 개혁, 행정, 민주화, 제도 구축 및 인권, 미디어 개발, 중소기
업 개발, 국경 관리, 인신매매 퇴치, 선거, 협력 체제 등 다방면에서 협
력이 이루어지고 있다.

　　EU과 OSCE는 유럽의 안보와 관련한 논의와 갈등 예방에 대하여
현장을 포함하여 모든 수준에서 긴밀히 협력한다. EU와 OSCE는 회원
국 간에 영구적인 정치적 대화를 추구하고 공동의 목표를 추구하며 공
유된 해결책을 찾으려고 노력한다. EU는 보안에 대한 포괄적이고 협
조적인 접근 방식을 적극 지원하고 있다. 특히 EU 안보 및 방위 정책
의 개발과 위기 예방 및 민간 위기관리 능력의 발달과 함께 EU CDSP
의 중요성과 효율성이 증대됨에 따라 EU와 OSCE 간의 협력이 증가한
다(EEAS 2016.)

　　이와는 별도로 EU 회원국들은 OSCE의 주요 예산의 3분의 2이
상에 기여하고 있으며 또한 EU와 EU의 회원국은 많은 예산 지원 프
로젝트를 시행하여 OSCE의 기금 조성에 기여하고 있다. 일례로,
서부 발칸 지역에서의 선거 및 인권기구 개발 및 위기관리를 위한
ODIHR(Office for Democratic Institutions and Human Rights)[8] 지원

8　　ODIHR: 유럽안보협력기구(OSCE)의 인권기구로 1991년에 수립된 세계의 주요 지역
　　인권기구 중 하나이다. 폴란드 바르샤바에 본사를 두고 있으며 유럽 전역, 캅카스, 중앙

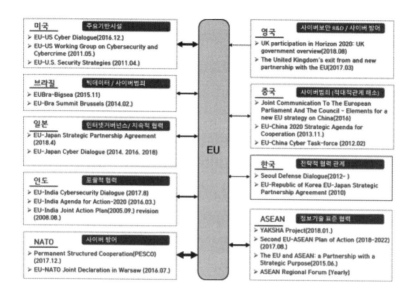

그림 1. EU의 사이버 안보 관련 협력 현황

등이 포함된다.

EU와 ASEAN의 관계

동남아시아국가연합(ASEAN: Association of Southeast Asian Nations)
과 EU는 1977년 이후로 공식적인 대화 관계를 맺고, 2007년에 뉘른
베르크 선언을 기초로 대화 관계가 확립되었다. EU와 ASEAN의 대화
는 정치-안보 협력, 경제 협력, 사회문화 협력이라는 공통 목표 및 목
적을 위한 장기 비전과 약속을 제시하면서 이루어졌다.

최근 EU와 ASEAN은 비전통적 안보 문제를 비롯한 안보 협력을

아시아, 북미 전역을 활동 범위로 삼는다. OSCE의 포괄적인 안보 개념의 초석인 인권
과 민주주의를 위해 민주적인 선거, 인권 존중, 관용과 차별 금지, 법치를 촉진하는 역할
을 담당하고 있다.

강화해 왔다. ASEAN Regional Forum(ARF)에서 EU는 해상 보안, 사이버 보안, 예방 외교, 대테러, 초국적 범죄에 관한 여러 가지 이니셔티브를 공동 개최했다. EU는 2012년에 EU가 가입한 조약 및 협력 조약의 당사국으로서 동남아시아 안보 구조를 전적으로 지지하고 동남아 정상회담을 포함한 모든 아세안 주도의 포럼과 보다 긴밀한 협력을 목표로 하고 있다(EEAS 2018b). 2015년 6월에 "EU와 ASEAN: 전략적 목적을 가진 협력(The EU and ASEAN: a partnership with a strategic purpose)"을 채택했다. 이어 2017년 8월 EU-ASEAN Post-Ministerial Conference에서 두 번째 EU-ASEAN 행동계획(second EU-ASEAN Plan of Action(2018-2022))을 합의하였다.

그리고 2018년 EU와 ASEAN 사이에서 EU의 노하우와 전문성을 레버리징하는 특정 사용자와 국가의 필요에 맞는 솔루션을 개발하고 사이버 안보 영역에서 파트너십을 구축하는 EU YAKSHA 프로젝트를 승인했다. YAKSHA는 맬웨어 탐지, 수집, 분석을 위한 혁신적인 방법을 개발하고 정보의 장기 저장 및 분석에 사용되는 특수 시스템을 설계하며 표준 정보 형식 및 인터페이스를 배포한다(Europa 2018).

IV. 한국과 유럽연합의 협력 구조 제언

1. 한국과 유럽연합 간의 협력

한국은 2016년 12월 동아시아 최초이자 유일하게 EU와 공식적인 안보협력 협정을 체결하였다. EU와 한국 간의 기본 안보협정은 대량살상무기(WMD: Weapons of Mass Destruction), 사이버 위협, 돈세탁 및 불법 거래, 인권 증진(보다 일반적으로는 국제법적 질서)에 관한 조항을 포함한 협력 분야를 가지고 있다. 특히 사이버 안보/사이버 위협에 관한 협력이 급성장하고 있는 데, 이는 사이버 공간, 인터넷 거버넌스, 사이버 안보, 제3국의 사이버 능력 구축 및 사이버 범죄를 다루기 위해 2013년부터 매년 계속되는 EU-한국 간 사이버 대화에서 제도화되었다. EU와 한국은 고도의 기술적 능력을 갖고 있으며 독특한 사이버 위협(러시아와 북한)에 직면해 있다는 공통점을 감안할 때 둘 간의 안보 협력 분야는 자연스럽게 성장할 수 있다.

2012년 이후 국가 및 국제적 안보 협력을 위해 운영되고 있는 다자간 안보대화체인 서울안보대화(SDD: Seoul Defense Dialogue)는 '안보와 평화를 위한 협력(Cooperation for Security & Peace)'을 슬로건으로 아태지역 내 안보환경 개선과 다자간 군사적 신뢰 구축을 위해 각국 국방차관이 참여한다. 올해로 7회째인 대화에서는 아시아·유럽·중동·아프리카에 걸쳐 역대 최대 규모인 총 52개국(48개 국가/4개 국제기구)이 참여하며, '지속가능한 평화: 갈등에서 협력으로'를 주제로 진행되었다. 한반도 문제를 포함한 해양안보, 사이버 안보 등 다양한 국제 안보 현안이 폭넓게 논의될 예정이다.

한편, 서울안보대화의 '사이버워킹그룹회의'는 2014년부터 개최되어 사이버 안보 분야 정부 실무협의체로 지속 발전중이며, 올해는 20여 개 국가가 참여하여 '사이버 안보를 위한 군 역할'과 '각국 사이버 역량 강화를 위한 협력방안' 등을 논의할 예정이다.

이와 별개로 2013년 11월 EU 정상회담에서 양국 정상의 합의로 시작된 EU와 한국과의 사이버 대화(Cyber Dialogue)는 2014년 5월 브뤼셀에서 첫 번째 협의가 열렸고, 2015년 4월 서울에서 회의가 개최되는 등 브뤼셀과 서울에서 교대로 개최하고 있으며 최근 2018년 1월 서울 외교부 청사에서 제4차 사이버 대화가 이루어졌다. 사이버 정책 협의는 유럽연합과 대한민국이 추구하는 "미래 지향적인 파트너십"의 대표적인 예이며 양자 및 지역 문제뿐만 아니라 세계적인 문제들에 대한 협력 강화를 목표로 한다.

4차 담론에서 논의된 주제에는 양측은 최근 사이버 위협 환경평가 및 관련 정책을 공유하고, 공통 관심사항인 국제법 적용, 사이버 역량 강화, 사이버 범죄 대응 등에서 협력 강화 방안을 모색한다. 또한 사이버 공간, 인터넷 거버넌스, 사이버 안보, 제3국의 사이버 능력 구축 및 사이버 범죄 퇴치와 관련된 국제 보안이 포함된다. 양 대표단은 전 세계적 및 각 지역의 최근 개발에 대한 견해를 공유하고 향후 협력을 위한 잠재적 영역을 모색하며 연례 협의를 비롯한 지속적인 협력관계를 재확인하였다. 유럽안보협력기구(OSCE), 아세안지역포럼(ARF) 등 지역 차원의 사이버 신뢰구축조치 논의 현황과 향후 전망에 대해서도 의견을 교환한다. EU-한국 의제에서 사이버 공간 문제의 범위에는 사이버 범죄 퇴치 및 사이버 범죄 강화, 인권 온라인 홍보, 국제 안보, 역량 강화 및 R&D 등 여러 쟁점에 관한 자문에 대한 모범 사례의 교환이 포함된다.

2. 한국 협력 체계의 나아갈 방향

한국은 EU와 사이버 위협 정보를 공유하여 사이버 안보 역량을 강화하는 차원에서 주로 사이버 범죄나 사이버 군에 초점을 맞추어 협력을 추진하고 있다. 그러나 EU는 단순히 사이버 범죄 및 신뢰 구축뿐만 아니라 온라인 시장에 대한 정책과 정보주체의 권리를 보호하는 정책 등을 수립하여 운영하며 정보의 흐름이나 환경 분석, 기술 발달을 위한 협력 등을 추진하고 있다. 또한 이미 발전한 기술로 이루어진 온라인 시장과 오프라인 시장을 연결하여 시장을 확대하고 더 나아가 IoT의 개념처럼 사이버와 사이버 외적인 요소를 결합해 영역을 확장하고 있다.

특히 디지털 단일시장 정책을 통해 발전하는 기술을 활용한 온라인/오프라인 시장의 통합 등 보안 시장의 확대를 추진하는 EU는 사이버 공격에 대비해 외교 툴박스를 수립하여 EU나 회원국에게 가해지는 사이버 공격에 대하여 제재 정책을 펼치기 시작했다. 이는 기존의 수동적인 방어 전략에서 잠재적인 공격자까지 사전에 방지하는 적극적인 방어 전략을 취하고 있다. 사이버 공간에 대한 의존도가 증가하고 사회가 네트워크로 연결되는 오늘날 사이버 안보 역량이 국가의 사회·경제적 측면까지 영향을 미치기 때문에 안보적 차원에서 악의적인 공격자에 대한 억제 정책을 취하는 것으로 보인다. 더 나아가 국가 혹은 조직과의 협력 수준과 사이버 공격에 대한 귀속 확실성을 기준으로 단계를 구분해 조치를 취하기 때문에 상호협력적 관계의 유지가 용이하다. 사이버 안보 역량을 강화하기 위한 협력의 범주가 사이버 외적인 영역까지 늘어나고 있다. 이처럼 한국도 현재와 미래의 협력관계를 살펴보고 한국의 상황에 적합한 툴박스 구성 모색 등 다각적인 접근법을 통한 국가 전반적인 안보 역량의 강화가 필요하다.

V. 맺음말

지금까지 사이버 안보에 관하여 EU의 대응 및 협력체계를 살펴보았다. EU는 유럽 내 회원국 시민들의 안전뿐만 아니라 전 세계적 차원에서의 평화적 해결을 위해 다양한 안보 전략과 지침, 정책을 수립하고 있으며 다양한 국가 및 조직과 협력관계를 맺고 있다.

EU는 사이버 공간의 핵심 가치가 모든 사람들에게 기본적 권리, 언어의 자유, 개인 정보 및 인터넷의 보호를 보장하고자 하며 공통의 협력을 중시하는 다중이해당사자모델(MSM: Multi-stakeholder Model)을 지향한다. 더불어 EU는 각국의 추진체계를 존중하기 때문에 공통 규범을 정리하였으며 이를 통해 국제사회에서의 규범적 역할 수행을 추구한다. 여기서 글로벌 규범적 행위자로 사이버 외교(Cyber diplomacy)를 통해 유럽 내외적으로 효과적이고 건설적인 사이버 안보 문화의 창출을 추구하고자 한다. 특히 EU는 공격적인 사이버 권력의 추구자라기보다는 법률주의적이고 보호적인 역할을 수행한다. 즉 EU가 사이버 공간 행동의 규범 및 원칙에 영향을 미치는 것으로 나타난다.

이는 EU가 보다 주도적인(proactive) 시각으로 사이버 안보를 고민하고 사이버 협력의 필요성을 인식하며 협력 논의를 꾸준히 이루어온 결과라 생각된다. 한국도 국제사회에서 한국의 위치와 역할을 고려하고 사이버 공간 및 사이버 안보에 대한 깊이 있는 이해를 바탕으로 사이버 안보 전략의 방향성을 설정하여야 하며 협력 방안을 마련해야 할 것이다.

참고문헌

김상배. 2018. 『사이버 안보의 국제정치학적 지평』 사회평론아카데미.

ARF Inter-Sessional Meeting on Security of and in the Use of Information and
Communication Technologies(ICTs) and 1st ARF-ISM on ICTs Security (Search:
2018.06.18.)[https://www.mofa.go.jp/press/release/press4e_002011.html].

CFR(Council on Foreign Relations). 2017. EU Creates a Diplomatic Toolbox to Deter
Cyberattacks. (Search: 2018.09.15.)[https://www.cfr.org/blog/eu-creates-
diplomatic-toolbox-deter-cyberattacks].

COM(2017) 477 final. "REGULATION OF THE EUROPEAN PARLIAMENT AND OF THE
COUNCIL on ENISA, the "EU Cybersecurity Agency", and repealing Regulation
(EU) 526/2013, and on Information and Communication Technology cybersecurity
certification ("Cybersecurity Act")."

Darmois, Emmanuel and Schméder, Geneviève. 2016. "Cybersecurity: a case for a
European approach" LSE International Development.

Department of Business, Energy & Industrial Strategy. 2018. UK Participation in Horizon
2020.

EEAS. 2013. EU-China 2020 Strategic Agenda for Cooperation.

_____. 2016a. A Global Strategy for the European Union's Foreign And Security Policy.

_____. 2016b. Organisation for Security & Co-operation in Europe(OSCE) (Search.
2018.09.15.)[https://eeas.europa.eu/diplomatic-network/organisation-securityco-
operation-europe-osce/2297/organisation-security-co-operation-europe-osce_en]

_____. 2017. Implementing the EU Global Strategy Year 1.

_____. 2018a. EU Security and Defence – partnering with NATO for mutual benefit.
(Search. 2018.09.15.)[https://eeas.europa.eu/headquarters/headquarters-
homepage/46121/eu-security-and-defence-%E2%80%93-partnering-nato-mutual-
benefit_en]

_____. 2018b. Fact sheet on EU-ASEAN Relations.

_____. 2018c. Implementing the EU Global Strategy Year 2.

ENISA. 2016. NCSS Good Practice Guide-Designing and Implementing National Cyber
Security Strategies.

ESP(European Strategic Partnership Observatory). 2014. The rise of cyber-diplomacy: the
EU, its strategic partners and cyber-security.

EUISS. 2017. The EU Cyber Diplomacy Toolbox: towards a cyber sanctions regime?

European Commission, "CYBERSECURITY EU AGENCY AND CERTIFICATION
FRAMEWORK", 2017.09.18.

_____. 2013(2013a). 'Measures to Ensure a High Common Level of Network and

Information Security Across the Union' Proposal for a Directive of the European Parliament[COM(2013) 48 final].

_____. 2013(2013b). 'Cybersecurity Strategy of the European Union: An Open, Safe and Secure Cyberspace' Joint Communication to the European Parliament, the Council, [JOIN (2013) final].

_____. 2016. Joint Communication to the European Parliament and the Council.

_____. 2017(2017a). Cybersecurity EU Agency and Certification Framework.

_____. 2017(2017b). "Regulation of the European Parlament and of the Council on ENISA, the "EU Cybersecurity Agency", and repealing Regulation (EU) 526/2013, and on Information and Communication Technology cybersecurity certification("Cybersecurity Act")[COM(2017) 477 final].

_____. 2018. Project YAKSHA to reinforce EU-ASEAN cooperation in cybersecurity (Search: 2018.09.16.)[https://ec.europa.eu/digital-single-market/en/news/project-yaksha-reinforce-eu-asean-cooperation-cybersecurity].

European Parliament. 2018. "ENISA and a New Cybersecurity Act." 2018. 1. 16.

GFCE(Global Forum on Cyber Expertise). 2016. The Budapest Convention on Cybercrime: a framework for capacity building. (Search: 2018. 09. 13)[https://www.thegfce.com/news/news/2016/12/07/budapest-convention-on-cybercrime]

HUFFPOST. 2014. China-EU Cooperation on Combatting Cybercrime: A Model for China-US Relations?

OSCE. The European Union. (Search: 2018. 09. 15)[https://www.osce.org/partnerships/european-union]

Renard, Thomas. 2018. "EU cyber partnerships: Assessing the EU strategic partnerships with third countries in the cyber domain." European Politics and Society.

Sabillon, Regner., Cavaller, Victor. and Cano, Jeimy. 2016. "National Cyber Security Strategies: Global Trends in Cyberspace" *International Journal of Computer Science and Software Engineering (IJCSSE)*, Volume 5, Issue 5.

Tine Højsgaard Munk. 2015. "Cyber-security in the European Region: Anticipatory Governance and Practices." The University of Manchester.

Wall, David S. 2007. *Cybercrime: The Transformation of Crime in the Information Age*. Polity Press. Cambridge. United Kingdom.

제11장

사이버 안보의 국가전략 2.0, 무엇을 연구할 것인가?

종합토론

이 장은 2018년 2월 1일(목) 16:00~18:00 충남 대전에 위치한 국가보안기술연구소 회의실에서 진행된 토론내용을 담고 있다. 필자들이 모두 참여하여 이 책에서 진행된 사이버 안보 국가전략의 의미와 향후과제에 대해서 활발한 토론을 벌였다. 참석자는 김상배 교수(서울대), 이승주 교수(중앙대), 김소정 실장, 김규동 선임연구원, 양정윤 연구원(이상 국가보안기술연구소), 유인태 교수(전북대), 차정미 박사(연세대), 유지연 교수(상명대), 정태진 교수(평택대), 김도승 교수(목포대), 윤민우 교수(가천대)이며, 토론내용의 기록은 서울대 이종진 박사과정생과 최용호 석사과정생이 담당하였다.

김상배: 오늘 토론에 참석하신 선생님들 중에서도 여러 분들이 참여하셨습니다만, 2016년에 연구를 진행하고 2017년 5월에 출간된, 『사이버 안보의 국가전략: 국제정치학의 시각』(사회평론아카데미)이라는 책은 넓은 의미에서 국제정치학의 시각에서 보는 사이버 안보의 세계정치와 국가전략의 문제를 다루었습니다. 그 땐 아마도 첫 번째 라운드로 했던 작업이었기 때문에 사이버 안보와 관련된 국제규범의 일반적인 내용들을 서너 개 정도의 범주로 나누어 소개하거나 각국의 사이버 안보 국가전략을 일국 차원에서 개괄적으로 살펴보았던 것 같습니다. 그 과정에서 다루었던 국가들도 주로 한반도 주변의 4개국과 남북한이었습니다.

작년 여름부터 연구를 좀 더 확대 내지 심화시키자는 차원에서 〈사이버 안보의 국가전략 2.0〉이라는 제목을 붙여 작업을 진행해 오고 있습니다. 국제규범에 대한 얘기를 하는 것도 좀 더 구체적인 이슈별로 살펴보고, 그러한 이슈들이 변화하는 동학을 좀 더 입체적으로 엿볼 수 있는 주제를 설정하여 연구하자는 것이 취지였습니다. 이는 지난 가을 학기에 개최했었던 포럼 시리즈의 주제이기도 했습니다. 또한 각 국가별 전략을 살펴보는 경우에도 이제는 일국 차원의 전략이 아니라, 양자 간의 관계 내지는 삼자 더 나아가 다자적인, 또는 지역적인 차원의 전략으로 시야를 넓혀서 살펴보는 데 관심을 가졌습니다.

새 학기에는 아마도 미일관계, 미중관계, 미러관계 또는 그 구도 속에서 보는 남북관계와 한반도를 둘러싼 주변국들의 관계들을 보는 포럼 시리즈를 운영할 예정으로 있습니다. 다시 말씀드려 관계구도로서의 동아시아 내지는 아태, 또는 글로벌 차원의 국제관계를 살펴보는 시각을 설정해보려고 합니다. 국가전략 차원에서도 주변 국가뿐만 아니라, 유럽의 국가들, 예를 들면 유럽연합(EU)이라든지, 영국이나 독일, 프랑스 등을 포함시켜 다루려고 하고 있습니다.[1] 아마도 이렇게 진행되는 연구들은 앞서 언급한 나라들에 대한 '비교 사이버 안보 국가전략 연구'라고 부를 수 있는 형태가 되지 않을까 생각됩니다.

대강 우리가 현재 진행하고 있는, 또 앞으로 계속해 나가기를 희망하는 우리 연구의 배경에 대한 말씀을 간략히 드렸습니다. 아직은 한창 진행되고 있는 연구이긴 하지만, 한 번 정도 중간점검을 겸해서 우리가 지금 하고 있는 연구의 의미가 무엇인지, 앞으로 어떤 방향으로 가면 좋겠는지, 그런 면에서 우리의 좌표를 한번 설정해보는 것이 좋지 않겠느냐라는 생각으로 오늘 토론회를 기획하게 되었으며, 각자 생각하고 계시는 아이디어들을 자유롭게 나눠보는 시간을 갖도록 하겠습니다.

1　　유지연 교수와 김도승 교수가 맡았던 영국, 독일, 프랑스의 사례는 이 책이 기획되는 단계에서는 포함시킬 예정이었지만, 이 책의 후속작으로 기획되어 2019년 상반기 출판을 목적으로 연구를 진행하고 있는 〈중견국의 사이버 안보 전략〉의 챕터로 옮겨 펴내게 되었다. 다만 영국, 독일, 프랑스의 사이버 안보 전략에 대해서 진행했던 토론의 내용은 고민의 흔적을 남기는 차원에서 그대로 남겨 두었다.

  토론을 체계적으로 진행하기 위해서 선생님들께 각기 하실 말씀을 세 부분 정도로 나누어 해주십사 부탁드렸습니다. 첫째로는 총론 차원에서 2018년 현재 사이버 안보의 국가전략 2.0을 논하는 의미와 필요성이 무엇인가에 대해서 몇 분이 말씀해 주시면 좋을 것 같고요, 그 얘기를 받아서 각 선생님께서 집필하고 계시는 챕터에 대한 내용 소개를 겸해서, 해당 분야에서 현재 제기되고 있는 사이버 안보의 세계정치와 국가전략의 현황과 과제에 대해 간략하게 말씀해 주시면 좋을 것 같습니다. 아마 이 부분에서는 각자 챕터에 해당되는 내용을 소개해 주시면 될 것 같습니다. 그리고 마지막으로 마무리를 겸해서 앞으로 우리가 사이버 안보의 국가전략에 대한 연구를 계속 해나간다고 할 경우에, 현 단계에서 우리가 생각해볼 수 있는 연구주제들이 무엇인가를 짚어주시기를 부탁드립니다.

  윤민우: 제가 먼저 말씀드리도록 하겠습니다. 저는 사이버를 이렇게 봤습니다. 사이버를 기술이 아닌 공간이라고 봤습니다. 인간이 살면서 땅에 먼저 살았고, 그 다음에 바다라는 공간이 들어왔고, 가장 최근에 하늘이라는 공간이 들어왔는데, 여기에 더해서 지금 사이버가 들어왔다고 생각했습니다. 스페인과 포르투갈, 영국의 대항해 시대를 봤을 때, 바다라는 공간은 두 가지 문제가 있었습니다. 하나는 바다의 제해권을 장악하는 국가가 국가들 간의 게임에서 패권을 장악한 것입니다. 또 다른 문제는 당시에는 국가 행위자들이 바다를 완전히 장악하지 못했었기 때문에 해적이라는 비국가 행위자들이 바다에서 행동하는 것을 국가들이 어떻게 견제할 것인가, 즉 국가들의 바다에 대한 독점력을 어떻게 확보할 것인가의 문제가 쟁점이었습니다. 오늘날 사이버도 그와 유사한 문제가 있지 않나 싶습니다. 그래서 전선을 두 개로

보는데, 하나의 전선은 국가들 간의 협력을 통해서 비국가 행위자들이 사이버 공간상에서, 결국은 인간이라는 게 새로운 공간이 나오면, 사실은 돈과 폭력이 문제가 됩니다. 즉 공간상에서 돈과 폭력을 어떻게 장악할 것인가가 핵심적인 문제가 되는 것이죠. 비트코인이나 블록체인 기술 문제에서도 알 수 있는 바는 돈을 장악하는 문제와 직결되는데, 국가가 독점했던 통화발행권에 비국가 행위자들이 도전할 수 있는 상황이 사이버 공간의 등장과 함께 벌어지고 있다는 것입니다. 이와 유사하게 폭력의 문제와 관련해서는 이슬람국가(IS)나 폭력적 극단주의 등에서 나타나는 것처럼 국가의 폭력독점권에 대한 비국가 행위자들의 도전이 사이버 공간의 등장과 함께 진행되고 있다는 것입니다. 알카에다나 IS가 테러하면서 나타나는 문제가 뭐냐면, 기존의 국가들을 중심으로 돌아가던 전통적 전쟁방식이 바뀌고 있다는 것입니다. 국가들의 전쟁이라는 건 민족국가의 영토 내에서 가용한 인적 자원을 동원해서 선발하고 훈련시키고 무기를 주고 전쟁터로 내보냈는데, IS가 하는 테러방식을 가만히 살펴보면 인력 채용의 경계가 사라졌습니다. 어디에 있든지 인력 채용이 온라인을 통해서 가능해졌습니다. 또한 한 곳에 모아서 훈련시킬 필요가 없습니다. 그리고 무기나 자금을 대줄 필요가 없습니다. 스스로 해결하기 때문입니다. 그게 속칭 Do It Yourself 방식의 자생 테러입니다. 이런 문제들이 생겨서, 국가들이 비국가 행위자로부터 사이버 공간에 대한 독점력을 확보할 필요가 생겼습니다. 즉 국제협력을 필요로 하는 거죠. 두 번째는 국가들 간에 누가 패권국가가 될 것인가. 결국은 사이버 공간을 누가 장악할 것인가에 문제가 있습니다. 국가들 간에 협력이 아니라, 갈등관계가 이뤄진다고 생각합니다. 국가들 간의 경쟁으로 살펴볼 때, 공군 전력이 발전하는 궤적과 유사성을 봤습니다. 비행기가 발명되고, 하늘 공간이 인류 공간에 포함되었을 때, 첫 번째로 하늘 공간이 활용된 게 정보 부문이었습니다. 비행기를 띄워서 적의 정보를 수집하는 것이었습니다. 지금 사이버 공간이 그 정도 형태로 활용된다고 봅니다. 그래서 사이버 공간에서의 안보문제가 정보전쟁, 네트워크 중심전 등으로 초점이 모인다고 생각합니다. 하지만 이는 미래로 갈수록 변화하게 될 하나의 과도기적 현상이라고 생각됩니다. 두 번째 단계에서 하늘 공간이 이용되던 게 하늘 공간을 통해서 땅의 공간을 공격하는 것, 공간을 통해 다른 공간을 공격하는 공간을 넘어가는 공격이었습니다. 그게 폭격인데, 폭격의 형태로 나타났습니다. 우리가 지금 우려하는 사항은 사이버 공간을 통해서 현실 공간에서 실제 사람을 죽이고 파괴하는 걸로 넘어가는 것입니다. 그게 제가 볼 때에는 드론이나 무인자동차 형태로 가능할 것으로 봅니다. 그 다음 공군 전력에서 세 번째 단계로 넘어갔던 것은, 하늘 공간을 장악할 필요가 생겨서 전투기를 통한 공중전투가 나타납니다. 폭격기를 요격해야 하기 때문에, 그래서 하늘 공간에서 전투가 이뤄졌습니다. 그래서 제가 상상하는 세 번째 단계는 사이버 공간에서 공간 전투능력을 확보해야 하지 않을까 싶습니다. 결국은 이렇게 본다면, 인공지능(AI)이나 전투로봇이나 전투드론 등을 같이 포괄하고 이를 다시 기존의 육, 해, 공 전력 및 정보, 법집행 등의 여러 관련 분야와 통합 전력으로 해서 가야 하는데, 이 시점에서 우리나라 국가 전력을 100년, 200년을 두고 사이버 공간 장악의 능력을 구축해가는 문제로 가야 하지 않을까 생각합니다.

김상배: 사이버 공간이라는 게 새로운 공간 구상이고 여기서는 비국가 행위자뿐만 아니라 국가 행위자들이 서로 경쟁과 협력을 복합적으로 벌이는 활동 양식이며, 이러한 이유 때문에 사이버 안보라는 영

역이 중요하고 거기에 대한 국가전략적인 대응이 필요하다는 말씀이
었습니다.

　이승주: 지난 프로젝트에서 일본의 사이버 안보를 연구했고, 이번
에는 미일 사이버 안보 협력을 살펴보고 있습니다. 최근에 나타나는
현상을 살펴보면 '전통안보의 사이버 안보화,' 그리고 반대로 '사이버
안보의 전통안보화'라는 영역이 나타나고 있고, 이것이 긴밀하게 엮이
고 있습니다. 사이버 안보가 중요해지면서 '제5의 전장론' 등의 논의
에서 알 수 있듯이 전통안보의 영역이 넓어지는 현상이 나타나고 있습
니다. 이를 '전통안보의 사이버 안보화'라고 불러 볼 수 있을 것 같고,
이는 많은 나라에서 공통적으로 나타나고 있습니다. 일본의 사례와 관
련하여 특이한 점은 '사이버 안보의 전통안보화'라는 현상이 나타나고
있는 점입니다. 아베 정부가 들어서면서 적극적 평화론, 집단적 자위
권 등의 정책 목표들을 추구하였는데 전통안보 영역에서 이를 실현시
키는 데 어려움이 있었던 것이 사실입니다. 그런데 이러한 목표를 실
현하는 구체적 수단으로서 사이버 안보가 활용되고 있습니다. 즉, 전
통안보 영역에서 일본의 군사적 확대에 대해 주변국들의 경계가 굉장
히 심했다면, 사이버 영역에서의 일본의 군사적 확대에 대해서는 주변
국들의 우려와 저항이 상대적으로 적었다는 차원에서 사이버 안보가
일본의 전통안보 확대라는 목표를 실현하는 아주 요긴한 수단으로 활
용되고 있습니다. 이런 기준에서 보면 각 나라들마다 전통안보를 어떻
게 사이버 안보화하는지 혹은 사이버 안보를 어떻게 전통안보의 목표
를 위해 활용하는지 비교해 보고, 이로부터 일반론적인 의미와 함의를
이끌어낼 수 있는지 고민해 볼 필요가 있다고 생각합니다.

김상배: 사이버 안보가 논의되는 초기에 비해서 훨씬 더 전통안보와 복합되어지는 측면들이 많아지고 있다는 면에서 그 의미와 필요성, 중요성이 있다는 지적이었습니다. 다른 분들은 어떠신지요?

김소정: 이승주 선생님의 말씀이 큰 의미가 있다고 생각합니다. 사이버 안보에 대해 실질적으로 안보 부처가 가지고 있는 시각과 경제 부처가 가지고 있는 시각차는 매우 큽니다. 일반적으로 우리는 사이버 안보라는 것이 전통안보 이상의 영향력이 있다고 인식하고 있는데, 일반적으로 공무원들이 생각하는 개념의 범위는 이와 다른 면이 있습니다. 예컨대 '제4차산업혁명위원회'에서 이야기하는, 보안이 중요하다는 논의는 국가 사이버 안보전략이 맥을 같이 해야 한다는 이야기를 받아들이지 못하고 있습니다. 다른 나라들은 사이버 안보를 전통안보화하는 차원이든 전통안보를 사이버 안보화하는 차원이든 국가안보적인 차원에서 활용하고 있는데, 이는 특정 영역에 국한된 좁은 의미의 사이버 안보가 아닌 전반적인 플랫폼 차원의 사이버 안보를 보고 있는 것이라고 생각됩니다. 그렇다면 우리나라는 그만큼 나아가고 있는지 의문이 들었습니다. 우리가 늘 이야기하지만, 개념과 용어가 정립되지 않아 서로 이야기하는 것이 달라 논의가 어렵다고는 하지만, 이것만 논의하다가는 아무것도 하지 못하고 '질질 끌려 가겠구나'라는 우려가 들었습니다. 그런 것이 결국은 우리가 앞으로 사이버 안보에 대해 어떻게 나아갈 것인가에 시사점을 줄 것이고, 우리가 개념 정립을 할 때 군사안보, 경제안보처럼 사이버 안보를 특정 영역으로 볼 것인지, 아니면 사이버가 기반으로 들어간 정치, 무기, 경제, 정보 등 플랫폼으로서 사이버가 들어간 개념으로 볼 것인지에 대해 고민이 필요하다고 생각합니다.

김상배: 우리가 학술적인 차원에서 개념과 이론을 논의하는 것에도 큰 과제들이 많지만, 국가전략이라고 하는 실천 전략을 논함에 있어서는 현장과의 관계 속에서 고민할 수밖에 없는데, 그 차이도 매우 큰 상황이어서 학술적인 차원 그리고 실천적인 차원에서 동시적으로 숙제가 제기되는 것 같습니다.

김소정: 그럼에도 불구하고, 단독으로 플레이가 안 된다는 인식은 모두가 공유하고 있다는 점은 고무적인 것 같습니다. 어떤 협력이든 간에, 비록 국제협력이 아닐지라도, 사이버 안보를 위해서는 공조를 잘 할 수 있는 체계를 만들어야 된다는 공감대가 형성됐다는 점은 고무적인 부분입니다.

김상배: 잠깐 논의의 초점을 맞추기 위해서 말씀드리자면, 지난 번 〈사이버 안보의 국가전략 1.0〉 작업에서 다루었던 바와 같이, 국제정치학 시각에서 사이버 안보에 대한 관심을 갖기 시작한 것은 2013년이었던 것 같습니다. 유난히도 그때 사이버 안보와 관련된 큰 일들이 많았습니다. 이른바 3·20 사이버 공격이라든지 탈린매뉴얼 또는 맨디언트가 보고서를 낸 이후 미중 간에 이런저런 논란이 있으면서 양국 정상회담이 벌어졌고, 스노든 사건도 터지고 유엔 GGE 3차 결의안도 나오고 한국에서는 사이버스페이스총회 개최 등의 일들이 있었습니다. 이런 일들을 겪으면서 사이버 안보가 단순히 기술의 문제, 공학의 문제, 어느 한 분야의 특정한 이슈가 아니라, 국가전략적인 차원에서 또는 국제정치학 분야에서 고민해야 되는 이슈이구나라는 것들을 각인하는 계기가 마련되었던 같습니다.

작년부터 올해로 넘어오는 과정에서 2018년이 또 다른 터닝 포인트가 될 수 있지 않나 생각해 봅니다. 2018년에는 뭐가 터질 것 같은 막연한 느낌이 듭니다. 그런 느낌이 드는 게 2016년 말 미국 대선이 진행되는 과정에서 트럼프 대통령이 워낙 공세적인 정책들을 많이 언급했었기에 취임하고 난 이후 사이버 안보 분야에서, 특히 중국이나 러시아에 대해서 공세를 강화하지 않겠느냐라는 전망이 오고갔습니다. 그럼에도 2017년에는 딱히 별일 없이 지나간 게 아닌가 싶습니다. 그런데 연말에 와서 미국이 중국을 상대로 해서 보유섹이라고 하는 인터넷 기업에서 일하는 직원인 중국 군인들을 기소한 사건이 벌어졌습니다. 조금씩 분위기를 높여 가고 있는 부분이어서 지난 1년 동안은 다른 일이 바쁜 게 많으니깐 일종의 워밍업을 하다가 2018년에 넘어오면서 〈National Security Strategy〉가 나오고 〈Defense Strategy〉도 나오고 이런 맥락 속에서 미국이 뭔가 새로운 걸 하나 터트릴 수도 있겠구나라는 생각을 해보게 됩니다.

그도 그럴 것이 최근 많이 나오고 있는 기사들을 보면 중국산 IT 보안 관련 제품에 대해서 규제를 강화해서 차단한다든지 하는 조치들이 나오고 있고, 이는 사이버 안보에 대한 대응의 양상이 군사적인 방향으로 표출되지 않더라도 통상마찰이나 다른 종류의 보호주의적 대응조치와 연결되는 가능성이 있지 않겠느냐라는 생각을 갖게 합니다. 2013년의 터닝 포인트는 사이버 안보 그 자체에 대한 관심이었다면, 2018년에는 사이버 안보와 다른 이슈들과의 이슈 연계성이 증대되어지는 상황 속에서 뭔가 터질 것 같은 느낌이 든다는 이런 생각을 해보게 됩니다. 이런 맥락에서 이 시점에 〈사이버 안보의 국가전략 2.0〉이라는 화두를 내걸고 사이버 안보의 문제를 논의하는 의미가 있을 것 같습니다. 아마도 우리가 이 프로젝트를 진행해 가는 과정에서 이런 논점들이 구체화되어 갈 것으로 기대합니다.

이승주: 사이버, ICT 관련 산업에서 기술적인 그리고 산업적인 변화가 미중의 사이버 관계 및 전반적인 관계에 어떤 영향을 미칠 것인가의 차원이 한 가지 있습니다. 국가안보전략의 차원에서 미국이 중국을 어떻게 인식하는지에 대해 작년보다는 현 시점에서 점점 더 분명해지는 것 같습니다. 예를 들어 중국을 수정주의적 권력(Revisionist Power)으로 규정한 데에서 알 수 있습니다. 그렇다면 미국의 대중 안보관이라는 것이 사이버 영역에서 어떻게 구체화될 것인가의 문제가 있습니다. 기술적인·산업적인 차원의 미중관계가 아래에서 위로 가는 방향이라면 미중관계에 대해 서로 인식하는 것이 위에서 아래로 가는 방향이라고 할 수 있는데, 이 두 가지를 함께 바라보는 것이 필요하고, 아까 제가 말씀드린 맥락과 만나는 지점 같습니다.

김상배: 사이버 안보 그 자체의 중요성을 부각시킨 게 2013년 무렵의 변화였다면, 2018년을 넘어 2020년대로 넘어가면서 나타나는 변화는 사이버 안보 자체와 연결되어 있는 국가전략 전반으로 연결되어지는 문제이지 않겠는가 싶습니다. 그런 맥락에서 드론이나 인공지능과 연결되는 미래전쟁, 일종의 하이브리드 전쟁에 해당되는 새로운 전장, 제5의 전장에 대한 말씀해 주신 것을 이해할 수 있을 것입니다. 또한 앞서 말씀드린 경제 얘기 이외에도 최근에 타국의 국내정치에 사이버 공격을 통해서 개입하게 되는 사건들에 주목할 필요가 있습니다. 지난 2016년 미국 대선 과정에서 있었던 러시아의 개입 문제에 대한 우려가 굉장히 주목받고 있습니다. 며칠 전에 기사를 보니 미국이 자국의 국내정치, 특히 선거에 개입할 수 있는 나라의 리스트를 쭉 열거하고 있는데, 그 중에 북한이 들어갔습니다. 이건 좀 새로운 양상입니다. 이건 사실은 군사안보도 아니고 사이버 안보도 아닌 이슈인데, 정

치적인 부분과 연결되는 정보와 그 진위성, 그리고 프라이버시 이슈와 관련되는 문제입니다. 최근 논란이 되고 있는 가짜뉴스가 대표적인 사례가 아닐까 싶습니다. 사이버 안보 문제가 보이지 않는 이슈 연계의 사다리를 타고서 총체적인 국가전략적인 안보 이슈의 핵심으로 등장하는 현상이 벌어지고 있습니다. 미미해서 무시하던 작은 위험들이 어느샌가 스멀스멀 조금씩 수면을 박차고 그 위로 올라올 가능성이 있지 않나 하는 느낌이 듭니다.

유지연: 김상배 교수님께서 말씀하신 바와 같이 사이버 안보가 국가전략 전반으로 연결되어지는 양상을 제가 맡은 유럽 및 영국에서도 보이고 있습니다. 저는 이번 연구를 통하여 다른 국가에서는 사이버 안보 전략이 어떠한 배경하에서 만들어졌는지, 어떠한 위치에서 어떠한 역할을 하는지에 대해서 파악해 보고자 하였습니다. 제가 맡은 유럽과 영국은 서로 다른 양상을 보이나, 기본적으로 공통되는 것은 경제 번영 및 국가 발전 차원에서 접근되어지고 있다는 것입니다. 사이버 안보 전략 내에 지속적으로 노출되는 단어가 '신뢰할 수 있는 디지털 세계 구현', '안정적 환경의 구현'입니다. 특히, 영국은 미래전략과 연계하여 사이버 안보 전략을 제시하고 있습니다. 미래전략을 수립할 때에 핵심 고려사항으로 사이버 안보를 포함하며 사이버 안보 전략에 있어서도 호라이즌 스캐닝(Horizon Scanning) 등의 미래전략 방법론을 통해 중장기적인 전략을 수립하는 것으로 파악되었습니다. 그리고 전통안보 차원의 사이버 방어 능력도 강화해 나가고 있습니다. 즉 사이버 안보 전략을 다각적인 차원에서 접근하고 전체에 대한 종합적인 고려 속에서 전략화해 나가고 있습니다. 이에 우리도 사이버 안보 전략에 대해서 다층적 구조와 관계를 고려하여 전략을 수립하는 방안

을 고민해야 하지 않나 생각합니다. 관련한 일례로 우리나라에서 주요
기반시설의 사이버 보안 강화를 위해 제어시스템에서 비표준 프로토
콜에 대한 화이트 리스트를 만들어 위험에 대응하고자 합니다.[2] 하지
만 대부분의 제어시스템 제품이 해외 업체로 지적 재산권 침해로 간주
하며 공유를 하지 않고 있습니다. 이와 관련하여 주요국에서는 공급망
관리 정책이나 산업 정책 등을 통해서 사이버 안보를 실질적으로 확보
하는 방안을 추진하고 있습니다. 또한 R&D나 인력양성 부분에 있어
서도 자국의 상황 및 수준을 명확히 파악하고 그에 기반한 정책을 사
이버 안보 전략과 연계하여 수립하고 있습니다. 이는 전략 수립이 현
실 분석에서부터 시작되기 때문이라고 생각합니다. 이에 사이버 안보
와 관련되는 모든 정책이슈와 전략의 흐름 등을 전체적인 차원에서 나
열해 보는 것이 필요하지 않나 생각합니다. 전체적인 양상이 파악되어
야 그에 기반한 사이버 안보 전략의 궁극적 목표 설정 및 전통안보와
사이버 안보 전략과의 관계, 그리고 정책의 우선순위 등이 마련될 수
있을 것이라 생각합니다.

2　사이버 보안을 위한 기술로 접근 제어가 있음. 접근 제어는 허용 여부에 따라 시스템 또
　는 네트워크 접근을 제어하는 것으로 기본적인 보안 방법임. 접근 제어 방법으로는 악성
　코드 및 악의적 행위자 접근을 차단하는 블랙리스트 방식과 접근 허용이 가능한 시스템
　및 행위자만을 접근하도록 하는 화이트 리스트 방식이 있음. 시스템 접근의 안전성을 확
　보하기 위해서는 블랙리스트 방식보다는 화이트 리스트 방식이 선호됨. 특히, 제어시스
　템은 시스템이 사용되는 작동 상황의 특성상 제조사별 프로토콜이 각기 다른 비표준 프
　로토콜로, 제조사에서는 기밀정보로 다루어짐. 이에 대한 파악을 위해 별도의 분석 등을
　진행하고 있으나 한계가 있음. 이를 위해 제조사를 통한 시스템 정보가 공유되면 효율적
　접근 제어가 가능하나 지적 재산권을 이유로 거부되고 있음. 주요국에서는 국민의 안전
　과 국가의 존립에 중대한 영향을 미칠 수 있는 주요기반시설(정보시스템 및 제어시스템)
　에 대해서 해당 시스템 정보가 정부 혹은 운영기관과 공유 가능하도록 법제도 혹은 공급
　망 관리 정책 차원에서 이루어지고 있음(유지연 교수 추가).

정태진: 저는 부다페스트협약에 대한 것들을 맡고 있는데, 제 학문적 배경에 맞게 잘 배정해 주신 것 같습니다. 저는 원래 처음에 사이버 범죄를 공부했는데, 사이버 범죄가 계속 발전하다보니 국가안보와 직결되는 게 되고 있는데, 우리가 어떤 면에서는 국제범죄, 아니면 사이버 테러, 아니면 사이버전이 많이 갈리는데, 저는 사이버 범죄와 사이버 안보와의 관계를 좀 부드럽게 넘어가게 설명하는 것이 중요하다고 생각해서 그런 부분을 고민하고 있습니다. 물론 범죄학적으로 보면, 가해자와 피해자, 아니면 공격자와 대상이라 할 수 있지만, 그런 관계를 좀 보면서 이게 지금의 북한 해커를 이해하는 데 어떻게 적용할 수 있나 고민해 보게 됩니다. 여태까지 국제적으로 알려진 해커 그룹에 의한 많은 공격이 있었는데, 그런 것들이 어떻게 국가안보에 영향을 미치는지? 사이버 범죄들도 국가안보에 영향을 미치기에 우리가 다 잘 컨트롤하기 위해서는 국제협력이 필수불가결하다. 아직 우리는 사이버 협약에 가입하지 않았는데… 어떻게 보면 초점을 사이버 안보, 국가안보. 하나에만 두는것보다 부드럽게 잘 넘어가는 게 더 어려운 것 같습니다. 그런 부분을 막히지 않고 좀 더 논리적으로, 이론을 갖추고 이 문제를 보는 것이 저의 숙제라고 생각합니다. 부다페스트 협약은 많은 사람들이, 이미 왜 안 되었고, 국내법과 상충된 부분이 있고, 안 되었다는 걸 알고 있는데, 그걸 뛰어넘는. 범죄학적인 것에서 안보학적 측면으로, 국제정치학으로 넘어가는 과정에 대해 열심히 연구하도록 하겠습니다.

김상배: 부다페스트협약 가입 여부에 대한 전망은 어떻게 될까요?

정태진: 제가 봤을 때에는, 다 장단점이 있는 것 같습니다. 가입해

야 할 이유도 있고, 안 해야 하는 이유도 있는 것 같습니다.

김상배: 이 문제는 사이버 안보 관련법의 통과나 사이버 안보 전략의 채택 문제와 함께 또 하나의 쟁점이라고 할 수 있을 것 같은데, 이와 관련해서 윤민우 교수님께서도 의견이 있을 것 같습니다.

윤민우: 제가 맡은 부분과 연계해서 말씀드리면, 미국과 러시아 관계인데, 일단 협약이 하나 있습니다. 국제적인 판을 통해서 사이버라는 공간을 예측 가능하고 통제 가능한 공간으로 만들어야 하는데, 국가들 간의 협력이 필수적입니다. 근데 문제는 여기에 또 다른 판이 하나 더 있는데, 누가 여기 주도권을 잡을 것인가. 결국엔 돈과 폭력으로 연결되어 있는데, 미국과 러시아가 협력을 하면서 제가 또 다르게 보는 건 두 국가들이 주도권을 잡기 위해서 어떤 부분에서 경쟁을 하고 있는가를 볼 것입니다. 부다페스트협약도 아마 비슷한 연장선상일 것 같습니다. 우리가 결국은 어떻게 할 것인가와 직결된 것인데, 결국은 두 개를 동시에 고려해야 된다는 게 제 잠정적인 추정입니다. 그러니깐 협약 문제도 그렇게 해결해야 하는데 일단 우리가 국제적인 판을 짜는 데 가입함으로써 비국가 행위자들로부터 예측 가능성을 확보하는 게 우선인데, 그걸 하는 것과 동시에 이런 결과가 새로운 국제적인 패권질서를 만들어 낼 것인데, 어떤 결과가 우리의 이해 또는 이익에 가장 유리한가를 고민하면서 협약의 문제에 뛰어들어야 할 것 같습니다. 그래서 그 연장선상에서 협약도 판단해야 할 것 같고, 미국과 러시아의 관계에서 집필을 하면서 그 부분에 초점을 두고 행위자들이 어떻게 움직이고 있는지를 보도록 하겠습니다.

김상배: 이러한 논의 과정에서 관건은 아마도 우리가 그런 정교한 판단을 해가면서 전략적으로 행동할 수 있을 것인가의 문제일 것 같은데요. 어떻게 생각하시는지요? 김규동 박사님.

김규동: 이번 작업 중에 가장 어려웠던 점은 '사이버 안보의 국가전략'을 논의한다고 하지만, 여기서 의미하는 '사이버 안보'와 '국가사이버 안보'라는 개념을 명확히 하는 것이었습니다. 통일된 개념을 제시하는 것도 어려운 부분이었지만, (특히 국가사이버 안보전략 개발의 과정에서는) 실제 그 개념에 대한 설명을 전략에 포함시킬 것인지 자체에 대해서도 여러 부처 간 합의가 이루어지지 않았고, 심지어 논의하는 것 자체에 반대하는 부처도 있었다고 알려졌습니다. 예컨대, 사이버 범죄를 '사이버 안보의 국가전략'에서 다루어야 하는지에 대해서도 많은 논란이 있었습니다.

사이버 안보전략의 범위는 결국 사이버 안보가 무엇인지 그 개념이 확정되어야 정해질 수 있는 문제라고 생각합니다. 2010년경에 사이버 문제가 대두되었을 때에는 한창 사이버 전쟁에 대비하는 차원에서 다루었고, 지금은 그것이 아니라 일상적인 수준에서 대두되는 문제의 차원에서도 바라보고 있는데, 그만큼 사이버 안보의 개념과 대상이 세분화되고 있다고 봅니다. 사이버 범죄의 문제는 결국 범죄대응의 문제이고, 다만 그 규모가 커질 때에는 국가안보의 문제가 될 수도 있을 것입니다. 비국가 행위자의 영역과 위협이 늘어나고 있지만, 국가안보에 위협을 주는 수준의 비국가 행위자는 테러단체 정도를 생각해볼 수 있을 것 같습니다. 그렇다면 사이버 '안보' 위협이라 할 때는 그것과 연계되거나 테러에 가담하는 정도로 한정하여 대상으로 삼을 수 있다고 볼 수 있을 것 같습니다. 우리나라의 입장에서 결국 위협의 중점은 북한이 1순위가 될 수밖에 없고, 그 다음으로는 다른 나라와의 관계도 고려하는 방향으로 범위를 생각해야 할 것 같습니다. 이런 관점에서 부다페스트협약은 부차적인 이슈로 볼 수 있지 않을까 싶습니다.

김상배: 나름대로는 정반대의 문제를 제기하신 것 같습니다.

윤민우: 제가 사례를 하나 드리겠습니다. 북한 해커들과 관련된 사례인데, 최근 연구에 따르면, 북한 해커들이 유럽지역에서 활동하던 청부살인 조직과 연관이 있었고, 이 조직에 북한 정찰총국이 마약거래를 같이 하면서 연결되어 있고 거기서 다시 러시아 해커들 또는 조직범죄와 연결이 되어 있는데, 이렇게 국제적 네트워크망이 형성되어 있습니다. 북한이 자금을 충당하기 위해 컴퓨터 게임 프로그램을 만들어서 국내 개인들과 거래를 맺고 팔면서 이것을 자연스럽게 국내에 퍼트리는데, 게임 개발할 때 거기다가 악성 코드를 심어 놓습니다. 이것을 북한이 디도스 공격을 할 때 기반 베이스로 활용하는 것입니다. 예를 들면 고스톱 칠 때 '일타삼피'라는 것과 같습니다. 제가 또 우려하는 것은 개별적으로 디도스 공격을 하고 있는데, 좀 더 거시적인 차원에서 북한이 하려고 하는 하나의 전쟁 게임플랜의 하나의 단편이 아닐까하는 것입니다. 사이버 공격이 일어났을 때 컨트롤 타워에서 비상 대응을 하는데, 만약 비상 대응을 하는 위쪽에 EMP탄을 같이 터트리면서 사이버 공격이 같이 들어오면, 좀 더 복잡한 문제가 생기지 않을까, 그리고 이러한 복합공격이 북한의 오프라인에서의 테러와 군사적인 무력전쟁, 그리고 사이버 심리전이 결합된 방식으로 진행되면 어떻게 될까 하는 우려가 됩니다. 즉 이러한 전체 게임플랜을 염구에 두고 개별적 사이버 공격 등을 하나의 연습으로 시행하는 것이지요. 사

실 여러 가지 테러나 조직범죄나 전통안보를 같이 들여다보면, 네트워크로 결합되는 되는 현상이 나타납니다. 이게 꼭 문제가 분리가 안 되는 것 같습니다. 이런 사례들이 자주 나타났었던 것 같습니다. 이런 문제에 대한 고민이 필요한 것 같습니다.

김상배: 지금 지적하셨듯이 사이버 안보라는 게 공격 행위나 또는 일탈적인 행위와 복잡하게 얽힌 현상이고 그걸 추진하는 주체도 우리가 전통적으로 알고 있던 국가가 아닌 다른 비국가 네트워크 행위자와 얽혀 있어서 우리의 판단을 더욱 어렵게 만드는 측면도 있는 것 같습니다. 이런 상황에서 사이버 안보의 문제를 전통적인 국내법의 관념 또는 국가와 국가 간의 약속이라고 할 수 있는 국제법의 마인드로 풀어나갈 수 있는 범위가 어디까지이냐가 쟁점일 것 같습니다. 어떻게 생각하시는지요?

김도승: 유지연 교수님께서 본인이 맡으신 부분을 잘 설명해주셨는데, 저는 짧게 말씀드리겠습니다. 지금 국가전략이 왜 필요하냐라는 문제제기를 해주셨고, 그 외에도 이 자리에서 논의하진 않았지만, 사이버 안보와 관련한 주요국의 움직임들을 보면, 산업적, 경제적인 효과, 전략과 모두 연계되어 있음을 확인할 수 있습니다. 그러면 대한민국에서 왜 사이버 안보를 국가전략으로 우리가 논의하게 되는가? 국가가 추진하는 정책이나 집행은 항상 충돌하는 지점이 있기 마련입니다. 헌법상 보호되는 가치가 충돌하거나 개인의 기본권이 충돌하기도 하고, 공동체의 이익과 개인의 이익이 충돌하기도 합니다. 이러한 문제를 해결해 나가기 위해서 총론적으로는, 거시적으로 보면, 일정한 방향성을 가지고 가야 하지 않습니까? 지금 저는 사이버 안보든, 사이

버 보안이든, 지금 현재 대한민국에서 가장 필요한 것은 바로 방향성에 관한 문제라고 생각합니다. 여기에 하나 더해서 언급하면, 사이버 '보안'이냐 사이버 '안보'냐라는 용어적인 혼선 내지 입장에 따른 의도적 선택의 문제가 있습니다. 대한민국 사회에는 국가안보라는 것에 어떤 거부감, 역사적인 거부감. 왜냐하면 안보라는 법적 가치를 대한민국이 별로 좋지 않게 활용했던 사례가 너무 많은데다 법적으로 국가안보는 주로 국민의 기본권 제한에 대한 유력한 근거로 활용되는 것이 일반적인데 우리 현대사에서 이를 남용한 사례가 있었고, 때문에 국민의 시각에서는 안보라는 이슈를 떠올리는 순간, 이 논의가 한 발자국 나아가기 힘듭니다. 근데 저는 아이러니하게도 이른바 정치공학적으로 어떻게 표현해야 될지 모르지만, 보수당 집권 시절에는 이런 공감대를 이끌어 내기가 더 어려웠습니다. 때문에 지금이 적기다, 적극적으로 지금 균형 잡아줘야 한다고 생각합니다. 사이버 안보를 위해서는 정보보호를 위한 정밀성, 디테일하고 과감한 부분도 필요합니다. 여기에 대해선 전략적으로, 시기적으로 더 어떤 가치를 우선해야 할지를 결정해줘야 되는 부분이 있습니다. 그리고 그 못지않게 중요한 이른바 정보인권이라든지, 국민의 기본권에 대한 확보, 신뢰에 관한 부분들의 균형점을 잡아주는 역할이 필요한데, 이러한 기초 내지 방향성을 잡는데 국가전략이 기능할 것이라고 봅니다. 말씀을 좀 더 이어가면, 제가 맡은 부분은 프랑스와 독일인데, 강력한 사이버 안보 대응과 정보인권 보호에 대한 조화에 상당한 방점을 두고 진행되어 있다는 것은 조금 이따 말씀 드리겠습니다.

김상배: 지금 말씀하신 것 중에 우리가 생각해봐야 큰 논점 중의 하나가, 이걸 안보라고 말하는 순간 더 나아가기 힘들어지게 되는 문

제인데, 이는 마치 '마이너스의 손'과 비슷해 보입니다. 중요하다고 이야기해야 하는데 만지는 순간 갑자기 변질 혹은 퇴색이 되어 의미가 다른 데로 튀게 되는 성격의 문제일 것 같습니다. 사실 보수정권 시절에는 사이버 안보 문제를 너무 '안보화'시킨다는 것이 문제였습니다. 이제는 정권이 바뀌어서 상황이 나아질 거라고 전망할 수도 있는데, 저는 그렇게 낙관적으로만 보지는 않는 것이, 지금은 오히려 사이버 안보를 너무 '정치화'시켜서 보는 문제가 있습니다. 안보화의 다른 문제가 정치화에 대한 문제입니다. 최근 벌어지고 있는 댓글과 관련된 논란은, 다른 차원에서 이슈 자체를 합리적 제도나 정책적인 접근으로 풀어나가기 어렵게 하는 또 하나의 문제가 되는 것입니다. 어느 쪽에서도 왼손으로 만지든, 오른손으로 만지든, 만지면 안 되는, 근데 만지지 않으면 또 해결이 안 되는, 그런 종류의 어려움이 있는 이슈인 부분입니다. 사실은 국가전략을 마련하는 차원을 넘어서 우리 사회의 지혜가 필요한 부분일 수도 있습니다. 김도승 교수께서 중요한 문제제기를 해주신 것 같습니다.

차정미: 중국이 인식하는 사이버 전쟁(cyber warfare)은 단순히 군사적인 개념에 국한되지 않고 경제, 정치, 기술 그리고 안보 영역을 포괄합니다. 모든 영역에서 취득한 정보를 활용하여 국익을 극대화하고자 하는 것입니다. 이러한 맥락에서 경제발전과 체제수호라는 국가목표를 위한 중국의 전방위적인 정보활동을 이해할 수 있습니다. 김상배 교수님께서 말씀하신 것처럼 이러한 중국의 전방위적 정보활동에 미국도 적극적으로 대응하고 있습니다. 클라우드 슈밥은 4차 산업혁명이 안보의 지평을 변형시킬 것이라고 이야기한 바 있습니다. 전시와 비전시 상황, 전투 요원과 비전투 요원의 경계가 없어질 것이라는 것

입니다. 무력충돌이 전개되는 전시상황은 아니지만 사이버 공간을 통해 지속적으로 국가 간 전쟁 혹은 경쟁이 일어나고 있고, 군인이 아닌 사람들이 이 사이버 공간의 전투에 주요한 행위자로 투입되고 있습니다.

사이버 전쟁이 외교, 경제, 안보 등 다영역적으로 전개되고, 미중 간 경쟁이 심화되는 구조 속에서 한국은 사이버 안보의 국가전략을 가장 고민해야 되는 국가 중 하나라고 봅니다. 안보적 측면에서 보면 미국은 사이버 동맹을 확대하고자 하고, 한편에서 중국은 이를 대중국 봉쇄라고 반박하고 있는 상황에서 한국은 경제, 외교, 군사 등의 영역에서 다양한 딜레마에 직면할 수 있습니다.

김상배: 지금 말씀하시는 것들이, 전략이 제일 절실한 나라가 사실은 한국일 수도 있는데, 그걸 못 만드는 아이러니가 있는 나라가 한국일 수도 있습니다. 기술 개발뿐만 아니라, 국가 사이버 안보법, 사이버 안보 전략, 필요한 협약 등 이런 저런 문제로 인해 움직이지 못하고 있습니다. 근데 남들이 보기에는 나름대로 구체적으로 적시할 수 있는 사이버 공격의 원인이 보이는 경우라고 할 수 있습니다. 이런 절실함에도 불구하고 사이버 안보와 관련된 대책을 속 시원하게 마련하지 못하는 아이러니가 있는 것 같습니다. 사실 그런 게 국가전략적인 차원에서 풀어가야 되는 문제이기도 하겠지요.

양정윤: 국가안보전략을 공부하면서 발견한 특이점은 70여 개 국가에서 국가 사이버 안보 전략을 발표하고 있는데, 굉장히 다양합니다. 순수 안보 전략이 아닌 ICT 전략, 사이버 포용전략도 있고, 러시아는 국가안보전략으로서 사이버 안보 전략을 인식합니다. 1.0 연구에

서는 개별 국가를 봤고 2.0 연구에서는 국가들 간의 관계를 봤다면 3.0
에서는 세부 주제에 대해 이제 한국의 목소리를 내는 연구가 이루어졌
으면 좋겠고, 가능하다고 생각합니다.

유인태: 총론의 차원에서 사이버 안보 국가전략을 논하는 의미와
필요성에 대해서 말씀드리자면 새롭다는 점, 즉 기존에 논의가 많이
되지 않았다는 점을 말씀드릴 수 있을 것 같습니다. 그리고 제가 담당
하고 있는 '글로벌 인터넷 거버넌스에서의 사이버 안보 국제규범' 논
의의 관점에서 보자면, 우리가 참고하고 배울 점이 있다는 점입니다.
즉 국제기구에서는 다양한 충돌하는 가치들이 오래 전부터 논의되고
있었습니다. 사이버 이슈가 다른 이슈들과 연계가 많아지고 있는데,
그러면서 다양한 가치들이 충돌하게 되고, 이때 어떻게 균형을 맞춰
나갈 것인가에 대한 담론들이 인터넷 거버넌스에서 논의가 되어 왔습
니다. 그러한 담론들을 우리가 참고하고 활용할 수 있다는 측면에서
이러한 연구가 의미가 있다고 생각합니다. 예를 들어, 사이버 안보가
다양한 영역의 가치들과 연계되는 현상에 대해 인터넷 거버넌스포럼
(IGF)에서 많은 이야기들이 나오고 있습니다. 구체적으로 사이버 안
보가 제조업 산업의 생산성과 연결됩니다. 또한 전자상거래 시대에는
사이버 안보를 통해 신뢰가 보장되어야 거래가 활성화될 수 있습니다.
또한 경제발전의 측면에서도 생산성에 대한 신뢰가 보장되어야 되기
때문에 사이버 안보가 중요합니다. 인권의 측면에서도 사이버 안보가
있어야 권리들이 보장될 수 있습니다. 이렇게 다양한 가치들과 연계되
고 이들에 대한 담론들이 인터넷 거버넌스를 통해 형성되고 있다는 점
에서 이를 연구하게 되면 우리나라에서도 유사하게 가치충돌의 문제
가 발생할 때 이를 참고할 수 있을 것입니다. 또한 ICANN의 경우를

보더라도 기술 중심의 활동들이 많이 이뤄지는데, 이를 통해 앞서가는 기술을 배우는 계기가 될 수 있습니다.

　　김상배: 사이버 안보가 단순히 기술과 같은 구체적인 정책의 문제에 그치는 게 아니라, 어떤 면에서는 담론 차원에서, 또는 규범적인 차원에서 만들어지는 지식과 정보의 질서 구축, 미래 질서의 문제와 연결되는 측면이 있다는 지적을 해 주셨습니다. 중요한 지적이고, 사실 어떤 면에서는 국제정치학이나 사회과학 하시는 분들이 상대적으로 좀 더 관심을 가져야 하는 주제인 것 같습니다.

　　일단 대강 한 라운드를 돌면서 총론에 대한 말씀을 해 주신 것 같습니다. 이제는 짧게라도 각론적인 차원에서 맡으신 주제에 대해서 현황과 과제를 중심으로 말씀을 좀 더 나누면 좋겠습니다. 상대적으로 미러관계나 미중관계, 미일관계 등과 같이 주변 국가들의 관계적인 맥락 안에서 그 국가들의 상호작용이 만들어내고 있는 구조, 그리고 그러한 구조의 변동 속에서 한국이 헤쳐 나가야 하는 전략의 방향 등에 대한 이야기들이 상대적으로 덜 된 것 같습니다. 이 주제를 맡으신 분들이 먼저 앞의 부분에 말씀을 해주시고, 뒤를 이어 국제규범에 해당하는 주제 담당하시는 분들이 전체적으로 마무리하는 구도로 나머지 토론을 진행하도록 하겠습니다.

　　차정미: 저는 미중 간 사이버 군사력 경쟁과 남북한이라는 주제로 연구를 하고 있습니다. 우선 사이버 안보의 경쟁이라는 것도 결국 오프라인 경쟁을 반영한다는 시각에서 본다면, 중국과 러시아를 가장 큰 위협과 경쟁자로 적시한 2018년도의 미국의 국가안보전략은 사이버 안보에도 중요한 함의를 지니는 것이라 할 수 있습니다. 또한 미국의

2018 국가안보전략은 북한을 불량국가(rogue state)로 인식하고 다양한 측면의 위협을 논하고 있습니다. 사이버 공간에서도 북한은 주요한 위협이 되고 있는 것입니다. 한편에서 중국은 미국의 사이버 안보전략과 대응체계를 연구하고 벤치마킹하면서 사이버 군사역량을 강화해하고 있습니다.

사이버 안보를 둘러싼 미중 간의 전략적 갈등과 군사력 경쟁은 한미동맹과 한중협력관계의 병행발전이라는 과제를 안고 있는 한국에게 주요한 도전이 되고 있습니다. 사이버 공간의 경쟁이 강화되는 상황에서 과연 미국이 확대강화하고 있는 사이버 안보동맹에 한국이 어느 정도의 수준에서 어떠한 방법으로 관여하고 참여해야 할 것인지, 그리고 사이버 공간에서 중국과의 관계는 어떻게 구축해 가야 할 것인지의 문제가 있습니다. 또 하나는 사이버 전쟁의 시대에 전통적인 한미동맹과 북중혈맹관계가 어떻게 변화되어 갈 것인지의 문제가 있습니다. 전통적인 북중관계가 사이버 공간의 북중관계와 다를 수 있고, 한미 간 사이버 동맹 관계도 전통적인 한미군사동맹과는 일정한 차이를 보일 수 있는데 이러한 맥락에서 한국은 어떻게 사이버 안보환경을 분석하고 그에 적절한 사이버 안보 전략을 수립할 것인가에 대한 고민이 필요하다고 봅니다.

김상배: 아마도 우리가 나중에 책을 내게 되면, 차정미 박사님 챕터가 제일 하이라이트일 것 같습니다. 지난번 〈사이버 안보 국가전략 1.0〉의 연구결과를 발표하는 학술회의를 개최할 때, 하루 종일 10개 꼭지가 발표됐는데, 언론이 주로 보도한 것은 황지환 교수(서울시립대)가 발표한 북한의 사이버 안보 주제였습니다. 마찬가지로 언론의 시각에서 볼 때, 이번 책에서는 미국과 중국 사이의 남북한 이슈가 제

일 주목을 끄는 주제일 것 같습니다. 사실 국가전략의 관점에서 볼 때, 이 문제는 쉽게 풀어가기 어려운 문제인 것이 사실입니다.

　　조금 주제를 바꾸어서 말씀드리면, 제 개인적인 생각으로는 동북아 주변 국가들의 사이버 안보 관계의 난제들을 풀어나가는 데 일종의 열쇠와도 같은 변수, 즉 일종의 '빠진 고리(missing link)'이면서 '구조적 공백(structural hole)'에 해당하는 나라가 일본인 것 같습니다. 동북아 지역문제에 동남아, 즉 아세안 문제까지 포함시키면 더욱 그럴 것 같은데요.

　　이승주: 앞서 차정미 박사께서 발표하신 미중의 사이버 안보를 공부하는 이유가, 현실적으로 한국에 가장 큰 영향을 미치는 두 국가이기 때문에 그들이 어떤 입장을 가지고 있고 어떤 관계를 형성하고 있는지 우리나라가 알아야 하는 현실적인 필요성 때문이라고 한다면, 저는 일본의 사이버 안보 전략, 미일의 사이버 안보 협력을 공부하는 효용이 한미관계의 선행지표적 성격을 갖기 때문이라고 생각합니다. 즉 미일관계를 통해서 미래의 한미관계를 엿볼 수 있다는 점에서 연구 의의가 있다고 생각합니다. 물론 똑같은 복사판은 아니지만 미일관계를 통해 앞으로 한미관계가 어떻게 변해갈 것인지 가늠해볼 수 있을 것 같습니다. 미일관계와 사이버 관계의 협력을 본다면, 동맹조정의 메커니즘 차원에서 이 문제를 해결해온 것을 알 수 있습니다.

　　두 가지 차원이 강조가 됩니다. 첫째, 전통적인 안보 협력에 있어서는 미일 간의 역할분담과 협력의 대상이 굉장히 구체화되어 있었는데, 사이버 영역에 있어서는 회색지대가 존재하고 있고, 이를 명확히 규정하는 것이 사이버 영역의 미일협력에 있어서 핵심이라고 생각합니다. 아마도 한미 간에도 미국이 미국우선주의를 내세우면서 안보 분야에서 분담금 조정의 이야기가 나올 것으로 예상되는데, 사이버 안보 영역에서도 유사한 압력이 있을 것으로 생각합니다. 이것이 두 번째 포인트로 이어지는데, 둘째 포인트로 대등한 비용 분담의 문제가 있습니다. 실질적으로 미국이 일본에 대해서 이 부분을 굉장히 명시적으로 요구하고 있습니다. 사이버 안보와 관련해서 미일 사이에 비대칭적 능력이 사이버 방어에 있어서 취약점으로 지적되고 있는데, 미국이 일본에게 사이버 안보 역량 증대를 요구하고 있고, 일본의 입장에서는 '적극적 평화주의', '집단적 자위권 강화'라는 정책목표를 추구하는 데 있어서 마침 원하던 것이라 이에 응하는 과정이라고 볼 수 있습니다. 이러한 과정이 한국에게도 시사점이 있을 것으로 생각됩니다. 한국도 유사한 상황에 처할 수 있습니다.

또 하나 강조할 부분은 한국이 사이버 안보 국가전략을 수립하는 데 있어서 현실적인 국내적인 한계들이 있습니다. 예를 들자면 안보라는 이야기를 꺼내는 순간 더 이상 논의가 안 되는 어려움이 있습니다. 저는 이러한 현실적 한계들을 인정하되, 이것 때문에 아무것도 안 할 수는 없다고 생각합니다. 따라서 우리가 염두에 두어야 할 사항은 현실적 한계의 범위 내에서 할 수 있는 영역들은 분명히 인식하고 전략을 수립하는 것입니다. 특히 대외적 차원에서 우리가 할 수 있는 바를 먼저 고민할 필요가 있습니다. 사이버 안보 분야가 매우 복잡한 것은 사실이지만, 여러 층위로 나누어서 생각해 볼 수 있고, 중견국 외교론의 시각에서 본다면 여러 층위와 범위로 나뉘어져 있을 때 중견국이 일정한 역할을 할 수가 있기 때문에 대한민국은 이에 대한 사실관계를 찾아내는 작업이 필요하다고 봅니다. 즉 서로 다른 층위와 서로 다른 이슈를 어떻게 연계할 것인가에 대한 중범위적 전략에 대해 고민할 필요가 있다고 봅니다.

　　김상배: 사실은 지금 지적하신 부분이 정치학 내지는 국제정치학자들이 다른 학문 분야의 연구자들보다 거시적으로 문제를 크게 보는 데 더 익숙하기 때문에 기여할 수 있는 영역인 것 같습니다. 이렇게 문제를 크게 본다는 관점에서 우리 주변의 미·일·중·러 네 나라를 보자고 하는데, 사실 러시아가 자꾸 잊혀져가는 현상이 벌어지고 있습니다. 사이버 안보 문제에서 러시아가 어떤 식으로 우리에게 다가올 것인지 말씀 부탁드립니다.

　　윤민우: 러시아가 2008년 조지아를 침공했는데, 저는 시사점이 있다고 생각합니다. 들어갈 때 먼저 사이버 공격을 해서, 뉴트럴라이즈 미션을 먼저 시작하고 실제 무력사용이 들어갔습니다. 사이버 전력과 오프라인 전력을 동시에 사용했는데, 시기적으로 순차적으로 사용되었습니다. 저는 미래로 가면 갈수록 이게 동시에 통합적으로 사용될 거라고 봅니다. 왜냐하면 잠수함, 이지스함, 전투기, 전차까지 무인화 된다면, 사이버상에서 전부 연결이 될 것입니다. 미국이나 러시아의 사이버 전략이 가는 방향을 보면, 그 쪽을 향하고 있는 듯한 모습을 지울 수 없습니다. 결국은 기본적으로 비국가 행위자를 통제하고, 국제적, 경제적인 틀이나 규범 질서를 확립한다는 면에서는 미국과 러시아가 협력할 수 있는 개연성이 있지만, 궁극적으로 중국과 러시아가 미국의 헤게모니에 도전하고 있는 상황이고, 미국과 일본, 서유럽이 구축하고 있는 헤게모니는 미국을 중심으로 유지되고 있는 상황이기 때문입니다. 러시아의 입장에서는, 동북아 전선과 함께 서유럽 전선이 또 있습니다. 중국 역시도 동북아 전선은 중앙아시아와 남아시아, 동남아시아 등 여러 전선들 가운데 하나입니다. 때문에 우리가 여기서 입장정리가 굉장히 중요할 것 같은데, 저도 고민입니다. 과

연 미국과 러시아-중국의 중간지대에서 줄타기하는 게 합리적 선택일지, 아니면 어느 한쪽을 선택해서 그 질서하에서 최대 이익을 얻는 게 합리적일지, 그게 모색해봐야 할 것 같습니다. 만약에 우리가 미국과 러시아-중국에서 줄타기를 하다가, 미국으로부터 상당히 지금보다 덜 동맹적인 방향으로 간다면, 우리가 서유럽도 놓칠 수 있는 상황이 올 수도 있지 않을까 싶습니다. 왜냐하면 꼭 사이버 부문만 아니라 오프라인 부문에서도 동일하게 러시아-중국과 서유럽이 상당히 긴장이 고조되어가는 방향으로 가고 있는데, 그게 어떻게 보면 결국은 사이버뿐만 아니라 일반적으로 우리나라가 지금 처한 딜레마적 상황인 것 같습니다. 미국과 러시아-중국 사이에서 한국의 선택은 중요할 것입니다. 이때 우리가 생각해보아야 할 점은 스위스 식의 중립국 모델은 재앙이 될 수도 있다는 사실입니다. 우리는 스위스보다는 중립성이 번번이 무시되어진 벨기에와 조건이 유사한 측면이 강합니다. 중립성이 유지되려면 대체 가능한 지역이 있어야 하거나 지리적 고립이나 험준함 때문에 무력침공의 실익이 없어야 합니다. 하지만 한국은 미국과 러시아-중국 사이에서 벨기에처럼 두 가지 조건이 다 충족되지 못합니다. 때문에 우리의 중립 주장은 선언적 의미에 그칠 가능성이 큽니다.

김상배: 동북아에서 러시아가 하나의 권력, 사실상의 권력구도를 좌지우지하는 축으로서의 현실감이 떨어지는 상황으로 가고 있는 것이 사실입니다. 그러나 글로벌 차원에서 담론과 규범을 주도해나가는 미국이나 서방 진영에 대한 맞불작전을 펼친다는 관점에서 볼 때, 여전히 러시아는 중국보다도 더 중요한 역할을 하고 있다고 봅니다. 여전히 계속 관심을 가져야 하는 주제인 것 같습니다.

최근 사이버 안보 분야의 국제규범에 대한 논의가 한창 논란이 되

고 있습니다. 이러한 문제의식을 바탕으로 우리가 펴낼 책에서는 국제
규범에 대한 이야기를 먼저 하고, 이에 대응하는 선진국 전략의 사례
와 우리의 중견국 전략에 대한 이야기로 가는 흐름을 잡았습니다. 제
1부에서 유엔 GGE, 탈린매뉴얼, 유럽의 사이버범죄협약, 상하이협력
기구, 글로벌 인터넷 거버넌스와 관련된 ITU와 ICANN에서의 논의들
을 다루고 있는데, 현재 제기되는 쟁점들을 이해하고, 그것들이 앞으
로 어떻게 전개될지에 대한 전망이 필요하고, 더 중요하게는 거기에서
우리가 어떻게 '위치잡기'를 할 것인지의 문제가 중요할 것 같습니다.
유엔 GGE 5차 회의 합의문 채택이 무산되었는데, 포스트 GGE에 대
한 전망은 어떠신지요?

　　김소정: 이번에 유엔 GGE가 5차 합의문 도출에 실패했는데, 향후
3~5년 포스트 GGE가 힘들 것이라는 전망이 우세합니다. 사실 GGE
활동이 2013년에 결의문이 나온 이후 큰 파장이 일으킨 적은 없었던
것 같습니다. 그것도 2013년에 스노든 사건이 터지면서 억지로 합의
문이 나온 측면이 있습니다. 그렇다면 유엔 GGE 활동에 대해서 우리
나라가 취할 수 있는 입장에 대해서는 매우 불확실합니다. GGE는 국
가 행위자에 대한 이야기를 하고 있고, 국가들이 준수해야 하는 국제
규범에 대한 이야기를 하고 있는데, 이 부분이 국내에 도입되어 해석
할 때 각 부처의 입장에 대해서 무엇이 중요하고 의미가 무엇인지 다
르게 해석되는 경향이 있습니다. 결국 사이버 공간에서 국가 행위자가
가지는 의미와 비국가 행위자의 의미가 무엇인지, 그리고 국가 행위자
를 대신하는 대리인(proxy)의 의미가 무엇인지를 명확히 정립할 필요
가 있습니다. 그리고 GGE의 방향은 합의할 수 있는 규범의 정립인데,
이것이 당분간 어렵다고 한다면 우리나라는 어떤 입장을 취하고 어떤

방향으로 나아가야 할지에 대한 전략의 고민이 필요한데 이에 대한 논의가 안 되고 있습니다. 그렇다면 실질적으로 국가 차원의 규범을 만들어가는 시각에서는 우리가 사이버 안보를 보는 시각을 한 번쯤 다시 되짚어보아야 할지 않을까 생각합니다. 우리가 가고자 하는 방향이 어떤 방향이어야 하는지에 대해 한두 개 원칙이라도 합의를 하고 세부적인 각론을 맞춰가는 방법밖에 없을 것 같습니다. 결국 우리가 생각하고 있는 사이버 안보가 국가주도로 갈 것이냐, 중국과 러시아는 왜 GGE에 개입하려고 하는가, 이것이 우리에게 어떤 의미가 있는가, 북한은 중국과의 관계만 있을까, 러북관계도 분명히 있지 않을까라는 질문이 제기됩니다. 그렇다면 이것들이 규범으로 해결될 수 있을까 고민이 됩니다. 다음 연구주제는 각 국가별로 정말 어떤 개념과 시각으로 사이버 안보를 바라보는지, 보여주는 전략이 단순 수사만이 아닐지 이를 분별할 수 있는 능력을 기르는 방향으로 갔으면 좋겠습니다.

김상배: 같은 종류의 국제법적인 접근이긴 하지만, 약간 성격이 다른 게 아마도 탈린매뉴얼에 대한 논의인 것 같습니다. 탈린매뉴얼이 2.0버전을 낸 데 이어 3.0버전으로 계속 갈 수 있을지요?

김규동: 저는 이번 GGE의 결과는 GGE가 할 수 있는 범위 내에서는 최선의 역할을 다한 것이라고 생각합니다. 즉 정치적 협상을 통해서 나올 수 있는 이야기는 다 나온 것이라고 생각합니다. 그 구체적인 논의 분야가 국제법, 신뢰구축, 역량강화 조치들이 있는데, 각각 구체적으로 논의되기 위해서는 이 다음부터는 전문가들의 영역이고, 그 중 기존에 이미 존재하는 국제법을 활용하여 해석하는 방식으로 나온 것이 탈린매뉴얼입니다. GGE는 정치적인 측면, 전문성이 떨어지는 측

면, 시간이 부족한 측면에서 한계를 보이고, 그래서 명확히 정리가 안된 면이 있지만, 그런 내용에 대해서 탈린매뉴얼 역시도 명확히 답을 제시하지 못하는 면들이 있습니다. 즉 국가들의 입장이 명백히 차이나는 부분에 대해서 탈린매뉴얼이 정답을 제시해주지는 못합니다. 예를 들어 사이버 무기에 대한 규범, 사이버 첩보활동에 대한 규범 같은 것은 탈린매뉴얼에서도 단정하지 못하고 있습니다. 결국 답을 정해야 하는 역할은 국가에게 공이 돌아올 수밖에 없습니다. 그렇다면 우리나라는 우선 서방국가들처럼 기존 국제법을 가지고 적용방법을 찾는 틀에서 입장을 정할지, 아니면 중국, 러시아에서 주장하는 것처럼 사이버 공간에 대해서 기존 국제법 적용이 어려운 부분이 있으니 아예 새로운 규범을 만들어내는 틀에서 입장을 정할지에 대한 고민이 필요합니다. 그리고 미국처럼 나아가든, 중국처럼 데이터 주권을 주장하는 방식으로 나아가든, 어느 쪽으로 입장을 정하더라도 현실적으로 사이버 문제에서 중국과 러시아와의 관계를 염두에 두어야 할 것입니다. 결국 이런 강대국들 간 이해관계의 차이를 과연 우리가 극복할 수 있는 것인지를 고민하고, 이를 위해서 우리가 무엇을 할 수 있는지를 제시해주는 것이 사이버 국가안보전략이 나아가야 할 방향이 아닌가 싶습니다.

김상배: 국제규범에 대한 이야기를 하자면, 부다페스트협약은 규범의 대상이나 규범 형성에 참여하는 주체의 면에서 약간 다른 성격을 갖는 부분인 것 같습니다. 이건 여담인데요, 작년 11년 스트라스부르크에서 사이버범죄협약총회가 있었는데, 외교부 등 몇몇 부처가 참여했었는데, 총회 의장이 공개적으로 한국이 참여했다고 환영한다는 말을 했다고 하더군요. 이는 부다페스트협약 가입 문제와 연결되는 것 같은데요, 한국도 빨리 협약에 가입하라고 독려하는 걸로 비춰지는 분

위기였다는 전언입니다. 부다페스트협약과 관련해서 우리가 어떻게 할지가 여전히 쟁점으로 남는 것 같습니다.

정태진: 저는 사이버 공간에 대한 폴리싱에 관심이 많은데, 이게 지금 다른 오프라인 수사, 사이버 공간의 접근을 여러 부분 해야 하는데, 댓글 사건으로 인해 막아놓으니깐 어려움이 많은 것 같습니다. 이게 부다페스트협약을 어떻게 보면, 궁극적으로 수사권 조정 문제와 관련이 있을 것 같습니다. 왜냐하면 과연 수사권 조정을 하면, 경찰이 어느 정도 역할을 어떻게 하고, 옛날 같으면 부다페스트협약 가입을 못 하는 것 중의 하나가 한반도의 특수한 상황, 정치적 상황이 있는데, 이게 만약에 국가안보가 범죄로, 만약에 사이버 공간에서 할 수 있는 역할이 경찰 쪽으로 더 많이 간다면, 다른 차원에서 협약을 보는 관점이 예전에는 국가안보로 수호 차원에서만 보다가, 반반 혹은 섞어서 볼 수 있는, 다른 측면이 있지 않을까. 올해 많은 일이 일어날 것 같은데, 그런 것에 따라서 내부적으로 역학관계, 구조가 바뀌면, 대외적으로도 바뀔 수 있다고 봅니다. 법률도 마찬가지입니다. 통비법 등 바뀔 여지가 있습니다. 그런 측면에서 보면, 오프라인 대테러방지법이 제정된 것은 운이 좋았던 것 같습니다.

김상배: 사실 지금 말씀 나온 국제규범에 대한 이야기가 상대적으로 서방 쪽의 논의라면, 이번 프로젝트에서 아마 또 하나 주목해야 되는 주제가 양정윤 연구원이 담당하신 상하이협력기구에서의 사이버 안보에 대한 논의인 것 같습니다. 사실 이 주제에 대해서는 기존 연구가 거의 없는데요, 어떤 면에서는 러시아나 중국이 중심이 되어 만들어나가고 있는 새로운 규범 형성의 독특성을 보여주는 사례라는 점에

서 중요하다고 생각합니다. 여기에 덧붙여 최근 중국이 개최하고 있는 세계인터넷대회에 대한 내용도 포함시켜 달라는 부탁을 드렸습니다.

　　양정윤: 러시아와 중국이 개별적으로 어떻게 사이버 안보 국가전략을 수립하는지 지난 1.0 프로젝트를 통해서 볼 수 있었습니다. 상하이협력기구에서의 사이버 안보 논의는 국제규범 측면에서 미국 중심의 서방 진영과 다른 관점에서 사이버 영역에서 자국의 이익을 확대하기 위한 러시아와 중국의 노력이 상하이협력기구에서 어떻게 표출되는지 살펴볼 수 있습니다. 그래서 상하이협력기구에서 사이버 안보 논의가 어떻게 발전해나가고 있고 러시아, 중국이 각각 어떤 주장을 하고, 작년 인도와 파키스탄이 상하이협력기구에 가입을 했는데, 그 과정에서 사이버 안보 의제가 어떻게 변화해나가는 것인지 살펴볼 수 있습니다. 이와 관련 사이버 공간에서 서방 진영의 담론과 비서방 진영의 담론 중에서 어떤 것이 한국의 국가이익에 부합하는지 객관적으로 식별할 필요성이 있다는 생각이 들었습니다. 직관적으로는 한국의 일반 안보 정책이 서방 진영에 가깝다는 생각이 들 수 있지만, 사이버 공간 안보 정책은 일반 안보 정책과는 차별화되고 남북 분단의 특수성이 한국에서의 사이버 안보 정책의 특이성을 만들 수 있다고 생각합니다. 예를 들어 프리덤 하우스에서 매년 전 세계 인터넷 사용자를 대상자로 하는 인터넷 자율 지수를 발표하는데요, 이를 살펴보면 미국과 일본 같은 경우는 자율(free)이고 중국과 러시아는 비자율(not free), 그런데 한국은 부분적 자율(partly free)로 분류가 됩니다. 즉 우린 소셜미디어와 앱 차단을 하지는 않지만 정치적 콘텐츠를 차단할 수 있고 블로그나 인터넷 이용자가 체포를 당할 수 있기 때문에 그렇게 분류된 것입니다. 또 국가보안법에 따라 북한에 대한 인터넷 접근이 제한됩니

다. 이런 상황에서 우리가 서방 진영과 동일한 정보의 자유로운 유통을 추진하기는 어려울 수 있다는 생각이 들었습니다. 이번 기회를 통해 우리에게 잘 알려지지 않은 비서방 진영, 즉 러시아와 중국의 사이버 안보 담론이 상하이협력기구에서 어떻게 나타나는지 알아보고, 서방 및 비서방 진영의 담론에 대해서 균형 잡힌 시각을 갖고 우리나라가 어떤 정책을 선택해야할 지 고민할 필요가 있을 것 같습니다.

김상배: 두 번째로 제기된 주제와 관련하여 아직 말씀을 안 주신 분들이 계신데 먼저 유인태 교수님께는 사이버 안보의 국제규범과 관련해서 총론적인 차원에서 본 과제에 대한 말씀을 부탁드리고, 그 다음으로 김도승, 유지연 두 분 교수님께는 각기 담당하신 유럽 국가들의 사례가 한국에 주는 함의가 무엇인지, 우리가 무엇을 할 수 있을지, 또는 세 번째로 드렸던 주제였던 향후 연구과제 등과 관련하여 말씀을 부탁드립니다.

유인태: 제가 담당하는 분야의 현황과 과제에 대해서 말씀드리겠습니다. 현황에서 인터넷 거버넌스 국제기구들을 가로지르는 하나의 키워드를 뽑자면, 다중이해당사자주의 원칙인 것 같습니다. 각 국제기구들이 정도는 다르지만 다중이해당사자주의 원칙하에서 조직을 구성하고 이니셔티브를 내세우고 있습니다. 또한 연구의 과제는 첫째, 어떻게 인터넷 거버넌스 관련된 국제기구의 자원을 우리가 이용할 수 있을까? 둘째, 어떻게 인터넷 거버넌스 관련 국제기구의 사이버 안보 담론 형성 과정에 우리가 영향을 미칠 수 있을까? 이 두 가지 질문을 던질 수 있을 것 같습니다. 질문은 두 가지지만 한 가지 답을 제안 드립니다. 즉 적극적인 참여를 제안합니다. 지금까지의 논의에서 대한민국

딜레마는 결국 일종의 '눈치 보기'라고 할 수 있을 것 같습니다. 사실은 중견국 연구의 핵심은 중견국 한국으로서 우리가 어떤 이니셔티브를 가질 수 있는 것일지 찾는 과정이라고 생각합니다. 이런 시각에서 보면 인터넷 거버넌스와 국제기구들의 논의에 적극적으로 참여하는 것이야말로 중견국의 역할 그리고 잠재력을 이끌어낼 수 있는 방안이 아닐까 생각합니다. 담론을 이끌어내는 것은 물질적 능력이 크게 제약 요소가 되지 않을 여지가 많기 때문에 대한민국이 가장 큰 참여를 할 수 있는 장이 될 수 있다고 생각합니다. 그런데 현재 우리나라는 여기에 대해 아주 미미한 참여, 그리고 적은 관심을 두고 있습니다. 그렇다면 두 번째로 제가 제안 드리고 싶은 것은 인재 양성입니다. 뻔한 이야기로 들릴 수 있지만 결국 인터넷 거버넌스 그리고 사이버 안보 분야에 대한 인재를 양성하고 이들이 인터넷 거버넌스에 적극 참여하는 것이 중요합니다.

　마지막으로 향후 연구에 대해서 말씀드리겠습니다. 첫째, 국제기구 거버넌스에 대한 후속 연구는 계속 되어야 합니다. 둘째는 다중이해당사자주의 원칙에 따른 사이버 안보 정책 형성 과정을 연구하는 것도 흥미로울 것 같습니다. 보통 상층위에서의 정책 형성 과정에 대한 논의가 많이 이뤄지지만 사이버 안보에 있어서 비국가 행위자가 점점 중요해지기 때문에 이들이 참여하는 정책 결정 과정이 중요해질 것이고, 나아가 이렇게 형성된 정책들만이 지속가능성이 높아질 것이라고 생각합니다. 왜냐하면 많은 이해당사자들이 합의를 했기 때문입니다. 더군다나 복잡한 가치들이 충돌함에 있어서 비국가 행위자들이 참여하지 않은 정책이 과연 지속가능할 것인가 민주주의 사회에서는 의문이 듭니다. 우리나라에서는 이러한 사례를 찾기 힘들기 때문에 다른 나라에서 다중이해당사자주의 원칙을 담지하면서 정책을 결정하는 과정을 찾아낼 수 있다면 대한민국 사회에서도 이러한 원칙에 기반을 둔 사이버 안보 정책 형성에 큰 함의가 있을 것으로 생각합니다.

김상배: 한국의 국제규범 참여 전략의 전체적이고도 개괄적인 방향에 대한 지적과 더불어 제가 마지막으로 던지고 싶었던 중견국 외교 차원에서 보는 사이버 안보의 국가전략의 방향에 대한 문제제기까지 해주신 것 같습니다. 자연스럽게 영국, 독일, 프랑스에 대한 이야기와 그들 사례에서 도출되는 시사점에 대한 이야기를 해보았으면 합니다.

김도승: 저는 프랑스와 독일을 맡고 있는데, 일단 이 모임에 와서 느끼지만, 법 제도를 하는 사람이 가지고 있는, 어떤 면에서 편협성이란 부분을 많이 반성도 하고 많이 배우는 것 같습니다. 그래서 공저라는 부분에서 단순히 제도 파트를 맡은 게 아니라, 한 나라를 맡았다는 게 주는 부담이 사실 있습니다. 왜냐하면 제가 소개할 수 있는 포커싱은 아무래도 제도적인 부분으로 갈 수밖에 없어서 전체적인 저술에서 조금 안 좋은 영향을 미치지 않을까, 제가 부족하지 않을까 하는 생각을 항상 하고 있는데, 이 부분은 미력하지만 최대한 배워가면서 균형을 찾아보겠습니다. 제가 이런 말씀을 드린 이유는 아무래도 프랑스와 독일을 맡았던 이유 중의 하나도 소위 제도적인 측면에서 프랑스와 독일은 대륙법계 국가로서, 제도적인 차원에서 정합성, 체계가 가장 잘 정비되어 있는 나라로 통상 이해가 되기 때문에 제도를 통한 사이버 안보에 대한 설명 부분에서 제가 끌어나가기가 조금 나을 것 같다는 생각을 했습니다.

좀 더 자세히 봐야겠지만, 몇 가지 간단하게 소회를 말씀드리면, 아시다시피 프랑스와 독일은 다 하나의 고유한 특성이 있습니다. 프랑

스는 시민혁명이라는 거치면서도 대조적인 부분에 상당 부분 영향받
았고, 독일은 아시다시피 나치즘에 가장 영향을 받은 것으로 이해하고
있는데, 프랑스는 역사적인 경험으로 입법, 행정, 사법이라는 삼권 중
에 행정에 대한 국민적 신뢰도가 가장 높습니다. 그렇기 때문에 예컨
대 행정소송을 사법부인 일반법원이 하지 않고, 꽁세이데따(Conseil
d'Etat)라는 행정부 소속의 특수한 행정법원 관할로 되어 있습니다. 어
떤 시각에서 보면 말도 안 되는 것입니다. '가재가 게 편'인데 행정부
소속의 법원에서 행정에 대한 사건을 판단하는 것을 어떻게 믿느냐라
는 것이죠. 그러나 프랑스 시민은 꽁세이데따에 대한 신뢰가 아주 높
습니다. 그 신뢰의 근저는 프랑스 역사상 입법부나 사법부가 시민을
배신한 역사가 기본적으로 뿌리 깊은 불신의 근저에 있기도 하지만 기
본적으로 꽁세이데따에 대한 그런 신뢰는 그간의 운영과정에서 보여
준 꽁세이떼다의 전문적인 판단과 독립성 유지를 위한 노력을 인정하
는 겁니다.

　독일은 아시다시피 나치즘 이후에 정부의 기능에 대해선 부정적
이고 정부의 기능이 어떻게 국민들에게 제한을 가하는지 않을까 항상
감시하는 구조로 행정법이 형성되었는데, 최근에는 여기에 대해서 반
성이 있지만, 여전히 기본적인 구도는 국가와 국민을 대립적 관계로
두고 우월적인 지위를 가진 국가의 행정으로 인해 국민의 기본권을 어
떻게 보호할 것인가에 포커싱되어 있습니다. 이에 비해 프랑스에서는
행정과 관련한 법적 문제를 국가와 국민을 대립적 관점에 두고 풀어가
지 않고 공공서비스의 실효적인 수행이라는 관점에서 행정의 고유한
독자성 내지 우월성을 적극적으로 인정하고 있고, 삼권분립 관점의 제
약에서 자유로운 행정부 소속의 법원은 행정사건에 대해 적극적인 판
단과 조치가 가능해집니다.

안보와 관련되어서도 이런 부분이 드러납니다. 프랑스 같은 경우는 2000년대 초기에 사이버 안보 이슈에 주목하고 2008년 국가안보백서(Défense et Sécurité Nationale)에서 사이버 안보의 중요성을 강조하고, 2009년 앙시(ANSSI)라는 전문조직, 국가정보보안원을 설립하고 이것을 통해 실질적인 기반을 확립하고 전력투구해오고 있는 실정입니다. 프랑스는 제도적으로 보면, 사이버 안보를 논의하는 기본적인 테이블은 정보화와 자유에 관한 법률을 토대로 정보인권 관점에서 시작했습니다. 근데 인권이라는 관점을 얘기할 때, 우리처럼 인권을 보호해야 하니깐 정보에 대한 통제 내지 제한만 강조되는 게 아니라, 그것을 잘 보호하기 위해 필요한 경우는 적극적으로 균형을 찾는 시각이 있고, 지금은 사이버 안보와 관련한 사항이 국방 법전에 있습니다. 그런데 내용을 들여다보면, 독일도 그렇고 프랑스도 그렇고, 독일은 이른바 연방기술보안청(BSI)이라는 조직을 통하는데, 제가 두 나라의 공통점을 발견한 게 기본적으로 체계나 전략적인 측면에서 가장 중요도에 놓고 있는 것은 역시 사이버 안보에서도 국가의 임무, 국민의 기본권 여기에 대한 사항을 전면에 내세워서 강조하고 있습니다. 그렇게 하면서도 어디에 상당부분 예산이나 노력을 투입하고 있냐면, 실질적으로 가능하도록 하는 실무기관의 권한, 역할에 상당히 디테일한 부분을 할애하고 있습니다.

그래서 저는 기본적으로 좀 더 봐야겠지만, 제안해드리고 싶은 것을 한 줄로 요약하자면, 김상배 교수님이 말씀하셨다시피, 이제 우리나라의 안보 이슈라는 것이 사이버 안보를 굳이 언급하지 않고도 확장 일로에 있는데도 불구하고, 우리는 안보 이슈가 항상 민감한 국가인 것 같습니다. 사이버 안보를 지난 한 해 정도 여기 연구팀과 같이 공부하면서 느낀 것 중의 하나가 민간 협력이 매우 중요하다고 강조하는데, 우리는 민간 협력이라고 하면 관치나, 민간의 영합주의를 먼저 떠올립니다. 그리고 전문기관의 중요성을 항상 이야기하고 있는데, 우리는 전문기관이 매우 제한적인 의미인 것 같습니다. 그래서 실질적으로 전문기관이 아닌 정보기관에 몰입되어 있습니다. 우리나라에서 사이버 안보가 갖는 중요성에 비해서 주변 여건은 정반대에 있는 것 같습니다. 중요한 핵심적 이슈가 말입니다. 그렇다면 이건 향후의 과제와 연결되어 있지 않는가 싶습니다. 개인적으로 우리나라에서 전략서가 마련된다면 그 명칭은 '사이버 안전과 시민의 자유에 관한 전략'이 되길 바랍니다. 사이버 안전과 함께 사이버 공간의 자유를 함께 보장하기 위한 전략을 마련하는 데 포커싱을 두어야 한다는 점을 강조하는 것인데, 여하튼 우리나라에 맞는 한국형 전략, 적용 가능한 시사점을 끌어내는 프랙티컬한 논의가 필요할 것 같습니다.

유지연: 제가 맡은 국가는 유럽연합(EU)과 영국입니다. EU는 회원국 전체를 아우르는 전략을 제시하는 입장으로 안전한 디지털 단일시장 구축을 목표로 하고 있습니다. 그리고 글로벌 규범 행위자를 지향하면서 사이버 안보 논의 및 협력적 관계 형성에 있어서 국제적인 역할을 하고자 합니다. 영국은 현재 EU를 탈퇴하고(Brexit) 독자적인 사이버 안보 전략을 수립해 나가고 있습니다. 사이버 안보 전략을 새롭게 수립하면서 기금의 조성과 국가사이버 공격프로그램 등 적극적인 사이버 방어 태세를 갖추려고 합니다. 그런데 EU와 영국 모두 사이버 안보 전략에서 가장 먼저 이야기되는 것은 원칙입니다. 사이버 안보 전략의 방향성과 우선순위들을 담아 제시하고 있습니다. 아까도 말씀드린 바와 같이 전통안보 전략과 디지털 전략, 미래전략, 사이버 보안 전략 등 다층적인 전략 구조 속에서 사이버 안보 전략의 위치와 정

책 요소들을 전체적으로 파악하고 그에 기반한 사이버 안보 전략 방향
성과 추진과세들을 고민하는 과정이 필요할 것 같습니다.

김상배: 우리가 이야기하는 사이버 안보의 국가전략의 국내 추진
체계와 관련해서 얻을 수 있는 시사점을 아마도 영국과 프랑스, 독일
사례에서 엿볼 수 있을 것 같습니다. 제 개인적으로는 〈사이버 안보의
국가전략 3.0〉에 대한 연구를 하게 된다면, 그건 한국의 사이버 안보
전략에 대한 구체적인 쟁점 연구가 되지 않을까 생각하고 있습니다.
한국의 사이버 안보 전략이라는 것을 구체적으로 짚어보는 작업을 한
다고 할 경우에, 한국 이야기만 할 수는 없으니까, 우리와 비슷한 처지
의, 국내외적인 사정이 비슷한 처지에 있는 나라들의 사례를 비교 연
구하는 작업이 필요할 것입니다. 그럴 경우 영국, 독일, 프랑스의 사례
를 모델로 삼을 수는 없는 노릇이지만 이들이 우리가 참고할 수 있는
사례인 것은 사실입니다. 연구기획의 초기에 고려하다가 이런 저런 사
정으로 인해 빼 놓은 스웨덴, 노르웨이, 핀란드 같은 북구 3국의 사이
버 안보 전략도 중요하고, 또는 에스토니아, 네덜란드, 스위스, 싱가포
르 등이 추구하는 사이버 안보 전략의 사례도 우리에게 주는 시사점이
있습니다. 특히 이들 국가들이 사이버 안보 분야에서 드러내고 있는
행보로 놓고 봤을 때, 유사한 처지의 중견국이라는 점에서 주목할 만
한 사례인 것 같습니다. 앞으로 비교 국가전략의 시각에서 보는 중견
국 사이버 안보 전략에 대한 연구가 필요하다는 말씀을 드리면서 오늘
토론은 여기서 마치도록 하겠습니다. 감사합니다.

찾아보기

지은이

김상배 서울대학교 정치외교학부 교수
서울대학교 외교학과 학사 및 석사, 미국 인디애나대학교 정치학 박사
『버추얼 창과 그물망 방패: 사이버 안보의 세계정치와 한국』. 2018
『사이버 안보의 국가전략: 국제정치학의 시각』. 2017
『아라크네의 국제정치학: 네트워크 세계정치이론의 도전』. 2014.
『정보혁명과 권력변환: 네트워크 정치학의 시각』. 2010.

김소정 국가보안기술연구소 정책기반연구실장, 선임연구원
고려대학교 정보보호대학원 박사
"UN 사이버안보 정부전문가그룹 논의의 국가안보 정책상 함의."『정치정보연구』20(2):
87-122. 2017.
"미국과 중국의 사이버안보 전략과 한국의 안보정책에 대한 함의."『국가안보와 전략』
17(2): 1-45. 2017.
"미국의 사이버전략 선택과 안보전략적 의미."『정치정보연구』19(3): 57-91. 2016.
"정보보호 기반 강화를 위한 정보보호 예산 확대 및 개선 방안 연구."
『정보보호학회논문지』26(5): 1279-1294. 2016.
"국가 사이버보안 역량 평가를 위한 평가항목 연구."『정보보호학회논문지』25(5): 1293-
1314. 2015.

김규동 국가보안기술연구소 선임연구원
고려대학교 법학과 학사 및 석사, 박사수료, 미국 조지타운 대학교 법학석사
『탈린매뉴얼 2.0-사이버작업에 적용되는 국제법』(역서). 2018.
"UN 사이버안보 정부전문가그룹 논의의 국가안보 정책상 함의."(공저)『정치정보연구』
20(2). 87-122. 2017.
"타국의 전략적 사이버공격 대응에 대한 국가의 안보전략적 함의."(공저)『Crisisonomy』
13(11): 105-118. 2017.

"사이버안보 법제도의 의의에 대한 새로운 이해."(공저)『보안공학연구논문지』14(2). 157-166. 2017.
"사이버안보 정보공유 체계 개선방안 연구."(공저)『신안보연구』2017 여름(통권 190호): 1-41. 2017.

정태진 평택대학교 피어선칼리지 교수, 사이버폴리싱 연구센터장
미시간주립대 정보통신학 학사 및 형사사법학 석사, 리즈대학교 법과대학 박사
"북한사이버테러능력 변화와 대응전략방안 연구."『한국테러학회보』11(3): 113-134. 2018.
"다크웹 범죄활동 동향: 국제공조 및 대응전략."『한국경찰연구학회보』17(1): 213-234. 2018.
"IoT(사물인터넷) 보안과 국제범죄 대응방안."『한국경찰학회보』66. 2017.
『사이버범죄』(역서). 2013.

유인태 전북대학교 국제인문사회학부 조교수
연세대학교 정치외교학과 졸업, 사우스 캐롤라이나 대학교 정치학 박사
"Internet Governance Regimes by Epistemic Community : Formation and Diffusion in Asia." *Global Governance: A Review of Multilateralism and International Organizations.*
"New Wine into Old Wineskins? Regime Diffusion by the Powerful from International Trade into Cyberspace." Pacific Focus. 2017.
"사이버 안보에서의 다중이해당사자주의 담론의 확산."『담론201』. 2019.
"디지털 보호무역주의의 국제정치경제."『동서연구』. 2018
"글로벌 인터넷 주소자원 거버넌스의 변천: IANA 관리체제 전환을 통한 다중이해당사자원칙의 재확립."『국제정치논총』. 2017.
"미국의 4차 산업혁명 담론과 전략, 제도."『세계정치』28. 2018.

차정미 연세대학교 통일연구원 연구교수
연세대학교 학사 및 석사, 박사
"한중관계 초기 발전과 기업의 외교적 역할."『중소연구』. 2019.
"중국 특색의 사이버 안보 담론과 전략, 제도 분석."『국가안보와 전략』. 2018.

"China's threat perception and Response Strategy toward THAAD deployment in South Korea: Focusing on Power, Identity, and Geopolitics Factors." 『통일연구』. 2017.

이승주 중앙대학교 정치국제학과 교수

연세대학교 정치외교학과 학사 및 석사, 미국 University of California at Berkeley 박사
『사이버 안보의 국가전략』. 2017.
"연합 형성과 중견국 외교." 『국제지역연구』. 2016.
"동아시아 지역협력과 아세안의 리더십 전략: 대외적 대표성과 개별적 자율성의 동태적 상호작용을 중심으로." 『평화 연구』. 2016.
『일대일로와 동아시아 지역질서 변화』. 2016.
『한국의 중견국 외교: 역사 · 이론 · 실제』. 2016.
『한국의 중장기 미래전략: 국가안보의 새로운 방향모색』. 2015.

윤민우 가천대학교 경찰안보학과 교수

성균관대 정치외교학과 학사, 인디애나 주립대 범죄학과 석사, 샘 휴스턴 주립대 범죄학 박사.
"Organized crime in the contemporary South Korea." In Stephan Blancke (ed.). *East Asian Intelligence and Organized Crime*. Berlin, Germany: Verlag Dr. Koster. 2015.
"Guilty of not critical and unpleasant findings: Endless arguments of definitions of terrorism." *Studies in Conflict & Terrorism*, vol.42, no.3. 320–327. 2019.
"An Ethnographic Study on the Indonesian Immigrant Community and its Islamic Radicalization in South Korea." *Studies in Conflict & Terrorism*, vol.42, no.3. 292–313. 2019.
"Threat from and policing against Global Salafi Terrorism in the Republic of Korea: A Story from the Eastern Front." In Shlomo G. Shoman and Joshua D. Freilich (eds.). *Policing and Preventing Terrorism around the Globe, Israel Studies in Criminology*, vol.11. Ontario, Canada: de Sitter Publications. 2013.

양정윤 국가보안기술연구소 연구원

서울대학교 국제대학원 국제학과 석사, 서울대학교 외교학과 박사과정

"정보공간을 통한 러시아의 국가 영향력 확대 가능성 연구: 국가 사이버안보 역량 평가의 중요 지표를 중심으로." 『세계지역연구논총』 36(2): 133-162. 2018.
"타국의 전략적 사이버공격 대응에 대한 국가의 안보전략적 함의 美 대선 러시아 개입사건을 중심으로." 『Crisisonomy』 13(11): 105-118. 2017.
"미국의 법제도 정비와 사이버안보 강화: 국가사이버안보보호법 등 제 개정된 5개 법률을 중심으로." 『입법과 정책』 7(2): 305-335. 2015.

유지연 상명대학교 휴먼지능정보공학과 교수
고려대 정보경영공학 박사
주요 관심 분야는 디지털위험관리, 사이버안보전략, 국가미래전략 등

"주요기반시설에 대한 주요국 사이버보안 수준 비교 분석 연구." 『정보보호학회논문지』 27(1): 163-176. 2017.
"디지털환경 변화에 따른 주요기반시설 위험대응 정책방향에 관한 연구: 미국정책에 대한 비교 고찰." 『보안공학연구논문지』 14(1): 59-76. 2017.
『초연결사회의 안전성과 사이버 복원력 확보를 위한 대책: 초연결사회의 지속가능성을 위한 사회문화적 조건과 한국사회의 대응』. 2017.